JURA

VRAI PAR NATURE

Crédit photo : Stéphane Godin/Jura Tourisme

jura-tourism.com

ES INDISPENSABLES DE VOS VACANCES POUR DÉCOUVRIR LE JURA !

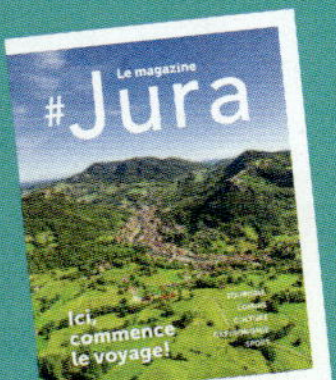

Magazine de destination, Carte Touristique, Guide du Vignoble
Éditions GRATUITES, disponibles dans les Offices de Tourisme du Jura

VOUS AIMEZ LE JURA, aidez-nous à le préserver

Le Jura est une destination nature idéale pour se ressourcer, s'évader et se retrouver. Profiter de vos vacances dans le Jura c'est aussi nous aider à rendre la destination encore plus agréable à vivre et à visiter, en réduisant le plus possible votre empreinte écologique, et en respectant les lieux et les habitants.

jura TOURISME

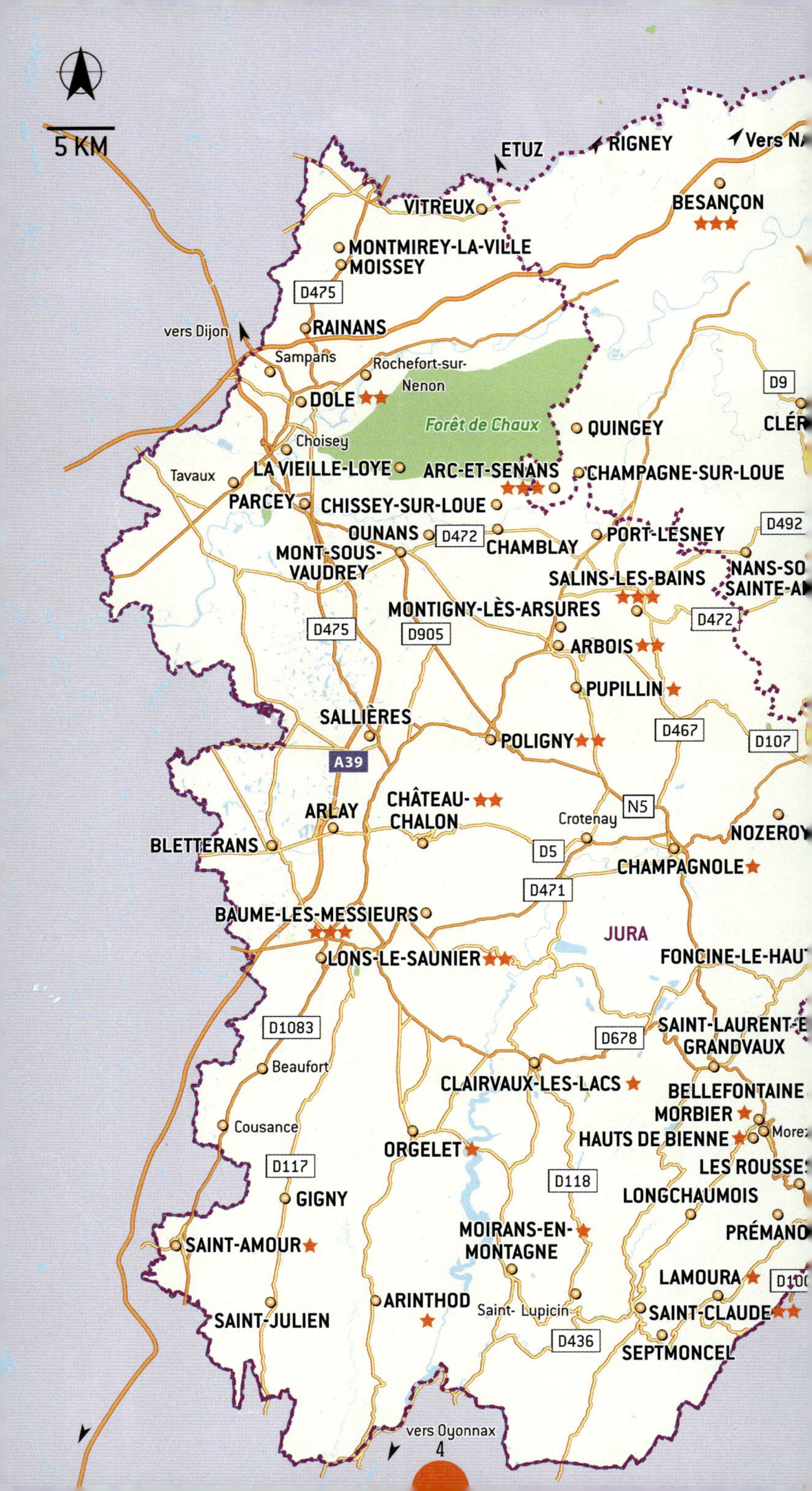
5 KM
ETUZ
RIGNEY
Vers NA
VITREUX
BESANÇON
MONTMIREY-LA-VILLE
MOISSEY
D475
vers Dijon
RAINANS
Sampans
Rochefort-sur-Nenon
DOLE
Forêt de Chaux
QUINGEY
D9
CLÉR
Choisey
Tavaux
LA VIEILLE-LOYE
ARC-ET-SENANS
CHAMPAGNE-SUR-LOUE
PARCEY
CHISSEY-SUR-LOUE
OUNANS
D472
CHAMBLAY
PORT-LESNEY
D492
MONT-SOUS-VAUDREY
SALINS-LES-BAINS
NANS-SO
SAINTE-A
MONTIGNY-LÈS-ARSURES
D475
D905
D472
ARBOIS
PUPILLIN
SALLIÈRES
POLIGNY
D467
D107
A39
CHÂTEAU-CHALON
ARLAY
Crotenay
N5
BLETTERANS
D5
NOZEROY
CHAMPAGNOLE
D471
BAUME-LES-MESSIEURS
JURA
LONS-LE-SAUNIER
FONCINE-LE-HAU
D1083
SAINT-LAURENT-E
GRANDVAUX
D678
Beaufort
CLAIRVAUX-LES-LACS
BELLEFONTAINE
MORBIER
Cousance
Morez
HAUTS DE BIENNE
ORGELET
D117
LES ROUSSE
D118
GIGNY
LONGCHAUMOIS
MOIRANS-EN-MONTAGNE
PRÉMANO
SAINT-AMOUR
LAMOURA
D10
ARINTHOD
Saint- Lupicin
SAINT-CLAUDE
SAINT-JULIEN
D436
SEPTMONCEL
vers Oyonnax

PONT-DE-ROIDE
Vers : VANDONCOURT
MANDEURE
MONTBÉLIARD
PIERREFONTAINE-LES-BLAMONT
VAUFREY
Vers SOCHAUX
Vers :
BELVOIR
SANCEY
SAINT-HIPPOLYTE
ers :
AUME-LES-DAMES
OUCLANS
ANS
OYE
Vers :
CUSANCE
LANDRESSE
MAÎCHE
LES ECORCES
VERCEL-VILLEDIEU-LE-CAMP
Bonnétage
CONSOLATION-
MAISONNETTES
LE RUSSEY
D437
VALDAHON
GUYANS-VENNES
Avoudrey
D461
LE BIZOT
NS
Les Fins
FANS
N57
DOUBS
Les Brenets
LODS
MORTEAU
VILLERS-LE-LAC
GILLEY
Le Locle
IER-HAUTE-PIERRE
GRAND-COMBE-CHÂTELEU
D41
MONTBENOÎT
Neuchâtel
PONTARLIER
MÔTIERS
VERRIÈRES-DE-JOUX
LA CLUSE-ET-MIJOUX
JOUGNE
VERANS
Lac de Neuchâtel
MALBUISSON
FRASNE
LES HÔPITAUX-VIEUX
YVERDON-LES-BAINS
MÉTABIEF
JOUGNE
Mouthe
Vallorbe
SUISSE
D'AMONT
Lausanne
Lac Léman
Vers ROUGEMONT
SAINT-CERGUE
NYON
COPPET

QUAND Y ALLER

JANVIER

0° / 6°

LA PRESSEE DU VIN DE PAILLE
(ARLAY)
La petite cité comtoise de caractère d'Arlay célèbre le prestigieux liquoreux jurassien à l'occasion de la Saint Vincent.

$

FÉVRIER

1° / 7°

LA PERCÉE DU VIN JAUNE
(CRAMANS)
Chaque année, cette fête mondialement connue célèbre sur 2 jours, le vin jaune à la manière de la Saint-Vincent tournante.

LA TRANSJURASSIENNE
(HAUTS DE BIENNE)
Les stations des Rousses-Lamoura organisent la plus longue course de ski de fond sur 68 km.

$ $ $

MARS

4° / 12°

LA FETE DE LA BIERE
(POLIGNY)
Depuis 2006, l'Enilbio organise la fête des brasseurs franc-comtois à Poligny. Concours, concerts et animations variées.

RENDEZ-VOUS DE L'AVENTURE
(LONS-LE-SAUNIER)
15 jours d'Aventure majuscule, pour petits et grands, dans le sillon des aventuriers dont l'enfant du pays Paul-Emile Victor.

$

JUILLET

15° / 26°

IDÉKLIC, LE FESTIVAL INTERNATIONAL POUR L'ENFANT
(MOIRANS-EN-MONTAGNE)
Un festival où les enfants seront tout à la fois acteurs et spectateurs, grâce aux spectacles de rue et les ateliers artistiques.

FESTIVAL DE LA PAILLE
(MÉTABIEF)
Chaque année les juillettistes ont rendez-vous dans la station montagnarde de Métabief pour une foule de concerts tous registres.

$ $ $

AOÛT

15° / 25°

FÊTE DU MORBIER
(MORBIER)
Le berceau montagnard de ce fromage met à l'honneur sa spécialité au cœur cendré avec moments officiels et déclinaisons festives.

CHAHUT AU CHATEAU
(GÉVINGEY)
Dans le parc de ce château, les spectacles vivants éclectiques se succèdent pendant 3 jours dans une ambiance conviviale.

$ $ $

SEPTEMBRE

12° / 22°

LA HAUTE-FOIRE
(PONTARLIER)
Cette biennale, grand rendez-vous du Haut-Doubs, intervient à l'occasion de la sortie du fromage saisonnier qu'est le Mont-Or.

LE BIOU D'ARBOIS
(ARBOIS)
A la veille des vendanges, la grappe géante qu'est le Biou est le clou de la fête patronale arboisienne, promenée dans la cité.

$ $

La position septentrionale de la Franche-Comté lui offre cependant un climat contrasté entre plaine, plateaux et montagne. Une montagne du Jura partagée avec la Suisse voisine que l'on appelle ici l'arc jurassien et qui intègre même une partie du département de l'Ain. Quelle que soit l'altitude les étés chauffent dans cette région. L'hiver, la zone montagneuse enneigée bénéficie d'ailleurs davantage d'ensoleillement par rapport au bas de la région plus sujette à des brumes.

AVRIL

6° / 16°

UN VENT DE HIP HOP
(MORTEAU)
La capitale de la célèbre saucisse de Morteau est le rendez-vous des fans de ce genre artistique issu des cultures urbaines.

LES SOUFFLACULS
(SAINT-CLAUDE)
Parés de chemises blanches et masqués, des « souffleurs » mettent la ville de Saint-Claude en émotions toute la journée.

$

MAI

10° / 21°

FESTIVAL CIRQUE & FANFARES
(DOLE)
Dole célèbre la Pentecôte avec des spectacles de rues, du théâtre, du cirque, des musiques, un concert géant et sa fête foraine.

L'ART SE DÉVOILE
(CHÂTEAU-CHALON)
La capitale du vin jaune qu'est Château-Chalon propose à des artistes plasticiens de valoriser son patrimoine mural pittoresque.

$ $

JUIN

13° / 24°

GRANDES HEURES NATURES
(BESANÇON)
A pied et à vélo, ce festival « outdoor » suggère des parcours « nature » à partir de la capitale régionale et des villages alentour.

ROCKALISSIMO
(SAINT-AUBIN)
La plaine saint-aubinoise accueille le son rock et ses formations musicales à l'occasion d'un festival qui se déroule sur 2 jours.

$ $

OCTOBRE

9° / 17°

LES ABSINTHIADES
(PONTARLIER)
Pontarlier organise sur un week-end cette fête à la gloire de l'absinthe qui fit sa renommée et que l'on baptisa la «Fée Verte».

WEEK-END DU CHAT PERCHE
(DOLE)
C'est l'incontournable rendez-vous annuel de la gastronomie comtoise et des produits régionaux au cœur de la cité doloise.

$

NOVEMBRE

3° / 9°

TALENTS & SAVEURS
(BESANÇON)
Le rendez-vous automnal à Besançon des gourmets et amateurs de produits locaux de qualité ainsi que des artisans créateurs.

$

DÉCEMBRE

0° / 6°

NOËL AU PAYS DU JOUET
(MOIRANS-EN-MONTAGNE)
La capitale jurassienne du jouet donne rendez-vous chaque année aux petits et grands enfants pour plusieurs jours de fête.

LE MARCHE DE NOËL
(MONTBÉLIARD)
Durant un mois, l'ancienne cité des princes de Pontarlier s'anime et scintille de couleurs avec son marché de Noël remarquable.

$ $

LES BONNES RAISONS D'Y ALLER

© PETER_NILE - ISTOCKPHOTO.COM

DES VUES IMPRENABLES

Avec ses étages, des vues à couper le souffle sur la Bresse, le Mont-Blanc et la Suisse.

© ARNAUD_MARTINEZ - ISTOCKPHOTO.COM

UN PATRIMOINE ABONDANT

Depuis les dinosaures, l'histoire a laissé un héritage physique conséquent à découvrir.

UN ACCUEIL HUMAIN

L'hébergement est au ton familial qu'il soit en campings, chambres d'hôtes ou hôtels.

UNE GASTRONOMIE DE TERROIR

Qu'elles soient liquides ou solides, les spécialités abondent et souvent se marient.

UN CADRE PRIVILÉGIÉ

Entre autres, ses 720 000 ha boisés invitent au ressourcement et aux activités nature.

TERRAIN DE JEUX

Aux quatre saisons, les disciplines ludiques ou sportives sont praticables à chacun son rythme.

DE L'EAU À PROFUSION

En rivières, en cascades, en lacs et en thermal, il n'y a que l'embarras du choix !

LES BONNES RAISONS D'Y ALLER

DES VINS À PART ET COTÉS

5 cépages pour 6 appellations et des fleurons, les rares vin jaune et vin de paille.

© PHILIPPE PATERNOLLI - SHUTTERSTOCK.COM

© PIERRE DELAGUÉRARD - ICONOTEC

UN ARTISANAT VIVANT

Depuis au moins un millénaire le savoir-faire éclectique des artisans comtois est reconnu.

UNE VIE CULTURELLE INTENSE

Classiques ou actuels, les évènements musicaux et théâtraux se succèdent toute l'année.

LES 12 MOTS-CLÉS

#ARTISANAT

Le Jura est une terre des savoir-faire à taille humaine. Ces héritiers des mi-paysans et mi-artisans ruraux : travail du bois de meubles et ludique, tourneurs sur corne, pipiers, diamantaires, lunetiers, horlogers, fondeurs, ferronniers, verriers, potiers, émailleurs, tailleurs de pierres. De belles PME aujourd'hui pour certaines d'entre elles.

#COMTÉ

Fromage emblématique de la Franche-Comté, le comté fut la première AOC fromagère en 1958 et AOP en 1996. En porte-étendard, il a des frères et sœurs à découvrir comme le morbier, le bleu de Gex, le mont d'or, la tomme de montagne... sans oublier la cancoillotte ! Un bijou gastronomique en fondue ou avec une volaille de Bresse. Entre autres.

#GASTRONOMIE

Vous n'échapperez pas en terre comtoise aux plaisirs de la table. Elle foisonne d'excellentes adresses rurales et urbaines ; des chefs étoilés, mais pas que. Elle s'appuie sur ses produits régionaux tels que truites, grenouilles, volailles, salaisons variées (saucisses de Morteau et de Montbéliard en tête), champignons, produits laitiers fermiers.

#JOUETS

On qualifie le massif jurassien « L'autre pays du Père Noël ». Des dizaines d'entreprises, artisans ou gros fabricants, de notoriété internationale. Une spécialité initiée au Moyen Âge par les moines de Saint-Claude qui fabriquaient déjà des jouets en « bois tourné ». Les jouets ont leur musée à Moirans sans oublier leur festival annuel Idéklic.

© SHUTTERWOLF - ISTOCKPHOTO.COM

#LYNX

Le gros chat jurassien, autrement dit « Lynx boréal » est la mascotte de la faune régionale. Protégé depuis 1981, il fait partie des espèces en danger comme le coq « Grand Tétras ». Ils évoluent dans les massifs forestiers en compagnie du cerf, chamois, chevreuil, du sanglier, du blaireau et de multiples petits mammifères ainsi que volatiles.

© WILDPIX IMAGERY - STOCK.ADOBE.COM

#NATURE

Le vert des pâtures et des 720 000 ha de forêts, le bleu des 33 lacs, cascades et cours d'eau, le blanc hivernal de l'espace montagneux avec ses 129 km de pistes skiables résument le portrait de ce Jura souvent baptisé « La petite Écosse ». Cette flore foisonnante compagne du Comté. Citons aussi l'intérêt des combes, des reculées et des tourbières.

© PIXEL-68 - ISTOCKPHOTO.COM

#PATRIMOINE

Le patrimoine comtois se révèle à l'infini. Depuis les vestiges celtes et romains, la trace des dinosaures, les cités lacustres jusqu'aux « Petites cités comtoises de caractère ». La région compte parmi les plus beaux villages de France comme Mouthier-Haute-Pierre, Ornans, Arc-et-Senans, Pesmes, Beaume-les-Messieurs ou encore Château-Chalon.

#RÉPUBLIQUE

Une République en la République. Cette micronation autoproclamée dans le Haut-Doubs existe depuis 1947 sous le nom de « République du Saugeais » avec son drapeau, son blason et sa télévision! Un incontournable si vous êtes autorisé à passer la frontière. Elle regroupe 11 communes dynamiques dont la présidente est Madame Bertin-Pourchet élue à vie.

#SPORT

Avec le ski de fond et sa mythique course «Transjurassienne», toutes les disciplines liées aux «lattes» sont praticables, sans oublier le biathlon et ses champions. A la belle saison également, par ses sentes balisées qui font la joie des randonneurs y compris en VTT et à cheval. Des voies cyclables nature, en plaine, sans croiser une auto.

#SUISSE

Le massif jurassien ne serait pas complet sans son pendant helvète, tant ces jumeaux que sépare la frontière se fondent. Même relief et couvert, mais aussi la similitude des activités artisanales de précision (dont les montres), l'agriculture en rappelant que les fromagers suisses apprirent aux Comtois la fabrication du comté. Un pays magnifique.

#THERMALISME

Avec son incroyable gisement salifère, les stations thermales sont apparues dans la région avec la renommée qui s'en suivit. A Luxeuil, à Lons-le-Saunier, à Salins-les-Bains. L'eau de celle-ci étant plus dense que la mer Morte. De l'eau riche en oligoéléments prisée pour des cures thérapeutiques, de remise en forme, de soins et d'esthétiques.

#VIGNOBLE

On le qualifie de plus petit des grands vignobles. Il relève la tête depuis les années 70. 5 cépages et 6 appellations léguant un éventail généreux de produits. Mais surtout 2 pépites : le liquoreux vin de paille et le non moins rare vin jaune considéré comme l'un des meilleurs blancs du monde. Le Château-Chalon étant le souverain indiscutable.

VOUS ÊTES D'ICI, SI...

- **Vous lancez « Comtois rends toi... nenni ma foi ! »**, une expression que les Dolois auraient crié en 1636, alors que Dole (capitale de la Comté et dépendant de l'Espagne) était assiégée par les troupes du Prince de Condé envoyées par Richelieu.
- **Vous dites « Le vin d'Arbois, plus on en boit, plus on va droit ! ».** Un dicton populaire pour glorifier le nectar de la capitale des vins jurassiens. Les Arboisiens rajoutent souvent « C'est le dernier verre qui fout droit »... « ou foudroie ». C'est selon.
- **À la vue d'un visiteur « qui n'est pas du pays »,** vous ne vous jetez pas dans ses bras. Vous l'analyserez afin de jauger s'il mérite d'acquérir votre confiance. Une fois admis, vous l'êtes pour longtemps voire pour la vie. Le Comtois est fidèle en amitié.
- **Vous n'obtempérez pas pour partir à la chasse au Dahu.** Un canular pour une mission absurde consistant à chasser en montagne, bâton et sac en main, un être quadrupède ayant 2 pattes plus courtes que l'autre. Certains courent longtemps !

MON JURA

Jean-Michel Putod, responsable d'édition

Interview

Jean-Michel est natif du Jura (Champagnole). Sa jeunesse a été marquée par le travail à l'hôtel familial. Il a travaillé dans le marché de l'art jusqu'en 2017 et depuis est responsable du *Petit Futé Jura*. Amoureux de sa Franche-Comté dans sa globalité, il est admiratif de celles et ceux qui y vivent et en font la richesse. C'est aussi un défenseur de cette nature sauvage si fragile.

TOP 5

SE RESTAURER

Les Comtois ont la réputation de bien tenir la table. Ils vous la feront partager avec leur générosité innée. Des tables d'hôtes aux restaurants les plus cotés, les recettes séduiront vos palais gourmands. Ils travaillent avec les producteurs soigneux de leur terre et de leurs animaux.

LE BOUCHON DU CHÂTEAU

Château-Chalon
Dans de riches pierres du célèbre cru, le couple Perrard propose une cuisine audacieuse en ambiance chic mais pas tape-à-l'oeil.

© LE BOUCHON DU CHATEAU

139

© DR

182

AUX FOURS & AU MOULIN

Villards-d'Héria
Une table goûteuse vous attend à Villards d'Héria chez Joëlle au fourneau de feu cette minoterie accompagnée de son broyeur à blé.

98

© LE SAINT CERF

LE SAINT CERF

Besançon
L'écologie règne en maîtresse dans ce Saint Cerf de Besançon conduit par Xavier Choulet, une étoile verte du guide Michelin.

CHALET DU MONT ROLAND

Dole
Un panorama remarquable pour cette table perchée du Mont Roland et une cuisine qui vous fera prendre elle aussi de la hauteur.

© DR

72

© LA TABLE DE PERRAUD

151

LA TABLE DE PERRAUD

Lons-le-Saunier
Carte arc-en-ciel et vraie à cette table de Perraud de Lons-le-Saunier dans l'esprit artistique du grand sculpteur Perraud.

TOP 5

SE LOGER

Toute verte avec ses forêts et bleue avec ses eaux se déclinant à l'infini, vous trouverez logis à votre taille en gîtes, en cabanes, en campings et en hôtels. Et même le blanc hivernal des reliefs vous séduira au son du feu de bois qui crépite dans les cheminées. Voici nos coups de cœur.

© DR

AU MOULIN DES ÉCORCES***

Dole
Le bien-être de la nature en centre-ville de Dole, au bord du Doubs, vous attend dans cet hôtel de Valérie et Patrick Franchini.

© LE BOIS DORMANT

LE BOIS DORMANT***

Champagnole
Dans un bois de 3 hectares à deux pas du centre-ville, le Bois Dormant de Champagnole vous réveillera au chant des oiseaux.

© DR

PARENTHÈSE HOTEL & SPA***

Chille
Chacune des 33 chambres de cette Parenthèse de Chille évoque des peintres dont la déco est inspirée au plus près de l'artiste.

© DR

CASTEL DAMANDRE****

Les Planches-près-Arbois
Reculée et cascade forment l'écrin de l'hôtel Castel Damandre aux Planches tenu par le couple Mathieu. A faire bien des envieux.

LES RIVES SAUVAGES****

Malbuisson
Dans les magnifiques Rives sauvages de Malbuisson, les suites, le spa et la piscine de cet hôtel vous inciteront à vite revenir.

© JMP

TOP 5
ACTIVITÉS

Hiver et été la Franche-Comté s'apprivoise pour votre plus grand bonheur. Du promeneur lambda certes, mais aussi à vélo, en trottinette électrique, à cheval, en canoë, en raquettes ou à ski la panoplie des randonnées est sans limites. Dans les airs aussi en deltaplane ou en montgolfière !

ATELIER DES SAVOIR-FAIRE

Ravilloles
Ce temple de Ravilloles combine expositions et démonstrations d'artistes et artisans du massif avec stages pour petits et grands.

© ATELIER DES SAVOIR-FAIRE

© CIGC/STÉPHANE GODIN

LA MAISON DU COMTÉ

Poligny
Un concentré tout neuf voué au grand fromage qu'est le comté vous attend dans sa capitale de Poligny avec une foule d'innovations.

© MÉTABIEF AVENTURES

MÉTABIEF AVENTURES

Métabief
Attractions et loisirs à gogo sont la signature de ce parc de Métabief dans la première station de sports du massif jurassien.

LA MAISON DE LA VACHE QUI RIT®

Lons-le-Saunier
Cent ans et plus rieuse encore pour vous divertir, la célèbre tartinette redouble d'ingéniosité en son espace de Lons-le-Saunier.

© DR

© STÉPHANE MARÉCHAL

MUSÉE DU JOUET

Moirans-en-Montagne
La cité du jouet de Moirans fait honneur toute l'année au père Noël et aux enfants pour des découvertes ludiques inoubliables.

IDÉES DE SÉJOUR

La Franche-Comté offre un kaléidoscope de possibilités de séjours selon ses aspirations. Selon que l'on aime la plaine, l'intermédiaire que sont les plateaux ou la plus haute montagne. La dimension de la région à taille humaine permet des moments de villégiature plus ou moins longs en fonction des centres d'intérêt et des aptitudes de chacun. Un peu comme les voisins suisses, on aime cependant y prendre son temps. Avec son couvert pâturé et forestier, ses eaux vives ou tranquilles, sa richesse archéologique, le maintien de ses traditions, ce sont des centaines de kilomètres à entreprendre en marchant, à vélo, à VTT, à cheval, en chiens de traîneau, en ski et même sur trottinette électrique ou en Renault 4 L ! Des centaines également de pratiques aquatiques on l'imagine ainsi que le thermalisme bienfaiteur. Une dépense d'énergies bien récompensée par la richesse des produits locaux et des tables elles aussi restées à taille humaine.

LACS ET CASCADES

Le Jura regorge de lacs et de cascades. La meilleure période pour en profiter restera tout de même le printemps.

› Jour 1

Depuis Champagnole, direction Syam, avec ses forges et sa villa néo-palladienne. Les gorges de la Langouette passées, direction Chaux-des-Crotenay. Il faut aller au pic de l'Aigle (993 m), vous aurez une vue sur le Jura et les quatre lacs : Ilay, Narlay, Petit et Grand Maclu. Vous pourrez faire le tour de ces lacs sauvages à pied. À Bonlieu vous pourrez faire étape, non sans avoir vu son lac.

› Jour 2

Les cascades du Hérisson sont remarquables, c'est un parcours de 3,7 km et un dénivelé de 250, pas moins de 31 sauts et 7 cascades principales avec le Saut Girard (35 m). Cette balade terminée, Doucier et le lac de Chalain, le plus grand lac naturel du département, vous attendent. Toujours dans l'esprit des lacs, passez par Clairvaux-les-Lacs, avec son église. De là vous allez vous rendre à Orgelet, où l'église Notre-Dame-de-l'Assomption du XVIIe siècle est superbe. Vous n'êtes qu'à quelques encablures du lac de Vouglans, premier lac artificiel de France, avec possibilité de baignades et de randonnées et une via ferrata très spectaculaire. Ici c'est aussi le pays du jouet avec son célèbre musée à Moirans-en-Montagne. Les distances entre ces sites sont relativement rapprochées, pour une immersion en pleine nature.

AU CŒUR DU VIGNOBLE

La région du Revermont cultive une longue tradition viticole. Partez donc à la découverte des vins jurassiens et leur terroir.

Les cascades du Hérisson.

› Jour 1

Arbois étant la capitale des vins, vous y aurez fait étape, et, après avoir visité cette charmante ville, direction une seconde capitale, Pupillin, elle c'est le Poulsard qui en est le roi. Continuant à travers les vignes, tout à côté vous trouverez Poligny, ville d'art et d'histoire. A voir la Cour des Ursulines et la Collégiale Saint-Hippolyte (XVe siècle), entre autres édifices. Les rues sont ponctuées d'hôtels particuliers aux porches en bois sculptés.

› Jour 2

En quittant Poligny, prendre la route du Revermont avec ses villages vignerons et ses belles maisons, Frontenay et son château, et c'est l'un des plus beaux villages de France, Château-Chalon, qui vous attend, et ses belvédères donnant sur la plaine jurassienne. En redescendant vous vous engagerez ensuite dans l'une des reculées jurassiennes pour découvrir Baume-les-Messieurs et son abbaye au pied des falaises abruptes et impressionnantes. En vous enfonçant encore, vous découvrirez une cascade et les grottes réputées. Vous pourrez ensuite découvrir Lons-le-Saunier. Juste avant, sur votre trajet, l'imposant château du Pin mérite la visite. Le centre-ville est agrémenté de grandes terrasses très animées.

L'ARC JURASSIEN

Sur une petite semaine, longez la frontière franco-suisse et découvrez la richesse de cet Arc jurassien.

› Jour 1

Le Pays de Montbéliard est à découvrir, la ville du même nom aussi et son célèbre château des ducs du Wutemberg. C'est un bon début pour vous engager vers les montagnes du Lomont et le château de Belvoir, forteresse du XIIe siècle. Revenez à Saint-Hippolyte, c'est là que le Dessoubre se jette dans le Doubs, vous offrant le choix d'emprunter la vallée du Dessoubre ou celle du Doubs.

› Jour 2

En route vers les hauteurs, passez par Maîche, puis rendez-vous au cirque de Consolation, site naturel d'exception. Le Bizot est un très joli village niché en altitude (930 m) et au cœur des sapins. Morteau est célèbre pour sa célèbre saucisse, mais c'est aussi une ville très dynamique, en plein cœur du pays horloger. A visiter : son musée qui renferme des collections remarquables. A quelques kilomètres, Villers-le-Lac. Vous touchez la Suisse voisine. Une promenade en bateau s'impose pour vous emmener vers le Saut du Doubs (35 m), premier site naturel de France. De bons restaurants vous attendent avec des paysages superbes.

© MELODPHOTO - SHUTTERSTOCK.COM

Vue sur le fort de Joux.

› Jour 3

Faites le plein de bonnes salaisons, c'est le moment. Il vous faut voir les villages du Haut-Doubs comme Grand'Combe-Chateleu aux fermes imposantes. Engagez-vous dans le défilé d'Entreroches, sur une trentaine de kilomètres, puis Montbenoît et son abbaye du XIe siècle. Vous arriverez à Pontarlier, ville très commerçante, et son célèbre château de Joux. Pour votre étape, direction Malbuisson, et le lac de Saint-Point, l'un des plus grands de France. De nombreux hôtels et restaurants vous donneront l'embarras du choix.

› Jour 4

Après une nuit reposante en altitude et dans un cadre magnifique, avant de rentrer dans le département du Jura, vous traverserez la commune la plus froide de l'Hexagone : Mouthe. Ensuite ce sont les combes réputées pour le ski de fond : Chaux-Neuve, Chapelle-des-Bois, et faites une étape au Parc Polaire, c'est sur votre route. Morez-Hauts de Bienne est une ville au passé artisanal où le savoir-faire ancestral a été valorisé. La lunetterie, l'émail, l'horlogerie... : c'est bien là que se créèrent les plus belles productions dans ces domaines. A voir sur ces sujets le musée de la lunette au centre-ville. On grimpe encore une dizaine de kilomètres et vous voici à la station des Rousses, un bourg à taille humaine, réputé pour les sports d'hiver, mais qui est désormais un véritable lieu de séjour « Quatre Saisons ». A visiter : les caves d'affinage Juraflore dans l'ancien fort.

› Jour 5

A Bois-d'Amont, le musée de la boissellerie vaut le détour, comme une balade autour du lac des Rousses. L'Espace des Mondes Polaires à Prémanon est un lieu agrémenté d'une patinoire, il retrace l'importance des pôles grâce aux travaux de Paul-Emile Victor, explorateur jurassien. Vous êtes en plein cœur du Parc naturel régional du Haut-Jura, la Maison du Parc à la Joux fait partie des incontournables. Les espaces sont superbes entre bois et pâturages, et la chaîne des montagnes du Jura offre une vue quasi lunaire. La descente sur Saint-Claude se fait par les célèbres lacets de Septmoncel. 15 kilomètres de virages, avec le célèbre Chapeau de Gendarme, et des paysages somptueux. Vous arrivez à Saint-Claude, avec son architecture marquée par un passé économique très riche. Le Musée de l'Abbaye présente une collection de tableaux exceptionnelle, tout comme celui de la Pipe et du Diamant, les deux fleurons de la ville. Le travail des maîtres pipiers a marqué, tout autant que les pierres précieuses : c'est là, en effet, qu'œuvraient les meilleurs lapidaires. La chèvre salée est la spécialité locale. A noter : un bon choix de restaurants et hôtels.

DÉCOUVRIR

Le Jura et son Massif, de ses plaines à ses montagnes, est connue notamment comme un espace sauvage ou les hivers sont rigoureux. C'est en partie vrai. Le climat est lié aux saisons, les activités s'y sont adaptées générant des savoir-faire qui s'expriment dans de nombreux domaines. On sait valoriser ce que la terre offre et ce que l'agriculture génère en produits, qui transformés s'inscrivent dans une gastronomie reconnue. Le vignoble où les petites exploitations familiales dominent, offrent des vins de plus en plus présents sur les meilleures tables. L'artisanat a comme trame l'excellence, entre tradition et innovation. Mais c'est aussi une terre d'Histoire au Patrimoine architecturale remarquable. La fusion avec de la Bourgogne voisine n'a nullement altéré l'identité Jurassienne. Ici les gens y ont un caractère bien trempé, mais sont généreux et passionnés par ce qu'ils créent ou produisent. Le coin de France pour se ressourcer.

LES VINS DU JURA

Le vignoble du Jura est enfin sorti d'une certaine confidentialité. L'action du Comité interprofessionnel des vins du Jura à un rôle moteur de promotion afin de faire connaître les Vins du Jura en France et à l'international, tout en étant un acteur majeur du tourisme notamment au sein de la filière œnotouristique. Le vignoble du Jura est une destination viticole à part entière avec ses nombreux caveaux, hébergements, restaurants, sites patrimoniaux. Le label « Vignobles & Découvertes » est LE repère vous permettant de faciliter l'organisation de votre séjour et de vous orienter sur des prestations qualifiées et les bonnes adresses du vignoble du Jura ou encore événements labellisés « Vignobles & Découvertes ». La route des vins vous fera découvrir le vignoble qui s'étend sur 80 kilomètres au travers des domaines et tant d'autres choses pour une étape ou un séjour inoubliable. Partez à la rencontre des viticulteurs jurassiens.

Le vignoble et son histoire

Le vignoble du Jura s'étire sur une bande de terre de plus de 80 km de long, nord-sud avec une concentration plus forte au nord, le sud étant plus parcellaire, lien entre la plaine et le premier plateau (contrefort occidental). Les Gaulois désignaient cette terre fertile par « *Ar Bos* » qui deviendra Arbois. Le Moyen Âge avec les communautés religieuses en fera une consommation pour les rituels, mais surtout pour les hôtes de passage, d'autant que les routes de l'Or Blanc (le Sel) sont très empruntées. François Ier, Henri IV, Philippe II d'Espagne l'apprécieront. Les turbulences de l'Histoire se feront sentir, au XIXe siècle le vignoble va subir les plus importantes transformations. De 20 000 ha, le phylloxéra à la fin du siècle ramènera à 5 000 ha, ruinant de très nombreuses familles. Malgré l'aide de l'État, la concurrence des vins du sud ne permettra pas d'obtenir un renouveau attendu. Les deux guerres mondiales auront des incidences négatives, les vignerons ne seront pas épargnés.

© BARMALINI - ISTOCKPHOTO.COM

Depuis les années 1970, le Jura s'inscrit dans une politique de développement cohérente, affichant une farouche volonté de produire des vins de haute qualité, une sélection s'est opérée : perdurent aujourd'hui ceux qui ont misé sur la qualité des cinq cépages qui font toute la richesse et la complexité de ces vins.

Le vignoble et ses AOC

Le vignoble du Jura c'est 4 AOC géographiques (Arbois, Château-Chalon, l'Étoile et le côtes-du-jura) et 3 AOC produits (le Macvin, le Crémant et le Marc).

Arbois donne son nom à la première AOC de France (du monde !) le 15 mai 1936. Elle couvre 850 hectares en production débordant quelque peu sur les villages de Mesnay, Vadans, Villette, Les Arsures et surtout Montigny et Pupillin. Depuis 1970, Pupillin a obtenu l'autorisation d'associer son nom à celui d'Arbois dans l'AOC.

L'AOC Château-Chalon, ce sont 50 hectares répartis sur quatre communes : Château-Chalon, Nevy-sur-Seille, Ménétru-le-Vignoble et Domblans. Un seul cépage y est toléré, le savagnin, et fait l'objet d'un contrôle sur pied avant l'annonce de la date des vendanges, lesquelles interviennent très tardivement. Si le raisin analysé dans la vigne ne présente pas toutes les caractéristiques attendues et en particulier les 12 degrés minimum requis, la commission prononce le déclassement. Selon les années, 1 100 à 1 400 hectolitres bénéficient de cette appellation.

L'AOC l'Étoile, c'est la terre de blanc par excellence. Aujourd'hui, une quinzaine de vignerons entretiennent les 80 ha de ceps en production sur les quatre communes de l'AOC, au nord-ouest de Lons-le-Saunier.

Depuis 1937, côtes-du-jura est l'appellation générique qui s'étend du nord-sud, la plus diversifiée puisqu'elle regroupe 722 ha. La route des vins qui la parcourt traverse 60 villages. Seules les terres rigoureusement sélectionnées pour leurs caractéristiques géologiques et leurs

© BARMALINI - SHUTTERSTOCK.COM

Vignoble jurassien, vers Château-Chalon.

structures chimiques et organiques ont droit à l'appellation. Une nouvelle génération de viticulteurs, soucieux de la qualité et du caractère de leurs vins, oriente leur domaine vers la biodynamie.

Depuis 1992, l'AOC macvin du Jura appartient au club français très fermé des mistelles (ou vins de liqueur) d'AOC, il est issu d'une eau-de-vie de raisin et non de vin. Il résulte de l'assemblage du moût des raisins sélectionnés à la sortie du pressoir (2/3) avec un marc du Jura vieilli en fût de chêne, 18 mois minimum pour (1/3). Il titre entre 16° et 22°. Avec un melon frais garni d'une fine tranche de jambon fumé, ou réduit caramel pour rehausser un foie gras, il accompagnera un pain d'épices rafraîchi d'une glace vanille. Avec du crémant il fera un excellent apéritif.

Vient ensuite le crémant-du-jura (AOC). Dès le XVIIIe siècle les vignerons jurassiens maîtrisaient la technique des vins effervescents, on consommait du « Mousseux », ou méthode champenoise. En 1995 obtention de l'A.O.C Crémant du Jura. Tous les cépages du vignoble jurassien peuvent entrer dans sa composition. Pour le blanc au minimum 50 % de chardonnay, pour le rosé 50 % de pinot ou poulsard. Le servir à 6°. Le Crémant du Jura vous accompagnera tout au long d'un repas de l'apéritif au dessert, notamment avec des fromages à caractère.

Dernière-née des AOC du Jura, le marc désigne une eau-de-vie ambrée, soumise à un cahier des charges très strict. Élaboré à partir des cépages historiques jurassiens, il est constitué de tout ce qui reste après la sélection du jus : pellicules, pépins et la rafle. Après avoir fermenté, le marc subit une distillation dans un alambic. Il vieillit ensuite sous-bois pendant au moins deux ans.

Les cépages et leur typicité

Les vins cultivés dans le Jura proviennent de différents cépages : le poulsard, le trousseau, le pinot noir, le chardonnay, le savagnin. Ces cépages donnent toute leur typicité aux vins jurassiens. Petit tour d'horizon.

Tout d'abord, le poulsard ou ploussard (la capitale est Pupillin). Voici un cépage très local, couvrant un peu plus de 20 % du vignoble, soit 80 % de l'encépagement en rouge, principalement au nord du vignoble, il affectionne les terres grasses de marnes bleues et de schistes argileux. C'est un vin pluriel subtil et nuancé. Palette des couleurs, arômes varient selon la vinification, la maturation, le millésime et l'âge ; au fil des ans une jolie une teinte tuilée apparaît. Assemblé au pinot et au trousseau, il peut donner des assemblages particulièrement intéressants. Pour révéler les saveurs d'une quiche ou d'un plat de poisson, pour arrondir une saucisse de Morteau ou une charcuterie de montagne, pour les plats exotiques, choisissez un Poulsard bien frais.

Cépage typiquement jurassien, le trousseau puise sa puissance et délicatesse sur des marnes rouges recouvertes de graviers. Montigny-les-Arsures en est la capitale. Quelques années de vieillissement ont donné à ses tannins un peu de temps pour s'assouplir, s'arrondir, s'équilibrer. On le trouve seul ou en assemblage. Il se marie avec viandes grillées ou petits gibiers en sauce, et les fromages comme le morbier.

Adopté par les vignerons du Jura dès le XIVe siècle, le pinot noir représente qu'un faible pourcentage de l'encépagement (moins de 10 % des cépages rouges). Il se décline en monocépage, le terroir conférant à ce cépage une typicité bien différente des autres vignobles dans lesquels il est travaillé, comme la Bourgogne, on le croise fréquemment lors d'un assemblage avec le trousseau et le ploussard apportant sa structure tannique, sa richesse aromatique et sa précieuse couleur. Il accompagnera très bien une volaille, du thon ou du saumon grillé.

Le chardonnay est le cépage populaire qui a su s'acclimater au Jura et y acquérir une typicité marquée. Il occupe près de 50 % de la surface du vignoble jurassien. Il s'accommode des éboulis calcaires et des terres légères et les vignerons maîtrisent les rendements de ce généreux cépage. Chaque terroir, chaque parcelle en livre une interprétation différente. Il peut être élaboré de trois façons. La première consiste à ne pas ouiller (remplir le tonneau régulièrement pour compenser l'évaporation), ce qui conduit à élever le vin « sous voile » comme pour le vin jaune, en lui conférant un « goût de jaune », typique du Jura. La seconde privilégie l'expression du cépage associée au terroir : l'élevage en cuve, en foudre ou en fût et l'ouillage permettent de rechercher le gras et les arômes primaires. Ils donnent des blancs plus floraux, plus fruités selon la méthode bourguignonne. Associé au savagnin (la proportion de savagnin varie entre 5 % et 40 %), il apportera de la rondeur. Les vins floraux du Jura rehaussent idéalement une quiche, un soufflé au fromage, un gratin ou un poisson grillé ou une crémeuse poêlée d'escargots, des écrevisses voire une coquille Saint-Jacques...

Enfin, le savagnin. Cépage souverain du Jura, il est le seul cépage qui donne naissance au fameux vin jaune. Il occupe un peu plus de 15 % de l'encépagement du Jura (300 hectares sur les 2 000 que comptent les AOC). Il s'exprime sur les marnes bleues, grises ou noires, couvertes d'éléments calcaires. Cépage tardif, il supporte les premiers frimas pour être récolté aux derniers jours des vendanges. Il entre dans l'élaboration d'une vaste palette aromatique de vins, seuls ou en assemblage, ouillés ou non. On le trouve en vin de cépage savagnin après trois ou quatre ans de vieillissement en fût ou de l'assemblé avec le chardonnay auquel il apporte sa force en complément de la rondeur du premier. Ses arômes de noix, curry et amandes permettent de le déguster avec des poissons ou viandes crémés, fromages traditionnels comtois et persillés, volailles aux morilles, et aussi la cuisine exotique.

© PHILETDOM - STOCK.ADOBE.COM

Dégustation de vin jaune et de comté.

Le vin jaune, l'or du Jura

Le vin jaune est un vin blanc sec, issu d'un seul cépage le Savagnin. À ne pas confondre avec le Vin de Paille, qui est un vin sucré et issu de plusieurs cépages. Il fait l'objet d'un élevage spécifique. Une fois sa fermentation achevée il est conservé dans des fûts de chêne au minimum 6 années et 3 mois, sans soutirage ni « ouillage » (action visant à compléter le tonneau par un apport de vin, compensant ainsi l'évaporation naturelle), voile naturel de levure se crée à la surface du vin, qui préserve le vin de tout contact avec l'air ambiant. Les levures permettent au vin d'obtenir les caractéristiques organoleptiques si caractéristiques à ce noble produit. On trouve le vin jaune uniquement dans des flacons de verre à la forme spécifique d'une contenance de 62 cl (un litre de jus de raisin se réduit globalement à 62 cl au terme de son vieillissement). Robe dorée, limpide et brillante, aux arômes de noix, épices, fruits à chair blanche, une bouche puissante, marquée par un terroir de marnes bleues, il accompagnera un vieux comté, une cassolette d'escargots, une poularde aux morilles, un foie gras ou tout simplement en apéritif.

Le vin de paille, autre vin typique du Jura

Le vin de paille, vin sucré, n'ayant rien à voir avec le vin jaune. C'est un vin doux qui oscille de 14,5° à 17° nécessite 100 kilos de raisins frais pour obtenir entre 15 à 18 litres. Aux premiers jours des vendanges, on récolte les plus belles grappes de ploussard, chardonnay ou savagnin, choisissant les plus saines, qui passeront l'épreuve du passerillage (technique vinicole pour enrichir le raisin en sucre par concentration). Il perd de son volume en eau et se concentre en sucre sans subir la pourriture. On dispose les grappes dans un local très aéré sur des claies de bois ou de grillage – qui ont remplacé la paille d'autrefois. Au fil des semaines – voire des mois –, le fruit perd son eau, se concentre en sucre et en arômes. Lorsque la concentration en sucre des grains dépasse 306 g/litre, on le presse dans les premiers jours de janvier et sa fermentation peut durer jusqu'à deux ans. Mais bien trois années de vieillissement sont nécessaires. Il accompagnera un foie gras ou un magret aux épices, comme il renforcera aussi les fromages à pâte persillée, les desserts confits, mais avec le chocolat, il est fondant.

Les vignobles

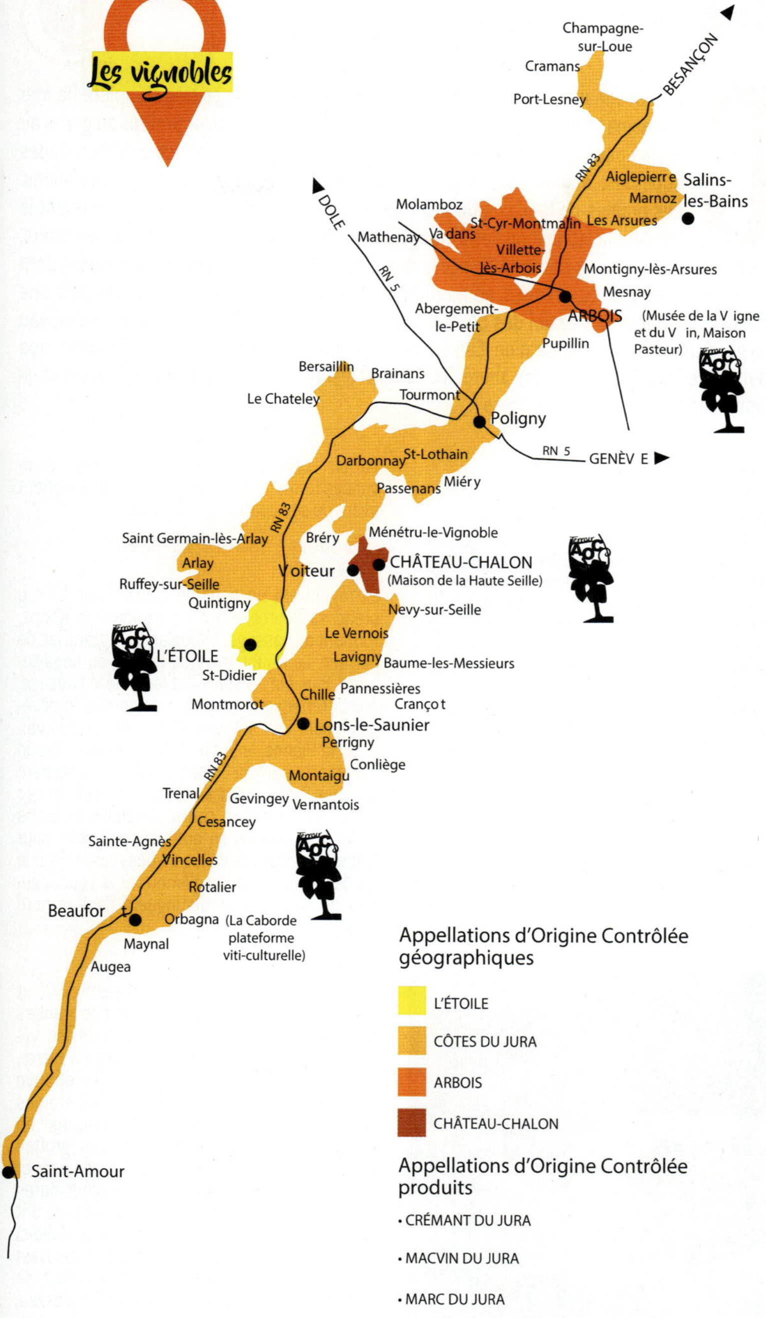

GÉOGRAPHIE

Cette destination offre une diversité de paysages sauvages très complète (la mer en moins). Les lacs sont très présents avec des plages pour profiter du grand air et des paysages. Les cours d'eau sont sauvages, parfois ponctués de cascades superbes, encore plus impressionnantes à la suite de fortes précipitations. Les prairies de la plaine ou des plateaux accueillent nos vaches qui donnent le lait pour la fabrication des fromages. Certaines pâtures se marient avec les forêts, les pré-bois. Les montagnes sont boisées, mais au-dessus de Septmoncel les espaces sont «lunaires». Les grottes, uniques, permettent, tout comme les reculées, de comprendre une géologie complexe qui a subi des bouleversements impressionnants, le célèbre «chapeau de gendarme» en est l'illustration. Ces éléments forment un tout remarquable (fragile) que la main de l'homme n'a pas trop altéré. Touristes et résidents se doivent de protéger cet environnement, c'est une règle absolue !

Majestueuses reculées

Comment s'explique la formation d'une reculée ? Par une série de phénomènes qui se sont succédé au cours des différentes ères géologiques... D'abord, à l'époque où le Jura est recouvert par la mer, des couches de sédiments plus ou moins durs se déposent les unes sur les autres. Des strates calcaires s'alternent avec d'autres plus marneuses. Puis, à l'époque glaciaire, des failles se forment sous l'effet du gel, plus ou moins étroites et plus ou moins profondes selon la nature des couches. Lors du dégel, les eaux s'infiltrent dans ces failles. Elles stagnent dans des grottes, se faufilent dans des trous, creusent des réseaux souterrains capricieux, entraînent sur leur passage pierres et sables qui érodent la roche. À certains endroits, elles ouvrent carrément une longue entaille dans le calcaire. Les bords s'effondrent. Les eaux souterraines ressortent à l'étage du dessous, continuant à creuser une longue vallée plus ou moins étroite, entre les falaises produites par l'effondrement.

Le barrage du lac de Vouglans.

Parfois, comme à Baume, différentes résurgences forment des « doigts » qui se rejoignent avant de se séparer vers la plaine.

Des cours d'eau qui façonnent le paysage

La région est un pays de cours d'eau. L'Ain y prend sa source avant de rejoindre le Rhône, formant au passage, à Vouglans, un grand lac de barrage. Le Doubs traverse le nord du département. Plusieurs rivières ont façonné le paysage, fourni l'énergie hydraulique et permis le développement des activités économiques des vallées : la Bienne, le Suran, la Valouse dans le sud du département, la Cuisance à Arbois où le père de Louis Pasteur installa sa tannerie, la Furieuse à Salins... Plusieurs cours, cascades et plans d'eau sont classés en première catégorie pour la pêche, comme la vallée du Dessoubre. Pour le tourisme fluvial, le Val d'Amour et la Loue, peuplés de poissons, se distinguent dans le nord du Jura.

Plateaux

Le premier plateau du Jura se situe entre 500 et 600 m d'altitude. Le paysage est fait de grandes prairies, aux routes sinueuses reliant les villages. Les maisons sont construites en pierre, aux toits à deux pans très inclinés. On retrouve la pierre dans les murs qui longent les prairies et les cabanes de bergers. Ce plateau est en quelque sorte le « couvercle » des grottes et reculées de l'étage inférieur. Sa géologie et sa flore sont caractéristiques : les roches dures sont restées en surface et les plus tendres ont été érodées par l'infiltration de l'eau. Celle-ci s'est faufilée jusqu'à l'étage inférieur, mais n'est guère abondante à proximité et, à défaut de fontaines, les habitants de ce premier plateau, avant de mettre au point des systèmes d'adduction, ont dû compter sur quelques puits ou citernes à eau de pluie.

LES GROTTES DE LA RECULÉE
DE BAUME-LES-MESSIEURS
A 120 MÈTRES SOUS TERRE,
DÉCOUVREZ LES PLUS HAUTES FISSURES
SOUTERRAINES DU JURA
AVEC SES CHAUVES-SOURIS.
Ouvert fin mars - fin septembre.
39210 Baume-les-Messieurs
✆ 03 84 48 23 02 - www.baumelesmessieurs.fr

© JORGE ALVES - STOCK.ADOBE.COM

La reculée de Baume-les-Messieurs.

Plaines

Entre Haute-Saône et Bresse, la partie basse du Jura s'articule avec les plaines d'effondrement de la Bourgogne. C'est un pays de rivières, d'étangs, de cultures. Au nord de Dole s'élève le petit massif de la Serre. Frôlant une altitude de 400 m, c'est un espace insolite dans le Jura calcaire : son sol, reliquat de l'ère primaire contrairement au « jurassique » qui remonte au secondaire, est granitique comme celui des Vosges, avec des grès et des roches volcaniques. On y trouve des grottes et même d'anciennes carrières qui ont été exploitées, semble-t-il, dès le Néolithique.

Sommets et cols

Le massif du Jura s'étend sur plusieurs départements français et cantons suisses. Il a la forme d'un croissant, orienté nord-est/sud-ouest. Plus abrupt du côté suisse, il s'adosse aux reliefs alpins. C'est d'ailleurs la poussée des Alpes qui a provoqué sa formation. Du côté français, il s'étage sur plusieurs niveaux. Quelques sommets culminent à plus de 1 700 m, les plus élevés étant le Crêt de la Neige et le Reculet au sud du massif. À leur pied, le plateau du Haut-Jura Haut-Doubs s'étend à des altitudes comprises entre 800 et 1 000 m.

Vert émeraude, bleu vif, bleu sombre : des lacs de toutes les couleurs

Les glaciers n'ont pas seulement taillé dans les plateaux jurassiens de profondes reculées, ils y ont aussi creusé des cuvettes, devenus des lacs. Parfois gelés en hiver, pour les plus élevés et les plus ombragés, ils sont très prisés en été avec des eaux pouvant atteindre les 25 °C. La région des lacs s'étale sur plusieurs niveaux : de 500 m à peine pour les lacs de Clairvaux et Chalain, à près de 800 m pour ceux des environs du Frasnois et de Bonlieu. Voire plus comme Saint-Point, lac de l'Abbaye, Remoray et les petits lacs de la région du Grandvaux. Cette dernière marque la limite entre le pays des lacs et l'Arc jurassien. Leurs superficies sont tout aussi diverses : celui de Saint-Point s'étend sur 5,2 km^2 tandis que d'autres sont entre 25 et 100 fois plus petits. La végétation et l'aspect des berges varient, parfois facilement accessibles, où des plages de sable ont été aménagées avec des zones adaptées aux sports nautiques. Pêcheurs, randonneurs, amateurs de pique-niques et de détente apprécient leurs rives ombragées et les sentiers aménagés. Depuis le belvédère de la Chaux-du-Dombief ou celui du Pic de l'Aigle (993 m), on peut les contempler les « Quatre Lacs » du Frasnois. La région des Quatre Lacs devient celle des Sept Lacs si l'on ajoute celui du Vernois, le petit lac du Fioget et le lac de Bonlieu, plus au sud, qui alimente le Hérisson et ses cascades. Le site des Sept Lacs et les cascades du Hérisson sont classés « Grand Site naturel ».

Le pays boisé

La forêt occupe 47 % du territoire du Jura. C'est l'un des départements les plus forestiers de France. L'origine du nom du « Jura » atteste de l'omniprésence de la forêt : il signifie « pays boisé ». La forêt est diversifiée, selon l'altitude. En dessous de 300 m, les feuillus dominent : chêne, charme, frêne, merisier. La forêt de Chaux, entre Dole et Salins, en est un bel exemple. Le massif de la Serre abrite des châtaigniers, rares dans le Jura. À partir de 500 m et jusqu'à 800 m d'altitude, hêtres et érables se mêlent aux résineux (surtout des sapins). La forêt de Joux, au nord de Champagnole, est l'une des plus belles sapinières de France. Plus haut, les sapins se mêlent aux épicéas, de plus en plus présents à mesure que l'altitude augmente car ils aiment la forte lumière des pentes escarpées.

Grottes et gouffres

Des grottes remarquables sont à visiter dans la région, chacune ayant sa propre identité. Elles sont réparties sur le territoire, certaines accessibles sur le plateau comme le gouffre de Poudrey ou les grottes des Moidons, et d'autres en contrebas comme les grottes de Baume-les-Messieurs et celles d'Osselle.

NATURE

Les départements du massif offrent une diversité exceptionnelle dans les domaines de la faune et flore. Cette biodiversité est très fragile, il convient d'y veiller lorsque l'on s'y promène ou que l'on exerce des activités dans ces milieux. Le réchauffement climatique apporte certains dysfonctionnement et fragilise d'autant les espaces que les espèces. Il faut prendre le temps de bien regarder cette nature, elle présente une multitude de richesses, mosaïque de ce que dame Nature sait offrir. Ainsi en partant de la Plaine Bressanne pour s'en aller vers l'arc jurassien, c'est toute une rare diversité de plantes et d'êtres vivants qui peuplent les différentes zones géographiques se déclinant en plaine, plateaux et montagne. Le rôle de la Maison du Parc Régional, et les associations impliquées dans la préservation des espaces naturels, est d'accompagnaer les visiteurs et résidents à mieux connaitre ces trésors si nécessaires.

Richesses de la faune

Une grande diversité de mammifères est présente dans le Jura. Bon nombre de rongeurs peuplent les massifs et les plaines : lapins, écureuils, hermines, loirs, mulots... On y trouve également des chamois, des bouquetins côté Suisse, des chevreuils, des cerfs, des renards, des chats sauvages (dits « chats des forêts »). On y croise plus rarement le lynx, un animal assez peureux face à l'homme. Il est cependant le plus grand prédateur en France. Un autre prédateur revient, il s'agit du loup, de plus en plus visible, tout autant que son cousin le renard.

Lézards, couleuvres, vipères aspics... : toutes ces espèces sont désormais protégées depuis 2021 et constituent la majorité de la faune reptilienne du Jura. De nombreuses espèces d'amphibiens (salamandres et batraciens, sonneur à ventre jaune, Alyte accoucheur parmi d'autres) peuplent rivières et zones humides de montagne.

Du côté des oiseaux, on retrouve des rapaces classiques de la région comme la buse, le faucon, les milans noirs, la chouette boréale, de Tengelmalm et chevêche, le grand-duc, le faucon pèlerin, l'aigle et d'autres oiseaux iconiques comme le coq de bruyère, la gélinotte, le bec croisé, le bouvreuil. Près des rivières cohabitent hérons, aigrettes, bergeronnettes des ruisseaux, cincles plongeurs, martins-pêcheurs... Cette grande diversité est préservée grâce aux lacs et rivières présents sur le territoire, et aux parcs naturels et réserves.

Brochets, corégones, truites arc-en-ciel et fario, ombre commun vivent dans les rivières et les lacs de montagne.

Parmi les insectes, des papillons comme le rare parnassius appolo, le délicat Azuré des mouillères et les spectaculaires agrions et Leucorrhines, sans oublier la délicieuse Déesse précieuse, la plus petite libellule d'Europe dont le massif accueille la seule station aujourd'hui connue en France et d'autres coléoptères et diptères, sauterelles, criquets et libellules, sont présents dans le Jura, ainsi que diverses espèces d'araignées.

De la diversité de la flore aux forêts sauvages et les précieuses tourbières

Recouvert à 47 % par des forêts, le Jura est marqué par une forte tradition sylvicole. On y trouve principalement du hêtre, le « foyard », mais aussi des érables dans les vallées, tandis que frênes et tilleuls sont bien implantés dans les zones humides. Quelques merisiers sont également présents. On ne peut pas parler de forêt sans évoquer le sapin, l'épicéa, ainsi que divers résineux de montagne, tel que le pin à crochet dans les tourbières.

Qu'elles sont jolies les fleurs de montagne et souvent rares ! Il suffit de marcher doucement et de se pencher délicatement pour repérer diverses variétés comme les orchidées sauvages, la grande gentiane jaune, le lys martagon, l'anémone, la centaurée des montagnes, la Daphnée camélée, la saponaire... Rappelons qu'il faut se contenter de regarder pour préserver ce précieux patrimoine légué par la nature. Framboisiers, groseilliers et myrtilles sont aussi très présents dans le Jura.

© _LAURENT - ISTOCKPHOTO.COM

Gentianes.

© ANDYWORKS - ISTOCKPHOTO.COM

Parnassius apollo.

Tourbières et lacs d'altitude marquent l'identité paysagère et environnementale de la montagne jurassienne. Ces zones humides accueillent une biodiversité végétale et animale rare et remarquable ; elles jouent aussi un rôle capital dans la préservation de la ressource en eau et dans l'adaptation au changement climatique. Plus de 125 tourbières et 18 lacs du massif couvrant plus de 12 000 ha répartis sur 52 communes jurassiennes ont été récemment désignés au titre de la Convention de Ramsar, concluant des années d'efforts de la part des acteurs jurassiens pour préserver et faire reconnaitre ce patrimoine naturel exceptionnel qui rejoint ainsi le club fermé des « zones humides d'importance internationale ».

Parc et réserves naturelles

Le territoire du Parc naturel régional du Haut-Jura s'étend sur trois départements – le Jura, le Doubs au nord, l'Ain au sud – et sur 2 régions – Bourgogne-Franche-Comté et Auvergne-Rhône-Alpes. Il intervient dans la protection des milieux naturels qu'il s'agisse des zones humides comme les tourbières, des bois et forêts, des prairies et « pelouses », ou des secteurs rocheux. Documentation et animations permettent de mieux connaître la faune et la flore de ces différents espaces naturels : insectes et tritons dans les milieux humides, chevreuils, mais aussi l'emblématique grand tétras dans les forêts, ancolies, campanules et gentianes dans les prairies, faucon, chamois et grands corbeaux dans les milieux rupestres. Mais il préserve et encourage également les activités humaines et les savoir-faire traditionnels liés aux richesses locales : l'eau et son énergie, le bois, qu'il serve à fabriquer des jouets, des objets tournés ou les tavaillons qui protègent les façades exposées des maisons ; et des produits alimentaires comme le miel. Quant à l'élevage, c'est majoritairement celui des vaches montbéliardes dont le lait donne le fameux comté et les autres fromages jurassiens : le bleu de Gex, le morbier, le vacherin Mont-d'Or et le Chevret du Haut-Jura, cela grâce aux prairies des combes et plateaux qui caractérisent le Haut-Jura. La Maison du Parc, à Lajoux, met en scène ce pays et propose de le découvrir avec les cinq sens.

Enfin, le Jura compte deux réserves naturelles régionales. L'une à Macornay et Lons : la côte de Mancy. L'autre sur la commune de Nozeroy : la Seigne des Barbouillons. Mais le département abrite aussi deux réserves naturelles nationales : la grotte de Gravelle et l'île du Girard.

Les poumons verts botaniques ou potagers

Du nord au sud du Jura, jardins en tout genre témoignent de l'attachement des Jurassiens à leur terre. Jardins botaniques, jardins publics, arboretum, créations architecturales de la nature par l'homme, collections de plantes côtoient les musées plus naturels. N'oublions pas les vergers ainsi que les vignes conservatoires. En 2004 est instituée la marque « Jardin Remarquable », plusieurs sites ont été labellisés dans le Jura, mais beaucoup d'autres et notamment dans le Doubs valent une visite. Ces passionnés qui en sont à l'origine vous feront partager leurs connaissances en botanique. À propos de potagers, de légumes et de fruits, les initiatives jurassiennes sont multiples : formation à l'entretien du jardin dans le respect de la nature avec le centre permanent d'initiation à l'environnement du Haut-Jura (basé à Saint-Lupicin) ; recherche sur le patrimoine fruitier régional et sauvegarde des arbres locaux par l'association des Croqueurs de Pommes du Jura (à Mouchard et Saint-Hymetière). Parcs publics, de villes, de châteaux ou simples propriétés privées, la destination Jura Massif Jurassien, renferme de très nombreux « poumons verts », tant en ville qu'à la campagne.

HISTOIRE

L'histoire du Jura est aussi escarpée et variée que ses reliefs. Selon les époques, le département a connu les sommets de la gloire comme des heures sombres aussi profondes que ses gouffres, mais aussi des moments paisibles et prospères, paraissant aussi infinis et verdoyants que ses plaines... Le tout mené par de grands hommes natifs de cette contrée riche et inventive. Le Jura a gardé les traces des guerres destructrices et des alliances ingénieuses et calculées : collégiale de Dole, monastères, châteaux et vestiges attestent des multiples mouvements de son passé. Mais le Jura fait aussi le pari de l'avenir avec son allié le plus essentiel : la nature. Fort d'un patrimoine naturel modelé par les caprices de la période jurassique, le Jura veut protéger ses montagnes et ses forêts, ses lacs et ses vallées, afin d'aller toujours de l'avant.

200 000 À 120 000 ANS AVANT J.-C.

Du paléolithique à Cro-Magnon

Des hommes préhistoriques ont vécu dans le Jura. Plus près de nous que les dinosaures, puisque ce sont « seulement » à quelques dizaines de milliers d'années. Des traces, notamment des pierres taillées, ont permis aux archéologues d'identifier une occupation humaine il y a 145 000 ans. Ces hommes du paléolithique (200 000 à 120 000 ans avant Jésus-Christ) commençaient à maîtriser le feu. Les principales découvertes ont été faites dans les grottes de Gigny et d'Arlay, ainsi qu'à Rochefort-sur-Nenon, et concernent des hommes préhistoriques plus connus. D'une part Néandertal qui vivait il y a environ 30 000 ans et pratiquait l'inhumation de ses morts. D'autre part Cro-Magnon, qui, il y a 15 000 ans, fabriquait les premières céramiques. Rapprochons-nous quelques milliers d'années et nous voilà sur les bords des lacs de Chalain et de Clairvaux, il y a 4 000 ans, l'époque néolithique. Une société vivait là, organisée en villages lacustres.

IER MILLÉNAIRE AVANT J.-C.

De l'époque néolithique au Ier millénaire avant J.-C.

De nombreuses flux migratoires déplacent des populations entre Asie et Europe, et, avec elles, leurs pratiques culturelles et savoir-faire techniques. C'est ainsi que le travail des métaux se développe dans la région, 900 ans avant J.-C.

400 ANS AVANT J.-C.

Un peuple celte

Les Séquanes occupent une zone correspondant à la Franche-Comté. Qui sont-ils ? L'origine exacte de ce peuple celte est méconnue. Leur nom vient d'une divinité, Sequana, ayant aussi donné son nom à des rivières (la Seine, la Saône...) Les Séquanes s'opposent aux Éduens venus du sud-ouest de la Saône et qui s'allient à des Germains. Ils dominent alors le nord de la région tandis que les Helvètes l'assaillissent par l'Est. Arrive alors un 4e protagoniste : Jules César. Ainsi commence la période gallo-romaine du Jura.

ANTIQUITÉ

Métissages, défrichage...

Sous l'occupation romaine, les Burgondes, d'origine germanique, s'installent sur les terres séquanes. Un métissage des peuples et des cultures s'opère alors, comme en témoignent les objets, marqués des diverses influences, qui ont été retrouvés dans les cimetières mérovingiens de Crotenay et de Monnet-la-Ville. En même temps, la christianisation gagne le Jura.

ANTIQUITÉ

Et christianisation

Des saints s'illustrent, comme l'ermite Romain et son frère Lupicin. Ils fondent les monastères de Saint-Claude et Saint-Lupicin. Ils installent aussi à La Balme une fondation pour moniales et y nomment abbesse leur sœur Yole. Ce monastère, situé sur la commune de Pratz, à l'ouest de Saint-Claude, accueillit jusqu'à 125 religieuses, puis abrita des moines durant tout le Moyen Âge. C'est aussi à Pratz qu'a été découverte une demeure rurale de l'époque mérovingienne, équipée d'une forge. Un siècle plus tard, les rois francs s'imposent dans toute la Burgondie, puis Charlemagne y étend son empire, jusqu'aux invasions barbares.

Xe-XIIe S.

Terre d'empire ou fief du duché de Bourgogne...

Au Xe siècle, la Burgondie, devenue Bourgogne est partagée entre un duché et un comté. Ce dernier regroupe les pays jurassiens. « La Comté » passe sous la coupe de l'Empereur d'Allemagne Conrad II en 1032. Progressivement, le pouvoir des petits seigneurs locaux s'accroît : la dynastie des Chalon fonde la ville fortifiée de Nozeroy en 1264. Après une période de prospérité sous Philippe Le Bel, la Comté est à nouveau rattachée à la Bourgogne en dépit des seigneurs féodaux, dont la résistance est matée par Philippe le Hardi, Jean sans Peur, Philippe le Bon et Charles le Téméraire. Poligny et son château de Grimont en font les frais, tandis que le parlement de Dole voit son rôle renforcé par les ducs de Bourgogne.

XVe S.

Vers l'autonomie ?

Envahie par Louis XI qui veut asseoir sa domination sur la Comté, la ville de Dole est incendiée. De nombreux châteaux sont détruits. Charles VIII, fils de Louis XI, rend la Comté à l'Autriche en 1493. Un gouverneur comtois siège à Dole et la région retrouve une certaine autonomie. En 1519, Charles Quint est soutenu par Philibert de Chalon, qui mène la campagne d'Italie, s'imposant comme un chef militaire hors pair. Philippe II, roi d'Espagne et fils de Charles Quint, puis sa fille Isabelle, épouse de l'archiduc d'Autriche, héritent de la Comté qui s'administre elle-même.

XVIe-XVIIe S.

La reconquête française de la Comté

Devenu roi de France en 1589, Henri IV obtient en 1601, contre un domaine italien, des terres au sud du Jura à l'emplacement de l'actuel département de l'Ain. Il déclare la guerre à l'Espagne et même si un traité de neutralité l'empêche officiellement d'envahir la Comté, celle-ci souffre fortement du conflit.

Louis XIII lui succède en 1610. Sous son règne, Richelieu envahit la Comté en 1635, lui reprochant d'avoir donné asile à Gaston d'Orléans, l'un des pires ennemis du roi de France. Les Comtois résistent farouchement. Né dans le Jura, Claude Prost, dit le capitaine Lacuzon, devient la figure emblématique de cette lutte, interrompue en 1648. La Comté est dévastée, mais le traité des Pyrénées la redonne à l'Espagne en 1659.

Jusqu'à ce que Louis XIV la rattache définitivement au royaume de France par le Traité de Nimègue en 1678. Vauban fortifie les régions frontalières et refait les forts de Salins.

DÉBUT XVIIIe S.

Premiers temps de l'industrie

Dès le début du XVIIIe siècle, l'industrie se développe : l'énergie hydraulique des cours d'eau jurassiens alimente forges et moulins, l'exploitation du sel se mécanise et s'accroît.

Les Maisons
de Louis PASTEUR
Maison Natale
43, rue Pasteur - 39100 DOLE
Tél. 03 84 72 20 61
Maison Laboratoire de Louis Pasteur
83, rue de Courcelles - 39600 ARBOIS
Tél. 03 84 66 11 72
www.terredelouispasteur.fr
contact@terredelouispasteur.fr

1790

Nouvelles frontières

En 1790, après la Révolution, la Franche-Comté est divisée en 3 départements : Haute-Saône, Doubs et Jura. Sous Napoléon, les forges jurassiennes travaillent à plein régime afin d'armer les troupes. Le chemin de fer a fait son apparition dans le Jura dès la fin du XVIIIe siècle, et contribue fortement à son développement économique

XIXe S.

Révolution industrielle

L'industrialisation se poursuit, l'horlogerie se développe. L'Europe connaît un nouvel « âge du fer » et le Jura fabrique des clous, des outils et diverses pièces métalliques. À Morez, au XIXe siècle, la fabrication de clous évolue vers celle des lunettes, tandis qu'à Salins, s'implantent des faïenceries. L'agriculture se développe aussi. La production de fromages et de vins se modernise et s'organise.

XXe S.

Un territoire agricole qui se structure

C'est dans le Jura que naissent les premières coopératives vinicoles françaises au tout début du XXe siècle. La collecte du lait se structure, et partout dans les villages sont construits des « chalets modèles » pour abriter les « fruitières » qui transforment le lait en fromage. Les guerres ralentissent quelque peu cet essor, surtout celle de 1939-1945. Les Allemands occupent la Franche-Comté pour empêcher les troupes françaises de longer la frontière suisse. La ligne de démarcation traverse le Jura.

ANNÉES 60-70

Prospérité et déclin de l'industrie jurassienne

Après la guerre, l'industrie renaît et le Jura connaît une période de prospérité. Dans les années 1960, un barrage hydroélectrique est construit sur l'Ain, donnant naissance au lac de Vouglans. Le Jura souffre de la crise industrielle dès la fin des années 1970. Mais le savoir-faire jurassien est encore bien vivant grâce à un artisanat d'art très développé. Enfin, le département jouit de l'exceptionnelle qualité de ses espaces naturels, qui lui permet de s'engager sur la voie d'un tourisme vert (et blanc !).

AUJOURD'HUI

Le Jura vit principalement grâce à sa forte attractivité touristique : les montagnes offrent des activités été comme hiver. Le thermalisme et le tourisme vert se sont bien développés. Sa position frontalière en fait un département particulièrement bien placé. Ne se reposant pas sur ses lauriers, il innove sans cesse : multiplication de festivals, d'itinéraires de randonnée, de courses à pied ou à vélo... L'aéroport de Dole, inauguré en 1970, l'ouvre sur le monde avec une fréquentation en constante augmen- tation. Fort de son industrie artisanale, passant du métier de bouche à la viticulture ou à l'industrie automobile, le Jura se revendique aussi comme le « Pays du Jouet », grâce aux fabriques comme Vilac et Smoby, vigilantes face à la concurrence mondiale. Entré dans le XXIe siècle, le département prépare les innovations technologiques de demain avec la création de son Centre numérique. Mais l'avenir va également de pair avec développement durable : soucieux de préserver son environnement, le Jura innove en inscrivant l'ensemble des projets dans une démarche éco-responsable.

ARCHITECTURE

L'architecture régionale est très diversifiée. L'habitat de la plaine est caractéristique de la Bresse voisine, avec ses maisons basses. Plus on monte en altitude, plus la ruralité a donné des fermes imposantes avec un tuyé, grande cheminée destinée aux salaisons. Les villes sont bien souvent constituées de beaux hôtels particuliers, avec leur imposante porte en bois sculpté. L'art religieux est particulièrement riche et intéressant, car très bien préservé ou restauré remarquablement. Il est rare qu'un village n'ait pas son château, bien souvent du XVIIIe ou du XIXe siècle, les places fortes ayant été détruites pour la plupart. Beaucoup de secteurs anciens des villes sont restés très homogènes et sont à découvrir. Toutefois, les villages perdent au fil des ans leur authenticité, et c'est dommage. L'Association des Petites Cités de Caractère Bourgogne-Franche-Comté a donné une véritable impulsion pour la préservation de ce patrimoine bâti très fragile.

Des villes et villages de charme

Dans les villes, les maisons sont généralement séparées de la rue par une cour. C'est une tradition dans l'est de la France. Il reste encore de beaux vestiges de l'Histoire. Dans les villages, place au charme et à la majesté du « style comtois » ! Même s'il n'en existe pas qu'un, bien au contraire. La maison comtoise est avant tout là pour résister au climat rude de la région. Le musée des Maisons Comtoises de Nancray est tout indiqué pour découvrir cet habitat si particulier.

Châteaux

En Franche-Comté, les châteaux servaient à la fois de fortifications, de demeure et de lieu de vie sociale. On pense au château de Joux à côté de Pontarlier dans le Doubs, à celui de Gy ou de Vallerois-le-Bois, en Haute-Saône. Plus au sud, dans la vallée de la Loue notamment, on trouve nombre de châteaux sur les buttes ou les collines, qui avaient pour mission principale de dissuader. Au fur et à mesure du temps et de la pacification de la région, les châteaux sont devenus de riches demeures ou sont tombés en ruine. Ils témoignent de toutes les périodes de l'histoire comtoise.

Les ruines de nombreux châteaux médiévaux sont encore visibles : ici ou là, un rempart ou un pan de mur rappelle la grande époque des seigneurs et des chevaliers. Beaucoup de châteaux « modernes », restructurés voire rebâtis au fil des siècles, ont remplacé les châteaux-forts primitifs détruits durant les périodes troublées de l'histoire comtoise. Il serait vain de vouloir chercher une unité dans leur aspect ou leur vocation d'aujourd'hui. Érigés, détruits, remaniés à des époques et dans des objectifs divers, ils sont maintenant pour la plupart privés. Certains se visitent, d'autres non. Certains sont devenus des hostelleries de luxe ou accueillent des réceptions. Pas de route des châteaux, donc, mais, où que vous passiez dans la région, vous trouverez sans doute l'une de ces belles demeures sur votre chemin.

DÉCOUVRIR

© GUENAELLE CHAPUIS - SHUTTERSTOCK.COM

Ville d'Arbois.

© TSUYOSHI_KANEKO - STOCK.ADOBE.COM

Citadelle de Besançon.

Architecture religieuse

Les églises, souvent détruites lors de la guerre des Dix Ans au XVIIe siècle, ont été reconstruites grâce aux fonds financiers des cités comtoises. Elles regorgent de trésors, comme des retables, ces décors sculptés et peints qui trônent au-dessus des autels. Mais la particularité des édifices religieux comtois se trouve plus haut... Les clochers à la comtoise sont ornés de motifs « en vague ». On dénombre plus de 700 clochers typiques dans la région dont ils sont devenus l'emblème.

On compte aussi une quinzaine d'abbayes, de monastères et de couvents.

Bien entendu, si on évoque les particularités comtoises dans le domaine de l'architecture religieuse, impossible de ne pas citer la chapelle Notre-Dame-du-Haut à Ronchamp construite par Le Corbusier en 1955.

Architecture militaire

L'histoire de la Franche-Comté et sa position géographique ont modelé les paysages et les horizons. Dans les villes, on ne peut ignorer les fortifications militaires. Voir Belfort, Dole et surtout Besançon, dont le grand Vauban a construit les plans. Il s'est inspiré d'autres citadelles pour concevoir un véritable plan d'urbanisme, bien au-delà de simples fortifications militaires.

La Citadelle

La Citadelle de Besançon (Unesco) surplombe la ville. C'est l'œuvre de Vauban (1633-1707). La première pierre est posée en 1668, alors que la ville est possession espagnole. Le 10 août 1678, le traité de Nimègue rattache la ville et sa région au royaume de France. Louis XIV confie alors à Vauban le soin de poursuivre la construction. La Citadelle est aujourd'hui le symbole de la ville et son intérêt touristique majeur. La chapelle abrite une projection multimédia de 15 min sur l'histoire de la Citadelle et de Besançon. Le site abrite trois musées : le musée de la Résistance et de la Déportation, le Musée comtois et le Muséum. Ce dernier présente plusieurs espaces animaliers. Des manifestations culturelles sont programmées toute l'année. Bon plan : achetez vos billets en ligne et vous bénéficiez du tarif réduit. Le musée de la Résistance et de la Déportation est fermé pour une complète métamorphose. Réouverture prévue en septembre 2022.

Le château de Joux

Château de pierre à la fin du XIIe siècle, Joux devient l'habitation principale des Sires de Joux et de leurs successeurs jusqu'en 1454. À cette date, le puissant comte et duc de Bourgogne Philippe le Bon achète le château de Joux et y installe une petite garnison. Sous Charles Quint, le Comté de Bourgogne devient espagnol et le restera jusqu'à la conquête de Louis XIV en 1674. C'est alors que le château de Joux, place de frontière, est fortifié par Vauban et accueille bientôt plusieurs centaines de soldats. Prison d'État sous l'Ancien Régime, la Révolution et le Consulat, le château enferme aussi de nombreux prisonniers de guerre tout au long de l'Empire.

Voyagez dans le temps, du fort enterré construit par le capitaine Joffre à la première habitation médiévale, en passant par la galerie verticale avec son étonnant escalier en colimaçon jusqu'à son puits vertigineux. Réadaptées de façon régulière jusqu'à la fin du XIXe siècle, les fortifications de Joux sont très bien conservées.

De Mirabeau, jeune aristocrate dévoyé, à Toussaint Louverture, père de l'indépendance haïtienne, venez rencontrer des personnages extraordinaires, célèbres ou anonymes. Laissez-vous conter les légendes de Joux... Elles vous entraîneront à l'époque lointaine des croisades. Amour, secrets et trahisons, des histoires qui marqueront à tout jamais votre mémoire par leur parfum de poésie et de barbarie.

Salins-les-Bains
LA
GRANDE SALINE
C'est un héritage millénaire
toujours en mouvement,
un patrimoine vivant et sincère
Vous ne pouviez pas deviner
que le sel vous ferait cet effet !
3 place des salines
39110 SALINS-LES-BAINS
03.84.73.10.92
www.salinesdesalins.com
REGION BOURGOGNE FRANCHE COMTE

BEAUX-ARTS

La peinture franc-comtoise n'a pas connu d'heure de gloire. Comme dans d'autres domaines, elle s'est laissé guider par les inspirations venues des contrées proches de ses frontières : la Bourgogne, l'Allemagne ou l'Italie. Au XXe siècle on note un mouvement régionaliste du Haut-Doubs avec comme initiateur Robert Fernier. Mais avant, deux noms marquent ce siècle : Gustave Courbet et Gérôme. Le premier est le chef de file du mouvement réaliste et participe à la Commune (1871). Tout au long de sa carrière, on retrouve des paysages et des visages propres à la région. Comme sculpteur on pensera à Perrault et Claudet, ce dernier excellant dans la céramique également. La région offre de très nombreux musées municipaux, aux collections très riches et variées, presque chaque ville ou bourg a le sien. Les artistes régionaux y occupent une place non négligeable, et c'est un moyen idéal pour les découvrir.

Juramusées

Une cinquantaine de sites et musées font partie de Juramusées, parmi lesquels le musée du Jouet à Moirans-en-Montagne, le musée de l'Abbaye à Saint-Claude, la maison de Louis Pasteur à Arbois, la Maison de La Vache qui rit à Lons-le-Saunier... Ce réseau est géré par le conseil départemental, il regroupe quatre thématiques qui permettent aux touristes et aux Jurassiens de découvrir le département autrement. On peut ainsi emprunter les chemins des métiers et des hommes, des beaux-arts, ou encore du patrimoine historique, ou des dinosaures ou des paysages. Le Pass Juramusées offre à celui qui le détient un tarif réduit dès sa deuxième visite d'un de ces lieux faisant partie du réseau. On le trouve dans tous les offices de tourisme et dans les sites du réseau. Téléchargez le Pass Juramusées gratuitement sur www.juramusees.fr. Vous paierez votre première visite au tarif normal, mais les visites suivantes seront au tarif Pass et la cinquième est gratuite.

Musée de l'Abbaye : donations Guy Bardone – René Genis

Le musée de l'Abbaye : donations Guy Bardone – René Genis est un haut lieu culturel labellisé Musée de France, en plein cœur de Saint-Claude à côté de la cathédrale. Il a fêté ses 10 ans en 2018 en proposant une nouvelle scénographie qui met en valeur les deux artistes et donateurs de la collection du musée : Guy Bardone, enfant du pays, et René Genis. Installée dans l'ancien palais abbatial des XVe-XVIIIe siècles, la collection du musée présente plusieurs générations d'artistes de l'École de Paris autour d'un ensemble d'œuvres de Bonnard, Vuillard, Vallotton, Dufy. L'architecture intérieure offre des grands espaces ouverts et très lumineux ; le sous-sol, quant à lui, abrite les plus importants vestiges archéologiques de l'abbaye de Saint-Claude connus à ce jour dans ce bâtiment rénové. La dynamique de ce haut lieu de culture à destination du plus grand nombre, et intergénérationnel, est étoffée par des expositions temporaires d'art contemporain et d'art moderne, des ateliers, des concerts, des visites… et dernièrement une ouverture à des parcours ludiques numériques. Un lieu incontournable à découvrir absolument.

Courbet à Ornans

Gustave Courbet est originaire d'Ornans et il est difficile d'ignorer cette information quand on vient visiter la ville ! La visite du musée donne l'ampleur du lien qui lie l'artiste à sa ville natale et vice versa. L'œuvre du peintre montre des scènes de la vie quotidienne dans Ornans et les alentours : un enterrement, la vie à la campagne, un repas... Grâce à ses tableaux (plus ou moins connus) et à des lettres écrites à ses parents et ses amis, on découvre ou redécouvre la biographie de cet artiste engagé dans son travail comme dans la vie. On se laisse transporter d'Ornans aux salons parisiens où le peintre était reçu, puis on arrive à la Commune de Paris. Il est courant de s'émouvoir devant *Le Chêne de Flagey*, acheté par le Département pour le musée grâce à la contribution de nombreux donateurs de la région, du Conseil départemental du Doubs et de fonds privés. Le musée, complètement rénové en 2011, met superbement en valeur son illustre habitant dans une maison sublimée, et au travers de plus 50 œuvres. Un doute subsiste cependant sur le lieu exact de naissance du peintre. Visite à compléter avec la Ferme Courbet à Flagey..

Autres figures franc-comtoises majeures

Gaspard Griesly (1712-1756). Autodidacte issu d'une famille de verriers suisses, il est surtout connu pour ses œuvres en trompe-l'œil, tout autant que ses natures mortes.

Musée
de l'Abbaye
Donations Guy Bardone - René Genis
UN MUSÉE, DEUX UNIVERS
ART MODERNE
ARCHÉOLOGIE
39200 Saint-Claude - Jura
Tél : 03 84 38 12 60
www.museedelabbaye.fr

© EVERETT COLLECTION - SHUTTERSTOCK.COM

Vue d'Ornans, par Gustave Courbet, huile sur toile, 1853-1857.

Robert Fernier (1895-1977). Né à Pontarlier, Il est un admirable peintre du patrimoine rural comtois. On apprécie de lui ses paysages enneigés, ainsi que ses scènes des mœurs des plateaux du Haut-Doubs où il passa l'essentiel de sa jeunesse. Ses voyages l'amenèrent à peindre de superbes scènes et paysages de Madagascar et Tahiti.

Jean-Joseph Perraud (1818-1876). Sculpteur né à Monay dans le Jura. Il fait ses débuts avec des sculptures religieuses en bois. Il exposa régulièrement au Salon de Paris. En 1847, il obtint le Grand Prix de Rome. Son œuvre fut très vaste, et beaucoup de statues et bustes sortirent de ses mains. Le Musée de Lons-le-Saunier renferme une très grande partie de son œuvre.

© MORPHART CREATION - SHUTTERSTOCK.COM

Le sculpteur Jean-Joseph Perraud.

Max Claudet (1840-1893). Sculpteur né à Fécamp, il vint à Salins-les-Bains en 1842. Il travailla beaucoup avec J.-J. Perraud qui devint son ami. Il exposa régulièrement au Salon de Paris. Outre les sculptures, il réalisa de très nombreuses céramiques reprenant, en ronde-bosse, des scènes de la vie populaire de son temps, ou des pièces plus classiques de scènes antiques ou mythologiques. Il était l'ami de Gustave Courbet.

Auguste Emmanuel Pointelin (1839-1933). Peintre né à Arbois, il fut soutenu par son ami Jules Grévy, président de la République. Il fut très attaché à sa terre jurassienne, mais son cheminent spirituel a été transcrite dans ses peintures avec notamment des paysages incitant à la méditation. Son œuvre peut être déconcertante mais reste très intéressante. On retrouve ses peintures dans les musées de la région.

Jean-Léon Gérôme (1824-1904). Peintre et sculpteur français, né à Vesoul. Connu pour ses scènes orientalistes, il a peint des sujets mythologiques, religieux et historiques. Ses sculptures sont allégoriques, des scènes de genre ou des personnages. Il fut considéré comme le plus célèbre de son temps, avec une peinture très académique du Second Empire. Son hostilité aux avant-gardistes, notamment les impressionnistes, le fera tomber dans l'oubli. Le musée de Vesoul conserve nombre de ses œuvres.

MUSIQUES ET SCÈNES

La région est très riche en festivals de musique. Des lieux fixes reçoivent les grands noms : la Rodia à Besançon, le Moulin à Brainans ou la Commanderie à Dole pour n'en citer que quelques-uns. Sinon c'est dans le cadre d'un endroit atypique ou d'un édifice historique. Les programmations sont les plus éclectiques qui soient. Mais ce sont aussi des initiatives associatives qui, au fil des ans, ont su fidéliser un public grâce à une programmation des plus pertinente. Le succès est au rendez-vous et les amateurs viennent de toute l'Europe. Le théâtre traditionnel est aussi bien présent, grâce à une structure comme Scènes du Jura, mais aussi plus modestement dans le cadre d'une association communale. Des musiques des quatre continents aux spectacles comiques ou « tragiques », labellisés comme scène nationale. Derrière ces riches programmations, c'est une foule de permanents et bénévoles qui ouvrent et qui hissent la région à un haut niveau culturel.

Le folklore franc-comtois, un patrimoine préservé

Plus traditionnellement, la Franche-Comté a su préserver son folklore grâce à plusieurs groupes de danses et associations qui s'efforcent de faire connaître les us et coutumes festifs locaux. La musique franc-comtoise mêle divers instruments : accordéon, violon mais aussi épinette des Vosges, une sorte de cithare qui accompagnait autrefois les veillées au coin du feu. Pour entendre et voir ce folklore local, il suffit de s'adresser à quelques-uns de ces groupes officiant tout au long de l'année comme les Correvrots à Lure ou les Gauch'not, compagnie d'art populaire haut-saônois basée à Luxeuil-les-Bains qui fait encore danser villageois et citadins dans des costumes authentiques.

Les Eurockéennes de Belfort

Si la Franche-Comté possède un beau patrimoine culturel et traditionnel, elle peut aussi s'enorgueillir d'être une région qui ne vit pas dans le passé. Car, depuis 1989, le premier week-end de juillet s'y déroule l'un des plus grands festivals de musique de France : les Eurockéennes. La presqu'île du Malsaucy accueille sur quatre jours des grands noms de la scène contemporaine qui mettent le feu à ce que l'on surnomme le « petit Woodstock franc-comtois ». Depuis près de 30 ans, ce festival a vu passer les plus grands artistes aussi variés que David Bowie, Ben Harper, James Brown, Alain Bashung, Jay-Z, Marylin Manson, Blur, Radiohead, Stromae, the Black Keys, Fauve... Le succès a toujours été au rendez-vous, grâce à une programmation toujours plus audacieuse.

Festival international de Musique de Besançon

Événement majeur dans le monde de la musique classique, le Festival international de Musique de Besançon est incontournable. Même les néophytes dans ce domaine apprécient toute la subtilité de cet art. Des concerts sont donnés chaque jour, mettant à l'honneur des compositeurs de toutes les générations. Bien sûr, le concours de jeunes chefs d'orchestre, suivi de très près par les spectateurs, constitue le temps fort le plus haletant de ce festival ! Des moments magiques, toujours aussi bien orchestrés !

Festival de la Paille

Métabief, c'est le blanc de la neige l'hiver... et le blond des blés l'été. Depuis 2000, des «mordus» de musique mettent sur pied chaque année un festival de la Paille en juillet. 750 festivaliers durant la première édition, contre plus de 25 000 aujourd'hui. Il coiffe de nombreux genres musicaux : reggae, rock, chansons populaires, électro, trip hop, pop, blues, folk. Un festival qui compte tant sur le plan national qu'international. En nouveauté, l'aménagement d'un espace hébergement au calme et sécurisé. Le *Petit Futé* est partenaire de cet évènement.

© ANDREW ANGELOV - SHUTTERSTOCK.COM

L'accordéon fait partie de la musique traditionnelle franc-comtoise.

DÉCOUVRIR

© JÉRÔME SAILLARD

Le festival de la Paille.

Little Town Festival de Cramans

Le *Petit Futé* est également partenaire de cette manifestation. Ce petit festival fait gentiment son chemin. Entre Arc-et-Senans et Mouchard, donc en plein Val d'Amour, Little Town verra sa 5e édition. Plus de 5 000 fans s'étaient déplacés lors de la dernière édition, couronnant le travail de la centaine de bénévoles. Aucun doute que cette performance sera dépassée lors des prochaines éditions, d'autant que les programmations musicales s'étoffent chaque année. Tout est prévu pour recevoir les festivaliers : « burger house », buvettes, commodités, point infos et même un emplacement bivouac.

No Logo Festival

No Logo (en référence au livre de Naomi Klein) est au départ un festival de reggae indépendant, sans subventions ni sponsors. Ce sont uniquement les festivaliers qui, chaque année, le financent et le rendent possible. Installé sur le site des Forges de Fraisans depuis 2013, il est devenu l'un des rendez-vous culturels majeurs de Franche-Comté. Comptabilisant 19 000 entrées en 2 jours pour sa première édition, l'événement n'a cessé de grandir pour atteindre plus de 40 000 maintenant. Les nombreux festivaliers découvrent ainsi le département, par le biais de la musique ! Et il faut dire qu'ils sont gâtés ! Depuis sa création, quelques-uns des plus grands noms de la scène reggae internationale sont venus à Fraisans : Jimmy Cliff, deux des fils Marley, Alpha Blondy...

Rockalissimo à Saint-Aubin

Voici plus de 15 ans qu'une équipe dynamique organise ce festival dont la notoriété s'accroît d'une édition sur l'autre. Près d'une dizaine de formations musicales de grande notoriété se produisent ainsi sur 2 jours au mois de juin.

Festival de musique baroque du Jura

Au fil des éditions, le Festival de Musique Baroque du Jura est devenu une étape incontournable pour les grands noms de la musique ancienne, qui apprécient la qualité de l'événement autant que sa convivialité. Le festival élabore chacune de ses éditions à partir d'un choix de lieux adaptés à la musique qui y sera jouée. Les concerts suivent un parcours dans le massif jurassien, où le lieu et les musiciens sont en osmose, invitant ainsi les mélomanes à un très grand moment d'une intensité rare.

Pourquoi Les Gueules de Bois ?

L'idée même du festival est de mêler un projet festif, musical, culturel et sportif dédié au grand public avec en toile de fond l'histoire de notre patrimoine lié à la ressource du bois local. Une programmation musicale orientée autour de la musique rock'n'roll. Fidèle à ses goûts musicaux, l'équipe des Gueules de Bois souhaite une programmation musicale de qualité avec des artistes de renommée régionale et nationale. Un festival en lien avec le bois et sa culture. Non seulement lié à l'idée de fête et de lendemain difficile, le nom du festival des Gueules de Bois se veut aussi un lien entre les pratiques artistiques et la culture du bois dans le Jura.

Scènes du Jura

Tout au long de l'année, Scènes du Jura propose une programmation des plus éclectique. C'est aussi un projet qui vise à interconnecter les femmes et les hommes qui vivent, agissent et créent sur le territoire. Plus qu'un lieu de théâtre, de musique, de cirque, de danse, les Scènes du Jura invitent à se rencontrer. FAIRE CORPS, c'est être solidaire, soutenir des initiatives, créer de la synergie et impulser une dynamique commune. FAIRE CORPS, c'est entrer en contact.

LITTÉRATURE

La Franche-Comté est une terre de livres. L'imprimerie en Franche-Comté remonte à 1483 à Salins et 1484 à Besançon. Une forte publication, remontant au XVIe siècle, va se poursuivre et s'accroître tout au long des siècles qui suivront jusqu'à nos jours, ayant pour trame l'histoire de cette région. Le régionalisme comtois et son histoire ont fortement inspiré et servi de sources à nombre d'auteurs. Gilbert Cousin et Louis Gollut en furent les précurseurs. Les romanciers se feront connaître plutôt à partir du XIXe siècle. Plusieurs salons ou festivals littéraires ont vu le jour et traitent les vastes domaines que les mots écrits peuvent décrire. De belles publications illustrées sont régulièrement éditées. Ce sont des nouvelles ou des recueils de poésies, ayant comme illustrateurs des artistes locaux. Le livre pour enfants est bien présent, des auteurs ont choisi cette terre comtoise pour ce qu'elle dégage de magie propice à l'inspiration.

Maximilien dit Max Buchon (1810-1869)

Né à Salins-les-Bains, il écrivit des romans retraçant la vie locale à son époque et les scènes qui s'y déroulaient de manière très réaliste. À cette époque, la vie pour ce peuple de vignerons, paysans ou villageois est difficile : il sut dépeindre avec les mots justes ces vies marquées de joies et de peines. Amoureux de sa région, il en fit de très belles descriptions. On lui doit aussi des poésies et des traductions de Hebel, Gotthelf et Grimm. C'était un fouriériste convaincu, et eut des liens importants avec Gustave Courbet qui fit de lui un beau portrait, et il entretint une forte amitié avec Max Claudet.

Marcel Aymé (1902-1967)

Né à Joigny dans l'Yonne, ses parents étaient originaires du Jura. Il fit ses études à Dole et publia son premier roman en 1926 : *Brûlebois* qui, tout comme certains romans, a pour cadre un village ou une ville comtoise. On connaît de lui, entre autres, *Le Passe-muraille*, *La Vouivre*, *La Jument verte*, *Uranus*. Certains de ses ouvrages ont été adaptés au cinéma.

Louis Pergaud (1882-1915)

Né à Belmont dans le Doubs, instituteur, il composera des nouvelles et des poèmes. Il sera prix Goncourt en 1910 pour son roman *De Goupil à Margot*. Son roman *La Guerre des boutons*, plusieurs fois adapté au cinéma, montre savoureusement deux rivalités de bourgades imaginaires.

Bernard Clavel (1923-2010)

Né à Lons-le-Saunier, romancier reconnu ayant eu le prix Goncourt en 1968 pour *Les Fruits de l'hiver*. Mais *L'Espagnol* et *Malataverne* sont les plus connus. Il fut un écrivain qui ne compta pas moins d'une centaine d'ouvrages à son actif aux côtés d'articles, essais et témoignages.

Livre dans la boucle

C'est le grand rendez-vous annuel dans le domaine de la littérature. Cette manifestation généralement en septembre se déroule dans plusieurs points de la ville de Besançon. Chaque année, la présidence est donnée à une auteure ou un auteur de renom. Pas moins de 200 auteurs sont attendus pour des instants de partages intenses. Ce festival comprend plusieurs temps forts en raison de la notoriété des participants, présentant leur œuvre mais aussi les nouveautés de la rentrée. C'est un grand moment littéraire à ne pas manquer qui se résume bien dans cette phrase prise sur le site Internet : « *Échanger, se divertir, découvrir ou redécouvrir la beauté et la force des mots, c'est ce que Livres dans la Boucle proposera cet automne à tous les amateurs des belles lettres* ».

Causons cases...

Plus de 30 ans déjà qu'existe le festival de la bande dessinée de Cousance. Généralement en décembre, le bourg culturel met les petites cases dans les grandes ! De nombreux auteurs de renom viennent présenter leurs ouvrages. C'est aussi de multiples activités « satellites » : maquillage sur visage, sculpture sur ballon, espaces lecture, jeux de société, bourse aux livres neufs et d'occasion. Passage obligé à la très animée « Guinguette » où les échanges vont bon train. Il est prudent de vous renseigner sur le site Internet de l'association pour l'édition 2021.

Jean-Charles-Emmanuel Nodier (1780-1844)

Né à Besançon, il fait ses débuts en littérature en 1810. Il fut à la fois romancier, poète, auteur dramatique. Bibliothécaire en 1797, c'est certainement ce qui fit de lui un bibliophile remarquable. Il fut un acteur de la naissance du mouvement romantique.

© WANTANDDO - SHUTTERSTOCK.COM

Louis Pergaud.

Abbé Jean Garneret (1907-2002)

Né à Clerval dans le Doubs. C'est un amoureux passionné de la société rurale dans sa globalité, et particulièrement comtoise. Il publia de nombreux ouvrages ou études, agrémentés de ses dessins très réalistes. Grace à lui, on détient une source importante de documentation sur la région et ce patrimoine rural fort riche. Il fut à l'origine du Musée Comtois de la Citadelle de Besançon et de celui des Maisons Comtoises de Nancray. A lire et consulter : *La Maison du Montagnon* et *La Maison rurale*.

Annie Gay

Née en Haute-Marne, professeure agrégée d'histoire. Son parcours professionnel l'amena dans le Jura où elle réside toujours. Amoureuse de ce département, elle publie de nombreux ouvrages sur son histoire, mais aussi des récits historiques romancés. On lui doit aussi plusieurs spectacles mettant en scène des épisodes de l'histoire jurassienne. Ses deux derniers ouvrages nous invitent à découvrir les Francs-comtois qui ont fait l'histoire et les hauts lieux de l'histoire en Franche-Comté. Ses contributions et publications sont importantes et le fruit d'un travail rigoureux.

Paul-Emile Victor (1907-1995)

Né par hasard à Genève, il passa sa jeunesse à Lons-le-Saunier où ses parents tenaient un fabrique de pipes et stylos. Son refuge fut sa mansarde dédiée à la lecture, à l'écriture et au dessin. Il fera l'Ecole Nationale Maritime de Marseille, puis montera à Paris pour faire des études d'ethnologie. Sa rencontre avec le commandant Charcot sera un tournant dans sa vie. Il embarquera avec lui pour ensuite rester un an sur la côte du Groenland. Tout s'enchaîne, voyages et expéditions. Il publiera de nombreux ouvrages spécialisés, mais citons un pour enfants : *Apoutsiak, le petit flocon de neige,* avec des beaux dessins de l'auteur. En 1958, il découvrira Tahiti où il terminera ses jours à Bora-Bora.

Xavier Marmier (1808-1892)

Né à Pontarlier. Cet homme de lettres fut un très grand voyageur et traducteur des littératures européennes du Nord. Il fit connaître en France les pays qu'il visitait. Son œuvre est importante : ses livres traitent principalement de ses voyages.

QUE RAPPORTER ?

Que ce soit en matière de produits gourmands ou issus de l'artisanat, le Jura et son massif ont su préserver un savoir-faire qui couvre bon nombre de domaines, pouvant être sources de cadeaux ou souvenirs mais pas que. Deux marques vous permettent de visiter des entreprises emblématiques : dans le Doubs avec Made in chez nous et, pour le Jura, Made in Jura. Ces deux associations fournissent les coordonnées de leurs ressortissants, bien utile pour découvrir ce que l'on fait de mieux dans la région, les établissements sont référencés suivant un cahier des charges exigeant. Le GPRR (Produits régionaux) est l'ambassade des produits gourmands de BFC. Il intervient certes sur la totalité de la nouvelle Grande Région, mais c'est une source importante d'informations dans le domaine des produits régionaux. Les offices de tourisme sont à même de vous communiquer les meilleures adresses actualisées d'artisans ou de producteurs locaux.

Pour gourmets et gourmands

Avis aux amateurs de fromages ! La race montbéliarde qui occupe les prairies fournit un excellent lait de qualité. Ainsi le comté, affiné de 8 à 36 mois, est bien entendu le plus connu. Mais n'oubliez pas sur votre plateau d'y placer un morbier, un bleu de Gex et un pot de cancoillotte. Les fruitières à comté sont généralement agrémentées d'un magasin pour vendre leur production, et les produits de la région. Si vous préférez des fromages à pâte molle, l'ortolan de la fromagerie Milleret devrait vous plaire. Fumées ou non, les salaisons sont réputées, car réalisées dans le respect d'un savoir-faire ancestral. Les grosses fermes sont ornées d'une cheminée imposante à la forme atypique, le tuyé, c'est là que l'on fume jambons et saucisses. Bien évidemment deux sœurs un peu jumelles sont les stars : la saucisse de Morteau et la saucisse de Montbéliard, toutes les deux bénéficient du label IGP.

Côté liquide apéritif ou digestif (à consommer avec modération), l'Absinthe fait son grand retour en Franche-Comté après des années de mise à l'index. Des distilleries artisanales vous proposeront de la fée verte. Mais son histoire, vous la découvrirez au Musée de Pontarlier, ou à la Maison de l'Absinthe à Môtiers, en Suisse voisine. Incontournable, un anis distillé, typiquement du Haut-Doubs : le Pontarlier. Demandez une bouteille de « Pont », on vous comprendra. De belles distilleries perpétuent cet art de la distillerie, mais plutôt sur le massif. Dans le vignoble on vous proposera un bon marc vieilli en fût de chêne, voire un marc de vin de paille, l'excellence. Mais aussi le macvin. Plus au nord le kirsch franc-comtois a lui aussi ses lettres de noblesse.

Désormais sur les plus prestigieuses tables internationales, étoilées ou non, les vins du Jura ont su s'imposer. Blancs ou rouges, sinon couleur pelure d'ognon pour le poulsard, les cépages sont pour certains uniquement cultivés dans le Jura. Le vin jaune étant un des plus grands vins blancs de France, sa typicité s'appréciera sur un coup de cœur ou après une certaine initiation. Ne le confondez surtout pas avec le vin de paille qui est un vin sucré. Tous les domaines ont leur propre caveau de dégustation, ainsi vous pourrez acheter directement à la propriété ou sinon chez les cavistes. A noter que dans la Haute-Saône voisine, le Domaine Guillaume propose des vins de pays très intéressants.

Moins alcoolisée, la bière est produite depuis quelques années par des brasserie locales, qui rivalisent en qualité et création. N'oubliez pas les limonades artisanales à l'ancienne, aromatisées ou non, que l'on trouve chez Elixia ou Rieme. La Franche-Comté a aussi son eau minérale naturelle, pétillante ou tranquille ; buvez une des eaux les plus pures du monde, qui provient de la source de Velleminfoy en Haute-Saône. Riche en calcium et magnésium, elle a zéro nitrate.

© PIXELTASTER - SHUTTERSTOCK.COM

Le morbier est aussi un produit du Jura.

© FORSTERFOREST - ISTOCKPHOTO.COM

Fabrication de pipe.

Bien que la Suisse, voisine de la région, ait sa très forte réputation, en Franche-Comté de nombreux chocolatiers se sont hissés parmi les plus réputés. Ils utilisent d'ailleurs ce que la région offre comme produits pour innover dans leurs créations en faisant des mariages pertinents.

Si vous aimez le miel, de nombreux apiculteurs vous proposeront le leur, avec des arômes bien spécifiques, comme celui de sapin.

Des articles de mode haut de gamme

Mesurer le temps, ou compter les heures... Le Haut-Doubs et la Suisse voisine perpétuent l'art de la belle horlogerie et surtout des belles montres. Les grandes marques mondiales sont produites dans l'Arc jurassien. Les montres à gousset sont passées de mode, vous les verrez au Musée de l'Horlogerie à Morteau ou à celui du Locle ou de Villers-le-Lac.

Certes, si les changements climatiques réduisent les précipitations pluvieuses, on a toujours besoin d'un parapluie. Ceux réalisés par Pierre Vaux, une entreprise familiale centenaire, sont d'une telle qualité que les grands noms de la mode se fournissent ici. La collection propose des créations classiques ou des plus innovantes, comme le parapluie-ombrelle avec l'élaboration d'un traitement UV/P50, pur produit *Made in France* reconnu internationalement.

Stylos, montre ou couteau Lépine ? Cette entreprise familiale située dans le Haut-Jura développe et fabrique des instruments d'écriture, couteaux, montres automatiques et lunettes depuis cinq générations dans son atelier, maîtrisant les multiples étapes complexes pour arriver à une finition parfaite. Les matériaux de qualité sont extraits de la masse comme le laiton, l'inox ou encore différents types de bois. Ce sont des objets superbes et très représentatifs de l'esprit d'un grand savoir-faire. De vue ou solaire, une paire de lunettes... Le Jura en est le berceau, de belles fabriques perdurent, en ayant su s'entourer de créateurs de renom. Un savoir-faire qui a su faire face à la concurrence féroce en axant sur la qualité et l'innovation. Le musée de la lunette à Morez-Hauts de Bienne en retrace bien l'histoire.

Grande tradition du Haut-Jura, les maîtres pipiers ne sont plus très nombreux, mais la pipe reste un objet du fumeur qui se fabrique selon un savoir-faire ancestral pour atteindre l'excellence en ce domaine. Et c'est le cas.

Issus de l'artisanat

Depuis des siècles, le père Noël se fournit ici. Ce jouet, vous le trouverez en bois ou en plastique. La grande société leader sur le marché est Smoby près de Saint-Claude, pour les créations en plastique. Plusieurs fabriques artisanales proposent des créations en bois comme Vilac, Jeujura, le Village du Bois, la Boissellerie du Hérisson qui décline le bois sous différentes productions.

A l'origine c'était un rude tissu de chanvre, sous le nom de « verquelée » tissé dès le Moyen Âge au Pays de Montbéliard. Grâce à un savoir-faire retrouvé et la volonté de l'office de tourisme, cette toile est à nouveau tissée. La Verquelure présente toujours un dessin classique formé de carreaux en deux ou trois couleurs (blanc, bleu et rouge garance). Au mètre ou déjà confectionné, c'est un très beau nappage permettant de dresser des tables élégantes.

Vous êtes tenté par une cloche en bronze d'une des dernières fonderies de cloches d'Europe ? Il faut aller à Labergement-Sainte-Marie, à la maison Obertino. Le choix est vaste. Sur commande elle peut être personnalisée.

LA TÊTE
À L'ENDROIT
EN BOURGOGNE-FRANCHE-COMTÉ
Présenté par
Guillaume
Pierre
3
bourgogne
franche-comté
Le dimanche
à 12h55
© Jean-Luc Petit
france•tv

SPORTS ET LOISIRS

Les différents reliefs et la nature offrent des espaces très propices aux différents loisirs et notamment sportifs pour tous les niveaux en fonction de ses aptitudes. Les offices de tourismes vous donneront tous les renseignements pour vous permettre de pratiquer de manière individuelle, en groupe et/ou accompagné d'un professionnel. Il n'y a quasiment pas de discipline qui ne puissent être pratiquer dans cette région. Les activités en pleine communion avec la nature priment été comme hiver, mais de nombreux clubs sportifs peuvent vous permettre de vous adonner à votre activité préférée ou d'en découvrir de nouvelles. Associations ou professionnels, ils sont nombreux à proposer des stages thématiques, tout au long de l'année, cette destination touristique permet des activités durant les quatre saisons. Beaucoup de petites communes font des aménagements pour la pratique sportive et de loisirs.

Randonnées pédestres

Dans le Jura, la randonnée peut se pratiquer à toutes les altitudes et beaucoup d'offices de tourisme proposent des circuits à suivre librement ou accompagné. Les Centres Permanents d'Initiatives pour l'Environnement (CPIE) du Haut-Jura et de la Bresse du Jura organisent des sorties à la découverte de la flore des tourbières, des bois, des prés, des rochers et d'autres richesses. En suivant les sentiers, vous repèrerez des flèches et poteaux indiquant les lieux de passage et les directions. Ces flèches et panneaux jaunes jalonnent des itinéraires balisés. Tous ces sentiers sont inscrits au Plan Départemental pour les Itinéraires de Promenade et de Randonnée (PDIPR), mis en place par le Comité départemental du tourisme avec les collectivités et les clubs de randonnées. Une signalétique homogène prévue pour cohabiter avec les balisages rouge et blanc des sentiers de Grande Randonnée (GR) mais aussi avec les itinéraires à vélo et à cheval existants.

Randonnées à cheval et à dos d'âne

Pays d'élevage et de randonnées en tous genres, le Jura fait la part belle à l'équitation. Stages techniques d'équitation, randonnées familiales, raids accompagnés ou libres... Tout est possible ! Avec 1 500 km de sentiers équestres, le Jura représente la plus grande partie du « Grand Huit », un itinéraire balisé de randonnée équestre en Franche-Comté. L'association du Grand Huit regroupe des professionnels de l'élevage équin, de l'équitation, de l'accompagnement à cheval et des hébergeurs. Elle peut vous aider à organiser votre séjour équestre. En hiver, un autre plaisir équestre à découvrir : le ski joëring. A skis, vous vous laissez tirer par un cheval !

Pays de la petite reine

Un relief varié pour satisfaire tous les braquets et de nombreuses petites routes tranquilles pour les pneus fins des vélos de route. Le Jura est un paradis pour les cyclotouristes ! La Grande Traversée du Jura (GTJ), initialement conçue pour le ski, comporte une version cyclotouriste : 360km de petites routes goudronnées entre Montbéliard et Culoz dans l'Ain, via... le Jura. Sans oublier que la véloroute Nantes-Budapest passe par Dole et le nord du département. Le Tour du Jura à vélo version loisirs est un itinéraire de 155 km, accessible à tous, à faire sur plusieurs jours. Il emprunte des voies vertes et de véloroutes, ainsi que des petites routes, à la découverte du Pays de Dole, de la Bresse et du vignoble. Une version sportive de 250 km pour un dénivelé de 3 900 m existe aussi pour les cyclistes plus chevronnés. La GTJ est également balisée pour les VTT. A toutes les altitudes, les vététistes trouveront des itinéraires à travers vignes, champs ou bois pour une découverte, sportive ou douce. Itinéraires et topo-guides disponibles dans les offices de tourisme, notamment celui de Champagnole.

La plage à la montagne

C'est la sensation que vous éprouverez au bord des grands lacs de Chalain et de Vouglans dont les rives sont aménagées. Sachez que vous pourrez aussi pratiquer de la plongé sous-marine, essentiellement à Vouglans. Mais d'autres lacs peuvent accueillir de baigneurs avec des zones surveillées. Pour les rivières comme la Loue, il est préférable de se renseigner. Il y a aussi les piscines jurassiennes comme le centre Aquarel à Lons-le-Saunier, situé à quelques mètres du camping, ou l'Aquaparc de Dole en extérieur.

Pénichettes et croisières

Au carrefour des rivières bourguignonnes et comtoises, le port de Dole peut être le départ pour des vacances au fil de l'eau en pénichette à louer un week-end ou une semaine. Vous pouvez aussi opter pour une promenade commentée à bord d'une vedette ad hoc. Sur le lac de Vouglans, la balade devient croisière sur une

© CLEMENCE BE HIER - STOCK.ADOBE.COM

Randonnée aux Quatre Lacs.

embarcation évoquant les anciens bateaux à aubes. On peut aussi y louer à la journée un bateau à moteur sans permis et même électrique. Dans un style plus sportif, on peut en louer ou un kayak pour descendre l'Ain, accompagné si on le souhaite, depuis Crotenay, Pont-du-Navoy ou Châtillon. Plus tranquille sans doute : le canoë sur la Loue dans le val d'Amour entre Salins et Dole. Enfin, pagayer sur un lac est possible à partir des bases des lacs de Clairvaux, Chalain et Vouglans. Mais aussi sur le lac d'Ilay ou celui des Rousses. Voile : les ports et bases nautiques les mieux équipés se trouvent à Vouglans. Mais on peut aussi s'initier à la voile et à la planche aux lacs de Clairvaux et de Chalain, ainsi qu'au lac des Rousses. Le ski nautique est aussi possible.

Spéléologie

Le Jura se visite aussi par en dessous ! Avec près de 2300 grottes et gouffres recensés, le département est l'un des plus prisés des spéléologues. Des dizaines de cavités souterraines sont accessibles à des groupes encadrés par des accompagnateurs spécialisés.

Parcours dans les arbres

Grimper dans les arbres : un jeu d'enfant qui devient l'aventure de tous pour peu que des spécialistes y aient installé échelles, cordes, passerelles et ponts de singe. Pays de bois et de montagne, le Jura se prête parfaitement à l'exercice que l'on peut pratiquer en famille, les sites proposant plusieurs parcours de différents niveaux. A Dole, Lons-le-Saunier, au lac de Chalain, à Salins-les-Bains, Prénovel, Cerniébaud… L'exercice ne se pratique pas seulement dans les arbres : des parcours sont aménagés pour grimper sur les murs du Fort des Rousses, dans les carrières du Jardin Fantastique à Saint-Maur et on peut même s'accrocher au viaduc de Villards d'Héria pour un parcours « accropont ».

Alpinisme, escalade et via-ferrata

Plusieurs voies naturelles d'escalade attirent les grimpeurs dans le Jura, comme à Bellefontaine et à Mirebel. A Morez Hauts-de-Bienne, la Roche au Dade est équipée en via ferrata tout comme à Moirans-en-Montagne où il en existe une surplombant le lac de Vouglans. Gorges et cascades se prêtent au canyoning. N'entreprenez ces activités seul que si vous êtes chevronné. Sinon, faites-vous accompagner d'un guide.

Golf

Grandes étendues vertes et vallonnées… Le paysage jurassien se prête naturellement au golf, il dispose tout de même de 11 terrains aux difficultés aussi variées que les reliefs du Jura.

Découvrir la faune jurassienne

Le Jura est propice à l'ornithologie avec sa belle nature préservée. Vous pouvez observer par vos propres moyens les volatiles du Jura en vous rendant dans les forêts, près les lacs ou dans les réserves naturelles, des ateliers sont proposés. Vous pouvez également vous adresser au Groupe Ornithologique du Jura de Lons-le-Saunier.

Vous pourrez également pratiquer l'entomologie. Pour que les grosses bêtes observent les petites dans leur milieu naturel, le mieux est de vous rendre dans les parcs et les réserves naturelles du département, notamment celui de Lajoux. A travers des ateliers pédagogiques, vous pourrez en apprendre beaucoup sur la vie microscopique qui nous entoure. Les clubs locaux et les associations organisent également des sorties.

© NOMAD_SOUL - STOCK.ADOBE.COM

Parcours dans les arbres.

Le ciel à portée d'ailes

La vocation de l'aéroport Dole-Tavaux était initialement régionale. Désormais appelé Dole-Jura, il permet de s'envoler à petit prix vers Porto, Marrakech, Bastia, Nice... Le département compte aussi des aérodromes : Lons-le-Saunier (Courlaoux), Arbois, Pratz et Crotenay. Plutôt réservés aux pilotes adhérents d'un club, ils peuvent proposer des vols d'initiation. Montgolfière, prendre de l'altitude en silence ! S'élever au-dessus des vignes ou des prés, survoler les villages, voir les paysages d'en haut... Des spécialistes proposent des vols à partir du Vernois (près de Château-Chalon), de Dole ou Monnières. Attention aux conditions météo indispensables. Les vols sont programmés à l'aube et le soir, avant la nuit. Parapente – deltaplane : Il y a plusieurs sites. Certains proposent des initiations et baptêmes près de Lons, Champagnole, Clairvaux-les-Lacs, dans le Haut-Jura et surtout au Mont Poupet qui domine Salins. Près du lac des Rousses vous découvrirez peut-être aussi le kite-surf, pratiqué par des surfeurs qui se laissent entraîner par une voile. ULM A la base ULM Alizé à Doucier.

Sports d'Hiver

Le ski de piste se pratique principalement aux stations des Rousses pour le Jura, de Métabief pour le Doubs, et le massif de la Dôle pour la Suisse, offrant ainsi de vastes domaines équipés, des tarifs adaptés, y compris un pass' franco-suisse car les domaines jouxtent la frontière. Il existe aussi des petites stations familiales à Morbier et Bellefontaine et des téléskis tels à Longchaumois, Lajoux, La Pesse. Ski de fond : Classique, skating, randonnée nordique... Les reliefs se prêtent au ski de fond : ski « classique », en pas alternatif dans les rails tracés exprès ; « skating », en pas de patineur, sur les surfaces damées ; randonnée nordique enfin, sur le tracé de la GTJ, Grande Traversée du Jura, à travers le massif et son parc naturel régional : 175km de refuges en auberges, entre lac et épicéas, sur les traces du lynx, du grand tétras et... des plus fameux skieurs jurassiens. Côté ski de fond classique et skating, plus de 1 500 km de pistes sont tracés sur le département mais aussi sur le Doubs, l'Ain et en Suisse. Le forfait « Massif » est valable sur ces domaines. Randonnées en raquette, vous apportez vos raquettes, vous en louez sur votre lieu de séjour ou votre accompagnateur vous en fournit. Seule limite : n'empruntez pas les pistes damées pour les skieurs de fond. Balades en traîneau : A chiens et à cheval. Ils sont plusieurs à élever des chiens de traîneaux dans le Haut-Jura. De la balade à la semaine de découverte, en passant par la « leçon de conduite » d'un attelage, de nombreuses activités sont proposées. Vous découvrirez la vie d'une meute. Des balades en traîneau tiré par un cheval sont également organisées. Certains ajoutent à cette offre une expérience de ski-joëring : skier en vous laissant traîner par un cheval. Patin à glace : Le village de Prémanon héberge la patinoire des Rousses.

Pour faire monter l'adrénaline

Quelle liberté de se sentir glisser sur l'eau et de filer aussi vite que le vent ! Vous pouvez pratiquer le ski nautique, le wakeboard, le barefoot... encadré par des professionnels. Centres nautiques (Orgelet), clubs (Pont-de-Poitte), ou la Fédération Française de Ski Nautique (à La-Tour-du-Meix) : vous n'avez que l'embarras du choix. Sports d'eaux-vives Peuplé de rivières et de lacs, le Jura ne manque pas d'endroits pour pratiquer les disciplines comme le rafting, le canyoning, le kayak, l'hydrospeed... Pour cela, vous tourner vers des clubs comme celui de La-Chaux-du-Dombief, qui vous fait pagayer sur la Bienne, l'Ain, le lac de Vouglans, le lac de Coiselet ou celui d'Ilay, et même en Savoie ! D'autres organismes proposent ce sport aux Rousses, à Orgelet, à Marigny, à Ounans...

TREK
LA CHAÎNE DES SPORTS OUTDOOR
@TrekHD www.trekhd.tv
DISPONIBLE SUR
Une chaîne Mediawan
SFR
free
bouygues
BIS
my CANAL
molotov.tv

GASTRONOMIE

Il y a une réelle dynamique pour valoriser les produits comtois. Si Bourgogne et Franche-Comté ne forment plus qu'une région, l'identité comtoise est bien marquée. Au niveau restaurants et tables d'hôtes, la mise en valeur des productions locales privilégiant les circuits courts est une réalité. Côté producteurs, les savoir-faire ancestraux sont essentiels car on aime ce que l'on fait, mais on innove aussi. Il y a les traditionnelles fondues et raclettes, mais le vin jaune s'invite dans les plats plus élaborés. Que vous vouliez vous laisser servir ou vous-même vous mettre au fourneaux, rien ne vous manquera pour devenir un véritable cordon bleu ou un excellent gastronome. Le GPPR « Gastronomie et promotion des produits régionaux » vous apportera toutes les informations pour mieux vous aider à trouver l'excellence des produits. Le rendez-vous pour découvrir ce qu'il y a de mieux en ce domaine ? Le Week-end Gourmand du Chat Perché à Dole !

Volailles, viandes et gibiers

Des volailles de Bresse « en bas » aux charcuteries fumées du Haut-Jura et Haut-Doubs, les viandes traduisent la diversité des altitudes et des « pays » jurassiens. Les mets jurassiens ont des saveurs de plaine ou de montagne, mais toujours un franc caractère. Les viandes, même les escargots, s'accommodent avec vins, fromages, et autres produits locaux : morilles au printemps, cèpes, girolles, mousserons, trompettes en automne. Hors saison, ces champignons sont disponibles séchés ! Le coq (poulet ou poularde) aux morilles et au vin jaune est le plat emblématique. Les saucissons se parfument au comté et au vin d'Arbois, et on en trouve à base de chevreuil ou de sanglier. Les jambons et le brési (bœuf séché à la manière de la viande des Grisons) n'attendent pour se faire apprécier que quelques pommes de terre et un peu de fromage bien chaud et bien fondu. La saucisse de Morteau est labellisée non loin d'ici et on la trouve souvent dans les plats jurassiens, dans une simple salade aux pommes de terre ou dans une potée complète. N'oublions pas la saucisse de Montbéliard, sans doute la doyenne des saucisses en France. Crue et fumée, elle est élaborée exclusivement en Franche-Comté selon un cahier des charges rigoureux. Et essayez la chèvre salée typique du Haut-Jura-Saint-Claude (il s'agit bien de viande de chèvre conservée au sel) !

D'étangs ou de rivières...

Outre le produit de la pêche dans les rivières à truites du Jura, plusieurs piscicultures élèvent des poissons que vous trouverez transformés en délicieux produits : terrines, soupes et fumés... Fraîche, la truite s'accommode très bien au vin jaune. Dans les étangs de la Bresse sont élevés d'autres poissons d'eau douce : carpes, brochets, gardons, tanches... Les grenouilles font l'objet d'une véritable tradition : lorsque la saison revient, les restaurants du Jura rivalisent pour recevoir les visiteurs bien décidés à la respecter.

Saucisse de Morteau et de Montbéliard.

Cave d'affinage de comté.

Le Mont d'Or est un fromage typique du Jura.

Fleuron de la Franche-Comté

Produit-phare du Jura, le comté est fabriqué sur l'ensemble du massif. Il se présente sous la forme d'une grande meule de plus de 40 kg produite à partir de 500 litres de lait cru, mais sa pâte pressée est cuite. Les meules sont affinées en cave pendant au moins 4 mois… souvent beaucoup plus ! A la différence de certains fromages toujours identiques et sans surprises, le comté étonne les connaisseurs à chaque dégustation. Avant d'en acheter, on vous proposera souvent une petite dégustation. Comparez et concentrez-vous sur les arômes. Subtils ? Eh oui : il y a plus de 80 arômes qui « signent » le plus fréquemment le comté. Ils sont regroupés en six grandes familles : lactique, fruitée, torréfiée, végétale, animale, épicée. Les raisons de cette extraordinaire richesse de goût ? Le terroir d'abord : si l'AOC comté exige du lait de vaches montbéliardes, celles-ci ne mangent pas la même herbe ! Elle change selon l'altitude ou le terrain. La saison ensuite : car la composition de cette herbe varie au fil du temps, fraîche au printemps, fleurie en été, séchée en foin pour l'hiver... Ces arômes sont ensuite développés par l'affinage. Et, là aussi, tout est possible ! Les caves et le travail des fromagers varient aussi d'une fruitière à l'autre. Et pourtant, cette diversité se fond en une seule profession uniformément fière de son produit. Il y a bien longtemps que les éleveurs jurassiens ont regroupé leur production de lait pour rendre optimale la fabrication du fromage, et le conserver tout au long des rudes hivers. Seuls des fromages de grande taille et à pâte pressée cuite permettaient cette conservation si particulière. Des documents historiques mentionnent l'existence de « fruitières » dans le Jura dès le XIIIe siècle. Cette organisation solidaire préfigure les coopératives. Précurseurs en la matière, les Jurassiens le sont aussi en matière de labels : en 1958 le comté est l'un des premiers fromages à bénéficier d'une Appellation d'Origine Contrôlée (AOC). En 1996, il est encore parmi les premiers à recevoir l'Appellation d'Origine Protégée européenne (AOP). Les producteurs de comté continuent à œuvrer ensemble pour améliorer sans cesse la qualité et la distribution de leur fromage avec le souci de travailler dans le respect de leur exceptionnel environnement. Quand vous achetez un morceau de comté (1re AOP de France en tonnage), vous faites travailler des hommes et des femmes attachés à leur terroir et à leur région, qui sont soucieux de la tradition fromagère ancestrale, et du maintien de ce savoir-faire tout en respectant la nature.

Très «trait» bon...

Le morbier, on le reconnait à sa ligne médiane grise, est un fromage d'une dizaine de kilos, moulé, crémeux, avec 45 % de matière grasse, à pâte cuite. AOC depuis 2000 et AOP depuis 2002, sa fabrication remonterait à la fin du XVIIIe siècle. D'où vient-il ? Pour produire le lait d'une journée, il faut traire les vaches matin et soir. Les éleveurs de la région de Morbier prirent donc l'habitude de remplir leurs meules en deux fois, sans stocker le lait entre les deux. Et pour conserver le lait caillé du soir, ils le recouvraient de suie. Le matin, ils coulaient le caillé de la traite par-dessus. Aujourd'hui, cette technique perdure, mais c'est du charbon de bois végétal qui est déposé entre les deux couches de lait. Comme son nom l'indique, la zone d'appellation du morbier est située dans un périmètre restreint qui s'étend autour du village éponyme. La production annuelle est de 10 000 tonnes. A déguster tel quel sur le plateau de fromages, fondu en raclette, morbiflette, ou dans des sauces crémeuses.

Le bleu et les autres

La filière bleu de Gex Haut-Jura est la première AOP fromagère labellisée par la marque « Valeur Parc naturel régional ». Le bleu de Gex est un excellent fromage à pâte persillée. Il est fabriqué dans seulement quatre fruitières (Les Moussières, Villard-Saint-Sauveur, Chezery-Forens et Lajoux) regroupant 44 exploitations. Elles sont réparties sur une aire de production très limitée au milieu du parc, chevauchant le Jura et l'Ain. La marque Valeur Parc fait partie des rares labels pouvant se superposer à celui des AOP. Cette marque valorise les activités économiques faisant une place centrale à l'humain, à la préservation de l'environnement et à l'attachement du territoire, ce sont ces valeurs qui se retrouvent dans cet excellent produit. Voici donc un fromage d'exception issu d'un terroir qui ne l'est pas moins. A découvrir absolument, il enrichira votre plateau de fromages et étonnera les gourmets. Mais tout le lait du Jura n'est pas transformé en fromage ! On trouve dans les fruitières et autres commerces d'excellents yaourts. La crème est également bien présente...

La cancoillotte

Le chapitre des fromages jurassiens ne serait pas complet si l'on n'évoquait pas la cancoillotte. C'est une pâte qui se présente en bocal ou en pot. Elle est obtenue en faisant fondre le « méton » (du lait écrémé caillé) avec de l'eau, du sel et du beurre. On peut la manger froide sur du pain, ou la chauffer pour la servir, par exemple, avec des pommes de terre. Son avantage ? Elle est très légère ! Est-ce cette tradition franc-comtoise qui a donné naissance à La Vache qui rit ? Cette dernière, produite à Lons depuis 1921, est obtenue en faisant fondre du fromage (et non du lait caillé) de manière plus industrielle que la cancoillotte. Mais, tels le rat des villes et le rat des champs, La Vache qui rit et la cancoillotte ne peuvent nier leur parenté !

© FOODPICTURES - SHUTTERSTOCK.COM

La cancoillotte, spécialité fromagère du Jura.

Le Mont d'Or ou Vacherin

Mont d'Or côté français (département du Doubs), Vacherin côté suisse (canton de Vaud). Il a eu l'appellation contrôlée en 1981 et l'AOP en 2003. Issu de lait de vache, c'est une pâte molle, croûtée et lavée. 12 jours d'affinage en moyenne en France, de 17 à 25 jours en Suisse. Caractéristiques : sa ceinture d'épicéa et il se loge dans une boîte du même bois. Il pèse de 260 g à 3,2 kg avec une production annuelle de 5 500 tonnes. La commercialisation se fait de septembre à mars. Il peut être consommé tel quel ou chaud dans sa boîte passée au four, arrosé d'un bon cru blanc jurassien ou vaudois, autour des pommes de terre et de bonnes cochonnailles des deux régions !

Petites mousses et autres

Depuis quelques années, les brasseries artisanales se développent. La plus connue, car pionnière, est La Rouget-de-Lisle à Bletterans. En mars la « Fête de la Bière » à Poligny réunit la plupart des brasseurs franc-comtois. La Brasserie Comtoise ou la route des Brasseurs est un groupement sous forme d'association à l'initiative de la Chambre des Métiers qui vous permet d'aller à la rencontre des brasseurs. Une charte a été établie pour veiller à un accueil de qualité qui prévoit des visites et des dégustations. Outre des créations intéressantes, vous découvrirez des brasseurs passionnés. Mais encore, les cerises et le kirsch de Fougerolles sont des produits comtois reconnus. Les plantes à tisanes cueillies ou cultivées dans le massif jurassien par de petits producteurs, vous les trouverez dans les boutiques spécialisées. Dans les hauts plateaux, c'est la gentiane qui est distillée pour un alcool très typé. Denis Pisella s'est également fait un nom avec son cidre, fabriqué avec les pommes de ses vergers à Sellières.

© GLETI - SHUTTERSTOCK.COM

Rituel de l'Absinthe.

La fée verte

Spiritueux à base de plante du même nom, l'absinthe a une histoire tourmentée ancrée dans cette partie des montagnes du Jura, territoire transfrontalier (Val-de-Travers en Suisse, région de Pontarlier en France). Née à Couvet (Suisse) au XVIIIe siècle, elle est cultivée en très grande quantité au Val-de-Travers et dans la vallée du Drugeon, mais c'est principalement à Pontarlier, où elle est distillée, que l'absinthe doit sa renommée mondiale. En vogue au début du XXe siècle, c'était un fleuron de l'économie locale, jusqu'à son interdiction en 1910 en Suisse et en 1915 côté français. Elle continuera d'être produite de manière clandestine pendant 95 ans. Elle est réintroduite en France au début de notre siècle. C'est tout un rituel pour savourer une absinthe. C'est par un minutieux goutte-à-goutte d'eau glacée au travers d'un sucre posé sur une cuillère plate que la « fée verte » libère ses arômes et ses reflets verts et ambrés. Elle est en train de reconquérir ses lettres de noblesse, avec son Indication Géographique depuis 2019 à Pontarlier. Elle entre aussi dans la composition de cocktails et dans la gastronomie. A ce sujet, plongez-vous dans l'excellent livre ***Absinthe, 40 recettes à la Fée Verte*** de A. Brunner et Y. Klauser (Éditions Livreo Aphil).

AGENDA

Toute l'année, des manifestations viennent mettre en valeur le patrimoine et la culture jurassienne. Alors, oui, la saison 2020-2021 a été quelque peu chamboulée par la crise sanitaire. Mais nous avons bon espoir que la prochaine saison nous offre de nombreux et beaux moments en perspective. Les gourmands pourront profiter de festivals mettant en avant les différentes productions du Jura : de la fête du morbier au Week-end du chat perché, vous dégusterez le meilleur du Jura. Les amateurs de musique ne seront pas non plus en reste, avec notamment le Festival de la paille et Rockalissimo. La Transjurassienne attend aussi les plus sportifs d'entre vous pour une belle épreuve de ski de fond. La culture est mise en avant sous toutes ses formes avec les arts du cirque, le hip-hop, l'artisanat, les fêtes traditionnelles... Le Jura n'attend plus que vous pour faire la fête et célébrer ses beautés !

FESTIVAL CIRQUE & FANFARES

DOLE ✆ 03 84 79 79 79
www.doledujura.com
En mai. Les arts du cirque et musiques de rue. Feu d'artifice. Entrée gratuite. Renseignements ville de Dole.

La Pentecôte est le moment choisi par Dole pour enflammer d'animations ses rues. Depuis 10 ans ce festival fait intervenir une dizaine de fanfares, de cirques du monde, de troupes. Il intervient essentiellement au centre-ville avec des spectacles de rues, des pièces de théâtre et des concerts sans oublier la grande fête foraine. Le point d'orgue est un somptueux concert gratuit le samedi en soirée avec le feu d'artifice qui s'en suit. Manifestation populaire entièrement gratuite.

FESTIVAL DE LA PAILLE

16, Rue du Village - **MÉTABIEF**
✆ 07 67 96 19 48
www.festivalpaille.fr
L'association « Collectif organisation » organise en juillet son festival musical avec 25 concerts sur plusieurs jours.

Métabief, c'est le blanc de la neige l'hiver... et le blond des blés l'été. Depuis 2000, des « mordus » de musique mettent sur pied chaque année un festival de la Paille en juillet. 750 festivaliers durant la première édition, contre plus de 25 000 aujourd'hui. Il coiffe de nombreux genres musicaux : reggae, rock, chansons populaires, électro, trip hop, pop, blues, folk. Un festival qui compte tant sur le plan national qu'international. En nouveauté, l'aménagement d'un espace hébergement au calme et sécurisé, en tipi et kartent.

FÊTE DU MORBIER

Route des Prehez - **MORBIER** ✆ 03 84 33 02 39
www.morbier.fr
Fête en l'honneur du berceau de ce fromage, chaque mois d'août. Renseignements sur site. Entrée gratuite.

Toute la journée, en août le bourg rend hommage à son célèbre fromage au cœur cendré. Cette année sa fête célébrera son trentenaire avec le concours officiel des meilleurs affinés et le concours du public. De nombreuses festivités sont prévues : fabrication à l'ancienne, restauration, promenade à dos d'âne, animations, produits régionaux. Une cinquantaine d'artisans et de professionnels sont présents et pour achever ce temps festif, les gourmands se rassemblent autour d'une « morbiflette géante », et un bal se prolonge jusque tard dans la nuit. Entrée gratuite.

GRANDES HEURES NATURES

BESANÇON ✆ 03 81 87 88 89
www.grandes-heures-nature.fr
En juin. 3 évènements à thèmes autour de la marche et des cyclos concernant la nature. Renseignement sur site.

Comme il l'indique, ce rendez-vous nature grandeur nature se destine au citoyen épris de balades comme au sportif le plus aguerri. Sous entendu qu'il est peut-être bon de redécouvrir sous un nouveau jour l'endroit où l'on vit. Ce festival « outdoor » propose 3 programmes autour de la capitale bisontine. « l'Ekiden connecté » se veut une course relais de 5 à 10 km qui dure jusqu'au 14 juillet. « 3 ambiances pour une virée à vélo » propose des boucles de 6 à 39 km entre rivière, forêt et montagne. Enfin « 6 idées de rando » partent de Fontain, Chaillu, Morre et Chalèze.

IDÉKLIC, LE FESTIVAL INTERNATIONAL POUR L'ENFANT

MOIRANS-EN-MONTAGNE

✆ 03 84 42 00 28 - www.ideklic.fr

En juillet (spectacles à l'unité : gratuits ou payants).

Idéklic, festival international pour l'enfant, est fidèle à son rendez-vous estival de juillet. Depuis plus de 30 ans maintenant, ce sont près de 68 représentations, dont des spectacles de rues et 58 ateliers artistiques, d'expressions ludiques et créneau scientifique, tous destinés aux enfants comme aux parents que nous offre ce festival. Dans les rues, les jardins, dans les salles et même en pleine nature, les enfants seront acteurs et spectateurs au sein des troupes.

L'ART SE DÉVOILE

CHÂTEAU-CHALON

✆ 03 84 24 76 05

www.lartsedevoile.com

Biennale d'art contemporain de valorisation du site. 70 artistes. Renseignements en téléphonant.

La Cité de Caractère de Franche-Comté, capitale du vin jaune se transforme sur un week-end en une vaste galerie d'art à ciel ouvert. 70 artistes présentent leurs œuvres, regroupant plusieurs disciplines. La sculpture, la gravure, la photographie, la peinture, la céramique entre autres sont au rendez-vous et admirablement bien représentées par des talents de renom. L'originalité de cette rencontre est qu'elle implique pleinement les habitants du village, ceux-ci mettant à disposition un espace de leur habitation (intérieur ou extérieur) pour accueillir un artiste.

LA HAUTE-FOIRE

2, Place René Pourny - **PONTARLIER**

✆ 03 81 41 08 09

www.haute-foire.com

Foire du Haut-Doubs tous les 2 ans en septembre. Renseignements Micropolis organisateur et ville. Entrée payante.

Cette manifestation intervient tous les deux ans en septembre à l'occasion de la sortie du fromage saisonnier qu'est le Mont-d'Or et de sa commercialisation durant quelques mois. C'est le plus grand rendez-vous du Haut-Doubs dans ce créneau. Elle réunit 200 exposants artisans, commerçants, producteurs. Dans une ambiance festive et conviviale, elle met aussi à l'honneur la gastronomie régionale avec des ponctuations de jeux, concours et animations variées. Certaines soirées se poursuivent par des nocturnes tout aussi sympathiques.

LA PERCÉE DU VIN JAUNE

CRAMANS ✆ 03 84 66 26 14

www.percee-du-vin-jaune.com

Fête organisée par «Les Ambassadeurs des vins jaunes». Les 5 et 6 février 2022 à Cramans. Réservation en ligne.

Evoquez le Jura viticole, et « le vin jaune » vient à l'esprit. Breuvage énigmatique issu du savagnin. Sa typicité, il la doit d'abord au sous-sol de marnes bleues pour l'essentiel, à son élevage de 6 ans et 3 mois. Ils lui confèrent une robe en or incomparable. Depuis plus de 20 ans, les professionnels de la filière donnent rendez-vous aux amateurs en février pour la « Percée du vin jaune ». Une manifestation mondialement reconnue. C'est le moment où le vigneron met « en perce » ce précieux nectar. Pour 2022, c'est Cramans qui aura les honneurs avec le millésime 2014.

LA PRESSEE DU VIN DE PAILLE

ARLAY

www.juratourisme.com

En janvier. Gratuit. Restauration. Pressée, repas gastronomique, marché des saveurs, animations, expositions.

Plus confidentielle que son aînée « La Percée du vin jaune », cette fête intervient chaque année le dernier week-end de janvier. Plus précisément à la Saint-Vincent. Elle met à l'honneur le rare nectar liquoreux jurassien qui représente 1 % de la production du vignoble. C'est dire s'il est précieux ! La manifestation est le fait de l'association « Brin de cultures ». Au programme : 2 pressées, un repas gastronomique, un marché des saveurs, des animations musicales et des expositions.

LA TRANSJURASSIENNE

18, Avenue Charles de Gaulle - **HAUTS DE BIENNE**

✆ 03 84 33 45 13

www.latransju.com

Compétition internationale de ski de fond depuis 1997. Organisée « Trans'organisation ». 68 km. Inscription en ligne.

4 000 compétiteurs chaussent leurs skis de fond chaque année sur les 68 km mythiques de Lamoura à Mouthe. 2 classiques cependant le samedi de 25 et 56 km et 3 le dimanche en « skating » (ou pas de patineur) de 25, 48 et 68 km. Les ravitaillements sont assurés par les habitants des villages traversés. Cette course mythique est la seule épreuve française inscrite au calendrier de la Worldloppet, challenge mondial longue distance. En janvier, les enfants entrent en piste désormais comme leurs aînés. Plus de 3 000 à s'élancer sur les « planches » fartées !

Radio
FRÉQUENCE
PLUS
www.frequenceplusfm.com
@ 07/12 David Graphic - Photo SJ Image Passion

LE BIOU D'ARBOIS

17, Rue de l'Hôtel de ville - **ARBOIS**
✆ 03 84 66 55 50
www.coeurdujura-tourisme.com
Fête ancestrale célébrée à l'occasion de la fête patronale à la veille des vendanges. Infos Office de tourisme.

Cette fête traditionnelle remonte au XVIIe siècle. Elle intervient le premier week-end de septembre à l'occasion de la fête patronale qui honore Saint-Just, le saint patron local. Le samedi, les vignerons préparent une grappe de raisins géante qui sera transportée le lendemain à travers la cité, pour être hissée ensuite dans le chœur de l'église. Après quelques semaines, son équivalent en poids sera transformé en vin offert à des œuvres. Il y a le Biou religieux et le biou républicain. D'autres bious également se succèdent dans des villages alentour.

LES ABSINTHIADES

PONTARLIER ✆ 03 81 38 82 12
www.admdp.com
Fête en l'honneur de l'absinthe dans sa capitale. 1er week-end d'octobre. Renseignements sur le site.

Pontarlier fut la capitale mondiale de l'absinthe jusqu'en 1915. Elle organise depuis 20 ans ce rendez-vous unique en son genre. La ville fête «la fée verte», aux vertus également médicinales, en direction des arthémisophiles, ses défenseurs. Les festivités s'organisent autour d'un concours populaire (vous pouvez en faire partie sur inscription). Une exposition se tient à la chapelle des Annonciades et au Musée. Manifestation culturelle, ce moment permet de remonter le temps des ambiances mythiques des « années d'absinthe ». Le *Petit Futé* est partenaire.

LE MARCHE DE NOËL

Rue de l'Hôtel de ville - **MONTBÉLIARD**
✆ 03 81 89 22 00
Un des plus beaux marchés de France jusqu'au 24 décembre. Illuminations, animations, exposants. Information sur site.

Ce marché de Noël est un incontournable depuis 1987. Son ampleur est telle qu'il se place aujourd'hui comme l'un des plus prisés de l'Hexagone. 450 000 visiteurs lui rendent visite pendant un mois. Le déplacement en vaut la chandelle au sein de cette cité historique pittoresque qui fut façonnée durant quatre siècles par les princes de Wurtemberg et Schickhardt. Cette magie de Noël se pose sur la cité grâce aux illuminations à couper le souffle mais aussi le foisonnement des spectacles et des exposants dont les régionaux qui mettent un point d'honneur à participer.

LES SOUFFLACULS

Office de tourisme Haut-Jura - **SAINT-CLAUDE**
✆ 06 47 61 12 82
www.saint-claude-haut-jura.com
Fête en avril dans la capitale de la pipe et du diamant. Entrée gratuite. Renseignements au tel ou sur site.

Cette fête est née le mercredi des Cendres de par la volonté des moines locaux. Il s'agissait de déloger l'esprit malin sous les jupes des femmes. Revêtus de longues chemises blanches et visages cachés par des masques noirs, des habitants sillonnent les rues, accompagnés d'un soufflet. Le centre-ville s'anime d'un grand carnaval avec chars et animations en tous genres. La manifestation s'achève par l'incinération du roi du corso et un feu d'artifice géant. Un rendez-vous incontournable du Haut-Jura. L'entrée est gratuite.

NOËL AU PAYS DU JOUET

MOIRANS-EN-MONTAGNE

✆ 03 84 42 31 57

www.jurasud.net

En décembre 2021. Spectacles pour petits et grands et marché de Noël. Restauration. Entrée gratuite.

Cette fête se déroule traditionnellement le 3e week-end de décembre. Moirans est LE pays du jouet ! Dans ses rues une trentaine de spectacles avec une dizaine de compagnies d'envergure nationale. Des balades en traîneau avec le père Noël… jusqu'à l'atelier du célèbre homme rouge à barbe. Les centres d'intérêt sont multiples : histoires, contes, musiques, ateliers d'artisans de jouets et jeux, des ateliers créatifs, circuits de train, jeux d'adresse, musée, marché de Noël sans oublier la hotte magique pleine de surprises. Un week-end merveilleux !

RENDEZ-VOUS DE L'AVENTURE

LONS-LE-SAUNIER ✆ 06 79 36 58 46

www.rdv-aventure.fr

Festival de l'aventure : films, livres, prix, rencontres avec aventuriers, conférences. Détail au tél ou sur site.

En mars l'association « La fabrique de l'aventure » conduite par Virgile Charlot met sur pied ce festival. En cette période d'éveil du printemps, il se veut une fenêtre d'évasion, d'ouverture de l'Arctique aux déserts brûlants. Le programme est copieux durant 15 jours : films et livres avec le prix des meilleurs, des conférences et rencontres avec de vrais aventuriers, tous « enfants » de Paul-Emile Victor. Un point d'honneur est mis au suivi de projets d'aventures émanant des jeunes.

ROCKALISSIMO

SAINT-AUBIN ✆ 06 33 87 48 08

www.rockalissimo.com

En juin. Festival de musiques. expositions. Gratuit - de 12 ans accompagnés. Renseignement sur site.

Voici 15 ans qu'une équipe dynamique de 40 membres baptisée « Plaine du rock » organise ce festival dont la notoriété s'accroît d'une édition sur l'autre. Elle s'appuie aussi sur 100 bénévoles. Une dizaine de formations musicales de grande notoriété se produisent ainsi sur 2 jours en juin. La manifestation se déroule sur le site de la Maison du patrimoine. Elle regroupe en outre des collections d'objets historiques représentatifs des campagnes ainsi qu'un musée dédié aux pompiers. L'entrée est gratuite pour les enfants de moins de 12 ans accompagnés d'un adulte.

TALENTS & SAVEURS

BESANÇON

✆ 03 81 41 08 09

www.talents-saveurs.com

Rencontre du public avec les artisans et producteurs régionaux. En novembre.

A l'approche des frimas et à quelques semaines des festivités de fin d'année, la capitale régionale accueille depuis une dizaine d'années ce rendez-vous. Gourmets et amateurs de produits régionaux ont l'opportunité de rencontrer de nombreux artisans créateurs ainsi que des maisons fabriquant la riche palette de spécialités comtoises. C'est un appel au circuit cout relayé par la présence d'auteurs de livres sur le même thème. Animations, dégustations, concours… émaillent cette manifestation qui attire des milliers d'amoureux du bien vivre et du bien nourrir.

UN VENT DE HIP HOP

Place de la Halle - **MORTEAU**

✆ 03 81 67 18 53

www.morteau.org

En avril. Durant 3 jours, spectacles artistiques issus des cultures urbaines. Renseignements par téléphone ou sur le site.

Depuis plus de quinze ans, la capitale de la célèbre saucisse organise ce festival au théâtre municipal. Près de 150 intervenants viennent se produire, et montrent au public les variantes artistiques issues des cultures urbaines. C'est l'occasion de découvrir au plus près des compagnies de renom à travers des prestations les plus éclectiques qui soient. Les tarifs sont très adaptés, notamment en direction des plus jeunes spectateurs. Le «pass'festival», en particulier, offre un accès des plus intéressant pour les fidèles de ce genre.

WEEK-END DU CHAT PERCHE

6, Place grévy - **DOLE**

✆ 03 84 72 11 22

www.tourisme-paysdedole.fr

Du 1er au 3 octobre 2021. Informations sur site ou téléphone.

Pour sa 7e édition, les amoureux de la table et des produits régionaux sont conviés cette année début octobre. Dole la gastronomique a mis les petits plats dans les grands, comme les précédentes éditions. Avec la présence de grands chefs et de producteurs, le parrain de l'année sera Pierre-Louis Tourneur. Ce « gourmeur », ingénieur-agronome, tient ses chroniques sur RTL, fruit de ses déplacements en vélo à travers la France. Dominique Loiseau est toujours la marraine de la manifestation avec comme invités d'honneurs l'Alsace et la commune de Chablis. Entrée libre.

EN VENANT DE LA BOURGOGNE VOISINE

La région doloise avec sa sous-préfecture Dole est la porte de la Bourgogne distante seulement d'une dizaine de kilomètres. On y arrive par l' A 39, mais beaucoup plus fun par la D 905 qui transite par la capitale de l'oignon qu'est Auxonne. A vocation industrielle de par sa position stratégique, ce Jura-Nord déploie une véritable mosaïque tournée vers le tourisme depuis plusieurs décennies. Aidé en cela il est vrai par un environnement de collines moutonneuses verdoyantes, qu'il s'agisse du Mont Roland, du Massif de la Serre, et en plaine du Finage jusqu'à la vaste forêt de Chaux. N'oublions pas les sinuosités de la rivière Doubs et l'avènement du tourisme fluvial qui avec le canal du Rhône au Rhin mène au port de Saint-Jean-de-Losne. Dole la pittoresque, ancienne capitale de la Comté, vous ouvre à son tour ses portes pour vous orienter vers Besançon, Le Val d'Amour et le pays de Gustave Courbet de la région d'Ornans.

PAGES

PAYS DE DOLE 66

66 DOLE ★★★
78 MONTMIREY-LA-VILLE
78 MOISSEY
78 PARCEY
79 RAINANS
79 VITREUX

VAL D'AMOUR 80

80 MONT-SOUS-VAUDREY
82 CHAMPAGNE-SUR-LOUE
83 CHISSEY-SUR-LOUE
84 CHAMBLAY
84 OUNANS
86 PORT-LESNEY
88 LA VIEILLE-LOYE
88 ARC-ET-SENANS ★★★

PAYS DE COURBET 91

91 ORNANS ★★
92 CLÉRON
94 NANS-SOUS-SAINTE-ANNE
94 VUILLAFANS ★
94 QUINGEY
94 LODS ★

VALLÉE DU DOUBS 95

95 BESANÇON ★★★
100 NANCRAY ★
101 MOUTHIER-HAUTE-PIERRE
101 BELVOIR ★
101 VALDAHON
102 VERCEL-VILLEDIEU-LE-CAMP
102 BAUME-LES-DAMES ★
103 CUSANCE
103 BOUCLANS
103 ETUZ
104 NANS
104 RIGNEY
104 SOYE
104 LANDRESSE

En venant de la Bourgogne voisine
BESANÇON
BAUME-LES-DAMES
CUSANCE
SOYE
RIGNEY
ÉTUZ
NANCRAY
BOUCLANS
LANDRESSE
VERCEL-VILLEDIEU-LE-CAMP
BELVOIR
VALDAHON
ORNANS
CLÉRON
VUILLAFANS
LODS
MOUTHIER-HAUTE-PIERRE
QUINGEY
ARC-ET-SENANS
PORT-LESNEY
NANS-SOUS-SAINTE-ANNE
CHAMPAGNE-SUR-LOUE
LA VIEILLE-LOYER
MONT-SOUS-VAUDREY
OUNANS
DOLE
RAINANS
MOISSEY
MONTMIREY-LA-VILLE
VITREUX
Renève
Essertenne
Talmay
Pontailler-sur-Saône
Pesmes
Valay
Velesmes
Gy
Cussey-sur-l'Ognon
Miserey-Salines
École-Valentin
Les Auxons
Chemaudin
Saint-Vit
Orchamps
Boussières
Rochefort-sur-Nenon
Sampans
Champvans
Dole
Choisey
Chissey-sur-Loue
La Chapelle-sur-Furieuse
Souvans
Vaudrey
Mouchard
Éternoz
Septfontaines
Maisons-du-Bois-Lièvremont
Arc-sous-Cicon
Remonot
Villers-le-Lac
Morteau
Les Fins
Guyans-Vennes
Avoudrey
Saône
Nancray
Thise
Marchaux
Roulans
Baume-les-Dames
Rioz
Forges
Clerval
Rang
Dambelin
Rémondans
Fontaine
Sancey-le-Grand
Laviron
Belleherbe
D36
D70
D474
D12
D66
D15
N57
D486
D50
D23
D271
D118
D73
A36
D137
D464
D67
D459
D30
D125
D673
D31
D475
D10
D41
D461
D242
D492
D9
D132
D27
D131
D215
A39
D103
N83
D139
D67
D32
D447
D472
D71
D47
4,5 KM

DOLE ★★★

Une très jolie cité, qui mérite le label **Ville d'art et d'histoire** du ministère de la Culture, avec son église collégiale et ses quartiers anciens. Jolie aussi parce qu'elle est bâtie au bord du Doubs qui a toujours participé à son activité et à son développement dont le tourisme fluvial aujourd'hui. Située entre Dijon et Besançon, au centre de la nouvelle région Bourgogne-Franche-Comté, Dole était capitale de la Comté lorsque celle-ci dépendait de la Bourgogne, puis des Habsbourg. Après l'annexion par Louis XIV, Dole perdit son rôle de capitale au profit de Besançon. Bienvenue dans la ville natale de Louis Pasteur, dont le père était tanneur. On visite sa maison au bord du canal. Une flânerie dans les rues est une balade à travers l'Histoire : des vestiges médiévaux lorsque Dole abritait le Parlement et l'Université de la Comté, au quartier des tanneurs, en passant par les édifices du XVIIIe siècle, époque de renaissance culturelle et architecturale après les ravages des guerres menées par les rois de France contre l'indépendante Comté. Louis XI l'a fit incendier en 1479. Et de là, la devise : « Comtois, rends-toi ! Nenni, ma foi ! ». Dans cette histoire mouvementée, la collégiale est restée fièrement dressée, dominant la ville, visible de partout, semblant rappeler l'âge d'or de la Comté. Mais la ville n'est pas figée. Elle bénéficie d'une politique culturelle très dynamique : concerts, expos, visites guidées… Un appel gastronomique encore avec ses bonnes petites tables et son point d'orgue du **Week-end du Chat perché**. Quelle que soit la saison où vous venez, vous ne vous ennuierez pas.

UNE BELLE AVENTURE

Avenue de Lahr ✆ 06 82 99 78 99
www.unebelleaventure.fr

Mai-septembre sur réservation. Isola Bella, départs séquencés (12 €/p). Petits bateaux 35 €. Location vélos électriques.

Sylviane et José sont des passionnés. Ils ont créé des petites embarcations de 4 à 5 personnes. Vous en serez les capitaines pour une belle balade sur le canal, vous permettant de découvrir la vieille ville de Dole. Sinon vous irez plus loin encore avec une belle visite commentée en empruntant Isola Bella. Laissez-vous porter au fil de l'eau et découvrez cette cité et ses alentours sous un aspect original qui vous ravira. Si vous n'avez pas le pied marin, louez-leur un vélo électrique. Rien ne vous empêche de faire une pause sur leur terrasse pour prendre un pot.

LIGNE DES HIRONDELLES

✆ 03 84 72 11 22
www.doletourisme.fr

Formule Prestige Dole à Saint-Claude : 68 €/adulte.

Des TER réguliers y circulent, mais la ligne ne présente pas seulement un intérêt pratique : elle traverse le Jura (de Dole à Saint-Claude) en empruntant une voie ferrée construite sur des ouvrages d'art impressionnants et en offrant des panoramas très différents de ceux qu'on peut observer depuis la route. Le voyage en lui-même est une excursion ! Les offices de tourisme, de Dole, Morez et Saint-Claude, proposent des sorties accompagnées à la découverte de la ligne et des communes desservies. Sur une journée, un bénévole fera le guide. À faire absolument !

EN VENANT DE LA BOURGOGNE VOISINE

Vue de Dole.

Une
Belle
Aventure
LOCATION
A partir de :
35€
par bateau
Avenue de Lahr
39100 Dole
06 82 99 78 99
www.unebelleaventure.fr

COLLÉGIALE NOTRE-DAME ★

Place Nationale
✆ 03 84 72 88 73
Ouvert tous les jours. Entrée libre. Visite guidée 3 €/personne. Gratuit moins de 12 ans.

Elevée au rang de basilique en 1951, elle reste pour les Dolois « la » collégiale. Érigée au XVIe, Dole est la capitale de la Comté. Le clocher atteint 73 mètres. On retrouve à l'intérieur, des lignes du gothique comtois. Toutefois, l'esprit de la Renaissance s'exprime dans le mobilier et surtout dans les œuvres en marbre de l'atelier Le Rupt. L'église abrite aussi 12 grands tableaux de Pécheux du XVIIIe siècle. L'orgue aux 3 500 tuyaux construit par l'Allemand Riepp date de 1754. À voir également la Vierge à l'Enfant et, bien sûr, la Chapelle du XVIIe siècle.

MAISON NATALE L. PASTEUR ★

43, rue Pasteur
✆ 03 84 72 20 61
www.terredelouispasteur.fr
Ouvert jusqu'au 7 novembre.
Toute l'année sur réservation.
Entrée 5,30 € et tarifs dégressifs. Parking gratuit.

Dans le quartier pittoresque des Tanneurs, le long du Canal, ce musée est établi dans la maison où Louis Pasteur fit ses premiers pas. Il offre une vision de son œuvre scientifique qui révolutionne les pratiques médicales, chirurgicales, alimentaires et industrielles… jusqu'à aujourd'hui. Sur 8 salles, vitrines, maquettes et films évoquent les souvenirs familiaux et personnels. On découvre des pastels réalisés lors de son adolescence, ses instruments de laboratoire, ses découvertes, ses disciples. Sans oublier, en sous-sol, dans la tannerie de son père.

MOULIN TARON

2, rue du Moulin - **CHAUSSIN** ✆ 03 84 81 81 06
www.gaudes-de-chaussin.com
Ouvert du lundi au vendredi de 8h à 12h et de 14h à 17h. Farine bio. Boutique de produits régionaux. Livraison.

Ce moulin reconstruit en 1847 par le marquis de Valdahon se dresse entre le finage dolois et la plaine bressanne. Il est propriété de la famille Taron qui sublime le maïs depuis 1937. 2 produits «phares» se dégagent : la semoule de maïs torréfiée et la farine de maïs également torréfiée. Cette dernière appelée «gaudes», donne son nom à la soupe du même nom, véritable institution gastronomique en Bresse. L'atelier perpétue la mouture à la meule de pierre des maïs cultivés sans OGM et chauffés au bois. L'une des farines a même obtenu le label bio «AB».

SPIRULINE DU JURA

Chemin des Bouteillers - **SALANS**
✆ 06 87 05 71 32
www.spirulinedujura.com
Ferme aquacole. Visite guidée sur rdv. Horaires sur site. Boutique en ligne. Dès 17 € les 100 g.

À 5 km de Dampierre, le couple Sarrazin a créé sa ferme aquacole. Elle produit de la spiruline 100 % naturelle. Hyper concentrée en éléments nutritifs, cette micro-algue verte, légèrement bleutée, fine comme un cheveu, se développe dans des eaux douces, tempérées, peu salées. Ses vertus médicinales ont été découvertes par les Aztèques. Reconnue parmi les aliments les plus complets. Recommandée pour les sportifs, femmes enceintes, végétariens… Elle s'incorpore dans moult recettes (rillettes de sardines, fromage blanc, guacamole…), et même en tartine.

AÉROPORT DOLE-JURA

TAVAUX ✆ 03 84 72 18 53
www.aeroportdolejura.com
Ouvert du lundi au vendredi de 9h à 19h.
Samedi et dimanche de 9h à 17h.
Parking gratuit de 1 200 places.

A 50 km de Dijon (du côté de la Franche-Comté), l'aéroport de Dole est en pleine expansion, proposant régulièrement de nouvelles destinations. Ainsi peut-on venir (ou aller) au Portugal, au Maroc, en Italie, en Grèce, aux Canaries, en Croatie, à Malte ou en Irlande notamment. Sans oublier la Corse. Situé à 10 minutes de la gare SNCF de Dole, et 3 minutes de la sortie d'autoroute A39, les transferts sont donc extrêmement facilités. Et toute une belle gamme d'hôtels et restaurants se trouve à proximité. Une belle alternative pour ceux qui viennent de loin !

HELLO DOLE

1, avenue Aristide Briand
© 03 84 79 39 10 - www.hellodole.fr
Support de développement touristique d'agrément et d'affaires. Évènements, salons et spectacles.

Pour mieux développer le tourisme d'agrément et d'affaires à travers Dole Tourisme, l'agglomération s'est dotée de l'outil « Hello Dole ». Ses compétences : la gestion, la location et l'exploitation de la Commanderie [concerts et variétés] ; de Dole-expo avec des manifestations de portée nationale, ainsi que d'autres salles en ville. Autres axes importants : fédérer les acteurs, valoriser ses ambassadeurs et habitants. Exemples : loisirs, tourisme fluvial, cyclotourisme, et bien sûr gastronomie et patrimoine. « Hello Dole », un slogan : une voix, un territoire !

LES NARCISSES €

41, rue du Général Malet
© 06 08 89 26 90
Toute l'année.

Voici un joli gîte de charme, à deux pas du Dole historique. Le canal et La Véloroute sont à moins de 300 m. De nombreux commerces et restaurants sont tout proches. L'appartement, tout de plain-pied, se décline en une chambre avec un lit king size, une cuisine tout équipée, un vaste salon salle à manger, avec un Clic-Clac pour 2 personnes, et une salle de douche. Une grande baie vitrée donne sur un jardin paysagé remarquable où vous avez une terrasse privative. Le calme règne en ces lieux et vous aurez du mal à croire que vous êtes en centre-ville.

CAMPING LE CANOË** €

Route de Longwy - **CHAUSSIN** © 06 62 30 96 56
www.camping-le-canoe.com
Camping familial 45 emplacements.
Dès 15 € la nuitée. Canoé, bubblefoot, paintball, trottinettes électriques.

45 emplacements ombragés vous tendent les bras, 30 emplacements camping-cars, dans ce camping à taille humaine. Vous n'êtes pas loin de Dole non plus, et pouvez vous y rendre par la voie cyclable aménagée à cet effet. Philippe Pelletier et son équipe animent les 1,5 ha de terrain ! Nombreuses activités de plein air : baignade, tennis de table, pétanque, sarbacane, tir à l'arc, badminton... Les pêcheurs pourront aussi profiter du Doubs. En canoë, vous disposerez également de 60 km en cette région située en zone d'observation des oiseaux classée «Natura 2000».

LA BONARDIERE €

3, rue du Puits - **GEVRY**
© 03 84 71 05 93
Chambres d'hôtes, 3 chambres pour 6 personnes.
Dès 68 € la nuit avec petit déjeuner.
Anglais/espagnol parlés.

Dans la plaine doloise, près de l'ancienne préfecture, cette demeure du XVIIIe siècle a tous les atouts pour vous faire passer un agréable séjour. Une vaste salle à manger avec salon permet de prendre ses aises. Les chambres pour 6 couchers affichent une propreté impeccable et sont bien équipées. Elles se déclinent en moderne ou en rustique pour rappeler que ce fut une ferme. Stéphanie et Sébastien ont le sens de l'accueil et vous conseilleront bien des suggestions de sorties, même si vous ne grimpez pas dans la montagne. Les animaux sont admis gratuitement.

DOMAINE DE LA BORDE €

Ferme borde - **DAMPARIS**
© 03 84 72 77 82
www.domaine-delaborde.fr
5 chambres d'hôtes. Restauration midi et soir.
Accueil groupes et banquets. Horaires sur site.

Plus près de Tavaux, cette ferme transformée en chambres d'hôtes se situe sur Damparis. Tenue par Christine et Marie-Line, cette belle bâtisse a été entièrement rénovée. 5 chambres à thèmes vous sont proposées, dont une pour personnes à mobilité réduite. Bien équipées, elles se signalent par leur calme, leur confort et leur propreté. Un espace salon, une cheminée avec séjour, une véranda lumineuse complètent l'équipement. La Borde fait aussi étape VRP ainsi que restaurant avec un menu du jour et carte. Une adresse à repérer lors d'un séjour en région doloise.

CHALET DU MONT ROLAND*** €€

Le Mont-Roland © 03 84 72 04 55
www.chalet-montroland.com
Hôtel «Logis». Chambres doubles [dès 90 €] à quadruples. Parking. Animaux admis.
Fait aussi restaurant.

L'odeur chaleureuse du bois de sapin se propage jusque dans les chambres de ce grand chalet qui abrite un hôtel apprécié pour son calme et son accueil.. Par temps clair, on aperçoit même le mont Blanc ! Les 22 chambres offrent un excellent confort. De certains balcons, la vue donne sur la forêt de Chaux et le massif jurassien. Cet hôtel est isolé [mais à 5 minutes de Dole], le calme est donc au rendez-vous. Une bonne maison, une institution, bien portée depuis des années par la direction et son personnel. La marque de ce beau chalet sur les hauteurs doloises.

LE CLOS SAINTE-ANNE €€

16, rue du Lavoir
OFFLANGES
✆ 06 85 18 79 48
Gîte de France 3 épis. 3 chambres pour 8 personnes. Dès 490 € la semaine. Animaux non admis.

Au nord de Dole, vous serez à la croisée des 3 départements de la Haute-Saône, de la Côte-d'Or et du Jura, qui plus est sur la route de Compostelle. Gaëlle Menigoz y a aménagé cet hébergement dans cette maison vigneronne en y conservant l'esprit. On n'est pas gêné aux entournures dans la cuisine «à l'américaine» ainsi que dans la salle à manger. Les tons des pièces sont reposants avec une belle luminosité. 3 chambres bien meublées avec sanitaires et salles de bains privatives. Vous profiterez enfin d'un panorama verdoyant et forestier sur le massif de la Serre.

AU MOULIN DES ÉCORCES*** €€€

14, allée du Pont-Roman ✆ 03 84 72 72 00
www.aumoulindesecorces.fr
Hôtel 18 chambres. A partir de 100 € la nuit. Petit déjeuner 13 €. Également 2 restaurants.

Ne vous attendez pas à dormir dans un vieux moulin ! Cet hôtel s'est doté d'un décor ultra-moderne et d'un aménagement design où dominent les tons café et chocolat. Ceux qui apprécient les environnements « tendance » et bien situés seront aux anges. L'hôtel est en effet au bord du Doubs, à 2 pas du centre-ville à pied, par une passerelle. Les chambres, calmes et spacieuses, sont fort équipées. La suite avec une baignoire balnéo ! Les salles pour séminaire sont parfaites. La vue sur la vieille ville et la collégiale est digne des plus belles cartes postales.

LE GÎTE DE MARINETTE €€

5, rue Marcel Aymé
VILLERS-ROBERT
✆ 07 78 10 55 67
www.legitedemarinette.wixsite.com
Réseau «Gîte de France» 2 épis. 3 chambres pour 12 personnes. Dès 115 € la nuit.

Si Marcel Aymé revenait dans son village, il le trouverait comme il l'avait quitté. Et ce n'est pas le gîte de Marinette Jeannin qui le démentira tant il s'y dégage l'atmosphère de *La Vouivre*, de *La Jument verte* et d'*Uranus*. Cette ferme aménagée avec beaucoup de sueur peut accueillir 12 personnes. 3 chambres vous sont proposées dont une hébergeant 6 couchers. La salle à manger est également très spacieuse. L'extérieur n'est pas moins captivant : un parc de 1,5 ha doté d'une piscine, d'étangs, de bois, de massifs floraux, et le clou avec une basse-cour originale.

LA BASTIDE DES 3 AS €€€

4, place de la Velle - **VRIANGE**
✆ 03 84 71 98 26
Appartement 100 m² tout équipé pour 2 personnes. Spa et massage possible, piscine. animaux non admis.

Dans cet environnement vert, vous trouverez en cette bastide une parenthèse aux accents méridionaux. Un cocon ensoleillé que communique la propriétaire Stéphanie Faivre. Un appartement de 100 m² est à votre disposition, tout équipé avec beaucoup de raffinement intérieur et extérieur. Des couleurs, des jeux de lumière époustouflants vous plongeront dans une ambiance dépaysante. Vous disposerez entre autres d'un spa-jacuzzi, d'un balcon avec vue imprenable sur la montagne. Puis dehors, profitez de la terrasse et sa piscine. Des nocturnes à thèmes sont organisées.

EN VENANT DE LA BOURGOGNE VOISINE

L'ART DOISE €

15, Grande Rue

✆ 06 64 88 04 88

www.lartdoise-dole.fr

Ouvert le midi : mardi, mercredi et jeudi. Vendredi soir. Samedi 12h-22h30. Dimanche 12h-14h30.

C'est une toute nouvelle table qui vient d'ouvrir en bas de la Grande Rue. L'ambiance est chaleureuse dans le cadre des vieilles pierres du vieux Dole, l'espace est lumineux et les tables sont dressées élégamment. Ici on cuit les viandes, poissons, volailles ou légumes sur pierre, servis accompagnés de bonnes sauces. La carte bouge en fonction des saisons. Les végétariens ont également leur «art'doise», et les gourmands aussi avec celle des desserts. Outre l'originalité, c'est excellent. Une petite terrasse très agréable en saison.

LE BELVOYE RESTAURANT-TRAITEUR €

19, rue de Belvoye - **DAMPARIS**

✆ 03 84 70 91 25

www.restaurantbelvoye.com

Qualité Tourisme. Du lundi au vendredi. Accueil des groupes. Chaises bébé. Terrasse. Vente à emporter. Parking.

Ce restaurant est bien situé près de la zone d'activités Innovia et de l'autoroute A39, et de la Vélo Route. Baptiste Lartot exerce également en tant que traiteur et même chef à domicile. La salle peut recevoir une cinquantaine de convives, davantage avec la terrasse ombragée en saison. Formule du jour et suggestions sur ardoise sont à prix sage. La carte change pratiquement tous les jours, avec une connotation régionale ou traditionnelle non sans touches de modernité.

CHALET DU MONT ROLAND €

Le Mont-Roland

✆ 03 84 72 04 55

www.chalet-montroland.com

Logis. Menus de 14,50 à 44 €. Vin au verre. Salle verrière. Terrasse. Accueil groupes. Séminaires. Piste de danse.

Dans la région, on connaît cet établissement qui fut tenu durant des années par Jean-Louis Bouvet. L'institution est désormais entre les mains de Franck Prillard, bien connu pour avoir tenu le Strasbourg à Lons. Il a su conjuguer adroitement la tradition de la maison et sa propre identité. L'accueil demeure chaleureux et le cadre n'a pas changé sous la verrière ou en terrasse. La carte change 4 fois par an et suit la meilleure offre en produits frais. Dont les plats traditionnels de la région. Une nouvelle direction qui continue à faire honneur à la profession.

L'ENVIE €

52, Grande Rue

✆ 03 63 66 61 30

Du mardi au samedi de 11h-15h ; du jeudi au samedi de 18h-22h. 13,90 € l'ardoise gourmande, tartine 11 €.

Farid Boué a quitté la presse écrite pour se consacrer à ce lieu de restauration en plein centre-ville. Il aime son Jura et veut le faire partager notamment au travers des produits régionaux. Très régulièrement il parcourt la région pour trouver les meilleurs produits que vous dégusterez soit sur une grande ardoise ou sur des tartines chaudes de pain bio. Nous avons testé la « mortiflette » (saucisse de Morteau, morbier et vieux morbier). Il est conseillé de réserver. En saison quelques tables vous permettront de déjeuner en terrasse. L'accueil est très chaleureux

L'ATELIER DE LOUIS €€

3, rue de Besançon

✆ 03 84 72 35 17

www.restaurant-latelierdelouis.com

Restaurant ouvert du lundi au samedi. Menu du jour 20 €. Vin au verre. Accueil groupes. Terrasse.

Près de la place Grévy, cet Atelier se distingue déjà par sa terrasse de 40 couverts en plein centre. Un couloir vous conduit ensuite vers une salle enjouée. L'accueil enthousiaste n'a d'égal que celui de son chef Ferrolier, qui avec sa brigade confectionne des mets plein d'entrain. Tout est maison. Le service est efficace et le «petit mot pour rire» jamais loin. La musique parachève l'ambiance de la salle bistrot. Aux murs, des ardoises indiquent les vins et plats à la carte. Les vins au verre sont choisis avec justesse. Excellente adresse.

AUBERGE LA GOUILLETTE €€

32, route du Pont

PETIT-NOIR

✆ 03 84 81 06 87

Fermé dimanche soir et lundi. Menus : 16-25 €. Formule midi 16,90€. Terrasse. Parking. Réceptions. Traiteur.

« La cuisine est une forme d'art, un cadeau à partager. » Voilà résumée la philosophie de Didier Rigaud qui a repris le destin de ce pilier gastronomique de la plaine. De blanc et de bleu désormais vêtue. L'ambiance est décontractée, à l'instar du personnel soucieux de satisfaire la clientèle au mieux. La carte donne une priorité aux poissons de rivière et de lac : truitelle, perche, sandre, carpe… Côté viande, elle provient d'élevages sélectionnés. La tête de veau ferait pâlir un Louhannais ! Grenouilles fraîches toute l'année sur réservation.

LA PETITE VENISE €

33, rue Pasteur © 03 84 72 40 06
www.restaurant-lapetitevenise.com
Ouvert du vendredi au mardi de 12h à 14h et de 19h à 22h. Réservation recommandée. Menus de 28,80 € à 36,80 €.

À deux pas de la maison natale de Louis Pasteur, voici un bon restaurant installé dans deux caves voûtées du vieux quartier de Dole. Les salles lumineuses donnent sur le célèbre canal des Tanneurs et sur la terrasse ensoleillée. Saber Sahli a repris cet établissement en 2017, et depuis sa réputation n'est plus à faire. Côté assiette notons ce filet de truite du Jura avec sa sauce cancoillotte, ou ce paleron de veau à basse température et ses légumes de saison. Sans oublier les grenouilles ! La carte des desserts est fort bien, tout comme la carte des vins.

LE LOCAL €€

3, rue du Prélot
© 03 84 72 17 49
En saison du mardi au dimanche.
Hors saison fermé le dimanche soir et lundi.
Réservation recommandée.

Sur les bords du Canal des Tanneurs, ce moulin a été rénové avec goût. On vous propose une cuisine maison élaborée à partir de produits locaux et/ou bio. L'équipe de Julien Brunet revisite la carte en fonction des saisons, laissant une large part aux viandes et aux poissons. Les burgers sont toujours proposés. La grande terrasse est très agréable, quant à la salle, elle est très spacieuse et aérée, à la décoration assez tendance. Une belle adresse idéalement située au cœur de la ville avec une nouvelle dynamique prometteuse.

AU MOULIN DES ÉCORCES €€

14, allée du Pont-Roman
© 03 84 72 72 00
www.aumoulindesecorces.fr
Tous les jours. Service bar toute la journée : 10h-21h planchettes apéritives, desserts maison et glaces artisanales.

C'est dans un ancien moulin que Valérie et Patrick Franchini vous proposent deux restaurants. D'un côté le restaurant bistronomique et de l'autre le restaurant gastronomique. Deux style deux ambiances différentes. Toujours est-il que la cuisine est soignée, et vous ravira. Menu ou carte ils changent en fonction des saisons et de l'inspiration du chef, avec en complément sa gamme de burgers et ses plats végétariens. La terrasse au bord du Doubs vous offrira une vue superbe sur le vieux Dole. Toute la journée vous pourrez prendre une boisson ou une glace.

LE PETIT GASCON €€

35, Grande Rue ✆ 03 84 72 09 71
www.lepetitgascon.fr

Cuisine du Sud-Ouest. Fermé mercredi et dimanche. Formule du midi dès 14,50 €. Bons cadeaux, soirées évènements.

Ambiance « médiévale » hier, aujourd'hui « mousquetaires », les murs de ce restaurant continuent de nous plonger dans l'histoire. Le couple Goy qui tenait son frère jumeau à Dijon ne se consacre désormais plus qu'à son affaire doloise. Il y fait vivre le Sud-Ouest avec bonheur : foie gras, confits, magrets, cassoulet... Une cuisine généreuse y compris les salades à thèmes. Les viandes chuchotent sur ardoise. Tentez aussi « La potence Gascogne » : brochette de bœuf et de canard, flambée à l'armagnac aux sauces multiples. Un gâteau basque pourra enfin clore le festin.

CHÂTEAU DU MONT JOLY. RESTAURANT GASTRONOMIQUE €€€

6, rue du Mont-Joly ✆ 03 84 82 43 43
www.chateaumontjoly.com

Tarifs, horaires et fermetures sur le site de l'établissement. Réservation recommandée. Jardin. Terrasse. Parc. Parking.

Romuald Fassenet détient son étoile Michelin depuis 2006. Il travaille les produits les plus nobles, dans la plus pure tradition française, ou avec une pointe régionale due à son attachement au Jura, en utilisant les saveurs pour des déclinaisons innovantes et flatteuses. Son épouse Catherine, sommelière, saura vous conseiller pour un accord mets-vins parfait. Ce grand chef n'hésitera pas à vous faire partager sa passion de l'excellence avec modestie et générosité.

LA CHAUMIÈRE HOTEL& RESTAURANT GASTRONOMIQUE €€€

346, avenue du Maréchal-Juin ✆ 03 84 70 72 40
www.lachaumiere-dole.fr

Accueil vélo. Horaires, périodes de fermeture et tarifs sur le site de l'établissement. Réservation recommandée.

Joël Césari vient de nouveau de conserver son étoile Michelin millésime 2021, pour sa cuisine innovante et colorée. Les produits de la région sont également présents et travaillés à sa manière, pour proposer une cuisine créative et pertinente basée sur des produits rigoureusement sélectionnés. La formule du midi est un avant-goût de la carte. L'hôtel comporte 19 très belles chambres. Une grande maison qui honore notre région de par les qualités, entre autres, humaines de son chef.

LE PUB DES TROLLS

22, avenue Aristide Briand
✆ 06 15 14 41 91
www.aupubdestrolls.fr

Bar d'ambiance : 12 bières pression, 95 références bouteilles. Jeux, restauration, spectacles. Wifi. Terrasse.

Le « Terminus » fut une institution entre l'ancienne mairie et la gare. Transformé en pub, ce lieu à la gloire des « Trolls » vous attirera dans l'univers de ces créatures mythologiques nordiques. A commencer par ses bières... 95 références en bouteilles et 12 à la pression. Frédéric Laval le patron, colle à l'image de ses êtres curieux préférés. Avis aux noctambules épris de musique, car aux soirées à thèmes succèdent des concerts. La réfection de la cuisine permet de prolonger la convivialité avec des « encas » et pizzas cuites au feu de bois.

BENETOT CHOCOLATIER PÂTISSIER

26, rue de Besançon
✆ 03 84 72 13 28
www.benetot.fr

Ouvert tous les jours. Lundi au vendredi : 8h-19h. Samedi 7h30-19h. Dimanche : 7h30-12h30/15h30-18h.

On ne se lasse pas de faire une étape dans cette belle boutique où le chocolat est roi. Complètement réagencée dernièrement, en un coup d'œil vous avez les excellentes créations de Damien Benetot. La quête des meilleurs aromes pour les marier aux chocolats, reste essentielle et l'innovation est une signature de la maison. Bien évidemment, les pâtisseries sont à l'image des chocolats dont certaines ont la griffe bien visible, celle du Chat Perché. Une référence.

LA BOUTIQUE GOURMANDE-MAISON RAMEL

12, rue de Besançon
✆ 03 84 72 00 32
www.maisonramel.com

Ouvert du lundi au samedi de 8h à 19h ; le dimanche de 8h à 12h.

Trop souvent considéré comme traiteur, ce qui est le cas, il ne faudrait pas occulter ce très beau et vaste espace dédié à la gastronomie. Le rayon boucherie charcuterie est très bien fourni, les viandes proviennent d'élevages sélectionnés avec rigueur, la charcuterie transformée dans leur laboratoire. Vous trouverez des vins fins et autres produits côté épicerie fine. Les pâtisseries, comme tout le reste, sont faits maison, en fabrication artisanale. C'est l'identité Ramel !

LE GUSTALIN €€

1, rue Antoine-Brun ✆ 03 84 71 38 80
www.le-gustalin.fr

Maître Restaurateur. Ouvert du mardi au samedi. Menus de 18 à 40 €. Accueil groupes. Terrasse.

Blotti dans une rue piétonne du vieux Dole, ce restaurant a pris le nom d'un ouvrage du romancier du cru, Marcel Aymé. Voisin du marché couvert et de la Collégiale, il vous tend les bras. Pierres apparentes, murs en briques roses,... Comme sa déco, les patrons Laëticia et Stephen Geipel ont l'art de l'accueil. Les salles sur 2 niveaux révèlent de petites tables « bistrot ». La cuisine est « familiale bistronomique », simple et généreuse. La formule du jour se décline en 3 tableaux. N'oubliez pas la terrasse, votre moment gustatif n'en sera que meilleur.

LA BRASSERIE DOLOISE

Le Mont Roland ✆ 06 86 26 15 52
www.labrasseriedoloise.fr

Réseau « Made in Jura ». 100 % bio. Brasserie artisanale. Horaires sur site. Dès 2,75 € les 33 cl. Livraison.

Située sur les hauteurs doloises du mont Roland, cette brasserie se veut « l'héritière » de Walter Gysin qui déposa la marque en 1900. Maria et Fabrice Pannaux y préparent d'excellents breuvages fruits de leurs expériences en Belgique, République tchèque et Allemagne. Leurs bières sont d'ailleurs élaborées selon « les lois de pureté allemande » (eau, malt, houblon, levure). 8 variantes : blonde, blanche, ambrée et rousse, brune, india pale ale avec des sobriquets amusants. Une terrasse avec petite restauration vous permettra de faire une agréable pause.

LA BRULERIE COMTOISE

15, Grande rue ✆ 06 26 38 95 41
www.labruleriecomtoise.fr

Réseau « Made in Jura ». Torréfacteur artisanal. Ouvert du lundi au samedi (horaires sur site). Livraisons.

Le parcours de Yoann Bride fait de lui un spécialiste hautement reconnu en matière de café. Il conseille les grandes maisons et même les restaurants étoilés. Sa brûlerie propose plus d'une dizaine de crus, sélectionnés sur des critères stricts. La torréfaction se fait sur place. Vous pouvez acheter en grains, moulu, et en capsules compostables. Les rayons proposent aussi des thés, infusions, biscuits choisis sur les mêmes critères. Vous pouvez également consommer dans un salon ou en terrasse. Des stages sont organisés et vous repartirez avec votre kilo de café.

LES DÉGLINGUÉS - BISCUITERIE ARTISANALE

40, Grande Rue
✆ 06 30 82 46 62
100% Bio. Ouvert du mardi au samedi de 8h30 à 18h30. Salon de thé et petite tersasse.

Pourquoi Les Déglingués ? Parce que le zéro gâchis est de mise. Lors d'une cuisson, il y a toujours des biscuits que Jonathan Lehaire nomme «des Déglingués», ceux qui ont subi un petit accident de parcours. Visuellement « moche » ici ils seront vendus à côté de leurs semblables. 100% bio, la gamme est vaste avec des cakes et pains d'épice, de recettes à l'ancienne, oubliées ou des créations maison. Réalisation de biscuits sur commande à votre goût. Salon de thé et vente en vrac.

L'ESCARGOTIÈRE BONVALOT

1, Hameau Les Granges - **LE PETIT-MERCEY**
✆ 03 84 81 07 01
www.escargotiere.com
Réseau « Bienvenue à la ferme ». Téléphoner de préférence. Livraison. Parking.

Anne-Catherine Bonvalot est pionnière en héliciculture jurassienne. 30 ans qu'elle exerce. Ses bêtes à cornes pâturent 5 mois dans des parcs enherbés avec une flore naturelle et sauvage. Elle a aussi un atelier aux normes européennes dont les recettes flattent jusqu'aux chefs étoilés. Les classiques escargots frais et surgelés (toute l'année) sont toujours proposés. Mais d'autres options ont vu le jour : des soupes (dont la Gauloise), des préparations à la crème de safran, des cassolettes (dont au savagnin noisettes), des cours-bouillons et enfin des salades.

DOMAINE DE LA BOUGARDE

21, rue de la Bougarde
OFFLANGES
✆ 03 84 70 24 36
www.la-bougarde-offlanges.e-monsite.com
Domaine viticole. Ouvert toute l'année. Horaires sur site. Livraison. Dès 4,60 € la bouteille.

Au XIXe siècle, Offlanges exportait 9/10e de ses vins. Il fallut attendre les entreprenants André et Geneviève Guelle en 1976 pour que les ceps refassent surface. Jean-Marie et Eric ont depuis repris la suite sur 11 ha. Pas d'AOC ici, mais l'appellation « vin de pays de Franche-Comté. La production se décline en rouges et blancs. Vous pourrez goûter également des pétillants aromatisés (pêche, cerise, violette…). La dernière création est l'Ovibigeoise, entre bière et cidre à base de vin et de malt. A l'apéritif, tentez la «mistelle maison», parente du macvin.

LA FERME SPIRULINE

Chemin des Bouteillers - **SALANS**
✆ 06 87 05 71 32
www.spirulinedujura.com
Boutique ouverte du lundi au samedi (fermé le mercredi en été) et sur rendez-vous pour les visites.

Florence et Nicolas se sont pris de passion pour la spiruline, cette micro-algue (3 fois plus fine qu'un cheveu) forte de 11 vitamines et 8 minéraux, à laquelle on attribue de nombreuses vertus. A Salans, la spiruline profite d'une eau de qualité, tempérée entre 20 et 40 °C que réceptionnent 3 bassins de 100 m^2 sous une serre de 1 100 m^2. L'exploitation est autonome en énergie. Après récolte et séchage, la spiruline est conditionnée sous forme de paillettes. Vente directe. Testez les paillettes avec des rillettes de sardine, du fromage blanc, du guacamole…

L'ESCARGOLOIS

5, route de Chaussin - **SAINT-BARAING**
✆ 07 85 26 60 17
Réseau « Made in Jura ». Héliciculteur. Téléphoner de préférence. Livraison. Dès 15 € les 2 douzaines.

Fabien Fournier, ancien plombier, rêvait de nature et d'escargots. Un premier parc fut construit en 2016. Il élève désormais 110 000 gastéropodes par an. Ses « gros gris » (hélix aspersa maxima) arrivent dès leur enfance d'un naisseur installé dans le Doubs. Ils « broutent » en enclos. Et pour supporter la canicule, ils évoluent sous un couvert végétal. Ils sont ensuite nettoyés, blanchis et mijotés dans un court-bouillon avant mise en bocaux. L'héliciculteur propose aussi des « escargotines » pour les toasts, des coquilles beurrées ainsi que 5 recettes apéritives.

LA FROMAGERIE D'EMA

Marché couvert de Dole
✆ 06 33 89 21 50
Ouvert le mardi, le jeudi et le samedi de 6h à 13h ; le vendredi de 13h à 19h.

Pas moins de 120 fromages des quatre coins de la France garnissent l'étal. Ema prend soin de ceux-ci avec amour afin d'offrir de la qualité à ses clients. Parfois elle complète leur affinage afin d'en exacerber les saveurs tout en respectant l'esprit du producteur et de sa production qui est bien évidemment artisanale. Aux côtés des produits lactés, des vins, salaisons et produits du terroir. Les fromages étrangers viennent d'Espagne, ou d'Italie. On saura vous conseiller avec sourire et bonne humeur, vraiment une adresse comme on les aime.

FROMAGERIE DE CHEVIGNY

1, place de l'Église - **CHEVIGNY**
✆ 03 84 79 07 52
www.fromagerie-jura.com
Coopérative fromagère : comté et morbier. Horaires sur site. Autre point de vente : Ferme du Creux Vincent à Foucherans.

Aux confins de l'appellation Comté, de la Haute-Saône et de la Côte-d'Or, cette fruitière œuvre près du massif forestier de La Serre. Modernisée en 2012 (atelier et surface de vente remodelés), elle travaille le lait de 15 exploitants dont 8 en bio. Ses spécialités sont le comté et le morbier, mais elle produit également de la crème et du beurre crus, du « seret » (fromage issu du pressurage du comté que l'on peut cuisiner) avec en outre, vente de lait cru au litre. Des visites-dégustations interviennent dans ses installations. Groupes acceptés sur réservation.

LA GRANGE

16, rue de Besançon
✆ 03 84 69 67 64
www.lagrangedirect.com
Caviste vins bios, cafés et infusions. Egalement salon de thé. Horaires sur site.

Voici une enseigne pour amateurs de thés, cafés ou tisanes, et aussi de vins fins. Isabelle et Philippe Dubois ont quitté la restauration pour créer ce magasin spécialisé. La gamme des produits est très riche, 80 thés, une douzaine de cafés avec des origines rares. Beaucoup issus de la culture équitable et biologique. A l'arrière de l'échoppe, un espace est réservé aux vins traditionnels, bio et natures. Des accessoires liés à ceux-ci permettent des cadeaux utiles. Egalement salon de thé, de petites tables vous permettront de faire une pause en plein air.

FRUITIERE DE PLEURE

2, route de la Reppe - **PLEURE** ✆ 03 84 81 40 92
www.fruitieredepleure.com
Coopérative fromagère. Ouverte tous les jours (horaires sur site). Livraison. Emballage sous vide. Dès 12,05 € le kg.

Entre Dole et Lons, il ne reste qu'un atelier à comté. Un petit Poucet né en 1921. En outre le seul commerce de ce village de 400 âmes. 14 fermiers fournissent 2,35 millions de litres par an, pour 5 800 meules. Le fromager Bruno Sommer dynamise le site avec les 2 employées qui gèrent aussi la boutique de produits régionaux. Ils ont même obtenu l'excellence au Concours général agricole. Le fromage blanc s'est taillé une solide réputation, Bresse oblige, comme le beurre cru. Mais ce chalet de plaine affine 3 sortes de comté, de 9 à 16 mois, pour tous les goûts.

JURA MÉTÉORITES

19, route de Dole - **TASSENIÈRES**
✆ 03 84 79 22 86
www.jura-meteorites.com
« Made in Jura ». Ouvert du mercredi au lundi (horaires sur site). Expositions, également stages thématiques.

Il est l'un des plus grands espaces français consacrés aux minéraux. Virginie et Bruno proposent un univers enchanteur. Les minéralogistes, les collectionneurs y dénicheront des pièces singulières du monde entier : météorites, quartz et fossiles. Les passionnés viennent aussi pour de la décoration, les thérapeutes pour les pierres énergétiques, le sommeil, la douleur et le stress. Vous trouverez aussi une bibliothèque et une discothèque relaxante, des tarots, des encens, des bougies, des dynamiseurs d'eau... Sans oublier les stages thématiques toute l'année.

MONTMIREY-LA-VILLE

Situé dans l'aire d'attraction de Dole, le village de Montmirey-la-ville s'honore d'un important territoire agricole, laitier et d'élevage. Avec son château, aujourd'hui propriété privée, il fut longtemps l'une des résidences des comtes de Bourgogne. La commune se signale également par son église Saint-Didier. Mais aussi par la présence de 2 personnages historiques. Le premier, François de Menthon, fut résistant, homme politique et juriste. Le second, Alexis Millardet, reste un pilier de la viticulture française. Cet ampélographe et botaniste de grand renom n'est autre que l'inventeur de la célèbre bouillie bordelaise pour soigner la vigne.

MOISSEY

Le village de Moissey, sur la route de Pesmes et de Gray est bâti sur les pentes du mont Guérin du massif de la Serre, autour d'un ancien enclos paroissial et de vieilles maisons restaurées. Son territoire classé enceinte néolithique a hébergé diverses peuplades. Il est riche de croix, oratoires, église dès le 16e siècle. Celle-ci abrite des statues classées. En flanant, on remarque aussi une fontaine du XVIIIe avec lavoir et abreuvoir. Il y eu une carrière et une tuilerie en activité jusqu'au XIXe. Au départ de Moissey, les randonneurs ont le choix entre plusieurs itinéraires vers la forêt de la Serre ou sur l'ancienne voie ferrée du tacot.

PARCEY

À 10 kilomètres de Dole, au confluent du Doubs et de la Loue, Parcey est avec ses plages, son golf, ses hébergements et ses restaurants, un lieu de villégiature idéale. On raconte que des Alsaciens fuyant l'Allemagne en 1870 auraient enterré un trésor au pied d'une croix datant de 1613. Il n'a jamais été retrouvé ! Lors de la Seconde Guerre mondiale, la Loue marquait la ligne de démarcation. De chaque côté du pont, 2 stèles rappellent le souvenir des évadés, des résistants et des passeurs. Plus pacifique est le sentier du Doulou qui, au départ du golf, sur un parcours de 3,5 km jalonné de panneaux, permet de découvrir la région.

LE PARCEY €

58, Route Nationale 5

© 03 84 71 00 57

www.leparcey.fr

Réseau « Logis ». 3 cocottes.
Menus de 13,50 à 27 €. Réservation recommandée.
Accueil groupes jusqu'à 40 personnes.

Les 2 salles vous mettent à l'aise dont l'une avec vue sur la Loue. Compliqué de distinguer un plat plus qu'un autre, la carte change aux saisons. Produits frais, circuits courts, producteurs de la région sont la signature de ce bon restaurant. Tout est fait maison par Éric Lammers. Quant à Séverine, elle se charge de l'accueil et du service. La carte des vins est simple et bien construite. Un restaurant discret quand on traverse Parcey, mais qu'il convient oh combien de découvrir. Il comporte un très bel hôtel dont les 7 chambres ont été entièrement rénovées.

LES JARDINS FLEURIS €€

35, Route Nationale © 03 84 71 04 84

www.restaurant-jardins-fleuris.com

Menus de 19,50 € à 52 €. Vin au verre.
Menu à 19,50 € uniquement en semaine.
Fermé : dimanche soir, Lundi et Mardi.

Cette pause gourmande fait partie des tables les plus sympas. En 2015, Nadine et Bruno Pellegrini ont repris seuls sa destinée. L'espace dégage une sobriété chaleureuse. Une gastronomie traditionnelle qui évolue en fonction des saisons. Les signatures sont : Cabillaud en croûte de noix, Fondu de fenouil et saucisse de Morteau. Filet de canette aux griottes, macaron framboise crémeux au chocolat... Le service est soigné et l'accueil tout autant. Un rapport qualité-prix intéressant. Une bonne adresse Petit Futé. Vous ne pouvez pas la manquer au centre de Parcey.

MAISON BENOIT

38, rue de la Plassotte

© 03 84 71 01 74

www.fromagerie-benoit.com

Ouvert du mardi au vendredi de 8h30 à 12h et de 14h à 19h ; le samedi de 8h à 19h.

C'est une belle boutique gourmande que celle-ci tenue par la famille Benoit. Ces professionnels ne ménagent pas leur temps et leurs efforts pour que leurs établissements (dont une zone des Epenottes à Dole. Les produits sont particulièrement bien sélectionnés, en premier lieu les fromages, une sélection réunissant plus de 100 variétés est proposée. Le terroir comtois est bien représenté, comtés, morbiers, mont d'Or etc. L'épicerie fine offre une gamme très vaste de produits d'ici et d'ailleurs. Pour les amateurs de bonnes choses, l'accueil convivial en plus.

RAINANS

Non loin d'Auxonne et de Chevigny avec sa fruitière à Comté, c'est un bouquet de fleurs et de plantes qui vous attend dans ce village qui bénéficie du label **Villes et villages fleuris, 3 fleurs**. Il y tient en outre chaque premier dimanche d'avril sa foire aux plantes. On peut aussi y visiter un riche jardin privé de collections, en l'occurrence 400 hydrangeas répartis en 12 espèces. Rainans fut du 13[è] au 20 siècle un important pôle viticole et comportait également une carrière à ciel ouvert exploitée dans les années 1900. Sa première mention remonte à 1263. Autres attraits son église Saint-Antoine, une fontaine et le lavoir du Buoton.

VITREUX

Les historiens estiment que la voie romaine reliant Dijon à Besançon a sans doute donné naissance à ce village situé à l'extrême nord du département. Pillé à plusieurs reprises par les barbares, il se releva à chaque fois, dépendant ensuite de la seigneurie de Gendrey. Aux confins de la Haute-Saône et du Doubs, cette pittoresque localité intègre 2 incontournables à visiter. D'une part son église Notre Dame des bois bâtie après l'an 680 dédiée à Saint-Léger évêque d'Autun. D'autre part son impressionnante Abbaye cistercienne Notre Dame d'Acey fondée en 1136 dans la vallée très admirable de l'Ognon. Une communauté de moines continue à y vivre.

JARDIN ANNABELLE

rue Roger Gabriel de Toytot
© 03 84 72 17 62
www.jardinannabelle39.e-monsite.com
Label CCVS. Collections d'hortensias. Visite de 2 heures. Sur rendez-vous de mars à novembre.

Marie-Claude et Franck ont la passion des jardins, tout comme leur fils Arnaud. Ils mettent en valeur en particulier les hortensias avec 700 cultivars en 15 espèces glanées dans toute l'Europe. Classé Jardin remarquable de France, ce paradis compte 3 espaces sur 6 500 m² autour d'une maison du XVIIe siècle. Le Jardin des Bardodes, dit à l'anglaise, le plus ancien, est orné d'une mare, d'un ruisseau, d'arbres et d'arbustes de collections (acer, viburnum, cornus, rosiers, hydrangeas...). Le deuxième a été baptisé les Hydrangées et le troisième Jardin de la Fontaine.

ABBAYE NOTRE-DAME D'ACEY

© 03 84 81 04 11
acey.eglisejura.com
Ouverture de l'église abbatiale tous les jours.

L'abbaye d'Acey fut fondée au XIIe siècle, dans la mouvance cistercienne qui prône alors le retour à la règle de saint Benoît : une vie monastique pauvre et retirée du monde. Les bâtiments monastiques remontent au XVIIIe siècle. L'église date de l'époque de la fondation de l'abbaye. Sa taille monumentale peut surprendre et elle dégage une impression d'austère simplicité, renforcée par les vitraux de l'artiste Jean Ricardon. Comme l'abbaye accueille encore aujourd'hui des moines, elle est (avec la petite boutique) la seule partie du lieu que l'on peut visiter.

EN VENANT DE LA BOURGOGNE VOISINE

Abbaye Notre-Dame d'Acey.

MONT-SOUS-VAUDREY...

Ce gros bourg du Val d'Amour a vu naître le Président Jules Grévy, où sa tombe imposante est au cœur du cimetière. Les maisons sont des XVIIIe et XIXe. En 1838 l'architecte dolois Bassand, réalisa la Maison Commune et l'Eglise de l'Assomption dont le vestibule est surmonté du clocher aux tuiles vernissées, avec un imposant péristyle. Une porte cochère s'ouvre en façade de la maison commune et donne accès à une vaste cour bordée d'une halle. Le château de Jules Grévy, construit au XVe siècle et restauré au XVIIe, n'est visible que derrière un grand portail. Mont-sous-Vaudrey est surtout le point de départ de vacances nautiques sur la Loue toute proche.

RESTAURANT / BAR LE JACK €

35, rue Léon Guignard ✆ 03 63 66 52 82

Cuisine traditionnelle et marocaine.
Du mardi au dimanche. Plats emportés de 11,50 € à 15 € la part. 5 chambres d'hôtes.

Aurore et Jack ont réinvesti les murs de l'Auberge jurassienne qui fut l'une des meilleures tables de la région. Le patron est aux fourneaux. Les tables occupent 2 salles rénovées et lumineuses. Le chef privilégie une cuisine la plus fraîche possible. En soirée et particulièrement les week-ends, les mets se déclinent à l'orientale avec couscous, tajines et pâtisseries maison. Un conseil : venez l'estomac vide. Si vous souhaitez une prolongation, l'établissement dispose de 5 chambres d'hôtes neuves avec salle de bains et WC privatifs pour un coût fort compétitif.

LE REPOS DES MONIERS €

35, Rue Léon Guignard
✆ 06 44 23 88 08

« Gîtes de France » 2 épis. 5 chambres (14 couchers). Dès 55 € la nuit. Lit bébé. Wifi, abri vélos/motos, parking.

Entre Arbois et Dole, cités chères à Pasteur, vous trouverez le repos chez ces Moniers. Le bourg fut aussi la cité du président Jules Grévy. Florence a transformé cet ancien hôtel en 5 chambres d'hôtes, sans chichis superflus, coquettes et bien équipées avec sanitaires privatifs. Vous disposerez également d'un salon et d'un grand séjour. Le parking et l'abri pour deux-roues sont un plus, ainsi que la terrasse pour une collation. Vous serez au calme et le petit déjeuner de la propriétaire vous aidera à partir du bon pied pour apprécier cette région pétrie d'atouts.

CHOCOLATERIE GALMICHE

7, rue du Général Grévy
✆ 03 84 81 80 04
www.atelier-des-douceurs.fr

Made in Jura. Ouvert le lundi et du mercredi au samedi de 7h à 12h30, de 15h à 19h. Mardi et dimanche de 7h à 12h.

Nicolas Galmiche, maître chocolatier, compose avec des produits locaux, sans cesse en quête de saveurs délicates, d'harmonies des couleurs et des formes. Il puise même dans son jardin/verger ses subtils ajouts de basilic, de menthe, de verveine... Il adore la bergamote et la cannelle. En vedette sa ganache groseille, son praliné de noisette, ses bonbons à la liqueur, son chocolat au poivre de Timut (Népal) et son chocolat Criollo (caviar du cacao de Cuba), ainsi que son nougat au miel de sapin, sa guimauve 100 % purs fruits. La pâtisserie est également exquise.

LA PIZZ'NOCCHIO €

11, rue du Docteur Fortunat Pactet
✆ 03 84 71 35 91

Ouvert du mardi soir au samedi soir et le dimanche soir. De 9,50 à 15 €. Terrasse, accueil groupes. Parking.

Ce restaurant spacieux est jouxté d'une grande terrasse et un vaste parking le regarde. Fabienne la patronne se consacre au four puisque nous sommes en présence d'une pizzeria artisanale. Son credo ne change pas. Des pizzas énormes confectionnées avec un maximum de produits frais, jusqu'à la mozzarella di bufala. Une bonne douzaine de références, les plus originales étant celle au foie gras et au miel, celle au morbier, la végétarienne. La carte propose aussi des salades, des lasagnes et tartiflettes. Au dessert, on vous orientera même vers des pizzas «desserts» !

JARDINS DE L'APPRENTI'SAGE

1 bis, Rue du Creux
MONTBARREY
✆ 06 63 12 59 61

100% bio. Jardinier maraîcher. 30 légumes, 40 plantes aromatiques et médicinales. Vente à la ferme.

D'origine paysanne napolitaine, Mickaël Mérone a débuté sa carrière professionnelle dans le spectacle. Mais le retour à la terre se faisant pressant, il se reconvertit en 2012 comme technicien « production bio ». Le jardinier-maraîcher est installé depuis 2017 dans sa ferme où il pratique une culture avec des méthodes durables et écologiques. Il y produit des légumes de saison ainsi que 40 plantes aromatiques et médicinales. Il est prudent de prévenir de votre passage.

Val d'Amour
Communauté
de communes
Grandeur
Nature
www.valdamour.com

AUX P'TITS PEPINS

15, route de Cramans - **MOUCHARD**
✆ 03 84 37 89 62
www.auxptitspepins.com
100% bio. Production de fruits frais, en jus, confitures, biscuits, sorbets.
Vente directe ou sur les marchés.

Bénédicte Raynal cultive selon ses dires «les fruits qu'elle aime». Elle vous les fait partager en frais mais les décline également en diverses préparations : jus de fruits, sirops, confitures et gelées, pâtes de fruits, biscuits et même en sorbets. Son jardin privilégie les petites baies (framboise, fraise, cassis, groseille, groseille à maquereau,...). Son verger produit pomme, poire, mirabelle, châtaigne... La transformation et la vente se font à la ferme mais il est prudent de prévenir de votre visite car vous la retrouverez aussi sur les marchés régionaux.

CHAMPAGNE-SUR-LOUE

La rivière La Loue forme une boucle autour de ce village qui la surplombe à quelques 250 mètres d'altitude. Une façon d'apprécier encore davantage le panoramique exceptionnel qui s'offre à vos yeux. Champagne-sur-Loue est la commune viticole la plus au nord du vignoble et pas la moins qualiteuse. Elle s'honore d'ailleurs d'une vigne conservatoire ornée de sa caborde en pierres sèches fort prisée des randonneurs qui passent devant. Le charme ici réside aussi dans l'habitat historique regroupé, l'église Saint-Férréol et Saint-Ferjeux, le moulin du XVIIIe siècle. Au XVIe le château était considéré comme l'une des principales forteresses de la région.

VIGNE CONSERVATOIRE

www.champagne-sur-loue.fr
38 anciens cépages et une caborde reconstituée.
Visible toute l'année gratuitement.
Site très accessible.

Cette vigne du Haut Val d'Amour, inaugurée le 1er juin 2019, a reçu le prix Renou de l'Association nationale des élus de la vigne et du vin. Un aboutissement pour l'association des vignerons amateurs emmenés par Christian Maréchal. Les 38 anciens plants employés jadis dans la région occupent la parcelle enrichie d'une caborde (ou abri) en pierres sèches. Site remarquable car il plonge sur la vallée de la Loue. Après avoir fait connaissance avec l'Argant noir, le Béclan et l'Enfariné, une balade non moins agréable complétera votre visite aux confins du Doubs.

CAMPING DE LA LOUVE €

2, rue du Pont ✆ 06 47 99 37 99
www.camping-de-la-louve-82.webself.net
35 emplacements nus plus 10 locations.
Dès 15 € la nuité pour 2 personnes.
Aire camping-car. Ouvert du 1/05 au 15/09.

Amateurs d'espaces ombragés, avec une rivière, la nature, ce petit camping est votre endroit. Les espaces permettent de recevoir roulottes, caravanes, camping-cars et même des chevaux. 10 lodges ont été implantées pour 2 à 6 personnes. Vous serez aussi près du village. Pêche, baignade, randonnées sont possibles, à pied, à vélo... Vous pourrez vous rendre à la Saline toute proche ou à Port-Lesney, en admirant cette vallée de la Loue si chère à Courbet. On vous proposera un parcours de 6 km en canoë. Beau lieu à taille humaine pour croquer la nature à pleines dents.

DOMAINE GERARD SERVANT

15, route du Champ Blanc ✆ 03 84 37 78 17
Téléphoner de préférence.
Portes ouvertes en temps normal dernier week-end de février. Tarifs de 7 à 22 €.

Gardiens du vignoble nord, Joëlle et Gérard travaillent dans ce village pittoresque, tout en déclivités le long de la Loue. L'ensemble de la récolte est écoulée depuis la cave. Les coteaux produisent surtout des blancs et se gorgent de soleil au levant comme « En Grimorin » et « Aux Plantes », près de la vigne conservatoire. Ils sont floraux pour le chardonnay, beaucoup plus typés pour le savagnin, avec un minimum de 18 mois de tonneau. La vigne est conduite en lutte raisonnée, les vins élevés en fûts dans la cave-musée, selon les méthodes traditionnelles.

SAVEURS DU VAL D'AMOUR

27, rue du Pavé ✆ 06 95 96 35 39
100% bio certifié. Producteur de safran et de sirop de safran. 33 € le gramme.
Ouvert du lundi au jeudi de 14h à 17h.

Depuis 5 ans Christophe Lanoe cultive naturellement ce crocus qu'il transforme en épice ou en liquide. Comme sa voisine de Chissey, la plante s'est fort bien acclimatée. Le village a, il est vrai, beaucoup d'atouts. Le safran en stigmate sublime les poissons, le riz, les volailles... Quant à l'original et pur sirop qui en découle, il se marie aux crémants ou champagnes ainsi qu'aux cocktails. Mais les fromages blancs et les yaourts ne sont pas pour lui déplaire non plus. Prévenez cependant de votre visite, car cette fleur demande beaucoup d'attention au jardin.

JURA PÊCHE

1, Impasse du Rang

✆ 03 84 37 70 17

www.jurapeche.com

Stages groupes et individuels adultes et ados. Dès 150 €/personne. (110 € ados). Anglais parlé. Toute l'année.

Yves Faillenet est guide sur la Loue, l'Ain, mais aussi sur la Bienne et quelques lacs du département. Reconnu « Qualité tourisme », il enseigne la pêche à la mouche, pour tous les niveaux, mais aussi le toc, le leurre et l'ultra-léger. Ses stages se consacrent aussi à la truite et aux carnassiers. Ils s'adressent aux enfants/adolescents, mais également aux groupes. Stages de 1 à 5 jours, y compris pendant les vacances scolaires. On vous apprend aussi à « lire la rivière » dans des cadres les plus beaux et les plus préservés qui soient.

CHISSEY-SUR-LOUE

Avec pour compagne la forêt de Chaux, Chissey possède son plus gros chêne de 18 m de circonférence et un étang très prisé des promeneurs. Commune rurale de la plaine alluviale de la Loue, 3 sites gallo-romains y ont été exhumés ainsi qu'une imposante villa du Ier siècle de notre ère. L'intérêt c'est aussi son église Saint-Christophe du XIIIe siècle qui se détache loin à la ronde. Elle se singularise en particulier avec ces 64 figures sculptées aux visages grimaçants qui fait qu'on surnomme les autochtones Les Babouins. C'est dans ce village que fut tourné le film *La Ligne de démarcation* avec nombre d'habitants comme acteurs et figurants.

EGLISE SAINT-CHRISTOPHE

32, Grande rue

✆ 03 84 37 63 21

En position centrale, ce village attire de loin. A commencer par la beauté de son église qui se dresse comme un phare au milieu de la plaine. Un incontournable dont « les Babouins » (nom des habitants) sont fiers. Le château fut détruit au XIVe siècle, mais l'église Saint-Christophe, du XIIIe siècle, est toujours là. En la visitant, vous verrez une foule de têtes et de bustes au faciès de primates. D'où « les babouins ». Chissey c'est encore sa forêt et son étang. La commune et ses acteurs bénévoles jouèrent aussi un rôle clef dans le film *La Ligne de démarcation*.

LA ROULOTTE D'AMAOUS €

Essart Jean le duc

✆ 06 89 49 31 24

www.laroulottedamaous.weebly.com

La nuit : 50 € pour 1 personne, 65 € pour 2 personne. 450 € la semaine (de 2 à 4 personnes). Barbecue, Wifi.

Vous serez conquis d'emblée par le gîte en roulotte d'époque, toute de bois construite, de Fabienne Prévitali. Sa ferme est à côté, comme la rivière la Loue. Cette roulotte est fort bien équipée pour l'hiver comme pour l'été. La propriétaire se fera un plaisir de vous suggérer des sorties et des activités alentour. La roulotte en elle-même peut accueillir jusqu'à 4 personnes en toute autonomie avec sa cuisine opérationnelle. Vous avez à côté un kiosque-grange magnifique pour vous abriter si besoin. Visite de la ferme si les agriculteurs ont le temps.

D'AMOUR ET D'OSIER

10, Grande rue

✆ 06 41 49 27 11

www.damouretdosier.striking.com

Vannerie d'art et d'objets utilitaires. Téléphoner de préférence. Livraison possible.

Frédérique Tournier aime l'osier et vous risquez fort d'être « contaminé » : le changement des teintes de ces tiges selon l'ensoleillement, l'odeur rappelant certaines huiles essentielles, leur propension aux contorsions... L'artisane parle de surcroît à ses matières, les approche avec soin. Après des stages à l'Ecole nationale d'oséiculture, sa formation s'est affinée en techniques ancestrales. Paniers de toutes formes, plateaux à tarte, calebasses, mangeoires, nichoirs, treillis pour plantes grimpantes, bordures jardinières... Une inspiration « no-limit ».

FER SA PASSION

3, rue de la Chênée

✆ 03 84 37 67 02

www.fersapassion.fr

Ferronnier d'art. Atelier ouvert au public, du mardi au samedi de 9 h à 17 h. Livraison possible.

Rien ne résiste à Bernard Huguenet, pas même le fer. Il n'a pourtant pas une carrure de déménageur et n'avait pas une santé de fer quand il abandonna l'agriculture à cause de graves ennuis de santé. Fabricant des girouettes uniques à ses heures perdues, celles-ci lui firent un jour tourner la tête pour s'orienter vers la ferronnerie d'art. Depuis, ce grand modeste découpe, tord, martèle, soude, peint l'acier et l'inox en particulier. Son talent s'est enrichi avec enseignes, objets décoratifs, trophées, cadres... tout sur mesure, même des sculptures monumentales.

LE SAFRAN DE GOUX

60, Grande Rue
✆ 06 70 80 81 24
www.safrandegoux.fr
100% bio. Visites guidées sur RV. Egalement confitures et gelées au safran. Anglais parlé.

Le safran a conquis le Jura depuis 20 ans grâce à Claude Ancedy qui l'a dompté dans la plaine de la Loue. Une révélation sur le chemin de Compostelle, découvrant des parcelles dans le Lot. Son jardin compte 20 ares. Les précieux pistils sont fragiles (et 200 fleurs pour 1 gramme de produit fini !). Leur rouge vif doublé d'un arôme puissant font le bonheur des cuisiniers. Essayez cet exhausteur de goût même sur les plats simples comme l'omelette ou la purée. Claude prépare aussi des confitures de fruits, des gelées comme celle à la pomme et au thé vert.

OUNANS

Venant de Dole via Mont-sous-Vaudrey, Ounans se trouve sur une artère très passante qu'entreprennent notamment les touristes. Elle occupe les terres d'une ancienne abbaye féminine cistercienne fondée en 1142. Ce village est un pied-à-terre idéal depuis longtemps pour rayonner alentours tout en profitant de nombreuses activités de plein air sur place. En bord de la Loue, c'est un lieu touristique des plus agréables avec 2 campings, une base canoés, des restaurants, des lieux d'hébergement, une fruitière à Comté et l'irremplaçable **Chez la Zette** , une épicerie / produits régionaux ouverte 7 jours sur 7. Bien pratique et beaucoup plus qu'un dépannage.

CHAMBLAY

Commune du Val d'Amour, Chamblay garde des traces de son passé marqué par le convoyage et le commerce du bois. Ce sont notamment les anciennes maisons de négociants en bois avec leur escalier extérieur conçu pour recevoir des radeliers itinérants à l'étage. Ceux-ci assemblaient les troncs venant des forêts du Jura pour former des radeaux convoyés par flottage vers des points de regroupement sur le Doubs, la Saône ou le Rhône. Le moment des fortes crues donnait le départ des convois de bois. Près de l'ancien port au bois où étaient stockés les troncs, quelques dizaines de mètres carrés de dallage en pierre restent de ce qui fut un quai de préparation.

VAL' NATURE

1, route de la Plage
✆ 03 84 37 72 04
www.valnature.eu
Base loisirs canoë, kayak, padle, VTT. Jusqu'à 31 km de navigation. Particuliers/groupes. Base également à Quingey.

Cette base de loisirs jouxte le camping de la Plage Blanche, on y bouge sur tous les terrains. Envie de voguer au fil de l'eau ? Louez un kayak, un canoë ou un paddle, pour 2 heures ou bien plus. Plusieurs parcours sont proposés, de 7 à 31 km. Vous êtes plutôt terre ferme ? Louez un VTT et partez sur les sentiers... Des formules peuvent même comprendre l'hébergement et la restauration pour groupes et entreprises. Au crépuscule, on se retrouve au Loue Bar afin de grignoter un morceau et se remettre de ses émotions. Ouvert en hiver, sur réservation.

LE BOUCHON DES RADELIERS €€

17, Grande-Rue
✆ 03 84 37 67 83
http://bouchondesradeliers.fr.nf/
Ouvert du mercredi au dimanche le midi et le soir. Réservation recommandée. Menus de 29 € à 34 €. Terrasse. Parking.

Chez Sissi et Jean-François Grundisch, on change d'époque en franchissant le seuil de la porte. Nous entrons dans un bistrot des années 1950. On se sent comme chez soi dans les petites salles. La cuisine de grand-mère revisitée fait la part belle aux produits locaux. Les poêlées servies dans leur poêlon détonnent mais sont très goûteuses. A noter la tête de veau sauce gribiche, la croûte aux morilles et la cassolette d'escargots aux noix et au vin jaune. En saison, les grenouilles et goujonnette de truite. Une « jolie » adresse où il fait bon vivre… et manger.

CAMPING LA PLAGE BLANCHE*** €€

3, rue de la Plage ✆ 03 84 37 69 63
www.la-plage-blanche.com
3 étoiles, 218 emplacements dont tentes, mobile-homes, roulottes. Accueil camping-cars. Wifi gratuit.

Un vrai lieu de séjour familial. Sur 17 ha, un camping ombragé et plat qui longe le bord de la Loue, avec piscines (une en plein air, une couverte), aire multi-sports, un bar-restaurant et des formules de divertissements. Les activités autour foisonnent : VTT, canoë-kayak, randonnées, baignade et pêche en rivière. Petits plus très agréables : un spa bain bouillonnant, un sauna, un bassin chauffé et deux douches hydromassantes. Motards et cavaliers sont reçus à bras ouverts.

CAMPING LE VAL D'AMOUR*** €€

1, rue Val-d'Amour ✆ 03 84 37 61 89
www.levaldamour.com

Camping 3 étoiles, 100 emplacements dont 35 locatifs. Aire camping-cars. Dès 26 € la nuit.

Ce camping familial ouvert depuis 1973 est bien ombragé sur terrain plat, près de la forêt et de la rivière. Il propose de nombreuses animations. 2 piscines permettent de se rafraîchir et même de prendre des cours de natation. En plus des emplacements, il est possible de louer mobil-homes, chalets ainsi que caravanes et bungalows. Aire de jeux, de foot, de basket, de volley, de cross, de pétanque, de ping-pong et trampoline offrent une bonne diversité. L'ambiance est très conviviale.

LE LOUE BAR

1, rue de la Plage
✆ 03 84 37 72 04

Bar/concerts au bord de l'eau. Restauration. Ouvert juillet et août 7j/7.

Après une descente en canoë, une balade ou une envie de vous détendre en soirée, ce lieu culturel et festif comblera votre pause ; le tout au bord de l'eau riante de la Loue. Il est ouvert 2 mois en été, 7 jours sur 7. Vous pouvez y prendre simplement un verre, vous restaurer y compris sur la grande terrasse en plein air au son de la rivière. Chaque vendredi, les nuits s'enflamment avec des concerts aux registres très variés, attirant un public qui ne l'est pas moins. Un incontournable culturel et populaire dans cette région.

CHEZ LA ZETTE

1, route de Salins
✆ 03 84 37 61 55

Ouvert 7 jours/7, toute l'année de 7h30 à 21 h. Epicerie, gros choix de pains variés, viennoiseries, produits régionaux.

Il y eut Marie-Louise la fondatrice, puis sa fille « La Zette » (encore active) et maintenant Sandrine sa fille. 80 ans que cette épicerie rurale résiste. Une rescapée située sur la D472 entre Mont-sous-Vaudrey et Salins, route des touristes, des curistes et des régionaux. Les produits comtois occupent une place conséquente et tout l'univers du pain, même des ciabattas ! Vous n'en reviendrez pas du choix, même des viennoiseries. Les horaires et un service 7j/7 parachèvent le succès de « La Zette » où vous serez servi avec une humeur égale.

FRUITIÈRE DU VAL D'AMOUR

4, rue du Bois ✆ 03 84 37 73 69
www.comtemorbier-valdamour.com

Ouvert de lundi à jeudi 9h-12h et 16h-19h, vendredi et samedi 9h-12h et 15h-19h, dimanche et jours fériés 9h-11h45.

Voici une coopérative où il faut faire étape. Elle réunit 11 fermes, réparties entre Loue et forêt de Chaux. Elle transforme 3 millions de litres de lait en comtés de 8 à 31 mois d'affinage, mais aussi des morbiers. La boutique en bois de résineux du pays est animée par Elyse et Nathalie. A travers la grande baie vitrée, vous pouvez observer les gestes des fromagers. Vous pouvez également acheter des produits locaux tels que les miels de chez Clerc ou des huiles artisanales. Lait cru oblige, pensez à la crème, au beurre de baratte, sans oublier les faisselles.

PORT-LESNEY

Une charmante petite commune sur les rives de la Loue. Membre de la communauté de communes du Val d'Amour, Port-Lesney fut longtemps la municipalité d'Edgar Faure (1908-1988), ministre à plusieurs reprises et aussi maire entre 1947 et 1971, puis de 1983 à 1987. Un belvédère, que l'on peut atteindre par un sentier pédestre, porte son nom. D'autres sentiers mènent à la chapelle de Lorette ou aux ruines du château médiéval de Vaulgrenant. Autre curiosité : la cuvette de Perrichon, une construction du XVIIIe siècle qui servait au transfert de la saumure. Le saumoduc qui reliait Salins-les-Bains à la Saline royale d'Arc-et-Senans passait par là.

HOTEL RESTAURANT L'EDGAR** €

10, rue Edgar-Faure ✆ 03 84 73 82 97
www.ledgar.fr

9 chambres et un gîte de 26 couchages. Chambre dès 65 €, gîte dès 20 €. Restauration. Animaux admis.

En bordure de la rivière Loue, l'hôtel vous offrira un environnement bucolique en journée avec son parc arboré et sa cour intérieure. Beaucoup de charme en ses murs également. Même les 9 chambres vous invitent aux voyages. Elles sont toutes dans des dégradés de tons unicolores et évoquent des contrées lointaines : Phnom Penh, La Havane ou Lisbonne. Le mobilier jongle avec le moderne et l'ancien. Plus rustique, le gîte et ses 26 couchages vous offriront néanmoins des nuits apaisantes.

LA COTE €

2, rue Brillat
✆ 06 78 08 41 94

Gîte pour 3 personnes. Dès 70 € la nuit. Week-end 180 à 220 €. 400 € la semaine. Anglais parlé.

Christelle et Philippe vous recevront dans leur gîte ouvert depuis deux ans. Une maison que l'on remarque, jonglant avec les briques et le gris souligné de blanc des façades. Confort bien pensé dans ce petit nid pouvant accueillir 3 personnes. Il ne manque rien pour une étape ou un séjour dans un cadre des plus apaisant. La rivière est à côté pour les activités nautiques. Les suggestions de randonnées vous emmèneront même vers les artisans et producteurs locaux si le cœur vous en dit. Pensez le cas échéant à prendre vos vélos.

CAMPING LES RADELIERS*** €€

Rue Edgar-Faure
✆ 09 53 21 44 22
www.camping-les-radeliers.com

Ouvert du 2 mai au 30 septembre. 100 emplacements, mi-ombragés. Dès 16 € la nuit / pers. Tentes et mobil-homes.

Ce camping familial, ravit par son environnement préservé au bord de l'eau. Il est possible de profiter de la baignade en eaux vives, d'une descente en canoë ou de taquiner la truite. Le mercredi, producteurs locaux et artisans viennent proposer leurs produits au milieu de cet écrin. Des activités sportives (tir à l'arc, escalade, randonnées...) sont également à la carte pour prendre le soleil d'une manière des plus saines. Les commerces sont à deux pas : le camping se trouve au cœur du village de Port-Lesney, mais profite d'un calme des plus appréciable.

EN VENANT DE LA BOURGOGNE VOISINE

© NICOLAS THIBAUT

Le village de Port-Lesney traversé par la rivière Loue.

CHÂTEAU DE GERMIGNEY**** €€€

Rue Edgar-Faure ✆ 03 84 73 85 85
www.chateaudegermigney.com
Relais & Châteaux, hôtel 4 étoiles. Chambres dès 150 € la nuit. Fait également restaurant. Piscine écologique.

Vous vivrez «la vie de château» dans et autour de cette demeure majestueuse magnifiquement restaurée. Que vous optiez pour une chambre, une suite ou un appartement, vous serez transporté dans une autre époque de raffinement. Le moindre détail est personnalisé. La décoration est des plus soignée jusque dans la salle de restaurant attenante à l'établissement. Le même émerveillement pour vous ressourcer vous attendra dans le parc avec sa piscine écologique. Et pourquoi pas « une idée cadeau » avec les coffrets prévus à cet effet ?

RESTAURANT L'UBC €

4, Maison Neuve
✆ 03 84 52 46 57
www.ubc-restaurant-jura.fr
Menu de 19,50 à 29,50 €. Carte. Café-bar. Terrasse.

UBC c'est l'abréviation de l'Univers des Bons Copains. Ce serait vite résumer ce restaurant à la décoration chaleureuse. On privilégie ici les produits écologiques de la belle Franche-Comté et d'un peu plus loin parfois. C'est un lieu où la gastronomie est savoureuse mais pas que. Vous pouvez privatiser le lieu à partir de 10 personnes, là on réalisera un menu spécialement pour vous. Comme avant, l'établissement fait aussi bar-café, idéal pour faire une pause, même petit-déjeuner. C'est une toute nouvelle adresse qu'il faut absolument découvrir.

BISTROT DE PORT LESNEY €€

Place du 8-Mai-1945 ✆ 03 84 37 83 27
www.bistrotdeportlesney.com
Maître restaurateur. Menu unique 32 € et carte. Accueil de groupes. Terrasse/guinguette. Animations. Horaires sur site.

Avec son air de guinguette sur les bords de Loue, sa tonnelle et sa treille centenaire, cette adresse est à découvrir. Les deux salles ont l'allure d'un vieux bistrot où l'on célébra jadis le célèbre apéro anisé de Pontarlier (son nom originel). Le chef illumine par sa cuisine entre tradition et innovation. Pas de carte à rallonge mais des mets bien sentis. Les desserts sont préparés sur place, dont le Paris-Brest. Les végétariens seront ravis avec une formule sans gluten. Les murs, pouvant accueillir 80 couverts, combleront les banquets sur un air d'accordéon !

HOTEL RESTAURANT L'EDGAR €€

10, rue Edgar-Faure ✆ 03 84 73 82 97
www.ledgar.fr
Restaurant régional, 40 couverts plus terrasse en saison, bar, concerts, Menu dès 19,50 €. Fait aussi hôtel et gîte.

L'intitulé de ce restaurant n'est pas sans rappeler l'emblématique Edgar Faure qui fut député du Jura et maire de la commune. C'est L'Edgar bar qui vous accueille, puis L'Edgar bistrot. 40 couverts en intérieur et 60 sous la tonnelle. Le tout dans un cadre rétro (des temps modernes), en hommage à Charlie Chaplin. Le ton est donné. Cet Edgar est à part, ainsi l'affirme aussi le chef Alexis Vurpillot. Il réalise une cuisine généreuse et savoureuse. Cet Edgar est aussi un « Bar à couche-tard », un pôle enflammé avec des soirées musicales aux registres éclectiques.

DOMAINE DE LA LOUE

5, route de Lorette
✆ 06 14 70 19 53
www.domainedelaloue.com
100% bio. Visites et dégustations sur rendez-vous. Livraison possible. Entre 15 et 25 € la bout.

Du tempérament, il en faut quand on est une femme, qu'on vient de Paris et du cinéma pour se lancer en viticulture bio en travaillant avec la lune et la biodynamie. Catherine Hannoun l'a fait. Ses 3 ha sont à Pupillin, en Arbois et sur les discrets coteaux de Marnoz. Le labour se fait à cheval. Mais elle est équipée d'une cuverie moderne. En Arbois, elle vinifie savagnin, chardonnay, pinot noir, trousseau et poulsard, produit un vin de liqueur et un pétillant naturel. Catherine a aussi quelques arpents dans le Doubs, qui donnent des « vins de France ».

DOMAINE HORDE

14, rue du Port
✆ 03 84 73 89 24
www.domaine-horde.com
Téléphoner de préférence. Livraison possible. De 9 à 30 € la bouteille.

Le Rémois Yves Horde tomba en 1989 sous le charme de Port-Lesney et de ses vignes pour ne plus jamais s'en éloigner. 2007 marque le départ de son aventure viti-vinicole. Un domaine de 4 hectares (dont 50 % en Arbois) répartis dans 6 climats différents : « Chantemerle » à Villette-les-Arbois, « les Fouilles » à Vadans, « Sauvagny » à Arbois, « en Gravelle » à Mesnay, Champagne-sur-Loue et Port-Lesney. Chaque clos est vinifié séparément ainsi que chaque cépage. Les vendanges sont manuelles et les amendements interviennent tous les 3 ans avec du fumier de bovin.

LA VIEILLE-LOYE

La Vieille-Loye est la seule commune du Val d'Amour à être située, non en lisière de la forêt de Chaux, mais dans le bois. Plus exactement dans une clairière. L'église, du XVIIIe siècle, domine le village. Celui-ci connut autrefois une activité intense, liée à l'exploitation forestière. Outre les bûcherons et charbonniers, dont le passé est évoqué dans les baraques du 14, la Vieille-Loye abrita longtemps une verrerie, qui semble remonter au XIVe siècle et perdura jusqu'en 1931. Amateurs de randonnées en forêt, l'endroit est un point de départ idéal. Vous pourrez suivre des sentiers jusqu'à la Saline d'Arc-et-Senans ou aux bords de la Loue.

AVENTURE DU TRÉSOR VOLÉ

Les baraques du 14
✆ 06 38 79 40 55
www.valdamour.com

Jeu découverte en forêt de Chaux avec un « Explor Games », scénarisé avec tablette. Dès 6 ans. 15 € pour 4 joueurs.

Voilà une nouvelle initiative ludique qui vous permettra d'apprécier encore davantage « Le Val d'Amour ». Vous partirez à la découverte de la forêt de Chaux avec un « Explor Games », un jeu d'aventure en équipe, tablette en main, mêlant parcours d'orientation, jalonné d'énigmes et de défis. Cette vaste forêt est un lieu de légendes et de mystères peuplée d'êtres merveilleux et insaisissables, mais aussi de brigands avides d'un trésor baptisé « L'Escarboucle » gardé par la « Vouivre » ! Appelés à l'aide par les habitants des environs, tentez votre chance !

LES BARAQUES DU 14 ★

✆ 03 84 72 50 98
www.juramusees.fr

Écomusée en forêt de Chaux, fours à pain, animations et sentier forestier autour de 5 maisons de bûcherons.

Entre Dole et Salins, les Baraques du 14 en sont un lieu de mémoire et d'histoire des bûcherons qui y vécurent. Plus de 600 en 1830 ! Des 5 derniers habitats qu'il reste, l'un date du XVIe siècle. De ce curieux hameau habité jusque dans les années 1950, il reste aussi deux fours à pain, un rucher, un puits et des arbres remarquables. Un sentier forestier permet de découvrir d'autres éléments de cette histoire, dont un chantier de carbonisation (fabrication du charbon de bois). En été, le site est animé de fêtes costumées, expositions, veillées, contes et légendes.

LA CLAIRIERE DE CHAUX €

2, rue du Chalet
✆ 03 84 80 02 06

Hôtel communal pour 27 personnes (plus tente et caravane). Dès 39 € la nuit. Animaux acceptés dont chevaux.

Cet hôtel communal se trouve dans un village paisible, en bordure de la vaste forêt de Chaux ainsi que de la poissonneuse rivière la Loue. C'est dire qu'il prédispose aux activités de plein air. En individuel comme en groupe, il peut accueillir 27 personnes mais propose aussi caravanes et tentes. Les chambres sont conçues pour 2 ou 3 personnes en lits doubles ou jumeaux. Elles comportent des cabines de douche ou des lavabos. Vous pourrez prendre le petit déjeuner et/ou les repas sur réservation. Les animaux sont admis, y compris les chevaux dans le pré attenant.

ARC-ET-SENANS ★★★

A 30 minutes de Besançon par la N 83 jusqu'à Quingey, puis la D 17. Cette commune doit sa renommée à un monument imposant, classé au Patrimoine mondial de l'Unesco : la saline royale d'Arc-et-Senans. Edifiée pour l'exploitation du sel, elle est l'oeuvre de l'architecte visionnaire Claude-Nicolas Ledoux. La saline de Salins dans le Jura se vit adjoindre celle d'Arc-et-Senans. Plusieurs musées sont aujourd'hui hébergés dans la saline, qui fait aussi vibrer la ville au rythme de nombreux événements saisonniers (concerts et expositions en tout genre), et cette dernière est magnifiée lors de la fête des Montgolfières le troisième samedi de septembre.

MUSÉE C-N LEDOUX

Saline royale
✆ 03 81 54 45 45
www.salineroyale.com

Gratuit pour enfants de moins de 6 ans. Audioguides et visites guidées selon périodes. Horaires sur le site.

Situé dans l'ancienne tonnellerie de la Saline royale, ce musée est consacré à Claude Nicolas Ledoux. 60 maquettes sont nécessaires au traçage de ses œuvres regroupées, qui est par ailleurs le seul d'Europe dédié à un architecte. Son parcours dévoile des réalisations éclectiques telles que théâtres, hôtels particuliers et bâtiments d'octroi et révèle ses projets les plus utopiques. On aime s'attarder sur le rêve de la Ville idéale de Chaux, jamais réalisée mais esquissée maintes fois par l'architecte, qu'il aurait aimé voir se développer autour de la Saline.

LA SALINE ROYALE ★★★★

Grande-Rue
✆ 03 81 54 45 17
www.salineroyale.com
Ouvert toute l'année. Gratuit jusqu'à 6 ans. Adulte : 12,50 €. Enfant (de 6 à 15 ans) : 7,50 €.

« *Osez et vous réussirez ! L'exemple que vous donnerez fera éclore de nouveaux préceptes qui épureront les anciens* » - Claude Nicolas Ledoux in *L'Architecture* paru en 1804. L'architecte concepteur de ce site inscrit sur la Liste du patrimoine de l'Unesco dès 1982. Construit sous Louis XVI, de 1775 à 1779, cet édifice avait pour fonction, grâce au bois tout proche de la Foret de Chaux, de cuire les eaux salées acheminées depuis Salins par un saumoduc. Le sel était à l'époque un bien de premier ordre puisque indispensable à la conservation des aliments, à l'agriculture. La Ferme générale prélevait la gabelle sur sa vente. Édifiée en demi-cercle, constituée de 11 bâtiments, la Saline royale fonctionnait comme une usine intégrée où vivaient le directeur et les ouvriers. Obsolète, elle a fermé ses portes dès 1895. En 1927, le département du Doubs en a fait l'acquisition, engageant sa remise en état. Depuis 1996, elle a repris une place prédominante dans la vie régionale grâce à ses musées, ses expositions, ses concerts, son architecture... Une usine palais, premier site d'origine industrielle au monde à bénéficier de cette reconnaissance par l'Unesco. A ne pas manquer pour une simple visite ou même pour un séjour puisque la Saline royale dispose d'un hôtel 3 étoiles de 31 chambres. Au sein du monument, vous pouvez visiter le musée Histoires de sel, le musée Claude Nicolas Ledoux, le musée Mémoires du lieu : « *la Saline après la Saline* » de 1895 à nos jours, l'exposition L'invention du Patrimoine Mondial, le festival des jardins.

CAMPING LA SALINE*** €€

18, rue des Graduations ✆ 03 81 57 50 28
www.campinglasaline.fr
Qualité Tourisme. 36 emplacements dès 15,90 € la nuit. Egalement autres hébergements. Piscine d'eau salée.

Longtemps appelé Les Bords de Loue, ce camping s'appelle désormais La Saline et a décroché sa 3e étoile. Son nom se réfère à Claude-Nicolas Ledoux le bâtisseur, et sa piscine est d'eau salée ! Rare dans la région pour être souligné. Les 36 emplacements jouxtent la Loue, rivière d'eau douce, et vous pouvez louer des canoës. Le contexte intimiste de ce petit camping fait qu'on réserve son « nid » très tôt d'autant qu'il est bien ombragé, délimité avec ses haies de noisetiers. Les personnes à mobilité réduite apprécieront une pièce qui leur est entièrement destinée.

© GEORGES FESSY

La Saline Royale.

GITE LA PIERRE €€

5, chemin de Bellevue - **ECHAY**
✆ 03 81 63 78 22
www.gitelapierre.fr
Réseau « Gîte de France » 2 épis.
Pour groupes jusqu'à 20 personnes. 9 chambres.
En week-end ou à la semaine.

Entre la vallée du Lison et celle de la Loue, non loin de la charmante bourgade de Quingey, vous pourrez recharger vos batteries dans cette demeure indépendante. Elle n'est également qu'à 30 km au sud de Besançon. Elle a du volume qui fait qu'elle peut recevoir jusqu'à 20 personnes. Les 9 chambres bien équipées se louent essentiellement pour des groupes ou familles, sur un week-end ou à la semaine. Si vous appréciez son calme, la nature vous offrira ici nombre de suggestions d'activités. En outre, pour les randonneurs le GR 590 n'est pas loin.

HOTEL DE LA SALINE*** €€

Grande Rue
✆ 03 81 54 45 17
www.hotelsalineroyale.com
Hôtel 3 étoiles. 31 chambres dès 86 €. Dortoir 30 €/personne.Petit déjeuner 10 €. Bons cadeaux.

Dormir au cœur de la Saline Royale est tout simplement s'approprier ces lieux magiques d'une manière privilégiée et insolite. Classé patrimoine mondial de l'Unesco, cet endroit est exceptionnel. Les chambres ont été rénovées par le designer contemporain Jean-Michel Wilmotte et décorées par l'architecte et auteur de bande dessinée Damien Cabiron. Elles bénéficient d'une vue imprenable sur les bâtiments et leur parc. La nuit, la Saline prend un autre visage. Des congrès, colloques ou encore des réceptions peuvent être organisés au sein de ce lieu chargé d'histoire.

AUBERGE DE BUFFARD €

5, Grande-Rue - **BUFFARD**
✆ 03 81 57 47 99
www.auberge-de-buffard.fr
Ouvre de 12h à 13h30 et de 19h à 21h.
Fermé dimanche soir et lundi hors saison.
Menus dès 17 €. Spécialités régionales.

L'auberge est une ferme familiale de Michel Belin, avec l'église pour voisine. Boucher, comme ses parents, il l'a ouverte en 2001. Son credo n'a jamais varié : accueil, simplicité, terroir. Et vous ne criez pas famine en sortant de table ! Le patron vient de passer la main à son fils. De 30 couverts durant plusieurs années, l'espace s'est enrichi d'une véranda de 25 places, d'une terrasse chauffée de 50 ainsi que d'un jardin couvert où vous pouvez prendre une consommation. Excellent rapport qualité-prix, car les menus intègrent fromages et desserts.

FRUITIÈRE VINICOLE ARBOIS

37, Grande-Rue ✆ 03 81 57 43 37
www.chateau-bethanie.fr
Magasin de la coopérative d'Arbois.
Ouvert du mardi au samedi de 10h à 12h30 et de 14h30 à 18h.

Ce magasin est l'émanation de la coopérative d'Arbois. Ici, situé presque en face de la Saline royale, vous serez accueilli avec un beau sourire et le professionnalisme de Valérie. La diversité des saveurs des appellations jurassiennes qu'elle vous présentera vous flattera tous les sens. Et vous repartirez avec ce qui vous conviendra : vin jaune, macvin, vin de paille ou crémant, rouges et rosés d'Arbois... Une merveille pour les amateurs d'alcool, un marc de vin de paille superbe !

ORNANS ★★

Cité de Caractère BFC. Entouré par ses hautes falaises calcaires, traversé par la Loue, le village natal de Gustave Courbet (1819-1877), surnommé « la Petite Venise de Franche-Comté », mérite le détour. D'un côté du pont de 1609, l'ancien bailliage du XVe siècle rénové en 1740 sert aujourd'hui d'Hôtel de Ville. A voir sur la même rive, la jolie place Courbet, ombragée de marronniers et entourée de demeures de la fin du XIXe siècle. Si le soleil est de la partie, rendez-vous au miroir de la Loue, calme étendue d'eau où se reflètent les maisons et les peupliers. De l'autre côté du pont, dans un bel hôtel du XVIIIe siècle, prolongé d'un jardin suspendu, la maison-musée Gustave Courbet renferme peintures, dessins et sculptures de l'artiste. Une de ses œuvres peut être admirée dans la ville : l'élégante sculpture de la fontaine nommée *Le Pêcheur de Chavots*. Ailleurs, que ce soit à Montgesoye, Vuillafans et Lods, étapes successives de ce circuit dans la vallée de la Loue, le charme se prolonge. Moulins de pierre, maisons vigneronnes et murs superbement fleuris entretiennent à merveille le mystère. Bien que mort en exil en Suisse, Courbet est enterré dans le cimetière de la ville.

Dans la cité plane une ambiance vénitienne : maisons suspendues, jardins étroits, pont sautant d'une rive à l'autre dans de beaux éclats d'or et de bleu. Ornans joue de la Loue qui la traverse, des lumières qui l'illuminent les nuits d'été et des cours secrètes et discrètes, des hôtels particuliers qui se cachent derrière.

A voir : le musée maison natale de Gustave Courbet, la fontaine du Pêcheur de Chavots (sculpture Courbet), les hôtels particuliers des XVIe, XVIe, XVIIe, XVIIIe siècles, la maison nationale de la Pêche et de l'Eau, l'hôpital, l'église XIIe, XVIe, l'hôtel de ville (ancien baillage).

A vivre: la via ferrata. Le Pays d'Ornans-Loue-Lison abonde de sentiers de randonnée (250 km), et aussi 128 km de sentiers balisés pour le VTT.

A déguster : saucisse Ornanaise aux trompettes de la Mort, truite fumée aux amandes, croûte aux morilles

MUSÉE GUSTAVE COURBET

1, place Robert Fernier
✆ 03 81 86 22 88 - www.musee-courbet.fr
Tous les jours sauf mardi de 9h à 12h et de 14h à 17h. Gratuit jusqu'à 13 ans. Adulte : 8 €.
Gustave Courbet est originaire d'Ornans. Le musée donne l'ampleur du lien qui lie l'artiste à sa ville natale. L'œuvre du peintre montre des scènes de la vie quotidienne dans Ornans et alentour. Grâce à ses tableaux et à des lettres écrites à ses proches, on découvre la biographie de cet artiste engagé. Il est courant de s'émouvoir devant *Le Chêne de Flagey*, acheté par le Département. Le musée rénové en 2011, met en valeur son illustre habitant dans une maison sublimée, et au travers de plus de 50 œuvres. Visite à compléter avec la Ferme Courbet à Flagey.

FERME FAMILIALE COURBET

28, Grande-Rue - **FLAGEY**
✆ 03 81 53 03 60
www.musee-courbet.fr
Musée du peintre et de sa famille.
Ouvert toute l'année (horaires sur site).
Jardin potager, expositions.
À 18 kilomètres d'Ornans, cette ferme appartenait à la famille Courbet, bien qu'elle n'y résidait que périodiquement. Gustave conservait de beaux souvenirs de ce lieu et de sa sœur préférée, Juliette. Elle y a entretenu le souvenir de son frère, le premier site à être réhabilité à sa mémoire. Vous pouvez visiter les jardins. Des animations y sont organisées ainsi que pour les fans de l'artiste et de sa philosophie. Des expositions interviennent en cours d'année. Le Café Librairie de Juliette vous permettra une pause dans ce lieu chargé d'histoire.

LA TABLE DE GUSTAVE €€

11, rue Jacques-Gervais
✆ 03 81 62 16 79
www.latabledegustave.fr
Ecolabel européen. Qualité Tourisme. 28 chambres (modulables). Chambres doubles de 63 à 115 €.
Légèrement excentré de l'axe principal qui traverse la ville ancienne, vous serez au grand calme. Un vaste programme de rénovation a été fait il y a quelques années et permet d'offrir un confort qui dépasse les 3 étoiles attribuées. Comprenant 28 chambres spacieuses, elles sont soit équipées de douches à l'italienne ou baignoires. Un très bon restaurant et un bar occupent une partie du rez-de-chaussée. Du fait de son implantation vous pourrez flâner et découvrir cette belle cité tout en laissant votre voiture sur le parking devant l'hôtel.

LA FROMAGERIE GRILLOT MONTS ET TERROIRS

35, place Courbet
✆ 03 81 21 51 92
www.montsetterroirs.com
Ouvert du mardi au samedi de 9h à 12h30 et de 14h à 19h.
Vous ne pouvez pas ne pas faire étape dans cette très réputée fromagerie. Les produits proposés proviennent essentiellement du terroir comtois. Tout le savoir-faire de la marque Monts et Terroirs se retrouve, entre autres, au travers du comté avec un affinage allant de 5 à 34 mois. Les autres appellations régionales sont très bien représentées. Côté épicerie fine : vins du Jura, sirops, les bières, limonades, confitures... Vraiment une très belle adresse gourmande.

CLÉRON

Vous dénicherez Cléron dans la vallée de la Loue à un bon quart d'heure au sud de Besançon. L'endroit est magique, fort calme, même si selon la légende le nom de la commune viendrait du sonore instrument de musique. Le château rectangulaire y trône encadré de ses 4 tours accompagné d'un ancien presbytère et de plusieurs fontaines. Vous remarquerez aussi le pont du tacot, ce train régional qui fait d'ailleurs l'objet d'un musée. Un autre passage obligé chez la famille Perrin vous conduira à sa fromagerie où naquit son fromage l'Edel de Clairon. Véritables porte-étendard du tourisme, les Perrin animent le lieu avec un restaurant et un musée du fromage.

LE HAMEAU DU FROMAGE ★★★

Zone Artisanale ✆ 03 81 62 41 51
www.hameaudufromage.com
Ouvert tous les jours et les jours fériés de 9h à 19h. Visites guidées. Boutique.
En entrant dans ce beau bâtiment à ossature bois vous voilà en pleine immersion dans le monde des fromages comtois. Dans la famille Perrin, on est fromagers depuis au moins trois générations. le Morbier représente 46 % de la production de cette fromagerie. Mais aussi fromage à raclette, comté et l'Edel de Cléron uniquement fabriqué ici. Dans cet espace se trouve un très bon restaurant, une boutique avec produits et fromages régionaux. Le musée retrace la tradition de l'art de la fabrication artisanale du fromage, introduction à la visite de la fromagerie.

CHÂTEAU DE CLÉRON ★

Bas de Cléron ✆ 03 81 62 21 50
www.ornans-loue-lison.com

Entrée payante. Visite des jardins uniquement. Renseignements, tarifs et horaires : office de tourisme d'Ornans.

La visite de ce château bâti en 1320 est interdite. Il a été remanié au XVe et au XVIIIe siècle. En revanche, la découverte des jardins et des allées bien dessinées en ravira plus d'un. Vous admirerez la bâtisse, et ses ornements de façade, ainsi que son donjon surplombant la Loue. Ce dernier fait partie du système de défense datant du Moyen Âge, admirablement conservé, pour protéger la circulation du sel. Un décor digne des contes de fées qui ravira les enfants, ces chevaliers en herbe, qui s'imagineront défendant cœur et âme ce château !

NANS-SOUS-SAINTE-ANNE

Un village charmant au creux d'une vallée, pimpant comme une localité suisse. Lieu de séjour privilégié pour se remettre en forme et profiter de beaux sites : la tonique source du Lison, la grotte Sarrasine de 90 m de haut, la grotte du Verneau et de nombreux belvédères. Autre curiosité : la taillanderie. On peut séjourner à Nans en gîte ou à l'hôtel. La fromagerie élabore les spécialités comtoises. L'apiculture n'est pas en reste avec les Ruchers du Lison. Suivre également la route en coteaux menant à Crouzet-Migette. Une balade jusqu'au Saut du Diable, un à-pic impressionnant. Au retour, la bonne Auberge du pont du Diable offre un repos bien mérité.

MUSÉE DE LA TAILLANDERIE ★

Rue du Four
✆ 03 81 86 64 18
www.museedelataillanderie.fr
Horaires sur site. Accueil également de groupes dont scolaires. Forfait famille.
Autres tarifs dégressifs.

Pendant la visite guidée, vous apprendrez l'histoire des taillanderies en Franche-Comté et l'ingénieux système des roues hydrauliques, remplacé ensuite par un moteur semi-diesel. Grâce à ces installations, la taillanderie a fabriqué jusqu'en 1969 faux, faucilles et serpes. Elle fut créée en 1828, le lieu offrait tous les éléments nécessaires : cours d'eau, forêt, minerais de fer issus de la montagne. Un beau témoignage de l'ère industrielle du XIXe siècle en Franche-Comté classé monument historique. Toute l'installation hydraulique fonctionne parfaitement.

QUINGEY

Ce bourg est situé en bord de Loue près des grottes d'Osselle. Depuis son contournement, Quingey respire et s'embelli. Allez dans le vieux centre. On déjeune à l'hôtel de la Truite ou au café de l'Hôtel de Ville. Site privilégié occupé dès le Ve siècle, ses premiers habitants lui donneront le nom de QUINGEY, « le beau séjour ». Une flânerie permet de découvrir les vestiges du riche passé de la cité, des tours, dont celle où naquit le Pape Calixte II. Sous Louis XV, la rive gauche s'est embellie d'une plantation de platanes. Appelé « Les Promenades », il donne aussi son nom à un camping des plus sympas. Au fait, n'oubliez pas la descente en canoé.

GITE LA PIERRE €€

5, chemin de Bellevue - **ECHAY**
✆ 03 81 63 78 22
www.gitelapierre.fr
Réseau « Gîte de France » 2 épis.
Pour groupes jusqu'à 20 personnes.
9 chambres. En week-end ou à la semaine.

Entre la vallée du Lison et celle de la Loue, non loin de la charmante bourgade de Quingey, vous pourrez recharger vos batteries dans cette demeure indépendante. Elle n'est également qu'à 30 km au sud de Besançon. Elle a du volume qui fait qu'elle peut recevoir jusqu'à 20 personnes. Les 9 chambres bien équipées se louent essentiellement pour des groupes ou familles, sur un week-end ou à la semaine. Si vous appréciez son calme, la nature vous offrira ici nombre de suggestions d'activités. En outre, pour les randonneurs le GR 590 n'est pas loin.

VUILLAFANS ★

Un village captivant bordé par la Loue. De vieilles maisons comtoises, dont celle de Balthazar Gérard, XVIe siècle, qui assassina le prince d'Orange, fondateur des Pays Bas. Tous les siècles ont laissé ici un patrimoine architectural exceptionnel, façonné par les vignerons. A voir, l'église du XVe siècle avec son retable classé, des sculptures fribourgeoises en bois polychrome,... Mais aussi les remparts de Châteauvieux du XIe, les ruines de Châteauneuf du XIIe, le pont de pierre du XVIIe,... A vivre : une randonnée pour admirer les magnifiques paysages ; une via ferrata ou de l'escalade pour découvrir une nature généreuse et des panoramas grandioses.

LODS ★

Labellisé Cité de caractère BFC et situé à environ une douzaine de kilomètres au sud-est d'Ornans, par la D67, Lods fait partie des plus anciens villages de France. On y admire son lavoir, ses ruelles médiévales, son église Saint-Théodule. Un parcours ethnologique vous est d'ailleurs proposé pour découvrir le passé de Lods (une brochure est disponible à la mairie). Ne surtout pas ignorer la basse et originale vallée de la commune avec les barrages rugissants. Sa position géographique, accrochée au flanc de la montagne, lui donne un cachet supplémentaire, comme s'il vous fallait d'autres arguments pour faire une halte dans ce cadre à part.

BESANÇON ★★★

A 60 km de la Suisse, Besançon est la préfecture au coeur du département du Doubs mais aussi le siège de la région Bourgogne / Franche-Comté. La cité se révèle une ville agréable, proclamée première ville verte de France mais aussi détentrice du label ville d'art et d'histoire, berceau d'une longue tradition horlogère. Elle s'est établie dans un des méandres de la rivière Le Doubs, jouant un rôle déjà prépondérant à l'époque gallo-romaine sous le nom de Vesontio. Sa citadelle, édifiée par Vauban entre 1668 et 1711, est parfaitement conservée et s'avère être, avec la cathédrale Saint-Jean et son horloge astronomique, l'un des points d'intérêt majeurs de la ville. En rejoignant la citadelle par le centre-ville, vous passerez devant le square Castan, qui abrite des vestiges du IIe ou IIIe siècle, puis sous la Porte Noire, un arc de triomphe du IIe siècle. Prenez le temps de vous balader sur les rives du Doubs, rue Bersot et dans la Grande-Rue aux façades gris bleu ou ocre. Au n° 138, sur la place semi-ouverte Victor-Hugo, se trouve la maison natale du grand écrivain (1802-1885). Sur la même place, au n°1, on peut voir une plaque sur la maison où sont nés les frères Auguste et Louis Lumière (1862-1954 et 1864-1948), Le palais Granvelle, situé au n° 96, abrite aujourd'hui le musée du Temps (le musée d'histoire de la ville). L'église Saint-Pierre (XVIIIe siècle) domine la place du 8 Septembre, l'hôtel Emskerque (XVIe siècle) au n° 44 de la Grande-Rue, près de la place Pasteur, mérite le coup d'œil. En traversant le Doubs, allez flâner dans le vieux quartier Battant, et rejoignez les hauteurs et le fort Griffon : la vue sur la ville y est très jolie.

GROTTE D'OSSELLE

42, route des Grottes
ROSET-FLUANS
✆ 03 81 63 62 09
Horaires et tarifs sur site. Accueil groupes (mini 15 personnes). Abri, pique-nique, boutique.

Découverte au XIIIe siècle, la galerie principale de cette grotte ouverte au public fait plus d'un kilomètre. Elle est traversée par une rivière qui ressort 4 kilomètres plus loin. Au fil du chemin, on découvre les couleurs incroyables des concrétions calcaires, dues au passage de l'eau dans les minerais métalliques, fer, manganèse, cuivre et aluminium qui teintent de rouge, jaune, vert et noir les sculptures formées depuis des millénaires. Cerise sur le gâteau, dans les années 1970, au cours de travaux, on a trouvé une quinzaine de squelettes complets d'ours.

CITADELLE ESPAGES ANIMALIERS ★★★

99, rue des Fusillés-de-la-Résistance
✆ 03 81 87 83 33
www.citadelle.com
Haute saison ouvert tous les jours de 9h à 19h. Entrée par la citadelle à partir de 8,80 €.

La Citadelle de Besançon (classée par l'Unesco) surplombe la ville et paraît encore la protéger tant elle impressionne. C'est l'œuvre de Vauban (1633-1707). La première pierre est posée en 1668, alors que la ville est une possession du royaume d'Espagne. Le 10 août 1678, le traité de Nimègue rattache la ville et toute sa région au royaume de France. Louis XIV confie alors au grand Vauban le soin de poursuivre la construction et l'extension de cette construction hors-norme. La Citadelle est aujourd'hui le symbole de la ville et son intérêt touristique reste absolument majeur. La chapelle abrite une projection multimédia de 15 minutes sur l'histoire mouvementée de la Citadelle et de Besançon. Le site abrite trois musées : le musée de la Résistance et de la Déportation, le Musée comtois et le Muséum. Il comporte entre autres un fonds d'art de 600 peintures, statuettes et dessins réalisés clandestinement. Côté animaux, ce module laisse une place de choix pour comprendre la biodiversité. Il présente plusieurs espaces animaliers qui se découvrent en intérieur et en extérieur en 6 parties : naturalium, aquarium, insectarium, noctarium, un jardin zoologique et une petite ferme. Des manifestations culturelles sont programmées toute l'année. Bon plan : achetez vos billets en ligne et vous bénéficiez du tarif réduit. Le musée de la Résistance et de la Déportation est actuellement fermé pour une complète métamorphose. Sa réouverture est prévue en septembre 2023.

MUSÉE DES BEAUX-ARTS ET D'ARCHÉOLOGIE ★★★

1, place de la Révolution
✆ 03 81 87 80 67
www.mbaa.besancon.fr
Horaires et tarifs sur site. Accueil enfants, visite guidée, animations. Accueil groupes.

Une collection égyptienne de 3 milliers d'années avec sarcophages, statuettes de Bès, d'Osiris, Amon ou Isis, amulettes et cartonnages. La collection préhistorique et romaine présente surtout des vestiges régionaux. Côté art, une fois encore les plus connus y sont représentés : Fillippo Lippi, le Tintoret, Titien, Giovanni Bellini. Les peintres flamands sont également à l'honneur, sans oublier Chassériau, Signac. Des expositions temporaires et visites commentées sont assurées.

© ROMANBABAKIN
Vue de la Citadelle de Besançon.

MUSÉE DU TEMPS ★★★★

96, Grande-Rue
✆ 03 81 87 81 50
www.mdt.besancon.fr
Gratuit jusqu'à 18 ans. Adulte : 8 €.
Label Tourisme & Handicap. Accueil enfants.
Visite guidée.

Le Palais Granvelle, inspiré de la Renaissance italienne, édifié au XIVe siècle, abrite le musée du Temps de Besançon, dédié à l'histoire de l'horlogerie, une industrie qui fut florissante. Des collections d'horlogerie que le musée des Beaux-Arts avait constituées depuis 150 ans et des fonds issus du musée d'Histoire forment l'essentiel de ce que le musée du Temps présente. Entre autres objets remarquables, un pendule de Foucault de 13,11 m de haut et la montre la plus chère du monde. Événements, ateliers ponctuent le calendrier annuel du musée.

SNCF

www.oui.sncf
Informations d'horaires et de réservations sur toutes les lignes de trains, de cars et de bus. Voir site.

Réservations : 0 892 35 35 35 • Mobilignes (horaires des lignes de trains, cars et bus du Doubs) : 0 825 00 22 44 • Réservation gare Viotte ou à la boutique SNCF 44, Grande-Rue. 6 lignes routières ont une station à la gare (correspondances avec Vesoul, Gray, Rioz, Gy, Ornans et Pontarlier). Le parc à vélos situé au niveau -1 du parking Viotte est couvert, gratuit et surveillé. Lignes directes : Strasbourg, Lyon, Nice, Lille en TGV. Paris est à 2h30, Lyon 2h30, Strasbourg 2h50, etc. Sans oublier la ligne Besançon-Le Locle (Suisse), qui traverse les montagnes.

CHÂTEAU DE LA DAME BLANCHE*** €€€

1, chemin de la Goulotte - **GENEUILLE**
✆ 03 81 57 64 64
www.chateau-de-la-dame-blanche.fr
Accueil jusqu'à 23h. 35 chambres.
De 109 € à 349 €. Petit déjeuner buffet ou en chambre : 14 €. Accès Spa : 12,50 €.

Le Château de la Dame Blanche est une belle demeure d'esprit Victorien. Ainsi sur les 35 chambres proposées vous aurez une décoration aux ambiances liés au lieu ou aux deux annexes « Picasso » et « Victor Hugo ». Classées 3 étoiles elles offrent un confort bien au-delà de ce classement. Vous serez au calme, un parc de 7 ha entoure les bâtiments, et les arbres centenaires composent un cadre naturel exceptionnel. Ce bel établissement possède un restaurant excellent. Excellent séjour !

CHEZ ELLE €€

17, avenue des Montboucons
✆ 03 81 56 29 51
www.restaurant-chezelle.fr
Ouvert du lundi au vendredi. Menu unique et carte. Vin au verre. Accueil groupes. Terrasse. Parking.

Le restaurant de Corinne Monnien est contemporain, il se compose d'une vaste salle lumineuse à la déco vintage des années 1970/1980. Toute son équipe qui œuvre à ses côtés est à la fois sympathique, jeune et dynamique, ce qui met à l'aise. En cuisine, Flavien, le chef, et Clara, qui le seconde, s'activent en transformant les produits bien sélectionnés. La carte est bien construite, avec au moins 5 entrées et 5 plats. Avec une carte évolutive, dont des plats végans, ce restaurant organise également des thèmes. Les formules sont d'un très bon rapport qualité-prix.

CHEZ DIEGO €

13, rue des Boucheries
✆ 09 52 05 54 00
www.chez-diego.eatbu.com
Fermé le lundi.

Voici une adresse bien sympathique pour manger français ou italien, vous n'aurez que l'embarras du choix. Si les pizzas sont excellentes, pourquoi se priver d'une pièce de viande ou d'une bonne assiette de pâtes ? Ce restaurant sympathique est situé sur la place de la Révolution, en plein centre-ville. Une terrasse agréable vous accueille quand il fait beau. Pas de souci de parking, qui est à proximité, et comme client il sera gratuit pour vous. L'établissement est privatisable si vous devez fêter un évènement. Bon rapport qualité-prix.

LE PARC €€€

Place de la Première Armée Française
✆ 03 70 88 60 60
Ouvert du mercredi au dimanche, de 12h à 13h30 et de 19h30 à 21h30.

Voici une très belle nouvelle adresse en plein cœur de Besançon. Pour celles et ceux qui connaissent Le Château de Germigney à Port-Lesney, ils y retrouveront une certaine touche. Toutefois Noémie Paris et Vivien Sonzogni, bien qu'y ayant fait leurs armes, vous offrent leur expérience dans un tout autre cadre. La carte, où la saisonnalité est de mise, est accompagnée de menus du jour, ou complétement différents pour le dîner, sans oublier les nombreuses suggestions. En entrant vous serez transporté hors du temps pour savourer un festival de saveurs.

LE SAINT CERF €€

1, rue Mégevand
✆ 03 81 50 10 20
1 étoile verte Michelin. Restaurant dans l'esprit écologique. Ouvert du lundi au vendredi. Accueil groupes.

Le patron de ce restaurant à connotation écologiste a été couronné d'une étoile verte cette année par notre confrère le Guide Michelin. Et pour cause, tout est mis en œuvre ici par le patron Xavier Choulet pour que « tous les déchets de la terre retournent à la terre ». Cela va de la mise en place d'un système de ramassage des composts jusqu'à l'eau du robinet micro-filtrée. Sinon la cuisine est fraîche et locale qu'elle soit française ou plus exotique. Les végétariens y trouvent également leur bonheur dans un cadre qui ne les décevra pas.

LES ZINZINS DU VIN €€

14, rue de la Madeleine
✆ 03 81 81 24 74
www.leszinzinsduvin.com
Mercredi de 10h à 19h. Jeudi, vendredi et samedi de 11h à 21h, 21h30 et 22h.

Voici un lieu à l'esprit atypique. Pas moins de 600 référencements en vins bio et nature uniquement de l'Hexagone avec vente sur place et expéditions. L'espace est meublé de quelques tables rustiques et un grand plan de travail central (le patron cuisine aussi). On peut « casse-croûter » seul, en famille ou entre copains. Les produits cuisinés sont vendus au poids, une originalité de plus. Vincent Guiseppi vous fera partager sa passion culinaire et des vins. Un adresse qui porte bien sa devise : *Cave Canaille... Quilles, Canons et Cochonnailles*.

CHÂTEAU DE LA DAME BLANCHE €€€

1, chemin de la Goulotte - **GENEUILLE**
✆ 03 81 57 64 64
www.chateau-de-la-dame-blanche.fr
Toute l'année. Lundi et samedi seulement le soir ; du mardi au vendredi midi et soir. Réservation recommandée.

A quelques kilomètres de Besançon, situé dans une superbe demeure ancienne, Antony Serra a su donner ses lettres de noblesse à ce restaurant. Un charme et un cadre exceptionnels de 7 ha aux arbres centenaires. Trois espaces vous sont proposés, la salle de restaurant, la verrière d'esprit victorien ou la terrasse en saison. Les meilleurs produits d'appellations, en privilégiant les producteurs locaux, deviennent des mets pour terminer sur une très belle table de la région.

BESANÇON BOOSTEUR DE BONHEUR

www.boosteurdebonheur.besancon.fr

Besançon Boosteur de Bonheur est un projet collectif et fédérateur à l'échelle du Grand Besançon. Marque initiée et partagée par les acteurs publics et privés du Grand Besançon. Porter une stratégie commune et promouvoir le territoire à l'unisson. BBB : 3 « b » qui révèlent à chacun les ingrédients à disposition sur le territoire pour inventer sa recette du bonheur. Le site Internet vous fera découvrir tout ce qui se passe sur ce territoire urbain, où la nature en fait l'écrin.

LA CRÉMERIE DU MARCHÉ

6, rue Claude Goudimel ✆ 03 81 83 41 65
www.restaurant-laffineurcomtois.fr
Ouvert du mardi au vendredi de 8h à 13h et de 15h à 19h ; le samedi de 8h à 19h ; le dimanche de 8h à 13h.

Une fromagerie qui fait une large place aux produits laitiers en général. Les fromages franc-comtois ont la part belle bien évidemment. Le petit plus : le beurre au lait cru avec une grosse Montbéliarde en relief, délicieux, et le « metton » à acheter pour faire sa propre cancoillotte. Mais ne vous fatiguez pas, Pascal Colas est le roi de la cancoillotte il en produit toute une gamme diversement aromatisée. Vous trouverez également des spécialités issues de différentes régions françaises. c'est un grand professionnel qui vous guidera, passionné par ce qu'il fait.

EDUARDO PÈRE ET FILS

13, place Grâce-Dieu - **MONTFAUCON**
✆ 03 81 81 89 49
www.eduardo-traiteur.com
Boucherie, charcuterie et traiteur. Ouvert du mardi au samedi. Horaires sur site. Magasin également à Saône.

La maison Eduardo est implantée dans l'un de ces villages du 1er plateau en surplomb de la vallée du Doubs, non loin de Besançon. Boucher et charcutier à la base, ce professionnel a élargi son action en tant que traiteur. Il vous propose de réaliser votre buffet ou votre repas, avec des menus sur mesure, composés de spécialités comtoises ou de mets originaux comme le marbré de caille au foie gras par exemple. Tout est préparé de manière exquise et avec savoir-faire dans les plus pures règles des arts de la table. La vente à emporter est aussi dans ses cordes.

Explorez Besançon
de plus près.
Vous êtes loin
d'avoir tout vu.
À 2 pas du Jura
boosteurdebonheur.besancon.fr
besançon
boosteur de
bonheur

FROMAGERIE MILLERET

12, route de Choye - CHARCENNE
✆ 03 84 65 68 68
www.milleretfromager.com
Fromagerie familiale depuis 1921.
Visites gratuites sur réservation
(10 personnes minimum). Livraison.

Quelle belle maison que cette fromagerie familiale ! Elle célèbre ses 100 ans en pleine forme. 4 générations avec Denis à la tête aujourd'hui. Elle ne collabore qu'avec des fermiers locaux et emploie près de 250 personnes ! Ses produits vous sont familiers : l'Ortolan, le Fin fou, le Roucoulons et Roucoulons boisé, le Charcennay et le 1921. Ce dernier étant le premier affiné par Henri dans sa cave voici un siècle. En 1991, Milleret rachetait la fromagerie belfortaine Le Franc-comtois, élargissant ainsi sa gamme avec des cancoillottes authentiques et subtiles.

VIGNOBLE GUILLAUME

32, Grande rue - CHARCENNE
✆ 03 84 32 77 22
www.vignobleguillaume.isasite.net
Domaine viticole familial de 50 ha.
Ouvert toute l'année. Horaires sur site. Livraison.

Spécialisée dans le greffage d'arbres fruitiers depuis 1895, la famille Guillaume s'est recentrée sur les greffons de ceps mais surtout sur la vigne et la vinification. Son domaine occupe 50 ha. Elle y produit des vins en IGP « Vins de pays de Franche-Comté » et « Vins de France », effervescents et tranquilles. Un joyau haut-saônois avec moult trésors de cépages pas forcément comtois. Nous avons, entre autres, été subjugués par ce savagnin 2011, élevé sous voile en pièces durant 6 ans et 6 mois dans les caves des archevêques de Gy. Digne d'un grand vin jaune !

CASINO JOA DE BESANÇON

2, avenue Edouard Droz ✆ 03 81 47 49 00
www.joa.fr/casinos/besancon
Toute l'année. De 11h à 3h. Vendredi,
samedi et veille des jours fériés 11h-4h.
Réservé aux majeurs. Restauration.

En plein cœur de la ville de Besançon, le Casino du Groupe JOA est un établissement très agréable, avec un personnel attentif et sympathique. Ici jeux de table traditionnels ou électroniques, et les 120 machines à sous sont bien évidemment les maîtres des lieux. Jouxtant le casino, une brasserie-restaurant propose des formules au rapport qualité-prix très intéressant. On ne pense pas toujours à franchir le pas et pourtant la terrasse en saison est très agréable. Des concerts et événements sont organisés tout au long de l'année. Des salles sont privatisables.

NANCRAY ★

Perché à l'est de Besançon, Nancray n'est qu'à 15 km de la capitale comtoise. Ce village rural fait surtout parler de lui depuis 1988 puisqu'y a été implanté un écomusée de l'habitat rural de la région. Ainsi aujourd'hui une trentaine de maisons ont été déplacées de leur emplacement d'origine pour être reconstruites sur le site de 15 hectares. La paisible localité se signale également par d'autres trésors. Citons l'église Saint-Valère du milieu du XVIIIe siècle et 7 fontaines plus attrayantes les unes que les autres. Nancray c'est enfin le musée du peintre. 150 tableaux d'artistes de la période post-impressionniste y sont dévoilés au public.

MUSÉE DES MAISONS COMTOISES ★

Rue du Musée ✆ 03 81 55 29 77
www.maisons-comtoises.org
Qualité tourisme. Ouvert d'avril à novembre
(horaires sur site). Restauration, boutique,
animation, aire camping-cars.

À 15 km de Besançon, 30 maisons, parfois vieilles de plus de 250 ans et menacées de disparaître, ont été démontées puis reconstruites dans ce musée à ciel ouvert de 15 ha. Vous pourrez découvrir le monde rural et le folklore franc-comtois avec les animaux de la basse-cour, de ces fermes du Haut Doubs, des Vosges ou de la Bresse. Le jardin botanique témoigne de la richesse florale médicinale, aromatique, textile, et autres légumes. Y sont également organisées de nombreuses animations.

BIERE DU DOUBS

26, Grande rue
✆ 06 07 26 18 04
Ouvert du mercredi au samedi de 16h à 19h.
Bar et terrasse en été.

Dimitri Morin a ouvert sa brasserie en 2009 sur le plateau jurassien. Il cherche des saveurs équilibrées et écarte l'amertume : son éventail se compose d'une douzaine de références dont 5 principales baptisées en fonction de leurs caractéristiques. Citons « La Doubseur » (bière blanche), « La Doubsdoune » (bière blonde aux épices) ou la « Doubsloureuse » (bière brune intense). Il y aussi la Doubszen, la Doubsdoune à Noël. 60 % de la production se destine au régional, à la cave ou en terrasse lors de soirées très musicales et animées forcément !

MOUTHIER-HAUTE-PIERRE

En aval de la source de la Loue, au décor grandiose des gorges de Nouailles succède un amphithéâtre de verdure qui sert d'écrin à Mouthier-Haute-Pierre. Cette ancienne cité vigneronne aujourd'hui réputée pour son kirsch regroupe, autour du monastère qui lui a donné naissance au IXe siècle, des maisons pittoresques construites sur un réseau complexe de caves voûtées encore équipées de leurs pressoirs. Le long des ruelles étroites, sur ses façades, dans des cours, des statues et des vestiges interpellent le visiteur. Des berges de la Loue aux sommets de la roche d'Haute Pierre et au belvédère du Moine, la diversité des milieux est époustouflante.

HÔTEL-RESTAURANT LA CASCADE*** €€

Route des Gorges-de-Nouailles
✆ 03 81 60 95 30
www.hotel-lacascade.fr
Restauration de 16 à 41 €.
Chambres à partir de 70 €.

Cet établissement possède un argument de poids, à savoir une vue absolument extraordinaire sur la vallée. Pour le reste, les chambres confortables sont toutes avec balcon et vue imprenable, très agréable au réveil ! Côté table, la carte propose des plats issus de la tradition franc-comtoise, revisités avec modernité. À savoir que la carte change toutes les huit semaines, histoire de se laisser surprendre par de nouvelles saveurs. C'est un très bon établissement !

BELVOIR ★

Dominant de 150 mètres le val de Sancey, Belvoir occupe l'emplacement d'un oppidum gaulois transformé en castrum par les romains. Un premier château fut édifié à la fin du XIIe siècle, mais l'actuel trouve son origine à la fin du XVe et au début du XVIe siècle, lorsque la famille de Cusance le reconstruisit. De 1955 et pendant 40 ans, il a fait l'objet d'une patiente restauration, travail du peintre Pierre Jouffroy. 20 salles sont ouvertes à la visite et présentent mobilier, tableaux, armes et objets du XVIe au XXe siècle. Au pied du château, le village s'articule autour de ses halles du XIVe siècle, les seules de Franche-Comté à 2 travées de bois.

VALDAHON

A 20 min de Besançon par la N57 sur le plateau jurassien. À la seule évocation de Valdahon doivent ressurgir certains souvenirs à ceux qui ont effectué leur service national au 5e régiment de dragons, dont le camp fut fondé en 1907. C'est aujourd'hui le 13e régiment du Génie qui l'occupe. La ville en elle-même, peuplée d'environ 5 000 habitants, est avant tout une ville de passage. Avec la réforme du service national, les militaires y sont nettement moins nombreux qu'auparavant. Mais elle héberge quelques bonnes adresses, pour une halte déjeuner. A voir toutefois l'église Saint-Michel, la chapelle Brachotte et l'étang fleuri de nénuphars de la Lièze.

DINO ZOO

Le Château - **ETALANS**
✆ 03 81 59 31 31
www.dino-zoo.com
Ouvert des vacances de février aux vacances de la Toussaint. Adulte 9,50/13,50 € selon saison, enfant 8,50/12 €.

Un parc pour remonter le temps, à l'époque des dinosaures... Voilà qui devrait plaire aux petits aventuriers ! Au programme : visite du parc avec des statues de dinosaures grandeur nature, ainsi que des scènes préhistoriques. Une séance cinéma en 4D explique l'origine de l'univers à l'homme moderne, et enfin, des ateliers préhistoire sont proposés tels que l'art rupestre, l'art du feu ou encore l'art de la chasse. De quoi devenir incollable sur cette période ! Pour terminer la visite, un tour de manège sur les «dinos-galopant» s'imposera forcément.

LE GOUFFRE DE POUDREY

1, lieu-dit Puits-de-Poudrey - **ETALANS**
✆ 03 81 59 22 57
www.gouffredepoudrey.com
Ouvert de février à novembre (dates et horaires sur site).
Restauration et boutique. Accueil groupes.

Le Gouffre de Poudrey pourrait contenir la cathédrale de Paris ! Donnant accès à une immense salle, il laisse le sentiment, dès l'entrée, de pénétrer dans un lieu sacré. Il nous conduit à 70 m au-dessous du sol. On découvre, au cours d'une promenade souterraine de 45 minutes, un véritable phénomène géologique de par sa formation et ses dimensions intérieures : un million de mètres cubes ! Il est à ce jour le plus vaste gouffre aménagé en France. De plus, à l'aide d'effets spéciaux remarquables, un show guide le visiteur et valorise cette cavité naturelle.

LE RELAIS DE FRANCHE-COMTE €€

1, rue Charles-Schmitt
✆ 03 81 56 23 18
http://www.relais-franche-comte.fr
24 chambres. Chambre double 77 €.
Demi-pension : 77 €. Petit déjeuner : 10 €.

C'est l'une des bonnes adresses de la ville, avec un excellent rapport qualité-prix. La carte fait dans le classicisme bon teint, avec, outre un panel de salaisons, la salade franc-comtoise, la croûte aux morilles, tout un choix de poissons et, plus particulièrement, une succulente truite au vin jaune. Les chambres, quant à elles, sont toutes équipées et décorées dans un esprit sobre, et offrent un certain confort. L'accueil est fort sympathique et l'atmosphère conviviale.

BRASSERIE D'EPENOY

EPENOY ✆ 03 81 47 68 27
brasseriedepenoy.sitew.fr
Brasserie artisanale. Horaires sur site.
A emporter ou à consommer sur place.
Livraison. Coffrets cadeaux.

Cette brasserie s'est substituée à l'ancien bar-restaurant du village. Elle est l'œuvre d'Anaïs qui a redonné à ce lieu son rôle de poumon économique et social. Elle s'est lancée dans l'élaboration de bières en fermentation haute, non filtrées, non pasteurisées et refermentées en bouteille. Elle fonctionne un peu à l'anglo-saxonne pour obtenir des mousses légères, mais de caractères. L'eau de source est locale, les céréales grandement comtoises, les houblons alsaciens et anglais. 5 breuvages permanents sortent des brassins dont évidemment « La Dam'Naïs » !

BAUME-LES-DAMES ★

Premier grand relais de diligences, entre 7 collines, sur l'ancienne route de l'Alsace en quittant Besançon, Baume-les-Dames est restée longtemps marquée par les nombreux ordres religieux installés dans ses murs. Son nom est d'ailleurs issu de la présence des nonnes de l'abbaye fondée entre le Ve siècle et le VIIIe siècle par l'évêque de Besançon St-Germain. L'abbaye est longtemps demeurée puissante. Les religieuses quant à elles devaient prouver 16 quartiers de noblesse pour être admises... Sous la Révolution, Baume-les-Nonnes se transforme en Baume-les-Dames. C'est également ici, au XVIIIe siècle, que le marquis Jouffroy d'Abbans met à l'eau le premier bateau à vapeur. Longtemps simple bourg d'étape, la commune s'est désormais métamorphosée par une mise en valeur judicieuse de son patrimoine. Outre la richesse patrimoniale, Baume-les-Dames est logée dans un site naturel majestueux à la confluence du Doubs et du Cusancin. Parmi les spécialités que vous pourrez déguster, vous trouverez : le craquelin ; la Pâte de Coing ; les Choucots de noisette ; les Craquants (aux amandes) ; les Pavés de la Place Chamars (Feuilleté de praliné et de nougatine recouvert de chocolat bleu) ; les Reflets de Baume-les-Dames (carrés de chocolat fourrés au praliné aux amandes avec en impression les reflets de monuments de la ville).

VERCEL-VILLEDIEU-LE-CAMP

Nous sommes en présence d'une fusion forcée de 2 communes. Le Président de la République Raymond Poincaré décidant en 1914 d'expulser les habitants de Villedieu pour réaliser l'extension du camp militaire de Valdahon. Au moyen-âge, le site était une commanderie de l'ordre templier Saint-Jean de Jérusalem. Ce «mariage» permis cependant l'acquisition de 75 ha de forêt, qui fait que l'endroit est préservé. Vous pourrez y découvrir de surcroît l'église Sainte-Agathe, la chapelle Notre-Dame des Malades, 3 fontaines ainsi qu'une fruitière à Comté (2 sortes) sans oublier en saison le Mont-d'Or qui fait le bonheur des bonnes tables automnales et hivernales.

ABBAYE DE BAUME-LES-DAMES ★

Place de l'Abbaye
✆ 03 81 84 27 98
www.ot-paysbaumois.fr
Ouvert toute l'année. Horaires et tarifs sur site.
Accueil groupes. Visite guidée. Couplée avec le coeur historique.

Nicolas Nicole est un architecte ayant réalisé de nombreux bâtiments en Franche-Comté au XVIIIe siècle, dont l'abbaye de Baume-les-Dames. Appelée aussi Abbaye Saint-Odile, c'était au VIIIe siècle, à sa fondation, une abbaye bénédictine de l'ordre de Saint-Benoit. Vous pouvez la visiter aisément et deviner le raffinement et la richesse de ses ornements qui ont été pillés lors de la Révolution. De beaux restes subsistent tout de même qui méritent d'être vus.

© TRAVELVIEW - SHUTTERSTOCK.COM

Baume-les-Dames.

PÂTISSERIE BERTIN

17, Rue Félix Bougeo
✆ 03 81 84 01 71
Ouvert du mardi au samedi de 8h30 à 12h30 et de 14h30 à 19h ; le dimanche de 8h à 12h.

Pour déguster les Choucots, biscuits créés en 1958 et composés de noisettes enrobées de pâte d'amande, spécialité de Baume-les-Dame, un seul arrêt : la pâtisserie Bertin. Cette maison réputée vous propose également des craquelins ainsi que de nombreux entremets colorés et gourmands comme le coco-noisette-passion-mangue d'un blanc de neige ou le citron-mangue, tout en rondeur. Bertin est aussi une chocolaterie où vous trouverez des sujets originaux, tels que les chaussures en chocolat ou autres animaux mignons à croquer. En été, on ne résiste pas aux glaces maison.

BOUCLANS

Juché sur le plateau, le village de Bouclans n'en bénéficie pas moins de l'attraction de Besançon. Il a fusionné avec celui de Vauchamps en 2018. Vous n'êtes pas loin non plus de Nancray. L'attrait de cette localité réside en la présence de la source du Gour, qui est une résurgence donnant naissance à un ruisseau qui chante à travers la campagne. 2 châteaux, rien de moins ou ce qu'il en reste pour le plus ancien datant du XIIIe siècle : 2 tours, l'une ronde et l'autre à 5 pans. Le château neuf quant à lui a été édifié en 1825, oeuvre de l'architecte Pierre Marnotte. Notons que la mairie-école datant de 1841 a été inscrite aux monuments historiques.

CUSANCE

Pas banale l'histoire de ce village avec l'eau. Alors que la source du Cusancin se trouve au fond de sa reculée du val, Cusance fut la dernière commune de France à être reliée au réseau d'eau courante en 1980 ! Le cadre est féérique ici dans son havre de verdure des plus denses. Il fut une seigneurie puis une baronnie au VIIe siècle. Une promenade à la Source bleue s'impose mais aussi vers les ruines du donjon du château, l'église Notre Dame de Cusance et la chapelle Saint-Ermenfroy. Ce dernier était un saint d'origine germanique qui vécu longtemps dans le Doubs. Il est le fondateur du prieuré local de Cusance sur un ancien couvent de moniales.

ETUZ

Etuz se situe de part et d'autres de la route D 3. Limitrophe du Doubs, c'est la commune de la Haute-Saône la plus au sud sur cette voie qui conduit à la rivière l'Ognon, poissonneuse et touristique. Son territoire est plutôt plat, si ce n'est cette butte où l'on a érigé la chapelle Sainte-Anne au XVIe siècle. L'eau court à Etuz, en témoigne ses magnifiques Fontaine et Lavoir. Mais aussi avec une source ferrugineuse... qui se trouve dans le domaine privé et que vous ne pourrez donc pas apprécier. Vous remarquerez en vous promenant la présence de plusieurs fermes du XVIe et du XVIIIe siècle qui ont survécu par bonheur aux tourments que connut la région.

NANS

Vous surprendrez Nans au pied d'une côte calcaire. Ce village est en effet dominé par une haute falaise en forme de fer à cheval, plus connue sous le nom de Roche de Nans. Elle lui offrait en fait une protection naturelle renforcée par la construction de son château aujourd'hui disparu. Son nom vient du gaulois Nanto qui désignait une vallée souvent encaissée. Vous serez captivé par le site dont le ruisseau traverse la commune avec ses petits ponts et les 3 fontaines chantantes. À voir aussi la chapelle Sainte-Maria-Goretti ainsi que les maisons vigneronnes parfaitement identifiables avec leurs petits escaliers devançant l'entrée des caves.

LES ROCHES DE NANS

www.cc-paysrougemont.fr/nans.html

Un éperon rocheux surplombe le petit village de Nans qui se trouve non loin du château de Bournel. Dès que l'on arrive par la route, au sommet de la hauteur, prendre le sentier indiqué à gauche. On marche environ 1 km et l'on se trouve au-dessus des escarpements rocheux. Cinq belvédères permettent d'admirer un superbe paysage. Au quatrième belvédère, on aperçoit le curieux château suspendu : une caverne fermée par un mur avec porche, fenêtre, tourelle et meurtrière. On ne peut atteindre ce château qu'avec des cordes ou de grandes échelles.

RIGNEY

Entre 220 et 440 mètres d'altitude, ce village n'en n'est pas moins présent sur une petite colline qui domine 2 étangs. Vous êtes à 30 km au nord-est de Besançon, côté rive gauche de l'Ognon. Son seigneur en la personne d'Othon de la Roche s'y distingua particulièrement. Il fondit la duché d'Athènes qu'il conquit durant la 4e croisade. Le château de la Roche du XIIIe est conservé dans un état exceptionnel. Appartenant à une famille, il accueille régulièrement des expositions. Vous aurez la joie d'apprécier les 2 étangs, la chapelle Sainte-Geneviève et surtout l'église du 18e au clocher comtois. Son toit en damier est couvert de tuiles marron et jaune.

SOYE

Cette commune apparaît dans l'arrondissement de Montbéliard. Mais loin d'être industrieuse, elle loge en creux d'une vallée entourée de collines à quelques 400 m d'altitude. Forêts et pâturages forment son habillage. Les habitants échappèrent au choléra au XVIIIe siècle et de ce fait construisirent la chapelle Sainte-Anne sur la colline des Sarrazins. L'autre édifice religieux ici est l'église Saint-Dizier mais d'autres vieilles pierres mériteront votre attention. Citons la fontaine / lavoir, les tours est et ouest de l'ancien château. Quant à celui du XVIIIe siècle, il est propriété privée, ses tours étant inscrites aux Monuments historiques.

LANDRESSE

Le nom de ce village ne vous dit rien qui vaille. Et pourtant, il a inspiré l'une des plus belles histoires puis films clochemerles contemporains. Landresse n'est autre que le théâtre qui servit d'inspiration à l'écrivain Louis Pergaud. Et pour cause, il y exerça comme instituteur avant de se faire tuer à la grande guerre. La commune est par ailleurs le point de départ d'une grotte allant jusqu'à Sancey-le-Grand. Elle servit de refuge voici 2 siècles aux chrétiens pourchassés. Enfin, la Communauté de commune a mis en place un parcours lié à la guerre des boutons. Mais pas question de raviver les querelles entre Longeverne et Velrans.

BRESSE, REVERMONT ET VIGNOBLE

Cette région est une bande de 80 km, large de quelques kilomètres, partant au nord de Salins-les-Bains jusqu'au sud à Saint-Amour. Véritable « cœur du Jura », ses sites sont évocateurs tels Arbois, Poligny, Château-Chalon et Baume-les-Messieurs, pour beaucoup « Petites cités comtoises de caractère ». Elle s'ouvre ensuite entre « Bresse et Revermont » avec la préfecture Lons-le-Saunier, les capitales de la pomme pour Sellières, de La Bresse jurassienne pour Bletterans et l'historique cité d'Arlay. Ce secteur est le bassin d'une ruralité jamais démentie avec ses vins, ses fromages – comté et de morbier entre autres –, ses apiculteurs, ses petits producteurs légumiers. Les hébergements à taille humaine, qu'il s'agisse d'hôtels de charme, de chambres d'hôtes ou de campings, y foisonnent au pied du premier plateau, des grottes et des reculées. La richesse salifère de ses eaux développe en conséquence un thermalisme très prisé des curistes.

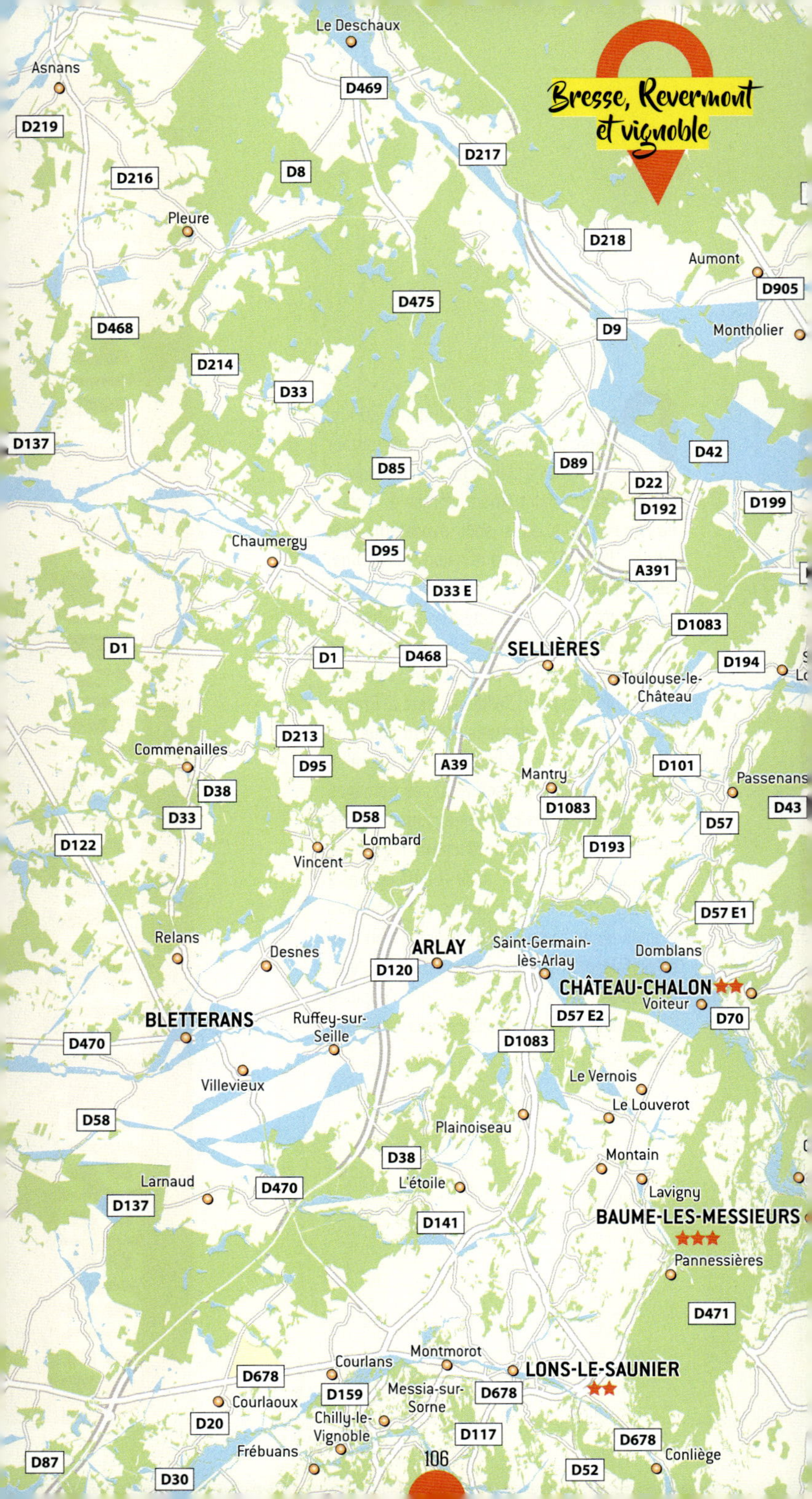

Bresse, Revermont et vignoble
Le Deschaux
Asnans
D469
D219
D217
D216
D8
Pleure
D218
Aumont
D905
D475
Montholier
D468
D9
D214
D33
D137
D42
D85
D89
D22
D199
D192
Chaumergy
D95
A391
D33 E
D1083
SELLIÈRES
D1
D1
D468
D194
Toulouse-le-Château
D213
Commenailles
D95
A39
D101
Mantry
Passenans
D38
D1083
D43
D33
D58
D57
Lombard
D122
D193
Vincent
D57 E1
Relans
Desnes
ARLAY
Saint-Germain-lès-Arlay
Domblans
D120
CHÂTEAU-CHALON
Voiteur
BLETTERANS
Ruffey-sur-Seille
D57 E2
D70
D470
D1083
Villevieux
Le Vernois
Le Louverot
D58
Plainoiseau
Montain
D38
Larnaud
L'étoile
Lavigny
D470
D137
BAUME-LES-MESSIEURS
D141
Pannessières
D471
Montmorot
Courlans
LONS-LE-SAUNIER
D678
D159
Messia-sur-Sorne
D678
Courlaoux
D20
Chilly-le-Vignoble
D117
D678
Frébuans
Conliège
D87
D30
D52
106

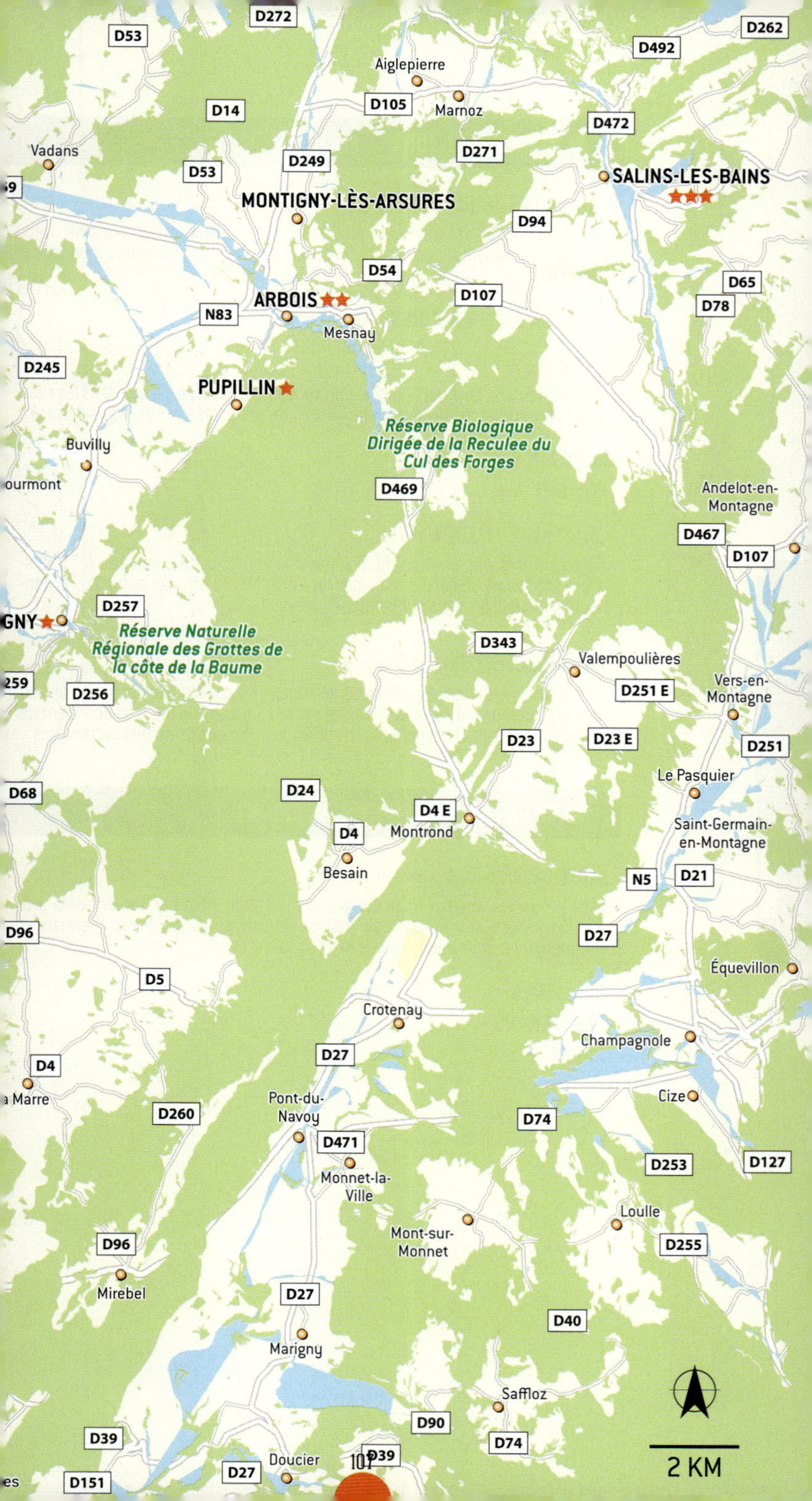

D272
D53
D262
D492
Aiglepierre
D105
Marnoz
D14
D472
Vadans
D249
D271
D53
SALINS-LES-BAINS
MONTIGNY-LÈS-ARSURES
D94
D54
D65
ARBOIS
D107
D78
N83
Mesnay
D245
PUPILLIN
Réserve Biologique Dirigée de la Reculee du Cul des Forges
Buvilly
D469
Andelot-en-Montagne
D467
D107
D257
Réserve Naturelle Régionale des Grottes de la côte de la Baume
D343
Valempoulières
D256
D251 E
Vers-en-Montagne
D23
D23 E
D251
Le Pasquier
D68
D24
D4 E
Montrond
D4
Saint-Germain-en-Montagne
Besain
N5
D21
D96
D27
Équevillon
D5
Crotenay
Champagnole
D27
D4
Cize
D260
Pont-du-Navoy
D74
D471
D253
D127
Monnet-la-Ville
Loulle
Mont-sur-Monnet
D255
D96
Mirebel
D27
D40
Marigny
Saffloz
D90
D39
D74
D39
2 KM
D27
Doucier
D151

PAGES

109 ●● CŒUR DU JURA

109 SALINS-LES-BAINS ★★★
Cité du sel, Salins-les-Bains est propice au thermalisme et au tourisme. Vous pourrez notamment y découvrir les Salines, classées au patrimoine mondial de l'Unesco.

114 MONTIGNY-LÈS-ARSURES

116 ARBOIS ★★
Capitale des vins du Jura, Arbois est un condensé d'Histoire. Flânez dans les rues de la ville, profitez de sa douceur de vivre et de ses hauts lieux de la gastronomie.

125 PUPILLIN ★

126 POLIGNY ★★

138 CHÂTEAU-CHALON ★★
Fièrement installée sur son roc dominant la vallée, cette commune à l'atmosphère médiévale se découvre en passant d'un belvédère à un autre. Le randonneur appréciera les vues sur Frontenay, Nevy-sur-Seille...

142 BAUME-LES-MESSIEURS ★★★
Classé parmi les Plus Beaux Villages de France, Baume-les-Messieurs est un lieu hors du commun, au cœur de la reculée la plus typique du Jura, au confluent de la Seille et du Dard. De la reculée, on admire les couches de roches accumulées.

146 ●● ENTRE BRESSE ET REVERMONT

146 LONS-LE-SAUNIER ★★
Lons-le-Saunier, ancienne cité des princes d'Orange, n'est pas seulement la préfecture du Jura, la ville natale de Rouget de Lisle et une belle ville thermale et commerçante. C'est aussi le berceau de La Vache qui rit.

156 SELLIÈRES

159 BLETTERANS

161 ARLAY

SALINS-LES-BAINS ★★★

Cité de caractère BFC. Salins-les-Bains s'étire le long de la rivière Furieuse qui porte bien son nom. A 354 m d'altitude en creux, elle est surplombée par le mont Poupet (853 m). Les forts Saint-André et Belin veillent sur la cité du sel. L'or blanc a assuré la prospérité de la ville pendant des siècles. Il joue toujours un rôle dans la vie salinoise, à travers thermalisme et tourisme. Les thermes proposent maintenant cures et remise en forme grâce à une eau à forte salinité. Les Salines, classées au Patrimoine mondial de l'humanité par l'Unesco, et le musée du Sel adjacent attirent chaque année des dizaines de milliers de visiteurs.

LE SALINS-LES-BAINS*** €

2, avenue Charles de Gaulle ✆ 07 61 14 69 01
https://campinglesalinsles.wixsite.com/le-salins-les-bains

Camping 3 étoiles. Ouvert du 01/04 au 31/10. 10 lodges, 36 emplacements. Dès 15 € la nuitée. Tarif spécial curistes.

Après 18 mois de fermeture, la commune a confié la destinée de ce camping à de nouveaux gérants. Changement de nom également. Sandrine et Freddy Marchive arrivent des Charentes avec un bagage en hôtellerie/camping et paysagiste. Un couple sympathique qui entend répandre un esprit convivial en ce lieu à taille humaine. L'endroit s'y prête au pied du plateau et sa couverture ombragée très au calme, mais à deux pas des premiers commerces. Des initiatives d'animations sont prévues pour parachever votre séjour et les curistes bénéficieront de conditions spéciales.

FORT SAINT-ANDRÉ €€

Fort Saint-André
✆ 03 84 73 16 61

Complexe d'hébergements pour groupes, réceptions familiales et professionnelles. Bureaux ouverts toute l'année.

Cette édification de Vauban fait preuve de dynamisme. Les 40 gîtes déjà très confortables font l'objet d'un rafraîchissement. Ce complexe touristique est destiné aux groupes, aux événementiels, aux séminaires, aux mariages... Les capacités d'accueil sont importantes. Côté restauration, les patrons proposent un service traiteur. Le calme est de mise dans une nature préservée et les points de vue exceptionnels. Autre initiative singulière : la création d'un parcours touristique à travers les souterrains, des jardins de senteurs et des zones de ressourcement.

GRAND HOTEL DES BAINS*** €€

Place des Alliés ✆ 03 84 37 90 50
www.hotel-des-bains.fr

Logis 3 étoiles et Qualité tourisme. 29 chambres dès 90€ la nuit. Restaurant attenant. Séminaires et réceptions.

Voici une institution au cœur de la cité thermale. Edifié dans les années 1850, il comprend 29 chambres toutes personnalisées. Elles ont été rénovées en 2017 et sont spacieuses, bien équipées avec une décoration chic. Elles méritent largement leurs 3 étoiles. Certaines donnent sur la rue, mais la ville est calme la nuit. Un restaurant gastronomique et une brasserie sont dans le même immeuble, avec terrasse. Vous êtes à 2 pas du casino et du nouvel établissement thermal. Jérôme Ramousse et son épouse tiennent cet établissement et ont su lui redonner son lustre.

LA GRANDE SALINE

3, place des Salines ✆ 03 84 73 10 92
www.salinesdesalins.com

Toute l'année. 4 € adulte, 3,50 € de 7 à 18 ans. Visites guidées (galerie prévoir des vêtements chauds).

Dans ces magnifiques galeries souterraines du XIIIe siècle, on peut découvrir le système de pompage hydraulique, datant du XVIIIe siècle. Aujourd'hui, la saumure est pompée à 246 m de profondeur et acheminée vers les thermes. La température de 12 °C peut surprendre en été. L'origine du sel s'explique par la présence d'une mer préhistorique. Son évaporation emprisonne le sel en profondeur. Les Salines sont classées aux Monuments historiques, et sont inscrites sur la liste indicative du Patrimoine mondial de l'Unesco. Un musée du Sel vient compléter la visite.

HÔTEL DES DEUX FORTS*** €€

5, place du Vigneron
✆ 03 84 73 70 40
www.hoteldesdeuxforts.fr

Logis. Toute l'année. Séminaires, réceptions, mariages. Connexion Internet. Wifi. Restauration. Tv satellite, Canal+.

Au pied du vigneron, statue emblématique locale, cet hôtel datant de 1479 s'est longtemps appelé l'Hôtel de l'homme sauvage. Il s'appelle Les 2 Forts depuis 1972 en référence aux deux châteaux perchés qui forment le « comité d'accueil » de la cité thermale. Il a été entièrement rénové en 2009 par son propriétaire Elie Sclafer, ayant été fermé longtemps. Cet établissement doté d'un ascenseur possède 23 chambres d'un grand confort jusqu'à de petits appartements. Il « couve » le restaurant qui s'appelle désormais Le Goût & Moi.

RESIDENCE SANDER*** €€

26, rue de la République ✆ 03 84 73 36 40
www.residencesander.com
12 Chambres / appart hôtel.
Ouvert toute l'année. Tarifs curistes.
Séjours à thèmes. Institut de beauté.

Longtemps maison de négoce en vins, cet immeuble s'est transformé en luxueux complexe appart-hôtel doté d'une boutique gourmande et d'un salon de soins. Il comporte 12 studios spacieux pouvant recevoir jusqu'à 5 personnes. Tous sont équipés de kitchenettes (idéales pour longs séjours). Les beaux planchers et la décoration bois clair, au charme élégant, s'ajoutent au confort du salon. L'accueil est attentif. Le site s'est adjoint un salon de soins (ouvert à tous) et un atelier spécifique : mouvements intuitifs, réveil en douceur, méditation musique et relaxation.

DOMAINE ET SPA DES FÉES €€€

2, rue de la Chassignoles - **PRETIN**
✆ 03 84 73 26 36
www.desfees.fr
5 chambres (avec petit déjeuner plus un gîte de 3 chambres). Chambre double 190 €.
Gîte nuitée 150 à 550 € selon saison

Datant du XVIIIe siècle, la maison d'hôtes édifiée dans ce décor de rêve a conservé son cachet tout en intégrant le confort. Les 5 chambres (aux noms de fées) respirent la zénitude. Et n'oublions pas le gîte ! Chacune a de quoi séduire (baignoire balnéo, douche hydromassante ou sauna, bain bouillonnant, etc.). Le petit-déjeuner avec des produits locaux frais est copieusement servi vers la cheminée l'hiver ou sur la grande terrasse par beau temps. Le jardin invite à la relaxation. Possible de faire du VTT et des randonnées. Restaurants à proximité.

LA SCIERIE MAISON D'HÔTES & SPA €€€

10, Hameau de Blégny
✆ 07 64 20 39 39
www.domaine-la-scirie.com
5 chambres avec spa. Séjour à partir de 129 € pour deux personnes et 100 € pour une personne. Petit-déjeuner inclus.

Le projet d'une famille et un pari fou que de transformer cette ancienne usine en une Maison d'hôtes haut de gamme, avec des éléments design et moderne. Les chambres sont spacieuses, les équipements rigoureusement sélectionnés pour un confort optimal. Côté restauration, c'est 100 % fait maison et délicieusement bon ! en plus avec des produits de la région. Tout est pensé pour que vous vous sentiez le mieux au monde, du haut de gamme en toute simplicité.

OFFICE DE TOURISME. COEUR DU JURA. SALINS

Place des Salines ✆ 03 84 73 01 34
www.coeurdujura-tourisme.com
Label tourisme & handicap.
Ouvert tous les jours l'été. Horaires sur site.
Autres périodes, téléphoner.

Tout à côté de la Grande saline et à 800 mètres des nouveaux thermes, cet office est à votre disposition. Il saura vous accueillir, vous conseiller et vous orienter pour organiser votre séjour sur mesure. Que vous ayez une journée devant vous ou pour un séjour beaucoup plus long, les choix sont multiples dans cette cité retenue au Patrimoine mondial de l'Unesco. N'hésitez pas à poser des questions aux hôtesses. Elles parlent de surcroît l'anglais, l'allemand et l'espagnol.

CHEZ KARINE €

8, rampe de la Barbarine
✆ 03 84 37 93 34
Bar et restaurant. Ouvert toute l'année.
Fermé samedi après-midi et dimanche.
Terrasse, parking. Accueil groupes.

Avant d'attaquer le premier plateau vers le mont Poupet ou l'ancienne faïencerie de Nans, venez prendre un verre en terrasse ou des forces chez Karine Chabod. Les assiettes de la patronne-cuisinière sont généreuses à souhait. Son bar-restaurant, tout de rose vêtu, face aux thermes, vous plongera dans une ambiance décontractée. Le rapport qualité-prix n'est pas un vain mot. Un menu du jour imbattable : entrée, plat de résistance, plateau de fromages (entres autres comté et morbier !), choix de desserts, café et quart de vin ! La prestation servie avec le sourire.

RESTAURANT LA SALIERE €

3, rue de la République
✆ 03 84 51 67 50
Ouvert toute la semaine.
Téléphoner pour les horaires. Sandwichs, formule du jour et carte. Terrasse 22 couverts.

Voilà un petit restaurant qui ne manque pas de sel à plus d'un titre : l'accueil est aux petits soins et le talent du chef réel. En plein centre-bourg, Damien Calvaruso fait tout son possible pour aiguiser votre appétit, qu'il s'agisse des formules complètes, des salades-repas, des tartines ou des assiettes-repas. Du fait maison intégral, une explosion de couleurs et de reliefs dans les assiettes. Le régionalisme tient la vedette mais aussi les inspirations du cuisinier. Les desserts sont du même calibre. Excellent rapport qualité-prix y compris pour les boissons.

Salins-les-Bains

1 200 ANS D'HISTOIRE À VOUS RACONTER

Nichée au creux de ses deux forts, à l'ombre du Mont Poupet, la cité de Salins-les-Bains se veut discrète, presque cachée. Mais la cité jurassienne est pourtant une destination renommée, avec sa station thermale, sa Grande Saline classée au Patrimoine mondial de l'UNESCO, son casino, ses nombreuses églises et ses chemins de randonnée. Visiter Salins-les-Bains, c'est visiter plus de 1 200 ans d'histoire car elle a été pendant de très nombreux siècles une des cités les plus riches et les plus prospères de toute la région. De ce passé glorieux, Salins-les-Bains conserve aujourd'hui de nombreux monuments, religieux ou civils, des rues anciennes et de nombreux détails qui rendent cette ville absolument unique. **D'ailleurs, notre petit conseil si vous voulez vraiment découvrir Salins : n'hésitez pas à vous perdre dans ses rues transversales. Vous en reviendrez enchantés !**

©Photos : Ben Wengl, J Caroot, Stecranie, P.Regaldi

BRASSERIE LE THERMAL €€

1, place des Alliés
✆ 03 84 66 10 19
www.brasserie-le-thermal.com
Restaurant et bar ouvert 7 jours/7.
Grande terrasse. Accueil groupes.
Animations et concerts variés.

Lucas Pringier et Sébastien Monthy ont repris cette bonne adresse du centre-bourg. Tous deux employés maison, le second en étant même le chef de cuisine. Le long bar fait toujours recette avec, entre autres, ses nombreuses « cannes » à bières pression. Les grandes ardoises informent en permanence le public des nouveautés et des spectacles qui font de ce lieu un rendez-vous prisé par les noctambules. Les repas sont copieux quelles que soient les formules. Le personnel met à l'aise, une qualité à mettre en évidence. Projet de braseros à la japonaise.

FUME DU JURA THAURIN

5, route de Champagnole - **PONT-D'HÉRY** ✆ 03 84 73 02 49 - www.fumedujura.fr
Lundi-vendredi de 8h à 19h ; samedi de 8h30 à 12h30 et de 14h30 à 19h ; dimanche de 9h à 12h30 et de 14h30 à 19h.

Cette maison familiale menée par Stéphane Thaurin propose depuis 1973 des jambons, saucissons et autres gourmandises artisanales fabriquées à l'atelier de charcuterie-salaisonnerie en contrebas du village. Le choix des saucissons est étendu : secs, fumés, à base de vins régionaux... Outre les incontournables jambons et saucisses, le brési (équivalent de la viande des grisons) est aussi à l'honneur. La Maison concocte également de succulentes terrines. Peut-être les découvrirez vous dans ce nouveau support, une «boxe apéro» lancée dans les prochaines semaines.

RESTAURANT ET BRASSERIE DES BAINS €€

Place des Alliés
✆ 03 84 37 90 50
www.hotel-des-bains.fr
Logis. Du mardi au samedi le midi et soir et dimanche midi. Réservation recommandée.

Voici une table à fréquenter à Salins (c'est aussi une institution) ! Ou plutôt 2 tables. Vous avez la partie brasserie et la partie restaurant gastronomique avec une carte différente offrant le choix aux amateurs. La salle de restaurant, offre un cadre chic et élégant. La carte est régulièrement revisitée et joue sur les saveurs jurassiennes avec originalité, mais aussi sur les produits exotiques. La terrasse est fort bien exposée plein sud et donne sur la place.

RESTAURANT GOÛT & MOI €€

5, place du Vigneron
✆ 03 84 73 70 40
Vignobles et Découvertes. Logis.
Ouvert de 12h à 13h30 et de 19h à 21h30.
Réservation recommandée. Menus de 14 € à 32 €

La philosophie du restaurant se résume ainsi : « cuisine traditionnelle, raffinée et créative », une subtile cohabitation entre produits jurassiens et cuisine ensoleillée du Sud. Une « gourmandise » toute en équilibre que vous découvrirez avec une assiette italienne, des calamars à la plancha et légumes grillés, un « jurassic-pan » comtois (pain jurassien, haché de bœuf au comté) et, par exemple, une poêlée d'abricots crème mascarpone. Un rayon de soleil pour les papilles que vous pourrez apprécier en salle, plus encore sur la terrasse suspendue par beau temps.

GALETTES DU FARFADET

33, Hameau de Blégny
✆ 06 59 05 74 91
Producteur de bonbons, de pâte à tartiner, de gâteaux avec le sel de Salins. Livraison possible.

Formé à la crêpe en Bretagne, Julien Pichoir s'est fait un nom avec ses Galettes du Farfadet depuis 2016. Ses caramels occupent aujourd'hui le devant de la scène. Il les élabore en les ayant baptisés « Salinoux » qui évoquent bien sûr l'activité salifère de la station thermale. Toutes ses friandises font appel à des acteurs locaux : beurre de Nozeroy, comté de Clucy, miel de Salins, sarrasin de Vaudrey… Les « Salinoux » se déclinent nature en pots, en sachets avec aussi une déclinaison au café. Et maintenant des biscuits et les chocos Douces'heures d'Anna.

LA FRUITIÈRE DE SALINS

1, route de Champagnole ✆ 03 84 73 18 52
www.comtefruitieresalins.com
Fabrication de comté et de morbier.
Magasin de produits régionaux. Galerie de visite.
Horaires sur le site.

Cette coopérative a pris ses quartiers en 1958, c'est l'une des rares encore situées en ville. 20 sociétaires apportent 6,5 millions de litres de lait. Elle fabrique du morbier et du comté, ses produits phares. Le premier n'est disponible à la vente qu'après 60 jours d'affinage. Quant au comté, vous en trouverez qui ont séjourné 2 ans en cave ! Entièrement rénové, comme le site, le magasin propose aussi un beau panel de produits régionaux : tomme grise, bleu de Gex, salaisons, vins, miels, jus de pomme et maintes gourmandises locales comme une terrine au comté.

CYCLES DES SALINES

39-41, rue de la République
✆ 09 67 61 74 56 - www.cyclesdessalines.com
Lundi, mardi, jeudi, vendredi et samedi : 9h-12h/14h-19h, mercredi 14h-19h.
Réparation. Boutique. Location vélos.

Romain Folliat est un spécialiste passionné, il vend des vélos neufs et d'occasion, des accessoires, les répare. Le choix s'élargit constamment à toutes clientèles. La location est possible, et plein de services annexes sont proposés. Pro ou amateurs ne s'y trompent pas et vous les croiserez dans cette belle boutique en plein centre-ville. Des formules de location sur mesure sont disponibles et à cela s'ajoutent de précieux conseils. Romain Folliat est une pierre angulaire du « Mont Poupet Bike Park » de Saint-Thiébaut, des parcours étudiés pour vététistes.

BRESSE, REVERMONT ET VIGNOBLE

MONT POUPET BIKE PARK

3, place de la Mairie - **SAINT-THIÉBAUD**
✆ 03 84 73 05 77

Parcours en déclivités au Mont Poupet en VTT. Renseignements en téléphonant. Pour tous les niveaux.

Il y a les « fous volants » avec leurs ailes delta depuis le mont Poupet, il y a maintenant les « fous roulants » sur ses pentes. Yann Paillard et Romain Follliat ont créé des parcours pour vététistes avec une bande de copains. Le site comprend 7 pistes « spé et trails » de VTT enduro. 6 d'entres elles sont classées rouges et noires à la manière du ski, plus une verte pour débutants. Elles descendent toutes « shapées » (traces naturelles) sur 2,5 à 4 km avec des dénivelés atteignant 350 m. En tout 10 km balisés qui reposent sur un respect des traces naturelles.

THERMES DE SALINS

Place Barbarine ✆ 03 84 73 04 63
www.thermes-salins.com

Suite à la crise sanitaire, l'établissement reprend progressivement un rythme normal. Horaires sur le site Internet.

Les bienfaits des eaux salinoises, riches en sel et en oligo-éléments, ne sont plus à démontrer. Leur concentration améliore la souplesse articulaire et la présence de potassium, de magnésium et de calcium agit sur la douleur. Les curistes apprécient les soins. Sur plus de 2 800 m², vous aurez un espace thermoludique avec bassin d'eau salée, bains à remous, saunas, jets massants… et un espace bien-être. Sans prescription médicale, profitez d'une remise en forme à la carte : « Escales » d'une après-midi, « Parenthèses » sur plusieurs jours ou mini-cures.

LE SENSSO-CASINO

6, rue de la République ✆ 03 84 73 05 02
www.casino-salins.fr

Complexe casino, restaurant et salle de spectacles. Ouvert toute l'année. Horaires sur site. Accueil groupes.

Au cœur de Salins, son esplanade accueille un bâtiment résolument contemporain, dont l'architecture n'est pas sans rappeler « l'or blanc ». Le dynamique directeur Julien Ramousse, a su relever le défi de ce nouvel établissement, l'ancien ayant brûlé en 2007. Il regroupe à la fois des machines à sous et tables de jeu, un restaurant gastronomique et une superbe salle de spectacles. De nombreuses soirées cabaret sont organisées. L'endroit convient également pour les réceptions et cocktails. Le personnel est à votre service avec professionnalisme et courtoisie.

MONTIGNY-LÈS-ARSURES

Au nord du vignoble jurassien, à 4 km d'Arbois, en bordure de la RN83, Montigny-lès-Arsures est un petit village entièrement voué à l'exploitation des vignes. L'église, classée monument historique, remonte au XIIe siècle, l'un des deux châteaux date du XVe siècle. Henri IV y aurait séjourné lorsque, en guerre contre les Espagnols, il assiégea Arbois en 1595. Louis Pasteur possédait une vigne sur le territoire de la commune. Il l'utilisa pour ses expériences sur la fermentation du raisin. Chers amateurs de vin, sachez que plus de 70 % du trousseau (un cépage local) est localisé dans ce village surnommé justement « la capitale du Trousseau ».

DOMAINE FRÉDÉRIC LORNET

L'Abbaye
✆ 03 84 37 44 95
www.frederic-lornet.com

Ouvert du lundi au dimanche (voir horaires sur site). Tarif groupes 4 €/personne. Livraisons.

Frédéric Lornet est installé dans l'ancienne abbaye de Genne du XVe siècle, dont les moines cisterciens exploitaient déjà la vigne. Digne descendant d'un père ayant chéri le cépage trousseau qui fait aujourd'hui la renommée du lieu et d'un grand-père tonnelier, ce vigneron ne manque pas de talent. Il l'exprime particulièrement en choyant le fameux «trousseau aux dames» qui donne des résultats surprenants. Exploitant 19 ha sur 19 parcelles, le vigneron obtient régulièrement des distinctions fort méritées tel le rouge 2018 en or au Concours général agricole en 2020.

DOMAINE J-LOUIS TISSOT

Quartier de Vauxelles ✆ 03 84 66 13 08
www.domaine-jeanlouis-tissot.com

Réseau « Vigneron indépendant ». Autre adresse : Domaine de la Mirode aux Arsures. Livraison possible.

La plus discrète, la moins médiatisée de la fratrie vigneronne Tissot. Mais pas la moins talentueuse. Bon sang ne saurait mentir avec des aïeux déjà dans les ceps. Jean-Louis et Françoise confient désormais la destinée de leur vignoble à leurs enfants Valérie et Jean-Christophe. 17 ha sur Montigny-les-Arsures et Arbois. Et ce dans le grand respect de Dame Nature. En futaille, les Tissot ne bousculent pas leurs vins issus des 5 cépages autorisés. En terre du rouge « Trousseau » ils ont sorti un vin jaune 2013 remarquable. Prévenir de votre visite de préférence.

ThermaSalina
THERMES ET SPA DE SALINS-LES-BAINS
Reveillez vos articulations dans nos eaux naturellement salées.
Plus que jamais, c'est le moment de prendre soin de vous.
Réservez dès maintenant votre cure thermale en rhumatologie
Tél. 03 84 73 04 63
www.thermes-salins.com // info@thermes-salins.com
PLACE BARBARINE
39110 SALINS-LES-BAINS
RÉGION BOURGOGNE FRANCHE COMTÉ
LEADER

ARBOIS ★★

Cité de caractère BFC et capitale des vins du Jura, Arbois est un condensé d'Histoire. L'église Saint-Just, le château Pécauld, le château Bontemps, tous 2 édifiés au XIIe siècle, l'église Notre-Dame, qui date du XIVe siècle, rappellent que la cité était déjà un bourg actif au Moyen Age. Ces constructions se sont ensuite enrichies, aux XVe et XVIe siècles, des tours Gloriette et du Prieuré mais aussi de maisons vigneronnes, encore visibles. Les couvents des Minimes et des Ursulines ainsi que de beaux hôtels particuliers furent édifiés aux XVIIe et XVIIIe siècles. La fontaine qui trône au centre est ornée de 4 lions symbolisant la Franche-Comté.

OFFICE DE TOURISME.COEUR DU JURA, ARBOIS

17, rue de l'Hôtel-de-Ville
✆ 03 84 66 55 50
www.coeurdujura-tourisme.com
Label Tourisme & Handicap. Ouvert tous les jours en été. Téléphoner hors saison.

Au pied de l'église Saint-Just, l'Office de tourisme arboisien vous recevra dans son espace très spacieux. La capitale des vins du Jura y associe 13 communes alentour pour mettre en valeur leurs richesses. Mais Arbois est aussi un site remarquable du goût et classée « Petite Cité comtoise de caractère ». C'est dire que c'est tout un programme qui vous attend. Les hôtesses sauront vous guider avec justesse, quel que soit le temps de votre séjour dans la région.

LA CASCADE DES TUFS ★★

LES PLANCHES-PRÈS-ARBOIS
www.arbois.com
Site naturel. Gratuit. Pour les visites se renseigner à l'Office de tourisme d'Arbois.

Envie d'eaux limpides, turquoises ou vert d'eau, de nature préservée où l'on voit encore les truites s'ébattre ? Pas besoin de faire un long voyage mais une simple balade aux cascades des Tufs. Petits bassins d'eau calme, cascade puissante, lianes touchant la rivière, racines apparentes. Le tuf, roche calcaire d'origine sédimentaire, nous montre son histoire. Nourrit notamment par les eaux provenant de la grotte des Moidons (à Molain), la Cuisance crée ici un spectacle à couper le souffle. Facile d'accès, ce lieu est propice pour une belle balade.

MUSÉE D'ART HÔTEL SARRET DE GROZON ★

Grande-Rue ✆ 03 84 37 47 90
www.arbois.fr/musee-d-art-hotel-sarret-de-grozon.htm
Ouvert tous les jours en juillet et août. Autrement sur rendez-vous. Gratuit jusqu'à 14 ans. Accueil groupes.

Le lieu appartenait à la famille Sarret de Grozon, qui légua son patrimoine à la ville d'Arbois au XXe siècle. Il est transformé en musée depuis 1934. Il abrite une belle collection : des œuvres picturales du XVIIe au XIXe siècle, dont signées par Gustave Courbet et Auguste Pointelin. L'intérêt réside dans l'exposition des objets qui appartenaient à la famille : mobilier, argenterie, porcelaine. Un très joli musée de province témoignant d'un art de vivre régional.

MUSEE LOUIS PASTEUR ★★

83, rue de Courcelles ✆ 03 84 66 11 72
www.terredelouispasteur.fr
Ouvert du début des vacances de février à la fin des vacances de la Toussaint (zone A). Adulte : 6,80 €.

Louis Pasteur, scientifique, chimiste et physicien connu mondialement, pionnier de la microbiologie, resta très attaché à sa maison laboratoire d'Arbois. Il l'appelait son « château de la Cuisance ». Il y conduisit diverses expériences sur les fermentations dans sa vigne de Rosières. Avant d'être sa demeure, la maison était la tannerie de son père. Le lieu a conservé intacts le laboratoire, les aménagements, papiers peints, mobiliers et objets usuels choisis par le savant. L'ensemble a été retenu cette année par le « Loto du patrimoine » animé par Stéphane Bern.

RECULÉE DES PLANCHES ★★★

LES PLANCHES-PRÈS-ARBOIS
http://tourisme.arbois.com
Site naturel. Renseignements auprès de l'Office de tourisme d'Arbois. Gratuit.

Au sud d'Arbois, la Reculée des Planches forme une vallée fermée par le cirque du Fer-à-cheval. Ses falaises calcaires, hautes de 245 m, en font la plus haute reculée du Jura. L'ensemble est classé au titre des sites naturels protégés et agréés Natura 2000. Un très bel endroit pour aller se promener ou faire de petites randonnées facile d'accès. Au pied de la reculée, vous pouvez découvrir d'un côté la cascade des Tufs et ses bassins. Au sommet, les belvédères du Fer-à-cheval et de la Châtelaine offrent de magnifiques points de vue.

Arbois

UNE ÎLE AU MILIEU DES VIGNES

Arbois, nichée au cœur du vignoble jurassien, est une ville charmante à tout point de vue. Située au débouché de la Reculée des Planches, elle est au cœur du vignoble jurassien et au pied des montagnes du Jura, comme un îlot posé au milieu des vignes. La couleur ocre et jaunes des maisons du vieux bourg lui apporte un caractère chaleureux, que le cours de La Cuisance, le riche patrimoine religieux, les musées et la Fête du Biou ne font que renforcer un peu plus.

C'est sans aucun doute à Arbois que vous trouverez les meilleures tables et les meilleurs vins. Et c'est aussi à Arbois que vous entrerez dans l'intimité d'un de ses plus célèbres enfants : le savant Louis Pasteur qui y vécut longtemps heureux avec sa famille. Idéalement placée entre Salins-les-Bains et Poligny, **Arbois est une cité qui vous séduira !**

COMITE INTERPROFESSIONNEL DES VINS DU JURA

Rue du Château Pécaud ✆ 03 84 66 26 14
www.jura-vins.com
Organisme de promotion collective de la filière viti-vinicole du Jura.
Ouvert du lundi au vendredi.

Le CIVJ multiplie les initiatives. Il continue la promotion des vins avec en point d'orgue la Percée du vin jaune. C'est aussi un partenaire privilégié de l'important rendez-vous gastronomique du « Week-end gourmand du Chat perché » à Dole. Il dispose également d'objets dérivés : carte des vins, sac Jurabag recyclable, flûtes pour crémant et verres, tire-bouchons et bouchons... Le nouveau directeur est Olivier Badoureaux, un Bourguignon venant de la communication et du marketing.

LES CAUDALIES*** €€

20, avenue Pasteur
✆ 03 84 73 06 54
www.lescaudalies.fr
Logis. 9 chambres. Chambre double de 82 à 119 €. Demi-pension. Petit déjeuner 12,50 €. Parking. Restauration.

Cet hôtel a été créé dans une belle demeure arboisienne du XIXe siècle. Un parc superbe descend jusqu'à la rivière la Cuisance. Carreaux de ciment de la fin du XIXe siècle dans l'entrée, agréable salon réaménagé avec une touche plus contemporaine. L'atmosphère est propice au calme et au raffinement. Certaines chambres donnent sur la cour, d'autres sur le parc. Chaque chambre a son identité propre, elles sont décorées avec goût et sont très confortables. Un lieu magique qui plus est doté d'une table exceptionnelle. Un établissement comme on les aime.

LA FERME DES NOUVELLES €

35, rue des Nouvelles ✆ 03 84 66 21 53
www.ferme-des-nouvelles.fr
Accueil paysan. Pour 26 personnes (6 chambres) et 6 emplacements camping.
Animations. Restauration.

Vous recherchez un camping, un gîte, des chambres, un appartement ? Cette ferme vous offre ce choix, placée qu'elle est en outre sur le GR 59 et « L'Echappée jurassienne ». Le complexe de Marie-Jo et Maurice Etievant s'est fait une solide réputation touristique et leur expérience paysanne ajoute à cette notoriété. A la retraite, ce couple a décidé de garder sa basse-cour et son grand jardin. Un style de vie qu'ils font partager aux touristes comblés en ce lieu. La table n'est pas en reste, y compris avec les plats régionaux mitonnés par la maîtresse de maison.

AU COEUR DES VIGNES €€

5, rue de la Piscine
✆ 06 46 51 91 54
Camping ombragé. Piscine extérieure gratuite. Dès 15 € la nuitée pour 2 personnes.
Aire camping-cars. Restaurant.

Le Camping d'Arbois renaît et s'appelle désormais « Au coeur des Vignes », toujours situé au pied des coteaux, à quelques minutes du centre. 4 ha attendent les vacanciers qui peuvent choisir des emplacements spacieux et séparés par des haies. Les nouveaux gérants du métier, Ivanne et Olivier Paget ont entrepris de gros travaux d'amélioration (bornes électriques, sanitaires, accessibilité, matériel de cuisine...). 2 logements insolites font déjà leur apparition et la piscine municipale est en accès libre. Il était temps que cette structure revienne à la hauteur.

LES GITES DU BELVÉDÈRE €€

50, rue de Verreux
✆ 06 71 22 10 47
www.lesgitesdubelvedere.fr
Meublé de tourisme 2-étoiles.
3 gîtes de 2 à 14 personnes. Animaux non admis.
Détail des locations en appelant.

Près du centre-bourg, une grande bâtisse ossature en bois, surplombant la route qui mène à Vauxelles, vous voici aux Gîtes. Dans cette maison conçue et construite par le propriétaire, Christian Chizat, 3 hébergements sont proposés, pouvant n'en faire qu'un afin d'accueillir un groupe ou une famille. Ils offrent tout le confort, et pour 2 d'entre eux une vue imprenable sur Arbois et le vignoble. Le troisième, lui, donne sur la nature. Tous 3 bénéficient d'une terrasse. La décoration est de bon goût. Le bois est roi. L'ambiance générale est quelque peu scandinave.

HÔTEL DES CÉPAGES*** €€

5, route de Vilette-lès-Arbois ✆ 03 84 66 25 25
www.hotel-des-cepages.com
Logis. 33 chambres. Chambre 2 personnes à partir de 84 €. Pension et demi-pension.
Restauration. Parking.

Une sculpture en pied de vigne de Christian Maas reçoit la clientèle dans le hall de cet hôtel moderne, comme pour montrer son dynamisme. Un bar dans un décor sobre vous invite à une pause. Et pour plus de décontraction le nouveau salon sous terrasse agrémenté d'une immense cheminée parachèvera la détente. Les 33 chambres ont fait l'objet d'une rénovation complète en 2018 (bonne insonorisation, télévision écran plat, salle de bain privative, Wifi…). La salle de séminaire (pouvant recevoir 60 personnes) est modulable avec un équipement audiovisuel complet.

LA FINETTE €€

22, avenue Louis-Pasteur
✆ 03 84 66 06 78 - www.finette.fr
Tous les jours midi et soir. Réservation recommandée. Menus de 18,40 à 47 €.
Carte. Grande terrasse.

Chalet de rondins à l'extérieur, ambiance caveau de dégustation ou salles de banquet rustique à l'intérieur, du bois, de la pierre, des outils vignerons… Bienvenue dans l'institution d'Arbois née de par la volonté d'Henri Maire ! Dans ce restaurant spécialiste des saveurs comtoises, vous pouvez vous asseoir autour d'une grande table ou d'un tonneau. Dans l'assiette, on se régale de fromages et charcuteries locales, volaille fermière au vin jaune et champignons des forêts du Jura, filet de sandre, fondue, jambon cuit fumé… Même les vins sont exclusivement du Jura.

VAL-PERRIERE €€

29, place de la Liberté
✆ 03 84 66 57 70
www.apparthotels-arbois.com
Appart'hôtel, 4 logis spacieux pour 16 personnes. Dès 125 € la nuit, petit déjeuner inclus. Infos sur site ou téléphone.

Séjourner au centre-bourg sera à votre portée dans ces appart-hôtels. 4 logis très luxueux à la déco des plus raffinées sont proposés et idéalement placés, avec des noms sympathiques : l'Atelier, le P'tit bistrot, les Oiseaux et le City pour correspondre à leur ambiance. Ils acceptent 2 à 6 personnes à un tarif raisonnable vu leur standing. La vue plonge sur la grande place. L'établissement est en outre bien équipé pour des réunions et séminaires. Au pied, vous trouverez restaurants, boutiques... Un lieu d'exception pour un séjour sur les terres de Louis Pasteur.

CASTEL DAMANDRE**** €€€

18, rue de la Cascade - **LES PLANCHES-PRÈS-ARBOIS** ✆ 03 84 66 08 17
www.casteldamandre.com
Logis. Hôtel 4 étoiles, 14 chambres et 4 suites bain bouillonnant. Dès 99 €/2 pers. Piscine. Terrain de tennis.

Niché au fond de la reculée, ce moulin devenu hôtel de charme jouit d'un cadre exceptionnel. Ses beaux murs de pierres apparentes se dressent près de la splendide cascade. Seul le clapotis de l'eau vient troubler le silence à l'écart du monde et pourtant si près d'Arbois. Sous les poutres, les 14 chambres et 4 suites-bain bouillonnant ont gardé un charme rustique [avec lits à baldaquin pour quelques-unes] mais une déco épurée et moderne. Certaines sont dotées de balcons donnant sur la cascade et même de bains bouillonnants. Ce Castel fait aussi restaurant.

LES ARCADES €€

20, Grande-Rue ✆ 03 84 66 06 81
www.restaurant-lesarcades39.com
Restaurant gastronomique. Ouvert du lundi au dimanche. Horaires sur site. Vin au verre. Terrasse intérieure.

Avant la révolution, la très pieuse cité arboisienne comptait 5 couvents. Ces Arcades étaient le couvent des Minimes en 1714. Transformé en restaurant depuis plus de 40 ans, Lilian Maître l'a repris. Derrière l'imposant porche, on découvre une terrasse intimiste et une salle moderne aux tons apaisants comme pour inviter à une pause. Le service souriant et discret, nous délivre une cuisine de terroir élégante. On se réserve malgré tout pour le dessert, symbole du talent d'un pâtissier [Lilian] devenu chef autodidacte. Une cave somptueuse dotée de 110 références.

LE BISTRONOME €€

62, rue de Faramand
✆ 03 84 53 08 51
www.le-bistronome-arbois.com
Vignobles et Découvertes. Ouvert toute l'année. Du mardi au samedi et dimanche midi. Carte : 55 € environ.

C'est le naturel des nouveaux propriétaires, Lisa et Jérôme Brousseau, qui ont pris possession des lieux depuis un an. Elle est pâtissière, lui est aux pianos. Ils se sont rencontrés chez le 2 étoiles Maison Jeunet, y ayant travaillé pendant 5 ans. L'intérieur de la salle au bord de la Cuisance n'a pas changé, du moins pour le moment, avec ses lignes épurées. Dès la formule du jour, Jérôme révèle une cuisine sensible, vraie, de saison. Quant aux desserts, excellents. Ces restaurateurs ont été distingués par le Château Cos d'Estournel en partenariat avec l'UMIH.

AUX DOCKS €€

27, place de la Liberté ✆ 03 84 66 57 70
www.aux-docks.com
Vignobles et Découvertes. Ouvert toute l'année. Réservation recommandée. Menus de 19 € à 30 €. Carte : 40 € environ.

C'est un restaurant qui se transforme que nous avons revisité et qui tend de plus en plus vers le style brasserie. Du changement physique d'abord, que ce soit en salle comme en cuisine. Le bar comme le service restauration ne font désormais appel qu'à une brigade de jeunes serveuses joviales et professionnelles. Le bar est vivant et davantage encore lorsque le temps permet d'accéder à la terrasse. L'établissement dispose d'une salle de séminaires, d'un caveau de retransmission des compétitions sportives. Bonne étape en plein cœur de la capitale de vins du Jura.

LE CASTEL DAMANDRE €€€

18, rue de la Cascade -
LES PLANCHES-PRÈS-ARBOIS ✆ 03 84 66 08 17
www.casteldamandre.com/fr
Table distinguée. Fermé de mi-novembre à fin janvier. Tarifs et horaires sur le site de l'établissement.

Au cœur du Jura, restaurant gastronomique, décoration contemporaine et piscine extérieure chauffée dans un cadre bucolique. Vous êtes en plein cœur d'une des très belles zones reculées du Jura. Ce restaurant qui est situé dans l'enceinte de l'hôtel est une belle table distinguée. On y travaille la poularde de Bresse tout aussi bien que les truites. Mais la carte vous réservera de très belles surprises, sans oublier les desserts. A l'intérieur sous les plafonds lambrissés ou sur la terrasse, l'atmosphère ambiante vous fera passer un excellent moment.

LES CAUDALIES €€€

20, avenue Pasteur
✆ 03 84 73 06 54
www.lescaudalies.fr

Du mer au dim et jours fériés midi et soir. Juillet-août : le mardi soir
Réservation recommandée. Menus de 45 € à 65 €.

La famille Troussard œuvre dans une belle maison de maître du XIXe siècle avec une extension dotée d'une grande salle lumineuse. La chef, Nadine, n'utilise que des produits frais et de qualité, comme pour sa truite des Planches fumée et confite, pomme granny, émulsion de fleurs de sureau. À noter le chariot impressionnant de fromages affinés. Claude, le mari, et son fils Philippe assurent le service avec beaucoup de professionnalisme. Philippe, Meilleur Ouvrier de France en sommellerie, vous conseillera pour le choix des vins. La cave est magnifique.

MAISON JEUNET €€€

9, rue de l'Hôtel-de-Ville ✆ 03 84 66 05 67
www.maison-jeunet.com

Tarifs, horaires et jours de fermeture sur le site de l'établissement. Réservation recommandée. Table étoilée.

Conserver une deuxième étoile au guide Michelin couronne une rigueur et une exigence de tous les jours. Steven Naessen ne vit pas pour ses étoiles, mais pour ses clients. l'excellence est au rendez-vous. La carte n'est pas débordante de plats, surtout retravaillée tous les mois (conserver des titres sur des produits qui changent régulièrement est la preuve d'un talent hors pair). Vous trouverez toujours la poularde aux morilles et au vin jaune, là aussi la Région est sublimée. Cela reste vraiment une table incontournable quand on vient dans le massif jurassien.

BAR LE VINCENNES

22, Grande rue
✆ 03 84 66 25 96

Ouvert du lundi au dimanche. Wifi.
Animations, jeux, soirées à thèmes, karaoké.

Bar le plus populaire de la cité, chaque milieu social s'y retrouve, échange et trinque sans distinction. Tarifs très raisonnables et toasts maison à l'apéro. Annick et Olivier Guillod ont mis à profit les confinements pour relooker leur intérieur, de tons blanc et noir ambiance « Tontons flingueurs ». La presse régionale a mis le couple à l'honneur car depuis mars 2020 la grande vitrine s'est animée sans cesse de formules rigolotes, de menus autour du Covid. Voire d'un apéritif inédit baptisé « Arboise-néca ». Le public en redemanda jusque sur les réseaux sociaux.

CELLIER DES TIERCELINES

6, rue Mercière ✆ 03 84 37 36 09
www.lecellierdestiercelines.com

Ouvert du lundi au samedi de 10h30 à 12h30 et de 14h30 à 18h30 ; le dimanche de 10h30 à 12h30. Tous les jours en été.

Vinificateur hors-pair, Jérôme Arnoux s'appuie sur 20 ans de vignes et de chais, menant deux créneaux de front. D'abord un domaine de 15 hectares, pour partie en bio. Puis « Les caves de la Reine Jeanne » pour le négoce, accueillant qui plus est les visiteurs sous ses voûtes et ogives médiévales. Difficile de recommander tel ou tel cru tant chacun est soigné. Nos sens se sont arrêtés néanmoins sur cette «Exception», un Arbois rouge trousseau 2018. Un parfum de fruit frais d'une finesse inouïe, conjugué avec un éventail de souplesse au palais.

HIRSINGER CHOCOLATIER

38, place de la Liberté
✆ 03 84 66 06 97
www.chocolat-hirsinger.com
Meilleur ouvrier de France.
Chocolatier et pâtissier. Horaires sur site.
Livraison et boutique en ligne.

Classé dans le top 5 de nos meilleurs chocolatiers, Edouard Hirsinger est la 4e génération à perpétuer cette dynastie chocolatière. S'il est l'auteur de nombreuses créations de saisons, il n'a pas oublié celles de son grand-père et de son arrière-grand-père, *le Galet* et le *tous t'chefs*. Les gâteaux font merveille aussi comme *l'Arboisien, le Monaco, le Régent et le Damier* (le chouchou des clients). La boutique est sobre et chic et se déploie sur une terrasse en bonne saison. Avec un peu de temps, vous pourrez également visiter l'atelier-musée des origines.

DOMAINE BULABOIS

51, route de Villette
✆ 03 84 66 03 42
www.vins-arbois-bulabois.fr
Bienvenue à la ferme. Ouvert tous les jours.
Téléphoner de préférence. Visites. Parking bus.
Livraison possible.

Philippe Bulabois est un inconditionnel des blancs aux bouquets et saveurs infinies de noix, noisette, curry... Le vigneron consacre plus de 50 % de ses 9 hectares au savagnin, roi du vin jaune. Il conçoit aussi des cuvées ouillées. Même son macvin n'est issu que de ce traminer. Le caveau est située à l'entrée de Villette, mais dépend bien d'Arbois ! Un gîte vous tend les bras si l'accueil communicatif de ce professionnel vous gagne. En arpentant son exploitation, vous apprendrez de surcroît qu'il élève des chevaux comtois qu'il utilise pour labourer ses terres.

DOMAINE DE LA PINTE

8, rue de l'Hôtel de Ville ✆ 03 84 37 42 62
www.lapinte.fr
100 % bio. Réseau « Vigneron indépendant ».
Magasin en ville.Groupes aux chais sur RDV.
Dès 13 € la bouteille.

Un des précurseurs du bio en 1999, ce domaine a évolué 10 ans après en biodynamie. Les années en « 9 » sont une référence pour ce vignoble de 34 hectares, recréé en 1949 par Roger Martin, entrepreneur BTP bourguignon, sur une exploitation abandonnée. En 1959, de belles caves voûtées se sont dressées en pierres du pays et accueillirent l'une des plus belles récoltes du siècle. Aujourd'hui, elles abritent une quantité de pièces en vieillissement. Si le savagnin est majoritaire (14 hectares plantés en 1953), tous les cépages jurassiens sont représentés.

DOMAINE DORBON

Place de la Liberté - **VADANS**
✆ 03 84 37 47 93
www.vigneron-dorbon.com
100 % bio. Ouvert tous les jours.
Dès 8,50 € la bouteille. Fait également chambre d'hôtes pour 16 personnes.

Au pied des vestiges du château du XIIe siècle, vous trouverez la cave de Joseph Dorbon. Il œuvre sur 3 ha depuis 1996 avec rigueur, respect des sols (enherbement un rang sur deux), binage avec un cheval comtois. Les vendanges manuelles font l'objet d'un tri très sévère. Le professionnel a ainsi obtenu l'agrément « bio ». La même discipline l'anime à la cave, laquelle fait naître 70 % de blancs et 30 % de rouges. Vous vous sentirez si bien chez Dorbon que 2 gîtes de 8 chambres pour 16 personnes pourront parachever votre étape bacchique et touristique.

DOMAINE DUGOIS

4, rue de la Mirode - **LES ARSURES**
✆ 03 84 66 03 41
www.vins-danieldugois.com
Ouvert du lundi au samedi (voir horaires sur site), dimanche sur rendez-vous. Livraison.
Dès 9,80 € la bouteille.

Domaine créé en 1973, il livrait sa vendange au négoce. Peu après, Daniel Dugois obtenait le prix Emile Rousseau pour sa qualité et son dynamisme. Place désormais à la jeunesse. Philippe et Mélanie ont repris les rênes. 10 hectares sur lesquels blancs et rouges jouent à qui mieux mieux. Les puristes vous diront qu'on est sur les sols à rouges de trousseau où les Dugois ont les clos de Mouchet et de La Damelière, tous menés en lutte raisonnée avec une vinification aux petits soins. Mais celui de Grevillière génère pourtant un trousseau blanc. Sublime !

DOMAINE F. PUFFENEY

17, rue de la Résistance
VADANS
✆ 06 67 20 81 94
www.puffeney.fr
Ouvert toute l'année sur rendez-vous.
Anglais parlé. Livraison possible. Vins dès 8,50€.

C'est en 1995 que Frédéric Puffeney a commencé à « tâter » du cep, mais c'est en 2006 qu'il pu se lancer. Il perpétuait ainsi une longue tradition familiale, son oncle, installé dans le vignoble d'en face de Montigny-lès-Arsures, prenant sa retraite. Frédéric en a même hérité d'un des clos les plus prestigieux, celui des Bérangers, dont le trousseau fait merveille au-dessus de la vigne Pasteur. Parti avec 25 ares et une ancienne maison vigneronne retapée, le viticulteur exploite aujourd'hui sur plusieurs sites, dont Arbois. Et toutes les couleurs qui vont avec.

BRESSE, REVERMONT ET VIGNOBLE

DOMAINE MARTIN-FAUDOT

19, rue Bardenet - **MESNAY**
✆ 03 84 66 29 97
www.domaine-martin-faudot.fr
Réseau « Vigneron indépendant ».
Ouvert toute l'année. Téléphoner de préférence.
Dès 10€ la bouteille.

Avec son fils Joris qui l'a rejoint, Michel Faudot peut donc voir l'avenir avec sérénité, et continuer cette dynastie débutée en 1879. Les médailles décrochées chaque année dans les plus prestigieux concours sont là pour témoigner du savoir-faire de cette lignée lancée par Louis le fondateur. Spécialiste du «melon à queue rouge», vous rencontrerez aussi ici un pinot rouge «cuvée braise d'été» élaboré sans sulfite. À défaut de pouvoir vous rendre aux chais, cette maison vigneronne possède également un caveau au centre-ville d'Arbois, sous les arcades.

DOMAINE VILLET

16, rue de Pupillin
✆ 03 84 37 40 98
www.domaine-villet.fr
100 % bio. Ouvert tous les jours sur rendez-vous. Accueil groupes. Parking bus. Visite caves et domaine gratuite.

Débutant en 1988, Gérard Villet misait déjà sur le bio. Il devenait ainsi le premier viticulteur arboisien à choisir cette démarche, dans la trace de Pierre Overnoy. Ce rapport à l'environnement et l'objectif qualité l'ont toujours animé avec des prix accessibles. Ce qui est loin d'être toujours le cas ! Le domaine occupe 5,4 ha en 7 clos : Les Bodines, Petit Genevret, les Corvées, Les Nouvelles... Les Villet œuvrent en outre dans un esprit de convivialité. Les vins sont certifiés par Ecocert. Toutes la panoplie jurassienne est là ainsi que le fameux vin jaune.

LA FABRIK

1, rue Mercière
✆ 06 62 30 33 45
Collectif d'artisans d'art. Ouvert du mardi au samedi de 10h à 12h et de 15h à 18h. Tous budgets.

Au pied de la Cuisance, la Fabrik illumine depuis 3 ans. Elle a toutefois déménagé cet hiver près de son installation d'origine. Ce collectif d'artisans/artistes en a profité pour passer de 12 à 18 exposants. Tenu de façon tournante, il n'offre que du fait main et des pièces uniques. Le choix est éclectique, entre les chaussures, les boîtes et coffrets, les tournages sur bois, les sacs et accessoires, les coussins de méditation, les verres filés, les tissages et feutres, les céramiques, les vêtements d'enfants, les bijoux... Chaque mois un invité d'honneur.

DOMAINE ROLET

11, rue de l'Hôtel-de-Ville
✆ 03 84 66 08 89 - www.rolet-arbois.com
Ouvert tous les jours et les jours fériés de 10h à 12h30 et de 13h30 à 19h. Espace dégustation au centre d'Arbois.

Ce domaine créé en 1942 fut le précurseur des blancs de caractère et des rouges monocépages. Le domaine Rolet est constitué en AOC Arbois, ainsi que sous les appellations Château-Chalon, Etoile et Côtes du Jura. Les vendanges sont faites manuellement pour préserver au mieux le terroir. Une vinothèque avec des millésimes anciens vous permettra d'acquérir quelques beaux flacons. Une transmission réussie, dans le respect de ceux qui ont travaillé la vigne tout au long de ces décennies pour que ce domaine devienne ce qu'il est aujourd'hui : une référence.

FROMAGERIE LA FERTÉ

19, rue Principale - **LA FERTÉ**
✆ 03 84 37 58 09 - www.fromagerie-laferte.fr

Lundi au samedi de 8h30 à 12h et de 15h à 19h, dimanche de 8h30 à 12h et de 17h à 19h ; jours fériés de 8h30 à 12h.

La réputation de cette fruitière n'est plus à faire : elle assure l'affinage in situ de sa production (8 700 meules) qui provient des 3,3 millions de litres de lait annuels. Les fromagers Pascal et Mathieu et leurs équipes élaborent 2 appellations, le comté et le morbier, ainsi qu'une tomme baptisée « La Fertoise » et une raclette. En boutique, on trouve une belle sélection de produits régionaux. Une fruitière à la page du XXIe siècle, car elle vient d'installer un système de traitement des déchets et des eaux usées aboutissant à zéro rejet de produits polluants.

FRUITIÈRE DU PLATEAU ARBOISIEN

1, rue des Fossés ✆ 03 84 66 09 71
www.comte-arbois.com

Label Tourisme & Handicap. Ouvert tous les jours (voir site). Comté 8/10 mois dès 12,20 €/kg. Egalement vieux comtés.

Cette coopérative réunit 3 ateliers (Arbois, Chilly-sur-Salins et Ivory), 22 exploitations sur 10 communes. Sa refonte se conjugue avec démarche touristique. L'espace commercial s'est relooké, avec une banque où s'offre un éventail fourni de spécialités fromagères comtoises. La part belle est faite aussi à un étal où s'exposent d'autres curiosités régionales. Derrière les baies vitrées s'activent les fromagers. La visite guidée est plus qu'enrichissante, complétée par un film.

FRUITIÈRE VINICOLE D'ARBOIS

2, rue des Fossés ✆ 03 84 66 11 67
www.chateau-bethanie.com

Coopérative de vignerons. Activités oenotouristiques. 2 boutiques et boutique en ligne. Visites. Accueil groupes.

Cette coop née en 1906 fut une des premières de France. Elle compte 130 vignerons, dispose de 2 caveaux en Arbois ainsi que 3 autres dans la région : Arc-et-Senans, Saint-Laurent-en-Grandvaux et Poligny (Caveau des Jacobins). Les visites de caves avec dégustation se déploient l'été. S'ajoutent les jeudis de l'été (visite, soirée accords mets/vins), les ateliers sur mesure (dégustation autour du savagnin et verticale de vin jaune) et pour conclure la découverte des vignes à vélo.

LA SUCRERIE

1, route de Lyon ✆ 06 27 66 05 53
www.la-sucrerie.fr
Made in Jura». Artisan confiseur, pâtissier, chocolatier. Ouvert tous les jours. Vente également en ligne.

Œuvrant à Romans où ils côtoyaient et collaboraient avec le chef Pierre Troisgros, Célia et Guillaume ont déménagé dans la capitale des vins. Elle, se rapprochant de ses bases familiales. Leur échoppe rustique et leur atelier sentent bon dès qu'on y pénètre, comme les succulences que prépare le chef sur ses marbres. Confiseries, pâtisseries et chocolats ont de suite conquis un public de bon goût. Leurs produits phares : madeleines géantes, le « Caramel à l'O » en partenariat avec Salins, la guimauve, les chocolats... même les glaces en saison. On est émerveillé.

BIÈRE «LA JURASSIQUE»

24, rue du Chardonnay
✆ 06 71 67 96 31
Brasseur. Ouvert tous les jours et dimanche sur rendez-vous. Livraison. 33 cl, 75 cl, magnum et fût.

Léo Petit poursuit son implantation au pays du « ploussard ». En marge de la vigne, la famille Petit a toujours adoré « la prise de mousse » pour élaborer des bières à consommation familiale. Le jeune brasseur recherche le goût des céréales avec l'eau de la petite source locale du Vieux Mont, qui alimentait autrefois le village en eau potable. 4 références peu amères : blanche, blonde, ambrée et brune ; entre 4,5° et 6,5°. La gamme s'est enrichie avec une « Bière de Noël », mais surtout une « Indian Pale Ale » (IPA), bière fruitée qui plaît beaucoup aux jeunes.

PUPILLIN ★

Plus que du charme, Pupillin a du caractère. Anciennes maisons vigneronnes, vue panoramique sur le vignoble, oratoire Saint-Léger... Le saint patron local en l'honneur duquel on célèbre la fête du Biou le troisième dimanche de septembre... Tout ici témoigne de l'activité viticole. Bienvenue dans la « capitale du Ploussard », ce cépage typique du Jura. Même le « mobilier urbain » rappelle la vigne : tonneaux et autres pressoirs sont remplis de fleurs à la saison. Cela vaut à la commune d'arborer les 3 fleurs des Villes et Villages fleuris de France. Un très bon restaurant et des chambres d'hôtes donnent au village la dimension touristique qu'il mérite.

CELLIER SAINT-BENOIT

Rue du Chardonnay
✆ 03 84 66 06 07
www.celliersaintbenoit.com
Ouvert toute l'année sur rendez-vous. Livraison possible. Egalement vente jus de raisin au litre.

Les Benoit habitent rue du Chardonnay en « la capitale mondiale du Ploussard ». Pas un handicap qu'on vous rassure. Les rouges comptent pour 50 % du domaine de 6 ha, dont 5 climats exclusifs de ce cépage. Il est dirigé par Benjamin. Il vous parlera de ses objectifs : conduite de la vigne raisonnée avec objectif d'être bio, des vendanges manuelles en caisses, une vinification en fût sauf le Ploussard (en cuve), sans sulfitage ni collage. En parallèle, maintient de la tradition, respect de chaque clos, et même conservation d'une vigne chardonnay de 80 ans !

BRESSE, REVERMONT ET VIGNOBLE

AUBERGE DU GRAPIOT €€

Rue Bagier
✆ 03 84 37 49 44
www.legrapiot.com
Réseau Qualité tourisme. Maître restaurateur. Horaires sur site. Menus de 25 à 75 €. Accueil groupes. Terrasse.

Objet d'une modernisation conséquente, Le Grapiot voit son extension s'avancer telle la proue d'un navire. A l'intérieur, 3 salles de 20 à 50 couverts (plus 30 avec la terrasse). Dans l'assiette, le chef Samuel mène de concert une cuisine de terroir et ouverte sur le monde. La carte change tous les mois. En salle, son épouse Julie illustre une convivialité détendue que relayent les serveuses attentionnées. Les gourmets ont en outre une information complète des vins servis. Ce restaurant s'est affirmé comme l'une des plus grandes adresses de la région.

DOMAINE DE LA BORDE

Chemin des Vignes
✆ 03 84 66 25 61
www.domaine-de-la-borde.fr
100% bio. Visites sur rendez-vous. Livraison possible. Anglais parlé.

Julien Mareschal a engrangé un solide acquis dans différentes régions. Installé en 2003, il est passé au bio en 2012. 5 ha plantés en côte de Feule ont été rejoints depuis 2017 par les coteaux de Sous la roche, de Caillot, de la Marcette et des Ecrins. Les vignes sont âgées de 7 à 77 ans permettant un mariage multi-générationnel. Le Pupillanais aime faire des expériences, comme ce « Vénéon » un ploussard vinifié en blanc. Mélomane à ses heures, il organise aussi des soirées « Vinprovisations », alliance entre musique et dégustation commentée.

FRUITIÈRE VINICOLE

35, rue du Ploussard
✆ 03 84 66 12 88
www.fruitiere-de-pupillin.com
Ouvert tous les jours et les jours fériés de 9h à 12h et de 14h à 18h. Fermé à Noël et au Nouvel An.

Du haut de ses cent dix ans passés, cette coopérative poursuit son chemin avec comme *leitmotiv* l'avenir d'une tradition. 65 ha pour une production annuelle de 350 000 litres de vin. Ils proviennent pour 45 % en Arbois-Pupillin, 20 % en Arbois, 15 % en Côtes-du-Jura, 16 % en Crémant et 4 % en Macvin. Les caves et l'atelier d'embouteillage sont au centre du village ainsi que le salon de dégustation. Ce dernier a d'ailleurs été remanié en profondeur pour un meilleur accueil. Cette coopérative se montre dans de nombreuses manifestations nationales.

POLIGNY ★★

Site remarquable du goût, Petite Cité Comtoise de Caractère, Station verte de vacances, capitale du Comté : Poligny cumule les labels. Capitale du Comté, c'est une ville active, notamment dans l'agro-alimentaire. La ville a connu de riches heures par le passé. Elle s'abritait à l'époque médiévale derrière des remparts et le château de Grimont veillait sur la ville. Des vestiges des remparts ont subsisté en certains endroits ainsi que des tours comme celle de la Sergenterie, dans la partie basse. Du château lui-même, il reste aujourd'hui une ruine. De son passé, Poligny conserve aujourd'hui un riche patrimoine. Et n'oubliez pas ses vins délicieux !

GROTTES DES MOIDONS

Route d'Arbois - **MOLAIN**
✆ 03 84 51 74 94
www.grottesdesmoidons.com
Visite guidée, film, son et lumière, espace « chauve-souris », labyrinthe enfants. Boutique. Restauration.

Les plus belles stalactites du Jura sont ici. Un son et lumière met en valeur ce joyau souterrain situé en plein cœur de la forêt. Il fait 10 °C ! Tel un chef-d'œuvre, les concrétions minérales grandioses ont mis des milliers d'années à se former. Une fois dehors, il est encore possible de prolonger la journée en empruntant les multiples sentiers dans les bois. L'Ammonite Café, avec sa belle cheminée, vous permettra de prendre une boisson, des tartines maison, avec des produits régionaux. Une terrasse bien exposée et l'espace pique-nique complètent le tout.

COLLÉGIALE SAINT-HIPPOLYTE ★★

Rue du Collège
Ouvert tous les jours. Visite gratuite. Visites guidées également. Renseignements Office de tourisme.

La collégiale Saint-Hippolyte impressionne par la cohérence de ses lignes. Construite à partir de 1415 grâce à Jean Chousat, elle mérite le détour. Hormis le porche d'entrée, le dôme du clocher et les vitraux, elle a très peu bougé au fil des années. Sa sobriété, ses chapeaux sans ornements et ses voûtes surbaissées sont superbes. Mais ce qui est encore plus impressionnant, ce sont les orgues Cavaillé-Coll (XIXe siècle) et la remarquable collection de statues, pour la plupart du XVe siècle, de l'Ecole de Bourgogne, et notamment de Claus de Werve et de Jean de la Huerta. Elles représentent des notables : Jean Chevrot, évêque de Tournai, Pierre Versay, évêque d'Amiens et neveu de Jacques Coittier, qui fut médecin de Louis XI et président au Parlement de Bourgogne… Lors du 600e anniversaire de la collégiale, la municipalité de Poligny et l'Association de sauvegarde du patrimoine ont lancé une grande souscription pour relever un pari fou, refaire à l'identique une copie d'une de ces statues. Le pari fut gagné, depuis une copie est visible dans cet écrin gothique. Certes ce n'est pas l'originale, mais le rendu est parfait et vous serez étonné par la qualité de l'exécution. Complétant la collection, cette œuvre permet de vous inviter à découvrir l'importance de Poligny au XVe siècle, plusieurs ouvrages traitent de cette époque, se les procurer à la librairie ou auprès de l'Association du patrimoine. Complétez vos infos auprès de l'office de tourisme.

OFFICE DE TOURISME COEUR DU JURA BUREAU DE POLIGNY

20, place des Déportés ✆ 03 84 37 24 21
www.poligny-tourisme.com
En été : 9h30-13h30 et 14h30-17h30. Hors saison téléphoner.

Le bureau de Poligny de Cœur du Jura Tourisme est situé en plein centre de la capitale du comté, sur la place centrale. On vous conseillera de manière pertinente sur tout ce que vous pouvez découvrir dans cette cité et aux alentours. Le patrimoine architectural ancien tient une place importante, des visites guidées sont organisées en saison. Vous aurez aussi toutes les informations sur les nombreuses animations se déroulant tout au long de l'année, car Poligny est une ville dynamique.

LA MAISON DU COMTÉ ★

10, route de Lons
✆ 03 84 37 78 40
www.maison-du-comte.com

Adulte : 8 € ; enfant : 6 € (dégustation comprise). Accueil groupes toute l'année. Horaires sur site.

Cette maison dédiée à ce fromage indissociable des montagnes du Jura vous invite à une découverte immersive sollicitant les cinq sens. Films poétiques, vidéos de confidences d'acteurs, découverte des gestes phares du comté, jeux sensoriels et même de jolies pépites pour les férus d'histoire… Une expérience unique à partager en famille ou entre amis. L'incroyable scénographie dévoile trois univers : « La ferme et le producteur de lait », « La fruitière et le fromager » et « La cave et le maître affineur ». Enfin, l'ultime étape : la dégustation du comté !

SENTIER KARSTIQUE

BESAIN
✆ 03 84 37 24 11
www.juramusees.fr

Sentier de randonnée des Malrochers. 4,8 km, 2 parcours. Ouvert toute l'année. Gratuit.

Une promenade bien balisée pour découvrir des curiosités géologiques uniques. En 2 boucles, ce sentier parcourt 4,8 km sur 3 ha surprenants. On entre dans un monde féerique au gré des dolines, des lézines, des gouffres, des grottes, des lapiaz, autant de curiosités façonnées par l'infiltration des eaux. On découvre des êtres étranges de pierres naturellement sculptées. Compter 2 heures, voire plus avec des enfants. Laissez votre imaginaire inventer pour eux histoires et légendes. Ne quittez pas le sentier, car les environs sont ponctués de cavités dangereuses !

FERME DE LA TUILERIE €

La Tuilerie - **AUMONT**
✆ 03 84 37 67 53
www.ferme-de-la-tuilerie.fr

Accueil paysan. Gîte 4 personnes de 270 à 380 € la semaine. Repas 20 € par personne. Chambre couple 59 € par nuit.

Gîte, chambres, table, tout cela est réuni sous le chapeau « Accueil paysan ». Vous dormirez au calme, que ce soit dans le gîte ou les chambres. Au réveil ou à l'occasion des repas, vous saliverez pour des plats pour la plupart cuisinés avec les ingrédients produits sur place. Le jardin pédagogique est ouvert comme la basse-cour, y compris pour les enfants. Les champs et la forêt bordent la demeure et le patron vous fera une joie de virées en calèche avec ses chevaux comtois. Barbecue et veillées sous les étoiles pour parachever des journées bien remplies !

L'ANCIENNE CURE €€

14, rue Battan - **BESAIN** ✆ 03 84 51 74 72
www.l-ancienne-cure.com

Gîte de France 3 épis. Chambre 2 personnes dès 75 €, petit déjeuner inclus. Restauration. Animaux non admis.

Ancienne maison de maître et cure, cette demeure de 1723 en impose par ses façades jouant de beige, volets vermillon et mur de tavaillons. Corine Jouham et Bruno l'ont orienté vers une autre vocation depuis 1987 en la transformant en chambres d'hôtes dont une suite de 4 personnes. Elle est très bien placée rapport qualité-prix au regard des prestations (repas, garage motos, parc chevaux, spa, possibilité de massage par un professionnel…). Une kitchenette très équipée ajoute à l'autonomie. Le coucher promet des nuits douillettes avec des tons boisés et pastels.

DOMAINE DE SAINT LOTH' €€

7, rue de la Cocarde - **SAINT-LOTHAIN**
✆ 09 52 53 80 83
www.saint-loth.fr

Gîtes de France. 3 chambres. A partir de 100 € pour deux, 125 € pour 3 et 150 € pour 4. Table d'hôtes sur réservation.

Au cœur du Reverront et au milieu des vignes, c'est une maison de caractère que vous découvrirez. Véronique et Robert Starck-Mühlebach veillent toujours à ce que vous sentiez bien. Trois chambres vous sont proposées, toutes décorées avec goût. Amateurs d'art, des œuvres y sont disposées, ainsi que dans les parties communes. Le grand parc arboré s'est doté, un peu à l'écart, d'une piscine. Les talents de ces deux amoureux du Jura s'expriment aussi en cuisine, à base de produits locaux et bio. Vous y découvrez également les vins du Jura, en bio ou biodynamie.

GITE DE LA POTERIE €€

1, rue de l'Église - **BRAINANS**
✆ 06 83 98 09 41
http://lapoterieduvillage.fr

Meublé de tourisme 3 étoiles. 3 chambres pour 8 personnes. Salon et cuisine équipée. Tarifs selon saison.

La jeune potière a de la suite dans les idées. Tellement éprise de sa région qu'elle aime faire partager, elle a fait rénover les 75 m² attenants de sa poterie pour les transformer en chambres d'hôtes. Aménagées avec goût et bien équipées, elles sont dotées d'un salon et d'une cuisine fonctionnelle. Votre panorama donnera sur les vignes à pertes de vues, d'où des suggestions de promenades même en calèche. Votre curiosité gourmande sera aussi mise à rude épreuve avec des idées de rencontres avec les acteurs locaux des spécialités jurassiennes.

Le clocher de la collégiale de Poligny.

CHEZ KARINE ET ROLAND €€

Chemin de Carriaux - **LE FIED**
✆ 03 84 85 32 63
www.gite-chambre-hote-jura.fr
Gîte de France 3 épis. 3 chalets pour 18 personnes. Animaux non admis. Dès 65 € la nuitée pour 2 personnes.

C'est dans ce village du premier plateau, réputé pour son comté, que ce couple donne rendez-vous à sa clientèle. Mais c'est à quelques encablures de là que vos hébergements vous attendent. 3 chalets mignons à souhait, construits autour de... 3 lacs différents, d'une capacité de 4 à 6 personnes et aux noms évocateurs : Petit Maclu, Châlain et Vouglans. 3 superbes maisonnettes de pierres et de bois, de plain-pied, indépendantes, confortables, pétries de charme et dans un environnement on ne peut plus calme. L'aventure avec un « A » majuscule.

LE CASTA €

80, Grande-Rue
✆ 03 84 37 02 76
www.lecasta.fr
Ouvert tous les jours en juillet et août. Réservation recommandée. Vin au verre. Accueil groupes. Terrasse.

Ce restaurant ne quitte pas sa vocation des pizzas qui se déclinent au poulet/morilles/vin jaune, au mont d'Or, au curry/poulet/comté/vin jaune... Beaucoup avec des noms de races de vaches (l'animal préféré du patron) comme Salers, Aubrac, Villars-de-Lans... Casta ? C'est sa préférée, originaire de l'Ariège. Elle s'affiche partout en salle. Le menu du jour très abordable tient la route avec une soupe servie dès les premiers frimas. Les 80 places assises reçoivent même des groupes en cave voûtée. L'accueil du chef Julien est chaleureux, comme son équipe.

LA GRIBOUILLETTE €

2, rue Travot
✆ 03 84 73 72 45
Ouvert du mardi au samedi. Fait également bar. Réservation recommandée. 30 couverts maxi.

Les places sont chères chez cette « Gribouille », de son vrai prénom Muriel. Le lieu est exigu mais ce bistrot-restaurant grouille de clients en permanence. Il faut dire que l'accueil y est pour quelque chose. La déco itou. Vous pouvez simplement prendre une consommation avec des tapas aux rillettes de canard maison. Pas de manières non plus dans les assiettes, mais des mets copieux où les spécialités jurassiennes tiennent la place d'honneur ; de surcroît pour une addition pas salée du tout. « La Gribouille » s'est offert le tabac d'à côté qui ouvre à 5 h 45 !

MESSAGES GOURMANDS €

1, avenue Wladimir Gagneur
✆ 03 84 37 15 44
www.messagesgourmands.com
Restaurant ouvert du lundi au samedi. Menus dès 14 €. Carte. Accueil groupes. Soirées à thèmes.

Didier Beaugendre et Alice Vermot continuent avec bonheur ce restaurant qui a changé de nom. Vous êtes au pied de la vieille ville et d'une grande rue largement améliorée. Le couple a gardé le bar qui a bénéficié d'un coup de neuf à l'image des salles. En semaine et dans un esprit « bistrot », le chef vous proposera des menus du jour variés (2 choix par plats) cuisinés avec des produits frais. En soirée dès le jeudi, le chef a entrepris un accent plus festif et exprime davantage sa créativité. Les groupes sont aussi reçus avec un esprit commerçant toujours égal.

RESTAURANT AUX PLATANES €

6, place des Déportés ✆ 03 84 37 16 76
www.restaurantauxplatanes.com
Ouvert tous les jours. Service boissons l'après-midi. Terrasse ombragée, parking.

Cette adresse a fait petit à petit sa place idéalement placée avec le parking en face et ses platanes dont l'ombre est prisée. Sa façade lie-de-vin contraste avec un intérieur lumineux et résolument moderne de noir et de marron clair. On peut la définir comme une halte sympathique pour qui veut manger régional sans se ruiner. Les assiettes-plats garnies, s'intitulent César, comtoise, paysanne, croûte royale... Les plats de résistance portent également le sceau comtois. Il y a aussi des assiettes-repas. 60 personnes peuvent prendre place.

LA CASE B €€

Rue Nicolas-Appert
✆ 03 84 37 96 45
www.restaurant-case-b.com
Ouvert toute l'année du mardi au samedi midi et soir. Salles séminaires et événements. Grande terrasse.

Mathieu Chaney a repris depuis 4 ans les rênes de ce grand restaurant lancé par Didier Rigaud sous l'enseigne La Case Bambou. C'est une ambiance chaleureuse qui vous attend comme les murs rouge et argent de l'espace restauration. Avec un service aux petits soins, les assiettes respirent la joie et plus encore si vous venez lors d'une soirée spectacle. La vocation grill-pizzas (maison) de cet établissement ne se dément pas. L'immense pièce des convives peut recevoir 170 personnes sans que l'on se sente dans un hall de gare. On apprécie aussi la terrasse.

MELTING'POTES €€

1, rue Paul Héroult
✆ 03 84 73 10 15
Ouvert du mardi au samedi.
Réservation recommandée. Vin au verre.
Également bar à cocktails et tapas.

Ce restaurant est un assemblage de copains. 8 en tout avec comme patron et nouveau chef Maverick Maublanc. Ce Melting'Potes fait partie des 11 nouveaux commerces installés à l'entrée de la zone d'activité, le long de la nationale. Un concept assez inédit, à commencer par la déco et l'agencement. Du moderne, mais avec des tons chauds. De l'éco-responsable jusqu'aux serviettes et tables recyclées ! La formule du midi s'accompagne d'une carte alléchante midi et soir. Elle s'adjoint en début de soirée d'un bar à cocktails et à tapas, un bar à vins et à bières.

LE BARZING

70, Grande Rue
✆ 07 57 44 66 77
Fermé lundi-mardi. Terrasses. Restauration.
Animations. Concerts. Expo.
Soirées dégustations avec vignerons.

Isabelle Bouvret a dans ses gènes la défense des produits régionaux. Elle est la fille du regretté Henri Bouvret, un ambassadeur des grands vins. Le « Barzing » se veut une parenthèse conviviale. Les bières locales sont disponibles à la pression. Les vins ont une orientation « bio ». Même les limonades et colas sont régionaux. Vous pourrez déguster des planches charcutières ou fromagères. Convivialité, mais également animations avec des concerts. La terrasse se déploie dès les premiers rayons, mais aussi une seconde donnant sur le « Poligny historique ».

LA FERME DES AGITES

BERSAILLIN
✆ 07 78 17 80 56
www.fermedesagites.fr
100 % bio. Paysan boulanger.
Fabrication de pains, farines et jus de pommes.
Voir horaires sur site.

Le nom insolite de ce lieu est bien trouvé ! Ses occupants ont reconverti cette ancienne ferme laitière en boulangerie. Ils s'y agitent entre champs et fournil, marchés et livraisons. Frédéric Jacquelin en est l'initiateur. Ancien commercial chauffage/sanitaire, il a troqué son job pour celui de paysan-boulanger. Il a construit son four à bois, trouvé des terres pour cultiver blé, sarrasin, seigle, petit épeautre. Il moût également ses graines sur une meule à pierre pour obtenir sa farine. Cette boulangerie atypique œuvre dans un cadre on ne peut plus rural.

MADE IN GOURMANDISE

1 A, rue du Quart d'Avaux - **VILLERS-LES-BOIS**
✆ 06 70 40 86 61
www.madeingourmandise.fr
Réseau « Made in Jura ».
Chocolaterie artisanale. Horaires sur site.
Livraison. Opérations portes ouvertes.

Clémence Bernard, pétrie de joie de vivre, s'adonne au chocolat depuis 2002, à une époque où les gâteaux de sa mamie la faisaient saliver. Elle privilégie des préparations chocolatées de petites tailles, à l'image de celles des grands-mères. Peu sucrées, avec des amandes de Provence et surtout peu corsées. Origines Côte d'Ivoire et Ghana. La pâte d'amandes et le praliné sont aussi maison. Orangettes, calissons, macarons, caramels, bouchées feuilletées... La chocolatière mord dans la vie comme dans ses chocolats, une vraie bouffée d'optimisme, comme le chocolat !

P'TIT PIERRE CHOCOLATIER

7, rue de Crotenay - **BESAIN**
✆ 03 84 51 72 72
www.leptitpierre.net
Chocolatier et grande variété de crus d'exception. Groupes, visite de l'atelier sur réservation. Livraison.

Beaucoup de visiteurs de ce village de 160 âmes n'ont d'yeux que pour le «P'tit Pierre» (Pierre Chevassu). Ils affluent, et de très loin, pour ses chocolats et ses pâtisseries. L'enfant du pays y est revenu en 1996. Le talent du Jurassien, en pâtisseries personnalisées (dont sa galette) mais surtout en chocolats, a fait mouche. Des créations monumentales (la tour de Nozeroy, un porte-avion, une pelleteuse...). Aujourd'hui elles se déclinent avec des liquides du cru (vin jaune, macvin, vin de paille...). Les fèves viennent de 14 origines. Une réussite à méditer.

BADOZ FROMAGES ET VINS

19, place des Déportés ✆ 03 84 37 48 42
www.domaine-badoz.fr
Fromagerie artisanale. Vigneron 100 % bio.
Horaires sur site. Groupes sur réservation.
Livraison, boutique en ligne.

Chez les Badoz on est fromager dans le Doubs depuis 1830 et vigneron polinois depuis 1659. Benoît a repris le domaine après son père Bernard. De retour sur ses terres, il cultive sa vigne en conversion bio. Pour des raisons de confort, la clientèle de groupe est reçue au magasin du centre, en association avec la fromagerie. Celle-ci comme le vigneron est régulièrement primée. Benoit est à l'honneur cette année : Grand prix d'Excellence au Concours général agricole de Paris. Récompense suprême (5 médailles dont 4 d'or ces 3 dernières années). Chapeau l'artiste !

BRASSERIE DES BABOUINS

2, rue Roger Thirode
✆ 06 42 76 08 30
Ouvert le jeudi et le vendredi de 16h à 19h ou sur rendez-vous.

Romain Branger et Julien Maillot ont lancé cette brasserie voici déjà 6 ans. Leur « Baboon » qui se décline sous divers aspects fait fureur. L'esprit du départ n'a pas varié, leurs créations liquides effervescentes s'inspirent toujours de la jungle et des champs florifères. Un exotisme que l'on retrouve notamment dans la « Banana bomba ». La gamme compte aujourd'hui au moins 8 références de 5° (la « Bloody monkey ») à 9° (la « Colère du babouin »). Vous trouverez aussi votre bonheur avec « la Jungle spring », « la Tropicaliste », la « Chica pop » et la « Kokomo ».

CRÈMERIE JURAFLORE

15, place des Déportés ✆ 03 84 37 13 50
www.cremerie-juraflore.com
Ouvert du lundi au dimanche (horaires sur site). Vente également en ligne. Comtés de 5 à 36 mois d'affinage.

Cette belle crèmerie illumine la place, tenue par Marie et Christophe. Son architecture est caractéristique des fruitières d'antan. Une enseigne « qui a de la bouteille » puisque née en 1907. Elle propose des fromages affinés par Arnaud. Des comtés de 5 à 36 mois qui ont mûri au Fort des Rousses. On y trouve aussi d'autres spécialités régionales dont des vins « de producteurs ». Un accueil d'une gentillesse remarquable et des prix très raisonnables. Égale à elle-même, Juraflore se voit régulièrement primée en or au Concours général agricole. Une adresse sûre.

BRASSERIE LA NOCTURNE

1, rue de la Teppe
BRAINANS
✆ 07 85 01 11 13
www.biere-lanocturne.com
100 % bio. Brasserie artisanale. 5 sortes en 33 et 75cl. Ouverte le samedi 14h-18h. Livraison.

Cette Nocturne de Clément Goubard intrigue à plus d'un titre. Le brasseur réalise ses breuvages la nuit selon les cycles lunaires (le conseil de son papi qui avait toujours œuvré ainsi). Clément se destinait au vin, mais ne voulant pas être tributaire du temps, il a préféré la sécurité d'un atelier. L'orientation bio s'est imposée (verre consigné, électricité verte, maîtrise de l'eau, des rejets et des déchets). Une blonde et une ambrée ont été les 1res mousses des brassins. 5 références au total dont cette « Stout de garde » avec une orge hautement torréfiée.

CAVE ANDRÉ BONNOT

75, route du Revermont - **SAINT-LOTHAIN**
✆ 03 84 37 10 89
www.vinsbonnotjura.fr
Maison de vins. Négociant et producteur. Ouvert toute l'année. Accueil groupes (30 personnes maxi).

La dynastie Bonnot niche dans ce site clunisien depuis 1936. Elle rayonne cependant bien au-delà des limites régionales. Thierry l'a développée depuis 1990. Cette société familiale, mais aussi viticultrice, met un point d'honneur à hisser les vins jurassiens sur un piédestal par le soin apporté à la vinification, un élevage dans les règles de l'art. On recense 21 références du cru, fréquemment primées et repérées dans les guides. Le fin palais de Thierry et de ses cavistes offrent en outre plus de 110 références de l'Hexagone, des producteurs triés sur le volet.

BRASSERIE TRIANGLE D'OR

2, rue de la Butte des Archers ✆ 07 81 35 77 76
www.brasserie-du-triangle-dor.com
Réseau Made in Jura. Brasserie artisanale. Ouvert tous les jours. Tél. de préférence. Dès 2,80 € en 33 cl. Livraison.

L'ex-laitier Nicolas Tyrode, formé à l'Ecole nationale d'industrie laitière, a dévié de ses études pour embrasser celles de brasseur depuis 6 ans. Ses bières sont d'inspiration belge et écossaise, fermentent 2 semaines et poursuivent leur maturation au minimum 3 semaines, avec 8 choix exigeants. L'amateur trouvera les classiques blonde, ambrée, rousse, une blanche avec des accents de framboise ou de citron vert. Des «spéciales» se font une place à Noël, la fruitée au printemps mais encore cette curieuse «blonde fumée» ou cette «blonde double» au vin jaune !

CAVEAU DES JACOBINS

100, Grande Rue
✆ 03 84 37 14 58
www.chateau-bethanie.com
une des annexes de la fruitière d'Arbois. Accueil groupes. Horaire sur site. Livraison.

L'ancienne coop fondée en 1907 par les vignerons locaux a quitté son antique église du XIIIe siècle pour plusieurs années. Elle subit des travaux conséquents de restauration. Cette enseigne appartient depuis plusieurs années à la fruitière arboisienne. Le caveau a pris ses nouveaux quartiers au centre-bourg, non loin de la place des Déportés. Sa sainte patronne n'est pas très loin avec la cuvée Sainte-Avoye, un côtes-du-jura blanc tradition. Ce vin très élégant, né du mariage du chardonnay (80 %) et du savagnin (20 %) s'avère d'un excellent rapport qualité/prix.

LA COMPAGNIE DU VIN

13, rue Travot
✆ 09 72 37 61 41
www.la-compagnie-du-vin.com
Caviste. Ouvert du mardi au samedi de 9h à 12h et de 14h à 19h. Livraison.

Il est bien agréable, même au cœur du vignoble, d'aller voir ailleurs en matière de vin. Cécile Jouan est installée place des Déportés. Caviste de formation, elle saura vous proposer des vins du vignoble tant français qu'étranger. Cette boutique renferme une gamme remarquable en tous points. Les produits sont sélectionnés avec pertinence, et dans des prix raisonnables. Nul doute que si vous voulez faire une transgression et oublier un peu le terroir local, vous trouverez de quoi vous satisfaire. Une caviste qui allie accueil plus que sympathique et compétences.

COMTÉ MONTS JURA

4, avenue de la Gare
✆ 03 84 37 10 92
www.comte-monts-jura.com
Ouvert du lundi au jeudi de 7h à 11h45 et de 13h40 à 16h45 ; le vendredi de 7h à 11h45 et de 13h40 à 15h45.

Après votre séjour dans le Jura, vous n'aurez pas l'occasion de vous procurer aussi facilement ces délicieux fromages et produits que vous aurez dégustés lors de votre séjour. Depuis 1970, cette maison est spécialisée dans la vente par correspondance. Parmi les fromages que vous pourrez commander, le comté Juraflore qui est une perle régulièrement primée, le mont d'Or l'est tout autant, sans oublier le bleu de Gex et morbier. Depuis peu, un point de vente est accessible au public dans l'enceinte même des caves Juraflore si réputées.

COOP LE FIED-CHAMOLE

1, rue de la Fromagerie - **LE FIED** ✆ 03 84 85 38 14
www.comte.com/le_fied
Fruitière à comté et spécialités jurassiennes. Ouverte tous les jours (voir horaires). Livraison possible.

Cette petite unité laitière nonagénaire continue d'évoluer dans ses murs de 1932. Fusionnée avec sa voisine de Chamole, le « chalet » comme on dit sur le 1er plateau, a connu des modernisations en 2005 et 2017. Les 13 coopérateurs génèrent 7 000 meules de comté. Les inconditionnels de crème et de beurre crus trouveront ici des spécialités remarquables. Il faut goûter le fromage blanc moulé à la louche. Les comtés se distinguent par des arômes et des goûts riches autant que complexes. 90 espèces botaniques ont été recensées sur la commune dont 17 aromatiques !

DOMAINE DES ROY

4, Rue Mouthiers-le-Vieillard
✆ 06 08 97 29 13
Téléphoner de préférence. Livraison possible. Coffrets cadeaux. Dès 7€ la bouteille. Portes ouvertes en décembre.

Les Roy se sont rapprochés du « vieux » Poligny au pied de l'église romane de Mouthiers-le-Vieillard. Discret, ce domaine conduit par Hervé privilégie la qualité à la quantité. Les parcelles se situent au sud du bourg, entre Miery et Plasne. Sous la côte, elles lèguent ici essentiellement des vins blancs, dont du vin de paille et du vin jaune. Les coteaux se prédisposent aussi à la prise de mousse. Des crémants élaborés lentement sur pupitres. Aucune verdeur ni acidité mais du floral et de la rondeur en bouche. « Des doux bruts » dit le vigneron. Testé et approuvé.

DOMAINE LA PETITE MARNE

RN 83
✆ 06 83 33 88 74
Réseau « Terra vitis ». Ouvert tous les jours. Livraison. Accueil de groupes.

Les frères Jean-Yves et Philippe Noir dirigent leurs 11 ha en côtes-du-jura pourvus de vignes jusqu'à 40 ans d'âge. Leurs vins sont mis en scène depuis 2017 dans une splendide construction située le long de la RN 83. 120 m^2 plus mezzanine, tout de bois dont d'imposantes charpentes apparentes ! Le parking met à l'aise les véhicules, dont les cars qui peuvent manœuvrer à leur guise. Les coteaux sont en agriculture raisonnée (enherbement ou sol travaillé et vendanges manuelles). Les 5 cépages typiques du Jura livrent leur quintessence. Plaisir garanti.

DOMAINE MICHEL THIBAUT

2, rue des Petites Marnes ✆ 03 84 37 07 41
www.michel-thibaut.com
Réseau Vignobles & découvertes. Dès 9 € la bouteille. Livraison. Groupes jusqu'à 30 personnes. Horaires sur site.

Michel Thibaut se consacre aux pieds de vigne depuis 1989. Il est épaulé par sa femme Catherine. Michel œuvre sur 9 ha. Le couple reçoit dans un caveau dans le plus pur style traditionnel, proche du centre-ville. Leurs vinifications recherchent la diversité de saveurs et une accessibilité au plus grand nombre. Leur pépite est l'un des joyaux jurassiens qu'est le vin de paille. Il le leur rend bien avec des médailles d'or et des commentaires élogieux des meilleurs guides. D'autres trouvailles : un macvin rouge et un puissant pinot noir baptisé «C'est pas logique».

DOMAINE PÊCHEUR

39, rue Philibert - **DARBONNAY**
✆ 03 84 85 50 19
www.domaine-pecheur.fr
Ouvert tous les jours (voir horaires sur site). Livraison. De 8,50 à 34,50 € la bouteille. Vente de Château-Chalon.

Une irrésistible ascension méritée pour Patricia et Christian depuis 1976, date à laquelle les parents Pêcheur n'exploitaient que 1 ha. 8 ha aujourd'hui avec les 5 cépages jurassiens. La spécificité ici réside dans l'âge des vignes, entre 35 et 50 ans, ce qui donne une bonne harmonie aux vins. L'étape cruciale est ici la vendange : d'abord le vin de paille, pour qui les grappes sont bichonnées, puis le chardonnay destiné aux crémants et vins tranquilles, ensuite les rouges et enfin le savagnin, pour la star jurassienne, le vin jaune dont un Château-Chalon.

CRÈMERIE JURAMONTS

21, place des Déportés ✆ 03 84 37 12 22
www.comte-juramonts.com
Ouvert du lundi au samedi de 8h à 12h30 et de 13h30 à 19h ; le dimanche et les jours fériés de 8h30 à 12h30.

Cette boutique a été créée il y a plus de 20 ans par une association de coopératives de producteurs de lait du Jura et du Doubs. Elle présente des produits judicieusement sélectionnés. Primeur au terroir comtois avec tout ce qu'il y a de mieux en spécialités : charcuterie, vins, boissons non alcoolisées, gâteaux, confitures... Vous trouverez de tout ! La caverne d'Ali Baba des produits régionaux. Vous pourrez aussi faire des cadeaux, ils confectionnent des paniers garnis superbes. Cette boutique à un site Internet qui vous permet de passer commande en ligne.

ETABLISSEMENTS VICHET

ZI Impasse aux bulbes
✆ 03 84 51 74 09
www.ets-vichet.com
Elaborateur de vins aromatisés naturels, de pétillants bruts et de bières bio. Egalement « bag in box ». Magasin.

Derrière leur devanture nouvellement créée, Eric et Jérôme Vichet coincent et décoincent les bulles. Ces 2 associés se consacrent exclusivement aux effervescents. D'une part des vins aromatisés qu'ils élaborent avec des fruits locaux et des sirops artisanaux de la réputée maison Rième. Vous les trouverez au pamplemousse, à la cerise, à la pêche, à la mûre, au mojito, voire à la châtaigne et au citron vert. Ils confectionnent d'autre part des pétillants bruts pour apéritifs, repas et desserts dont des crémants. Et pour combler vos envies de bulles, de la bière bio.

FRUITIERE DE LA MARRE

6, route du Chaumois
LA MARRE
✆ 03 84 85 32 99
Coopérative fromagère. 2 comtés et 1 bleu spécifique. Ouvert tous les jours 10h à 12h. Livraison.

Si le mot cru a un sens, c'est ici qu'on le clame et revendique haut et fort. Cette petite fromagerie au-dessus de Poligny ne se consacre qu'aux spécialités fromagères crues : beurre, crème, fromage blanc, comté et le monopole maison : « Le bleu de La Marre ». C'est tout à l'honneur du fromager Paul Jeusset d'avoir créé ce produit. Élaboré en tomes de 2 kg après 15 jours d'affinage et piqué manuellement afin qu'il bleuisse, ce bleu cru est plus doux et crémeux que ses aînés. 2 comtés à la vente également, un doux et un fruité, avec le sourire de Martine en prime.

FRUITIERE POLIGNY-TOURMONT

Rue de l'Orain ✆ 03 84 37 20 94
www.comte.com

Coopérative fromagère. Ouvert du lundi au dimanche (horaires sur site). Grand parking. Livraison.

C'est une excellente idée que d'implanter une fruitière à comté à Poligny, au rond-point sud, non loin de la sortie de l'autoroute A39. Fusion de la fruitière Tourmont/Saint-Lothain, elle transforme chaque année 3 millions de litres de lait en comté, de par ses 8 sociétaires. Elle travaille en partenariat avec Monts & Terroirs. Au cœur des meules vous trouverez d'autres produits laitiers : beurre, cancoillotte, yaourts, crèmes... Et d'autres succulences comtoises dans la boutique.

FRUITIERE VALLEE D'ORAIN

1, rue de l'Eteinche
OUSSIÈRES
✆ 03 84 37 50 16

Fruitière à comté. Ouverte tous les jours (voir horaires). Livraison possible.

Cette petite unité revendique son nom de la rivière l'Orain qui descend lentement de Poligny et va se jeter dans le Doubs. Ceinte de moult étangs, elle a aussi la chance d'être bordée d'une chênaie plusieurs fois centenaire, classée Natura 2000. L'atelier regroupe 12 exploitants dont 3 en bio, résultat d'une fusion avec la coopérative voisine de Colonne. Le fromager y affine 2 sortes de comtés aux arômes fruités d'agrumes, de miel, de noix sèche et de crème. La boutique vous dévoilera les autres préparations maison : crème, yaourts, fromage blanc et beurre.

JURAFLORE - FROMAGERIE

5, avenue de la Gare
✆ 03 84 37 14 23
www.juraflore.com

Fromagerie de la maison Arnaud. Réseau « Made in Jura ». Horaires sur site.

En 1907 est créé la première fromagerie Arnaud. Elle deviendra JURAFLORE en 1937. Aujourd'hui c'est 400 producteurs de lait avec une production de 83.000 tonnes. Plus de 240 000 meules de comté sont affinées dans les caves, dont les célèbres du Fort des Rousses. Vous aurez ainsi des comté de 6 à 36 mois. Le comté Juraflore, n'est pas le seul à bénéficier régulièrement de médailles, il faut y associer le Morbier et le Bleu de Gex. Une grande maison qui a su s'adapter aux techniques modernes, sans abandonner son attachement à son terroir.

LA LAMPISTERIE 1900

9, rue de la Chouette - **OUSSIÈRES**
✆ 06 08 42 82 62
www.lampisterie1900.com

Artisan d'art. Restauration et vente de luminaires anciens. Show room sur rendez-vous uniquement. Livraisons.

Pascal Liger remet en lumière tout ce qui n'éclaire plus. Fort de 50 ans d'expérience, cet « artisan d'art » et de la « Fondation du Patrimoine » restaure des luminaires anciens. Rien ne lui résiste, que ce soit l'électrique (lustres, appliques, lampes...), les bougeoirs et chandeliers ou les luminaires au pétrole. Un des rares en France, sinon le seul à recâbler dans le respect de l'ancien, avec des câbles textiles français plats ou torsadés, à souder, à graver, à patiner, à disposer de verreries, de brûleurs ou de mèches. Son show-room en éblouit plus d'un !

LA MAISON DE ROSE

8, rue de l'Église
SAINT-LOTHAIN
✆ 03 84 37 01 32

100 % bio. Réseau « Vignobles & Découvertes ». Téléphoner de préférence. Accueil groupes. Livraison possible.

A la fontaine, Dominique Grand vous recevra avec simplicité et passion. Un pro discret qui n'aime pas les lauriers. Il est passé en bio en 2009. Ses 3 ha en côtes-du-jura privilégient les blancs. L'élevage sous voile du savagnin a été abandonné. La fraîcheur et la minéralité se retrouvent dans 3 catégories : blanc classique en barrique, cuvée type traminer et vendange de novembre. Le vigneron se taille une solide réputation avec une vendange tardive baptisée «École buissonnière». Des essais en rouge sont faits avec le béclan, un antique cépage du cru.

LA MAMELLERIE

Lieu dit les Vernes
GROZON
✆ 06 80 51 08 89
www.lamamellerie.fr

100 % bio. Réseau « Made in Jura ». Produits laitiers de la ferme et régionaux. Boutique. Livraison.

Marion Mathez a rejoint en 2018 son compagnon agriculteur Adrien Poncet. Pas pour travailler avec lui, mais pour créer sa « Mamellerie », sa fromagerie bio qu'elle a ouverte après une formation à l'ENIL bio de Poligny. Depuis, elle fabrique dans son laboratoire 1 000 yaourts bio par jour (aromatisés, bi-couches, brassés), ainsi que du beurre, 10 kg de crème, 100 kg de fromage blanc et faisselles. Elle vend tout en direct y compris du lait entier. L'étape suivante étant les glaces. La laitière a ouvert sa boutique. Elle est aussi présente au marché de Germigney.

MONTS & TERROIRS

Route de Dole
✆ 03 84 73 76 46
www.montsetterroirs.com
Fromager/affineur. Pas de visite sur ce site mais dans certaines fruitières affiliées. Téléphoner.

Monts&Terroirs a commencé il y a plus de 70 ans avec les premières coop d'affinage en Franche-Comté, puis avec des partenariats de grandes familles. Implanté également en Savoie, elle fait partie du patrimoine de ces régions et des producteurs de la coop laitière SODIAAL. Comté, beaufort, morbier, abondance, reblochon pour les AOP*, gruyère français, tomme de Savoie, emmental grand cru et raclette de Savoie pour les IGP**, ou emmental bio sont autant de fleurons. De nombreuses fruitières implantées dans le massif jurassien travaillent avec Monts&Terroirs.

LA POTERIE DU VILLAGE

1, rue de l'Église - **BRAINANS**
✆ 06 83 98 09 41
www.lapoterieduvillage.fr
Poterie artisanale. Ouvert du mercredi au vendredi, samedi et dimanche selon marchés et saisons. Fait chambres d'hôtes.

Gaëlle Zakin fut « psy » en « Art thérapie » durant 10 ans. Après des CAP tournage et décoration, la jeune créatrice s'est jetée dans le bain de la terre. Utilitaire ou déco, la potière n'a pas choisi la facilité. Elle travaille la faïence plutôt que le grès. « De la noire » qui est la plus dure à dompter, car riche en manganèse. A travers ses formes et ses tons, se dégage une personnalité affirmée. Les œuvres se destinent autant aux professionnels qu'aux particuliers et pour tous budgets. La potière donne aussi des cours et vient d'ouvrir un gîte de 8 personnes.

LES SALAISONS DU TERROIR

Lieu dit Tramelans - **DARBONNAY**
✆ 03 84 25 96 81
Boucher-charcutier artisanal.
Ouvert du mardi au dimanche (horaires sur site).
Livraison. Service traiteur.

Entre Poligny et Lons, niveau Sellières, vous apercevrez un bâtiment en retrait. Une antique ferme où intervient désormais Julien Girard. Dominique Gissat lui a confié les clefs de son atelier. Amateurs de cochonnailles et de viandes du terroir, vos sens seront toujours en émoi. Du régional et un cahier des charges : assaisonnements et épices maison, boyaux naturels. ni ajout chimique, ni colorants artificiels, ni phosphates, ni liants, salaisons saumurées et non injectées, produits salés manuellement à l'ancienne ainsi que le fumage. Ça sent bon et c'est bon !

SYNDICAT INTERPROFESSIONNEL DU MORBIER

Avenue de la Résistance
www.fromage-morbier.com
Syndicat de défense de ce fromage AOP.
2 000 producteurs, 50 ateliers, 10 affineurs.
Concours officiel annuel.

Cet organisme défend ce fromage, autre fierté régionale avec le comté. Il est produit sur le Jura, le Doubs, une partie de l'Ain et de la Saône-et-Loire, bénéficiant d'une AOP (Appellation d'origine protégée). Les 2 000 éleveurs des races montbéliarde et simmental génèrent annuellement 11 000 tonnes en fromage au lait cru ou pasteurisé. Chaque année se tient à Morbier le concours officiel qui distingue les plus belles réussites, l'occasion d'une belle fête !

CHÂTEAU-CHALON ★★

Cité de caractère BFC. Pour rejoindre le village de Château-Chalon, fièrement installé sur son roc dominant la vallée, la meilleure route reste, de notre point de vue, celle qui part de Voiteur. Les passionnés de vélos aiment relever le défi de la grimper car son cheminement, très progressif, monte à travers les vignes jusqu'au village. Ses lacets demandent à l'automobiliste une attention toute particulière, pendant que ses passagers profitent des somptueux paysages. Parvenu au but, la balade ne fait que commencer. Le plus simple est de stationner sur l'un des parkings gratuits en entrée de village et de partir, à pied, flâner à travers les rues de la cité. Classé parmi les « plus beaux villages de France », cette commune à l'atmosphère médiévale se découvre en passant d'un belvédère à un autre. Le randonneur appréciera les vues sur Frontenay, Nevy-sur-Seille... Il croisera aussi les habitants et s'apercevra que beaucoup exercent leur métier sur place : vignerons, propriétaires de maisons d'hôtes, restaurateurs... Il s'intéressera aux vestiges religieux, issus de l'ancienne abbaye du village, avant de rejoindre d'autres sentiers pour d'autres rêveries... C'est un séjour ressourçant qui vous attend à Château-Chalon !

Château-Chalon.

DOMAINE DU REVERMONT*** €€

600, route du Revermont - **PASSENANS**

✆ 03 84 44 61 02 - www.domaine-du-revermont.fr

Logis. Hôtel ouvert tous les jours.
Climatisation, piscine extérieure chauffée.
Fait également restaurant.

Ce domaine fut propriété durant plusieurs décennies de la famille Schmit. La clientèle vient s'y ressourcer de fort loin car sa situation au centre du vignoble offre des prestations multiples et son calme apaisant lui vaut le label « Relais du Silence ». Le couple Pierre et Marie Berthet a trouvé en ce lieu la pépite. Il dispose de 28 chambres au confort moderne avec comme voisins la piscine, la terrasse, le parc et la vue panoramique sur les coteaux autant que la plaine bressanne. Un établissement très soigné d'une grande propreté et un copieux petit déjeuner.

L'ENTRE-CŒUR**** €€

192, rue de l'Église - **MENÉTRU-LE-VIGNOBLE**

✆ 06 95 08 73 54

www.chambredhote-entrecoeur.fr

Chambre double 90 € ; suite 115 € ;
gite de 5 personnes : 250 à 600 €.
Petit-déjeuner inclus. Restauration 25 €.

Cette charmante bâtisse abrite cinq chambres. Chaque chambre propose un univers apaisant, parfait pour une pause à la campagne. La vue sur la vallée depuis les fenêtres de certaines d'entre elles est époustouflante. Au rez-de-chaussée, les pierres apparentes de l'ancienne grange protègent maintenant la salle à manger, à laquelle on préférera l'extérieur en été. En soirée, les maîtres des lieux se rendent disponibles pour faire découvrir leur production. La cabane accolée à un châtaignier et en hauteur offre une vue remarquable sur le vignoble de Château-Chalon.

LA MAISON D'EUSEBIA €€

2, rue Ducret

✆ 03 84 25 77 30

www.maison-eusebia.fr

4 chambres et une suite : de 85 € à 120 € la nuit.

Françoise et Marie viennent d'ouvrir les portes d'une ancienne bibliothèque des abbesses du XVIIe siècle, entièrement rénovée et transformée en maison d'hôtes. Son cachet personnel et authentique lui donne un charme particulier. Elle dispose de cinq chambres spacieuses (dont une suite), joliment aménagées. Le petit-déjeuner copieux est servi avec des produits frais. Le salon au rez-de-chaussée, très cosy, permet de lire tranquillement près de la cheminée ou de consulter les documentations touristiques avant de partir découvrir les sites jurassiens.

BISTROT LA MÈRE SIMONE €€

Place du Village - **PASSENANS** ✆ 03 84 44 38 99
www.lebistrotdelameresimone.fr
Réseau vignobles et découvertes.
Ouvert du mardi au dimanche. Horaires sur site.
Accueil groupes. Terrasse.

Ce bistrot s'ouvre sur son zinc et sa cuisine panoramique où le chef Johann Leclerc s'affaire derrière ses fourneaux. Rien n'échappe à votre curiosité, pas même à vos narines qui hument des fumets qui s'exhalent. La salle invite au bien-être dans cette ancienne maison remaniée depuis 2016. Les préparations culinaires s'inspirent des classiques de la région. Mais laissez-vous séduire par exemple avec la terrine de queue de bœuf au foie gras de canard des Landes, les quenelles de brochet sauce Nantua ou les ravioles de langoustines au bouillon crémeux.

LE BOUCHON DU CHÂTEAU €€

2, rue Saint-Jean ✆ 03 84 25 18 60
www.lebouchonduchateau.com
Menus de 33 € à 53 €. Carte : 35 € environ.
Menu enfant : 10 €.

Après dix ans aux commandes de leur restaurant de Miribel, Lucie et Olivier viennent de s'installer dans leur tout nouveau restaurant à Château-Chalon. La réalisation est très réussie avec des espaces lumineux, une décoration contemporaine qui dégage du charme, de très bon goût, au design *made in Jura*. La cuisine est empreinte des différents établissements prestigieux où Olivier Perrard a fait ses armes, tant en France qu'à l'étranger. C'est une cuisine raffinée, qui évolue au rythme des saisons et qui frôle les étoiles, au sens propre comme au sens figuré.

LE P'TIT CASTEL €€

14, rue de la Roche
✆ 03 84 44 20 50
Ouvert du mardi au dimanche. Horaires sur site.
Réservation recommandée. Vin au verre.
Terrasse panoramique.

Voilà un restaurant dont la carte affiche une sobriété en adéquation avec le caractère rural de la célèbre cité. Perchée sur les hauteurs, la terrasse ombragée qui surplombe la vallée de la Seille offre un panorama à couper le souffle. On ne déjeunerait ici que pour profiter de la vue. Le chef Thevenin profite des saveurs des produits locaux et régionaux, des valeurs sûres, pour concocter des mets goûteux. Les recettes fromagères telles que les fondues et le caquelon franc-comtois (cancoillotte, saucisse de Morteau, pommes de terre) ont un autre goût.

FRUITIÈRE DE VOITEUR

60, route de Nevy - **VOITEUR**
✆ 03 84 85 21 29 - www.fvv.fr
Réseau Vignobles & Découvertes.
Ouvert tous les jours (horaires sur site).
Accueil groupes. Dès 6,70 € la bouteille.

Cette coopérative relativement jeune, créée en 1957, rassemble aujourd'hui 55 vignerons attachés au terroir jurassien. Leurs vignes sont situées en partie sur la zone Château-Chalon… Leurs vins jaunes, dont ce dernier, honorent cette fruitière où l'on est très bien reçu. Mais tous les cépages et tous les vins du Jura sont représentés. On vous accueille dans de nouveaux locaux et on sait vous conseiller avec talent. La philosophie du site : « *Les grands vins ne réclament pas forcément des plats compliqués* ». A méditer ! Nombreuses récompenses dans les concours.

AU PETIT VICTORIEN €€

5, rue Beaumont
VOITEUR
✆ 03 84 44 18 63

Ouvert toute l'année. Du mardi au dimanche le midi ; le mardi et du jeudi au samedi le soir. Menus de 15 € à 40 €.

En ayant pris cette enseigne, les propriétaires de ce restaurant ont voulu rendre hommage aux « victoriens » de Voiteur. Le bâtiment est moderne avec sa terrasse couverte. L'intérieur révèle un autre charme, de bois essentiellement, dans des tons d'ocre brun avec plafonds chevronnés. Le Petit Victorien est vite devenu un rendez-vous pour les gastronomes. Les viandes proviennent d'éleveurs exerçant à quelques kilomètres, comme les truites pêchées dans la rivière La Seille. L'accueil est spontané et fort agréable pendant tout le service.

DOMAINE DU REVERMONT €€€

600, route du Revermont - **PASSENANS**
✆ 03 84 44 61 02
www.domaine-du-revermont.fr

Ouvert toute l'année. Hôtel Logis 3 cheminées. Fermeture annuelle du 21 décembre à début mars. Piscine chauffée.

C'est bien du copieux doublé de raffiné que l'on vous sert ici. La salle, qui peut accueillir 110 ouverts, pourrait laisser craindre à peu d'intimité. Il n'en est rien tellement l'agencement et la disposition ont été conçus avec doigté. La formule déjeuner de semaine (jusqu'au vendredi) ne peut qu'inciter les gastronomes à s'offrir le must de la maison, baptisé Les 7 notes gourmandes ; soit 7 mets et 7 vins ! Les autres menus, répondent au nom de Premières saveurs, Balade estivale et Parfums de gourmandises. Une bonne adresse en plein cœur du vignoble.

LES COTEAUX DE SEILLE

Chemin Sorbier - **LAVIGNY** ✆ 03 84 25 31 89
www.comte-morbier.com

Fruitière à comté, morbier, tomme et raclette du Jura. Visite guidée / dégustation groupes. Livraison.

Cette coopérative, créée en 1836, se situe au bord de la Seille, au cœur du vignoble entre Lons et Château-Chalon. Elle regroupe 23 fermes de 15 communes alentour et transforme 8 millions de litres de lait par an en fromages au lait cru. Les comtés tiennent la place d'honneur avec une gamme allant jusqu'à 24 mois d'affinage. Viennent ensuite le morbier, la tomme et la raclette. A l'instar de ses voisines, cette fruitière s'est également transformée en magasin de proximité. La récompense : une médaille d'or en 2020 au Concours général agricole pour son comté vieux.

DOMAINE BERTHET-BONDET

7, rue de la Tour
✆ 03 84 44 60 48
www.berthet-bondet.com

100 % bio. Réseau « Vignobles & Découvertes ». Ouvert du lundi au samedi (horaires sur site). Parking bus.

Chantal et Jean Berthet-Bondet ont tout plaqué en 1984, laissant leur profession d'ingénieurs agronomes. Amoureux des crus jurassiens, c'est dans la plus illustre cité du vin jaune qu'ils choisirent de créer leur domaine. N'ayant aucune parenté viticole, ils édifièrent leur exploitation parcelle après parcelle. 15 hectares désormais, en agrobiologie depuis 2010 dont un tiers en Château-Chalon. Depuis 2018, Hélène la fille les a rejoints. Les vins blancs dont le célèbre vin jaune, d'autres ouillés ou non, occupent largement la futaille. Accueil chaleureux garanti.

DOMAINE FRANÇOIS MOSSU

3, route de Ménétru
VOITEUR
✆ 03 84 85 26 35

Ouvert tous les jours sauf dimanche et jours fériés. Livraison. Visite gratuite cave et vigne. Parking bus.

Chez François Mossu, l'amour de la vigne compte plus que la gloriole. Il boude même les salons. Ses fidèles clients - qui deviennent tôt ou tard des amis - lui suffisent pour gagner sa vie. Il leur fournit le meilleur de ce que produisent ses 4 hectares. Une authenticité et un savoir-faire : le vin de paille de Mossu, que les connaisseurs surnomment « le pape » a été maintes fois médaillé en or au concours général de Paris, et 2 fois prix d'excellence. Mais le vin jaune n'est pas en reste, son château-chalon d'anthologie, ravira sans conteste les amateurs.

DOMAINE J-C ET A CREDOZ

3, rue des Chèvres
✆ 03 84 44 64 91
www.domaine-credoz.fr

Réseau « Vigneron indépendant ». Ouvert tous les jours. Téléphoner de préférence. Livraison. Accueil groupes.

Voici un beau domaine qui a vu plusieurs générations se succéder depuis 1859. Une nouvelle a repris la suite après Annie et Jean-Claude, celle de Valentin. Il a entamé la reconversion vers le bio puis la biodynamie. Avec plus de 9 ha, le travail ne manque pas, dont 4 ha en appellation Château-Chalon. Le clos « Sous Roche » est à lui seul évocateur ! Tous les cépages sont présents, dont un exclusif coteau de chardonnay sur l'AOC Château-Chalon. Au caveau vous trouverez des vins de caractère vinifiés avec beaucoup d'attention, reflétant bien le terroir jurassien.

DOMAINE SALVADORI

10, rue des Chèvres
✆ 03 84 44 62 86

Ouvert toute la semaine. Téléphoner de préférence. Parking bus. Possède également un gîte, Les Marnes bleues 3 épis.

Les Salvadori n'avaient que leur courage, leur volonté de réussir, lorsqu'ils s'installèrent à Château-Chalon. Pas un sou en poche. Marie-Ange et Jean-Pierre Salvadori ont édifié leur domaine pied à pied de vigne depuis 1983. 4 hectares cultivés aujourd'hui sur les pentes du vin jaune le plus coté. Lui fit ses classes chez le regretté Jean Macle. Il produit du Château-Chalon, mais aussi des savagnins, des blancs typés ainsi que du macvin. La plupart obtenus sur des « marnes bleues ». Ce sont d'ailleurs celles-ci qui ont donné leur nom au gîte que le duo a ouvert.

DOMAINE GRAND

139, rue du Savagnin - **PASSENANS**
✆ 03 84 85 28 88 - www.domaine-grand.com

Du lundi au samedi. Caveau fermé les dimanches et week-ends de janvier à mars. Vente en ligne sur le site web.

Soucieux de l'environnement, Emmanuel et Nathalie gèrent depuis 2018 les 9,5 ha du domaine en culture biologique. Leur exigence se prolonge pendant les vendanges où le temps n'a plus d'importance, la juste maturité de chaque parcelle est attendue pour la cueillette des raisins. La récolte se fait par sélection manuelle des raisins où le regard a toute son importance, puis la vinification fait l'objet d'un suivi rigoureux. Les vins sont élaborés avec le moins d'intrants possible afin de préserver la matière première et les jus. On trouve aussi des vins nature.

PHILIPPE ET KEVIN BUTIN

21, rue de la Combe - **LAVIGNY**
✆ 03 84 25 36 26
www.philippe.butin.pagesperso-orange.fr

Vignerons. Accueil sur rendez-vous de préférence, groupes également. Livraison. De 8,50 à 39 € la bouteille.

Sur 5,5 ha dont 4 en chardonnay et savagnin, Philippe Butin dispose d'une parcelle en Château-Chalon. A la tête du domaine depuis 1980, il représente la troisième génération d'une famille de vignerons. La quatrième désormais avec son fils Kevin qui a préféré la vigne au collège. Le blanc savagnin est élevé en pièces de 228 l et les vins jaunes subjuguent les dégustateurs les plus exigeants. Au fil des récoltes, cette maison attachante s'est aussi forgé une réputation sans frontière avec ses rouges, également salués par les professionnels les plus critiques.

LES PUPITRES DE CELINE

10, rue de l'Eglise
✆ 06 32 61 27 44

Produits maison et du terroir comtois. Voir horaires sur site. Livraison.

Céline Mossu a ouvert sa boutique de produits régionaux, dont les siens, dans une ancienne grange. Vous serez émerveillé sous ses voûtes joliment mises en lumière. Il fallait cela pour diffuser ce que l'on fait de mieux en bons produits. Céline a également aménagé une terrasse à l'arrière vous permettant de prendre un café, une boisson ou de déguster ce que vous aurez acheté. Le choix est riche. Notons des vieux millésimes du père vigneron à Voiteur, bières, salaisons, fromages, confitures et autres... Même des gelées au vin de paille ou au Château-Chalon !

BAUME-LES-MESSIEURS ★★★

Cité de caractère de Bourgogne-Franche-Comté. Classé parmi les Plus Beaux Villages de France, Baume-les-Messieurs est un lieu hors du commun, au cœur de la reculée la plus typique du Jura, aux confluents de la Seille et du Dard. De la reculée, on admire les couches de roches accumulées. Au fond, des cirques de « bout du monde » en culs-de-sac. L'un d'eux abrite une grotte spectaculaire qui attire des milliers de visiteurs, camouflée par une cascade de tuf. Ce site discret était propice à l'implantation d'un monastère où, au Xe siècle, l'on suivait la stricte règle de saint Benoît. Comme eux, on se prend à savourer les balades silencieuses sur les rives de la Seille.

GROTTES DE BAUME

✆ 03 84 48 23 02

www.baumelesmessieurs.fr

Visites guidées d'avril à septembre ; toute l'année pour les groupes sur réservation. Horaires sur site.

Ces grottes sont parmi les plus spectaculaires d'Europe et bénéficient du classement « Natura 2000 ». Aménagées sur 1 km, recelant la plus haute verticale du Jura, leurs galeries vous en feront prendre plein les yeux pendant une heure. Les visites commentées sont très précises. La nouvelle mise en lumière des salles ne fait qu'ajouter à la mise en valeur du site entouré des cascades et de la rivière. A l'extérieur vous disposerez d'une buvette, d'une terrasse, d'un abri et d'une aire pique-nique fort appréciables pour parachever un moment exceptionnel.

Cascade de Baume-les-Messieurs.

ABBAYE DE BAUME ★

5, place Guillaume de Poupet ✆ 03 84 44 99 28

www.baumelesmessieurs.fr

Village et cours, libre toute l'année. Horaires sur site. Visite guidée abbatiale adulte 8 €, enfant 6/12 ans 5 €.

Le monastère a été fondé par l'abbé Bernon au Xe siècle. La visite de l'abbatiale est une découverte de ces différentes époques, reflet de l'histoire des communautés monastiques. Les parties visibles les plus anciennes remontent au XIe siècle. Des fouilles menées en 2011 ont identifié des constructions antérieures : une église romane et des murs carolingiens. Ces recherches ont permis de mieux connaître les liens avec Gigny-sur-Suran et la puissante abbaye de Cluny. Avec 6 moines des 2 abbayes jurassiennes, l'abbé Bernon serait parti entre 909 et 910 fonder Cluny.

JURAFAUNE

Granges-sur-Baume - **HAUTEROCHE**

✆ 03 84 24 42 61

www.jurafaune.com

Haute saison ouvert tous les jours de 10h à 19h. Adulte : 9,50 €. Enfant de 4 à 12 ans : 6 €.

L'Association Jurafaune protège des rapaces diurnes et nocturnes jurassiens malmenés par l'homme pendant plusieurs décennies. Ses bénévoles ont installé un parc animalier au sommet des reculées de la Haute-Seille surplombant notamment l'abbaye médiévale de Baume-les-Messieurs. Faucons, vautours, aigles, charognards, chouettes, hiboux : chacun dispose de sa volière et vole en liberté lors des spectacles quotidiens. A l'accueil, une exposition oriente vers la géologie particulière des plateaux jurassiens, la botanique, la découverte des rapaces. Expositions photo.

LE GOÛT DES AUTRES €

8, place de l'Eglise - **HAUTEROCHE**

✆ 03 84 47 20 41

www.bistrot-legoutdesautres.com

Gîte de France. Ouvert toute l'année du mercredi au dimanche (horaires sur site). Chambres et dortoir.

Un bistrot-dortoir, c'est ainsi que Michelle et Béatrice ont pensé leur maison. Les amies donnent dans l'originalité avec 3 activités sous un même toit. D'abord le bistrot traditionnel privilégie les boissons artisanales locales, alcoolisées ou non. Ensuite, la cuisine évoque le nom de la maison en picorant çà et là des pratiques de mets goûteux au rythme des saisons, avec des produits frais du jardin et locaux. Midi et soir un menu avec réservation. Enfin, le gîte se singularise par le dortoir prédestiné aux sorties de groupes au pied des sentiers de randonnées.

L'ABBAYE DE BAUME-LES-MESSIEURS
DANS UN SITE CLASSÉ DÉCOUVREZ LA MÈRE DE CLUNY,
SON ENSEMBLE ARCHITECTURALE,
SON ABBATIALE ET SON RETABLE FLAMAND
Ouvert toute l'année.
Visites guidées fin mars - fin septembre.

LE BELVÉDÈRE DES ROCHES €€

2, quartier sur Roches - **HAUTEROCHE**
✆ 03 84 48 22 18
www.lebelvedere39.com
Fermé de mi-décembre à mi-février.
6 chambres. Fait également restaurant.
Parking. Terrasse ombragée.

Marie-Thérèse et Michel Noir tiennent le Belvédère des Roches depuis 1987. Ils ont su maintenir une ambiance dans le pur respect du savoir-faire de l'hôtellerie familiale. Leur hôtel, qui fait aussi restaurant, se trouve au cœur d'un site naturel unique au bord de la reculée de Baume où la vue est exceptionnelle. C'est le seul établissement qui surplombe le site de l'abbaye. Ce charmant hôtel est installé dans une jolie maison de caractère et comprend 6 chambres, toutes coquettes. En retrait du village, c'est au son des chants d'oiseaux que vous serez réveillé.

LE BELVÉDÈRE DES ROCHES €€

2, quartier sur Roches - **HAUTEROCHE**
✆ 03 84 48 22 18
www.lebelvedere39.com
Fermé lundi soir et mardi soir. Réservation impérative. Menus de 16 à 35 €. Carte : 45 €.

Tout est mis en condition pour vous ouvrir l'appétit dans cet établissement. Un emplacement unique avec vue imprenable sur la reculée de Baume-les-Messieurs, une terrasse ombragée par ses marronniers centenaires, une bâtisse du XIXe siècle avec du cachet. Ce restaurant vous propose une cuisine traditionnelle, soignée et goûteuse entièrement réalisée par le chef Noir et son équipe à partir de produits de terroir sélectionnés. Un salon de thé l'après-midi permet de déguster les bonnes pâtisseries maison. En saison, la terrasse dans son cadre arboré vous plaira.

CAFÉ RESTAURANT DE L'ABBAYE €€

1, place Guillaume-de-Poupet ✆ 03 84 44 63 44
www.restaurant-labbaye.fr
Réseau Vignobles & Découvertes.
Haute saison : tous les jours de 10h à 14h et de 19h à 21h. Menus de 17 à 28 €.

La petite terrasse accueillante du café-restaurant de l'Abbaye offre une halte sympathique avant d'entrer sur le site majestueux et historique de Baume. L'accueil est constant dans la bonne humeur, le bâtiment est tout en pierre, la salle est rustique avec son mobilier en bois, ses poutres à la française et son sol dallé. Dans l'assiette, des plats franc-comtois et des salades-repas. Le chef propose un menu « abbaye » et un menu « carte », donc « à géométrie variable ».

LE CAP HORN €€

41, Grande Rue - **HAUTEROCHE**
✆ 03 84 48 24 36
www.lecaphorn39.fr
Ouvert tous les jours sauf dimanche soir et lundi.
Menus de 14,50 à 35 €. Carte. Terrasse.

La fraîcheur dans votre assiette comme des poissons cuits au gril sur feu de bois. Le bar, la dorade royale et autre sole y chantent, flambés ou non. Le pavé de truite s'unit aux morilles et au vin jaune. Les viandes ne sont pas en reste, issues de charolais et de Black Angus. Le chef les « joue » en bavette, en filet, en côte et le summum avec le chateaubriand. La carte est évolutive en fonction des saisons. Les propositions du jour sont d'un rapport qualité-prix très intéressant. Et n'oubliez pas la terrasse ombragée aux beaux jours !

LE GRAND JARDIN €€

6, place Guillaume de Poupet
✆ 03 84 44 68 37
www.legrandjardin.fr
Maître Restaurateur. Horaires sur site.
Menus et carte. Vente à emporter.
Possède également chambres et suite.

A deux pas de l'abbaye, voici une table traditionnelle très bien tenue par Christine et Didier Favre. Depuis près de 20 ans, ils ont su faire de leur restaurant une référence gastronomique. La salle a un côté bistrot de campagne où l'on se sent à l'aise. La carte change régulièrement. Le chef aime travailler les beaux poissons : ne soyez pas surpris si l'on vous en propose selon l'opportunité du marché, qu'ils soient de mer ou d'eau douce. La carte des vins est très bien construite. 3 chambres vous permettront de séjourner dans cette vieille bâtisse du XVe siècle.

RESTAURANT DES GROTTES €€

4, lieu-dit Les Grottes ✆ 03 84 48 23 15
www.restaurant-des-grottes.com
Fermé de novembre à avril. Menus de 19 à 35 €.
Terrasse. Jardin. Animations.

Les 3 terrasses de ce restaurant face aux grottes, ont aussi une vue directe sur les cascades dont celle des tufs. A l'intérieur, le bistrot typiquement de style 1900 est accueillant comme le personnel. Cet établissement est bien placé pour s'offrir un rafraîchissement, dont la bière du cru, une glace ou un en-cas. La carte très traditionnelle met à l'honneur des produits locaux. Grands et petits y trouvent leurs mets favoris. Mais les spécialités régionales attisent aussi les papilles des gourmets. Ambiance guinguette les week-ends pour repartir plus léger.

Voyagez toute l'année en TER
en Bourgogne-Franche-Comté
avec
mobigo
CARTE TER
TARIF RÉDUIT
26 ET+
Jusqu'à
60%*
DE RÉDUCTION
DES TARIFS
À TOMBER
PARTER !
Service assuré par
SNCF
REGION
BOURGOGNE
FRANCHE
COMTE
mobigo
Bourgogne-Franche-Comté
emmène-moi là où je veux !
*Offre soumise à condition, + d'info sur les sites internet TER Bourgogne-Franche-Comté et www.viamobigo.fr

CAVEAU DES BYARDS

265, route de Voiteur - **LE VERNOIS**
✆ 03 84 25 33 52
www.caveau-des-byards.com
Tous les jours et fériés du 01/04 au 31/12. Du 1/01 au 31/03 fermé le dimanche sauf rendez-vous.

Cette coopérative vinicole est la plus jeune du vignoble (1953), avec 17 viticulteurs et une quarantaine d'hectares couvrant les Côtes du Jura, l'Etoile et Château-Chalon. Les blancs se taillent ici la part du lion avec 80 % de l'encépagement en chardonnay et en savagnin. La production annuelle tourne autour des 2 200 hectolitres. La culture est plus que raisonnée, une orientation tournée vers le bio puisque même les résidus de traitement sont recyclés sur place. N'hésitez pas à découvrir les crémants du Jura. Une démarche d'excellence pour un terroir de caractère

DOMAINE BAUD

222, route de Voiteur - **LE VERNOIS**
✆ 03 84 25 31 41
www.domainebaud.fr
Ouvert du lundi au samedi. Dégustation gratuite et visite des caves. De préférence sur rendez-vous.

On pénètre chez Baud dans un très ancien domaine remontant au XVIIIe siècle et où se sont succédé 8 générations. Désormais, les jeunes de la 9e génération exploitent le domaine. Il compte 20 hectares sur 3 AOC : Côtes du Jura, l'Étoile et Château-Chalon. Une viticulture raisonnée produisant des vins d'exception, tous issus d'une vinification traditionnelle. Patience et savoir-faire sont leur credo. Et pour compléter leur travail de la terre, ils exploitent quelques vergers pour vous proposer des eaux-de-vie de mirabelle et de poire William's.

DOMAINE COURBET

1130, route de la Vallée - **NEVY-SUR-SEILLE**
✆ 03 84 85 28 70
100 % bio. Ouvert tous les jours (téléphoner de préférence). Livraison, visite de cave. Parking bus.

Si les pierres de Nevy sont appréciées, ses vins ne le sont pas moins. Le domaine Courbet n'avait que 4 ans lorsque son illustre homonyme, le peintre, décéda en 1877. L'exploitation se consacrait à la polyculture. Jean-Marie lui donna sa pleine mesure. Il a passé le relais à son fils Damien, le temps qu'il fasse ses armes. Damien se trouve aujourd'hui à la tête de 7,5 hectares sur les clos les plus enviés de Château-Chalon : « Sous-roche », « Puits Saint-Pierre », « Sur Lyo », « Les Isles »... Perfectionniste, le vigneron a maintenant orienté son vignoble en biodynamie.

FROMAGERIE POULET

10, place de l'Église
HAUTEROCHE
✆ 03 84 48 28 32
www.fromagerie-artisanale-jura.com
Fromagerie artisanale spécialisée dans le comté et le morbier. Ouvert tous les jours. Livraison.

Hervé Poulet a installé sa fromagerie artisanale dans l'ancienne fruitière locale datant de 1830. Le fils Hubert a repris les rênes en 2011, étant ainsi la 4e génération. Ici, la star est le morbier. Affiné dans les belles caves voûtées du chalet, il est régulièrement récompensé au salon de l'agriculture, étant même le plus primé de la décennie. On savoure aussi le comté, la biquette, la raclette et la tomme du Jura aux arômes généreux. Les murs se sont adjoints une boutique de produits du terroir. Autre adresse à Lons-le-Saunier, au 39 rue du Commerce.

LA MAISON DU VIGNERON

Route de Champagnole - **HAUTEROCHE**
✆ 03 84 87 66 73
www.maisonduvigneron.com
Négociant et producteur. Horaires des 2 points de ventes sur site. Livraison, drive. Coffrets et chèques cadeaux.

Un des caveaux les mieux achalandés du Jura. La Maison du Vigneron a profité de l'existence d'un ancien tunnel ferroviaire pour lancer la vinification et le vieillissement de ses vins. En 50 ans elle est devenue le premier producteur de crémants du Jura (même des millésimés et des blancs de noirs). Elle a su s'implanter dans toutes les AOP du vignoble, dont le vin jaune et le Château-Chalon, vieillis parmi les 6 600 pièces du chai. Elle possède aussi 45 ha appelés domaine de Savagny. Moissons de médailles dans les concours. Autre point de vente à Lons-le-Saunier.

FERME EQUESTRE JUAN

1, route de Picarreau
FAY-EN-MONTAGNE
✆ 06 84 13 70 65
Label « Grand Huit ». Initiation et ballades équestres. Ouvert toute l'année. Tarifs sur site. Hébergements.

Educateur pour enfants handicapés, Jean-Philippe Outhier a toujours eu les chevaux chevillés au corps. Spécialisé dans l'élevage espagnol, il a diversifié son pôle équestre. Diplômé BPTEPS mention « tourisme équestre » et agréé par son ministère de tutelle, il développe un site pluri-activités, bien encadré, car ici on ne livre pas le client à lui-même. Avec ses 30 chevaux, il perpétue l'élevage et propose des programmes à la carte (à l'heure, à la demi-journée ou à la journée) : balades à poney, à cheval, promenades en calèche, randonnées, location de chevaux.

LONS-LE-SAUNIER ★★ ...

Lons-le-Saunier, ancienne cité des princes d'Orange, n'est pas seulement la préfecture du Jura, la ville natale de Rouget de Lisle et une belle ville thermale et commerçante. C'est aussi le berceau de La Vache qui rit, dont les portions de fromage fondu sont connues dans le monde entier ! Dotée d'un important patrimoine historique, Lons – les Lédoniens raccourcissent volontiers le nom de leur ville – est aussi pionnière dans le domaine de l'environnement. Le centre de tri des déchets ménagers a été l'un des tout premiers de France. Le secteur, reconnu comme pôle de compétence national en matière de « rudologie », la science du traitement des déchets, accueille des formations supérieures de l'Université de Franche-Comté dans cette spécialité. La communauté d'agglomération de Lons-le-Saunier (ECLA) s'est dotée d'une charte de l'environnement, développe les voies vertes et les aménagements paysagers. Elle a même adopté un plan climat territorial. En venant à Lons, vous découvrirez ainsi une ville dynamique avec son centre-ville animé et riche à tous les points de vue : culture, loisirs, détente, shopping... Et de Lons-le-Saunier, vous pourrez rayonner dans la région et profiter de tous ses atouts. Pas de quoi s'ennuyer !

LA MAISON DE LA VACHE QUI RIT ★★

25, rue Richebourg ✆ 03 84 43 54 10
www.lamaisondelavachequirit.com
Ouvert toute l'année, sauf le 25 décembre et 1er janvier. Entrée adulte 8,20 €, 5,50 € - de 18 ans, gratuit - de 7 ans.

Rieuse, ludique, inter-active, impertinente, synonyme de plaisir gustatif lié à notre enfance, la plus célèbre des vaches rit depuis 100 ans en 2021. Elle méritait sa maison à la hauteur de sa réputation internationale. Créée en 2009 par Catherine Sauvin – petite fille de Léon Bel – et de Bernard Hanet, « La Maison de La Vache qui rit » est bâtie sur le site où elle est née en 1921, à Lons-le-Saunier. Ses 2 200 m² sont devenus le lieu de référence de la mémoire de la marque. Elle offre aussi un regard unique sur l'une des aventures industrielles françaises les plus impressionnantes. Au-delà d'un musée, ce lieu est également la réinterprétation des valeurs d'une marque, telles que générosité, complicité et naturalité. Du premier atelier d'affinage de Jules Bel, la scénographie remonte le temps à travers l'histoire publicitaire et industrielle du groupe Bel. Le parcours est enrichi de son engagement pour une alimentation plus saine et responsable. C'est un lieu où il se passe toujours quelque chose pour petits et grands ; toujours étonner à travers sa programmation culturelle et artistique. Vous serez encore plus éblouis cette année avec l'exposition supplémentaire animée qu'a mis en place le directeur Laurent Bourdereau et son équipe. Remarquable d'ingéniosité, de créativité. Des temps forts aussi comme une fête écologique les 11 et 12 septembre au parc des thermes de Lons ainsi que les 25 et 26 du même mois, une course cyclosportive parrainée par le champion Laurent Jalabert.

JURA TOURISME

17, rue Rouget de Lisle
✆ 03 84 87 08 77 - www.jura-tourism.com
Pour préparer son séjour : hébergements, visites, dégustations... Informations pratiques. Réservations en ligne.

Jura Tourisme est un organisme de promotion touristique de la destination Jura. Il accompagne les professionnels dans leurs projets et le développement de leurs activités. Il intègre aussi un service commercial proposant un large choix de séjours et d'hébergements (hôtels, gîtes, chambres d'hôtes, campings, villages vacances...). Des hôtesses d'accueil sauront vous conseiller pour vous aider à choisir l'escapade qui correspondra à vos envies. Vous pourrez également commander gratuitement en ligne la documentation ou naviguer sur le site remarquablement bien fait.

L'AUBERGE DE LA VALLIERE €€

22, rue Neuve - **CONLIÈGE** ✆ 03 84 24 43 09
www.aubergedelavalliere.com/accueil.html
Ouvert toute l'année. A partir de 61 € avec petit-déjeuner. Restauration.

L'Auberge de la Vallière dispose de 4 chambres, superbement rénovées, dotées chacune d'une salle d'eau. La suite familiale équipée d'une salle d'eau privative permet d'accueillir 4 à 5 personnes. Celle de l'Ermitage a 7 couchages. Vous pouvez réserver une seule chambre, puisqu'elles sont individuelles, en demi-pension ou soirée étape. Le restaurant juste à côté propose une très bonne cuisine soignée. Pour motos et vélos, local fermé. Un parking permet d'y garer la voiture. Un très bon rapport qualité-prix, et tarif dégressif à partir de deux personnes.

LA MAISON DE
LA VACHE QUI RIT
LAHAHAHA
VACHE QUI
RIHIHIHI
00 RIRES ?
ELLE A
00 ANS ?
WW.LAMAISONDELAVACHEQUIRIT.COM
ANS

LA FERME DE MONTARD €€

400, route de Pantaise - **MONTMOROT**
✆ 03 84 24 96 22
www.lafermedemontard.com
Gîtes de France. Chambres d'hôtes et suite familiale. Dès 75 € la nuitée. Table d'hôtes. Jardin, piscine, hammam.

Cette demeure du XVIIIe siècle fut occupée par des moines. Brûlée à la Révolution, elle devint une ferme jusqu'en 1980. Poules, canards et lapins l'animent aujourd'hui en derniers témoins. Joëlle Buzzoni et Francis Lerch l'ont transformée en gîte alliant confort et services. Avec le créneau «Table d'hôtes», il est même possible de s'y restaurer. La piscine, le jardin arboré et l'espace jeux n'attirent pas que les enfants. Au petit déjeuner, sous véranda ou terrasse, vous apprécierez confitures et gâteaux maison. Un réveil en campagne à seulement 5 km de Lons.

PARENTHÈSE HOTEL & SPA*** €€

186, chemin du Pin - **CHILLE** ✆ 03 84 47 55 44
www.hotelparenthese.com
Logis et Qualité tourisme. 33 chambres dont 12 balnéo et hydrojet. A partir de 80 €. Animaux acceptés.

Pour une étape ou un séjour, voici un bel établissement au cœur du vignoble. Le calme prime, les équipements spa et soins sont très bien pensés. Les chambres ont été repensées intégralement avec beaucoup de finesse. Pour la plupart, elles bénéficient d'un balcon où vous pourrez profiter du charme du village. Côté spa, se tiennent le sauna et le hammam. Au sein de la résidence, le restaurant « Au verbe d'Aimer » vous permettra de savourer des mets délicieux, tout en restant sur place.

LA DOUCE HEURE €

16-18, rue Perrin ✆ 09 53 15 43 66
www.la-douce-heure.com
Restauration sur place ou à emporter. Fermé mardi et dimanche. Horaires sur site. Terrasse, jardin.

Cette « Douce heure » vous fera passer plus d'une heure de douceur... Dans son décor mandarine et orange pastel, Laurence y revisite la cuisine de sa maman, du salé au sucré. L'ambiance est voluptueuse, apaisante dans ce régal des sens qui est à la fois restaurant, café, pâtisserie et salon de thé. Le ludique et le culturel sont associés à la démarche. Un espace enfants pour petits et grands, une bibliothèque... tout est prévu pour prolonger la pause. Et encore plus en terrasse ou dans le patio. Des plaids et des parasols sont mis gracieusement à disposition.

CHEZ GEORGES €

12, rue de Ronde
✆ 07 49 93 94 48
Ouvert le mardi et le mercredi de 10h à 14h et de 17h30 à 21h30 ; du jeudi au samedi de 10h à 14h et de 17h30 à 22h.

C'est là que vous trouverez les plus français des burgers : Marcel, Emile, Jacques, Paul et Pierre, sans oublier le végétarien. La carte offre d'autres bonnes choses, tout en produits frais, et circuits courts de préférence. Le midi un plat cuisiné vous est proposé. Ce nouvel espace est situé en plein cœur de ville, et une terrasse ombragée vous permettra de profiter du beau temps. Un coin épicerie fine présente de bons produits sélectionnés avec soin. Sandrine Chaney-Morel vous accueillera avec plaisir, et les livraisons se font chez vous ou au travail.

LE BISTROT D'HUGO €

1026, avenue de Chalon - **COURLANS**
✆ 03 84 41 71 47
www.lebistrodhugo.com
Du mardi au vendredi et le dimanche à partir de 12h ; le vendredi et le samedi de 19h à 23h. Formule du jour à 9,90 €.

Cette adresse a revu le jour grâce à Hugo Meyer. Les fidèles ne l'ont pas reconnue. Dans un cadre chalet montagnard, le séquoia du collège Rouget-de-Lisle à Lons a rejoint le bistrot pour servir de support à l'escalier qui vous emmène à la terrasse ombragée. Comme les voisins bressans, vous vous imprégnerez d'un accueil enjoué avec ces « plafonds musée » où se côtoient d'antiques outils, des « cadavres » de cuvées et des paniers à salade. Le chef propose une cuisine raffinée, du terroir et fraîche. Donc une carte sans rallonge, mais des assiettes bien garnies.

CRÊPERIE DES DÉLICES €

24, rue Perrin
✆ 03 84 86 88 91
www.creperiedesdelices.fr
Du mardi au samedi. Lundis et dimanches en été. Réservation recommandée. Carte : 15 € environ. Formule du midi : 10 €.

C'est une crêperie bien nommée. Son cadre moderne et soigné invite à y pénétrer. En digne breton, le chouchen (hydromel breton) est l'apéritif incontournable avant de passer à table. Côté gustatif, le choix est très éclectique avec des variantes asperges, mont d'or en saison, andouillettes, magret de canard... En dessert, une crêpe au sucre et citron ou au chocolat et copeaux de noix de coco. La carte se diversifie également de salades-repas, grillades avec frites ou riz, tartare fait maison... Une maison où manger dans un excellent climat sans se ruiner.

JURAMUSÉES

17, rue Rouget-de-Lisle
✆ 03 84 87 35 91 - www.juramusees.fr
Téléchargez le Pass Juramusées gratuitement. 1re visite au tarif normal, les suivantes au tarif Pass et la 5e gratuite.

Juramusées ou découvrir le Jura autrement. Une cinquantaine de sites et musées font partie de ce réseau, géré par le conseil départemental, regroupant quatre thématiques en empruntant les chemins des métiers et des hommes, des beaux-arts, ou encore du patrimoine historique, ou des dinosaures ou des paysages. Le Pass Juramusées offre à celui qui le détient un tarif réduit dès sa deuxième visite d'un de ces lieux faisant partie du réseau. On le trouve dans tous les offices de tourisme et dans les sites du réseau. Absolument nécessaire pour connaître le Jura.

LA FÉE BURGONDIA €

17, rue du Commerce
✆ 03 84 86 03 26
creperielafeeburgondia.com
Ouvert du mardi au dimanche.
Menus de 9 à 13 € (crêpe repas). Carte : 15 € environ. Suggestion du jour : 12,50 €.

Cette fée vous plonge dans les « entrailles » du vieux Lons, sous les arcades et plus encore dans l'une des caves voûtées de feu ce quartier vigneron. Les tables en bois côtoient les pierres apparentes avec un éclairage feutré et une ambiance empreinte de douceur. Au menu du jour, les crêpes salées et sucrées accompagnées de cidre. Vous ne résisterez pas à la Forestière ou à la Burgondia (noix, miel, pomme et macvin). La liste des tartines est longue. À consommer sur place, y compris en terrasse dans la rue piétonne, mais aussi à emporter.

LÉONZ' CAFÉ €

6, rue Traversière
✆ 03 84 86 00 31
www.leonz-cafe.com
Réservation recommandée.
Du mardi au samedi. Carte : 18 € environ.
Plat du jour : 9 € (autres formules dès 12,50 €).

Chez Léonz', les formules changent comme les saisons et même tous les jours s'agissant du plat du jour. La musique règne en maîtresse. L'espace conçu pour une clientèle variée depuis l'espace pour les tout-petits, le coin bandes dessinées, les jeux de société, les amateurs d'art, photographie et peinture, ont des expositions temporaires. Pour tous les goûts et les oreilles : soirée cabaret une fois par mois, scène ouverte, concert !, soirée à thème. Et si vous ne venez que pour prendre un verre autour de tapas, goûtez à l'une des nombreuses bières régionales.

LE MANGUIER €

6, rue Emile Monot
✆ 03 84 48 70 20

Restaurant ouvert du mardi au samedi. Menus et carte. Vin au verre. Accueil groupes. Terrasse.

Une adresse bien sympathique. La salle est spacieuse et lumineuse, au mobilier contemporain, chic et discret. La cuisine est ouverte, ce qui donne un plus à la bonne ambiance générale. Les plats sont travaillés avec des produits locaux pour la touche régionale, et en circuits courts de préférence. C'est donc une gastronomie traditionnelle qui est proposée copieusement. Elle évolue au rythme des saisons. Côté carte des vins, ceux-ci sont bien choisis. L'accueil avec un beau sourire est assuré par la patronne, c'est-à-dire Barkissa. Une jolie adresse à découvrir.

LE POTA'G €

1, place Philibert de Chalon
✆ 03 63 45 05 98

Ouvert : mardi à vendredi le midi ; samedi le soir. Menus à 15 et 19 €. Terrasse. Salon de thé.

Si vous cherchez un restaurant atypique, cet établissement exhaussera votre vœu. Produits frais, bio, locaux et du jardin, cuisinés maison : c'est le concept de Gilles Garnier dans son Pota'g. Dans un mobilier sobre entouré d'une déco aux dégradés de blancs et de gris, les plats illuminent par leur gaieté et leur générosité. Les produits proviennent de la région (voire du patron) et se dévoilent en toute simplicité. Il y a la soupe au potiron, les tuiles au géranium ! Les salades végétariennes et le sorbet « made in Gilles » y compris l'après-midi.

1055 €€

1055, rue de la Lième - **PERRIGNY**
✆ 03 84 87 10 55 - www.1055.fr/lons

Brasserie / Pizzeria et complexe de jeux de 6 000 m². Ouvert tous les jours. Grande terrasse. Animations.

Les 2 restaurants (brasserie et pizzeria) de cet immense complexe de loisirs sont distincts des zones ludiques. Malgré tout, les parents peuvent garder un œil sur le «Kid Park». Bonne ambiance détendue et cuisine variée au programme. Côté « brasserie » des apéritifs et menus même végétariens et desserts gourmands pour terminer. Côté « pizzeria » toute la panoplie gastro italienne. Nouveautés : un «mini fort boyard» va remplacer à l'automne le mur d'escalade ainsi qu'un autre espace enfants à base de jeux gonflables. Un lieu festif bien joyeux comme on les adore !

LE BAMBOCHE €€

23, rue Perrin ✆ 03 84 86 21 25
www.restaurantlonslesaunier.com

Fermé dimanche et lundi. Formule du midi : 13,90 €. Réservation recommandée. Menus de 13,90 € à 30 €. Terrasse.

Thierry Daigremont gère son restaurant sou la forme d'une rôtisserie-brasserie. L'intérieur est gai comme le personnel, avec sa déco chaleureuse de briques autour du bar. Les produits frais sont privilégiés, même sur le menu du jour. La carte évolue constamment. On a repéré la salade bressanne, le ragoût de lotte façon blanquette, le suprême de perdreau petits pois lardons, le jambon au foin. Et au dessert un pressé sablé mangues et pommes. Mais à la bonne saison, profitez de la terrasse sur la rue pavée dans ce quartier historique de la préfecture jurassienne.

BRASSERIE LE STRASBOURG €€

4, rue Jean-Jaurès ✆ 03 84 24 36 92
www.le-stras.com

Toute l'année. Tous les jours midi-soir. Ouvert de 7h à minuit. Menus de 26 € à 35 €. Carte : 20 € environ. Terrasse.

Edouard Courlan dirige cet établissement historique, une véritable institution. Le décor « rocaille » est superbe, digne des grandes brasseries du XIXe siècle (sa construction est contemporaine de celle du théâtre : 1850). Certes il y a la traditionnelle choucroute, mais d'autres plats restant bien dans l'esprit brasserie figurent à la carte proposant une très bonne cuisine. La gastronomie régionale y a aussi toute sa place. Une étape dans ce haut lieu lédonien vous séduira, encore plus quand les imposants luminaires éclairés se reflètent dans les grandes glaces.

AU CLOS FLEURI €€

43, rue Aristide-Briand - **MONTMOROT**
✆ 03 84 47 11 34
www.auclosfleuri.fr

Ouvert le midi. Plats à emporter, service traiteur. Réservation recommandée. Menus de 17,80 à 21 €. Carte 35 €.

Une cuisine généreuse, goûteuse et entourée d'un bel esprit. L'accueil est sympathique, le cadre soigné, les recettes sont raffinées et les formules alléchantes. Uniquement le midi, le restaurant de Christian Morin, Maître Restaurateur et maître artisan cuisinier, se place intelligemment sur le créneau de la qualité. Trois plats du jour sont inscrits au choix. Des buffets de hors-d'œuvre, de desserts, des assiettes de rôtisseries, de plancha. Les gourmandises maison, également, sont délicieuses. Une étape gourmande idéale. Label Tables Comtoises.

LA COMÉDIE €€

65, place de la Comédie
✆ 03 84 24 20 66

Ouvert toute l'année. Mardi au samedi. Fermeture dimanche et lundi. Terrasse dans cour intérieure.

Guillaume Ferrier a réussi son pari qui n'était pas simple de reprendre la suite d'un restaurant réputé en y apportant sa touche personnelle. Il travaille très bien les poissons de mer ou d'eau douce, donc vous en trouverez sous diverses déclinaisons. La volaille est mise en valeur la Bresse étant à deux pas. La carte est évolutive selon les saisons avec produits frais et circuits courts. La carte des vins est bien construite. Une bonne table agrémentée en saison d'une charmante terrasse ombragée dans une cour intérieure et au calme… en plein centre-ville !

LA TABLE DE PERRAUD €€

11, place Perraud ✆ 03 84 86 49 68
www.restaurant-latabledeperraud.com/fr

Ouvert du mardi au samedi. Menu du jour 3 plats 14,90 €. Carte. 50 couverts + 35 en terrasse. Vin au verre.

Jovialité, service et conseil, mets appétissants et d'un bon rapport qualité-prix, cette adresse est devenue l'une des plus prisées. Le chef Gabriel Janod cultive l'esprit brasserie dont il est issu. Une pause gastronomique dans un cadre particulièrement élégant de vieilles pierres et de poutres à la française. Une extension dans le même esprit accentue encore le bien-être de la maison. En salle Hugo Mendonça vous conseillera au mieux sur les mets qui changent chaque saison. La touche régionale est très marquée par des plats spécifiques. Une recommandation sûre.

LE GRAIN DE SEL €€

32, rue Georges Trouillot ✆ 03 84 24 80 66
www.restaurant-legraindesel39.com

Maître restaurateur. Menus dès 18 €. Carte. Accueil groupes. Chèques cadeaux. Chaises bébés. Animaux admis.

Entre anciennes mines salifères et le vieux Puits salé, ce restaurant apporte son petit grain de sel en cuisine lédonienne. Christelle et Laurent Bassard l'ont ouvert dans l'environnement de la célèbre « Vache qui rit » et du musée qui lui est consacré. Les tables bien soignées se répartissent en 4 salles pouvant recevoir 50 convives. Le Maître Restaurateur y mitonne des mets tout en délicatesse. Jusqu'aux desserts comme le macaron fourré de mousse de chocolat et de griottes mérite de garder une grande place. Les groupes ont droit à la même qualité de prestation.

AU VERBE AIMER €€

186, chemin du Pin - **CHILLE**
✆ 03 84 47 55 44
www.hotel-jura.com

Logis. lundi au samedi le soir. du jeudi au samedi le midi. Réservation recommandée.

la cuisine raffinée de Christophe Bassard, vous allez la retrouver avec plaisir dans ce très beau restaurant situé dans l'enceinte de l'hôtel-spa Parenthèse. Les produits de saison seront toujours à l'honneur dans une cuisine gastronomique traditionnelle. Côté décoration tout l'espace a été repensé et rénové, mettant ainsi en valeur un vaste espace à la décoration contemporaine. La terrasse est très appréciable par beau temps. La carte des vins est bien construite, tout comme les desserts méritant de s'y attarder. Une bonne adresse qui fera plaisir aux amateurs.

LA PETITE AUBERGE €€

1985, route de Besançon ✆ 03 84 47 23 35
www.restaurantpetiteauberge.fr

Horaires sur site. Accueil également des groupes sur réservation. Menus jusqu'à 39 €. Terrasse et parking.

Véronique et Nicolas Narbey dirigent une table vantée à juste raison, située sortie de Lons, au lieu-dit Feschaux. Derrière la façade rose pâle se niche une référence. Le chef a une expérience exemplaire, depuis le Château d'As de Baume-les-Dames jusqu'à Matignon auprès du Premier ministre ! L'accueil et le service donnent envie d'en savoir plus, y compris en terrasse ombragée. Mention spéciale aux desserts de Véronique, comme le soufflé glacé au macvin et le Lucaramel (biscuit chocolat noir, mousse chocolat au lait, ganache au caramel et noix de pécan).

L'ATELIER DES DESSERTS

8, rue Lafayette ✆ 03 84 86 24 39
www.latelierdesdesserts.fr

Maître pâtissier. Ouvert du mardi au dimanche de 7h30 à 19h non-stop. Cours de pâtisserie en petit groupe.

En plus du plaisir des yeux, cette belle enseigne tenue par Franck Putin et sa sœur Charlotte donne envie de savourer ses pâtisseries, toutes plus raffinées les unes que les autres ! L'été, les glaces maison n'ont pas le temps de fondre. Le salon de thé invite à déguster ces merveilles. Des pièces montées aux mariages et communions, les choux glacés ont du succès. Les gâteaux de fêtes, d'anniversaire, d'événements, personnalisés sur commande, ravissent les sens. Très communicatif, le chef dispense des cours avec trucs et astuces, même pour les tout-petits !

CHOCOLATERIE PELEN

Place de la Liberté
✆ 03 84 24 31 39
www.pelen.fr
Ouvert le lundi et le samedi de 8h à 12h et de 14h30 à 19h ; du mardi au vendredi de 8h30 à 12h et de 13h45 à 17h30.

Véritable institution lédonienne, cette pâtisserie-chocolaterie existe depuis 1899. Restée une affaire familiale, la Maison Pelen perpétue son identité avec ses spécialités : Ecureuil, Galets de Chalain, Noix de Baume, Pavés des Arcades, mais aussi macarons, chocolats, entremets et créations originales. Les nostalgiques des goûters d'autrefois craqueront sur les tablettes de chocolat à l'ancienne, les madeleines et les éclairs. L'hiver, le salon de thé cosy invite à se réchauffer avec un savoureux chocolat chaud. L'été, les glaces artisanales sont à l'honneur.

LA DOUCE HEURE

16-18, rue Perrin
✆ 09 53 15 43 66
www.la-douce-heure.com
Ouvert le lundi et du mercredi au samedi 9h-18h. Chèque Vacances. Chèque Restaurant. Terrasse dans une cour fermée.

Avec un décor aussi cosy que cocooning, cet endroit pour se restaurer et se détendre revisite la cuisine traditionnelle. Restaurant ? café ? salon de thé ? C'est un peu tout cela. Pas de carte, mais trois mets au choix (certains végétariens). Préparés sur place, ils sont annoncés, le matin, sur le réseau social. Glaces parfumées et desserts gourmands sont nombreux. La gamme des thés et des cafés est très étendue. Téléphonez ou envoyez un message pour réserver une table ou un plat à emporter. Comme d'habitude Laurence vous accueillera chaleureusement.

PÂTISSERIE ROUGET DE LISLE

22, rue du Commerce ✆ 03 84 24 51 80
www.mathieupaget.fr
Pâtissier-confiseur. Ouvert du mardi au dimanche. Autre adresse rue Saint-Désiré. Salon de thé. Livraison.

Mathieu Paget rayonne en ce lieu de gourmandise. Passionné, son maître mot, il le traduit par rigueur, créativité, amour des produits. S'il affectionne particulièrement les gâteaux au chocolat ou aux fruits, il laisse une place aux plus classiques qu'il revisite avec fantaisie. Les chocolats, il les décline sous différentes sortes, dont le « Le Rouget de Lisle ». Un praliné à base de 66 % de chocolat, présenté dans une cassette avec l'historique du célèbre auteur de la Marseillaise.

LE PETRIN RIBEÏROU

70, rue des Salines
✆ 03 84 47 05 61
lundi au vendredi : 6h-20h. Week-end 5h-20h. Pains traditionnels-spéciaux. Pâtisseries, viennoiseries, sandwichs.

Lève-tôt ou couche-tard, voici une bonne boulangerie pour vous, les horaires sont adaptés. Mais toute la journée vous trouverez pains, gâteaux, viennoiseries, sandwichs : tout est fait sur place. Plus d'une vingtaine de pains au levain sont proposés et sont pétris, mis en fermentation puis cuits devant vous. A souligner un excellent pain de garde comme par le passé. Les invendus partent pour les Restos du Cœur, un bel esprit de solidarité. Une boulangerie artisanale comme on les aime, située tout proche du centre-ville avec parking, bien pratique.

L'ARBRE A HUILE

285, rue Victor Lorain ✆ 06 07 06 79 22
www.huiledujura.fr
Oléiculteur. 100 % bio. Réseau « Made in Jura ». Huiles artisanales et produits dérivés. Téléphoner de préférence.

Au centre-ville, Grégory Sourd a ouvert son huilerie artisanale bio. Vous y trouverez les classiques tournesol et colza mais aussi celles de lin, de chanvre, de noix et noisettes crues pour vos recettes. Et dernièrement une variante de 4 huiles vierges et une huile de shiitaké. Sa gamme de dérivées est également étoffée : farine de cameline goût asperges des bois, un « kit » DIY de lin, une préparation pour soin des cheveux. Vous dénicherez encore une suite d'infusées à l'ail, au citron et gingembre ainsi que des vinaigrettes subtiles. Idées cadeaux, pourquoi pas ?

CHÂTEAU DE L'ÉTOILE

994, rue Bouillod - **L'ETOILE**
✆ 03 84 47 33 07
www.chateau-etoile.com
Réseau « Vigneron indépendant ». Ouvert tous les jours (horaires sur site). Accueil groupes sur rendez-vous.

Ce château stellien est l'un des 5 édifices seigneuriaux de ce village, à l'image des branches d'une étoile. Perchés sur sa colline, les Vandelle exploitent ses vignes depuis 1883. Après Auguste, Joseph lui donna un réel essor. Puis ce fut Georges et désormais son fils Alexandre. Les blancs fins et minéraux des flancs du mont Muzard constituent l'excellence de l'AOC. Depuis un siècle, les mousseux puis les crémants de l'Etoile se taillent une renommée internationale, la prise de mousse étant remarquable. Les vins tranquilles grandissent tous en pièces de chêne.

CAFÉS ROGER

150, route de Besançon
✆ 03 84 47 25 62 - www.cafesroger.fr

Torréfacteur. Thés, tisanes, liqueurs.
Ouvert du lundi au vendredi 9h-12h et 14h-19h. Samedi 9h-12h et 14h-18h.

3 générations se sont succédé depuis 1956, représentées désormais par Jean-Roger Perrod. Les Cafés Roger, une institution qui vous proposera un large panel d'Arabica et Robusta, dont les provenances sont sélectionnées et respectent l'esprit équitable et bio. La torréfaction artisanale se fait dans l'atelier. Vous pouvez y assister, vous faire préparer un café à votre goût. A leurs côtés thés et produits maison : chocolats, biscuits, pâte de fruits. Une cave à vin avec whiskys et rhums. Un bar à café et thé en terrasse qui vous permet de faire une agréable pause.

LA CLE DES CHAMPS

215, rue de Saintaine - **PUBLY**
✆ 03 84 44 79 26
www.gaec-cle-des-champs.fr

100 % bio. Eleveur de bovins. Vente à la ferme. Téléphoner. Livraison. Egalement foires et marchés régionaux.

Les Publysiens vivent dans un riche environnement avec les ruines des châteaux de Binans et de Beauregard. Mais beaucoup viennent pour cette ferme. Les frères Ferrut la développent depuis 30 ans, Gilles à l'exploitation, Jean-Louis au commercial. Ils font naître des veaux et croître des bœufs dans un cadre des plus serein : à l'herbe et au foin, sans OGM ni traitement phytosanitaire. Que de la race montbéliarde. Vous pourrez vous procurer des morceaux choisis en caissettes ou au détail. Des brochettes et saucisses variées pour vos moments barbecues.

LE COMPTOIR DES VIGNES

14, rue du Commerce
✆ 03 84 47 07 97
www.comptoirdesvignes.fr

Du mardi au samedi de 9h à 12h15 et de 14h à 19h ; le dimanche de 9h à 12h. Animations salon soirées dégustations.

Un bel espace pour amateurs de vins et alcools avec pas moins de 1 100 références. Vins de France et vignobles étrangers côtoient une sélection d'une centaine de whiskys et la moitié de rhums. Les vins sont judicieusement sélectionnés auprès d'excellents domaines et les prix sont calqués sur ceux-ci. Bernard et Julien les intervenants sauront vous conseiller au mieux et vous faire profiter des promotions qui sont régulières. Cette maison compte plusieurs antennes dans les villes du Jura.Choix, conseils appropriés et convivialité sont au rendez-vous.

DOMAINE BLANCHARD

Beyne
TRENAL
✆ 06 72 72 82 63
Ouvert toute l'année. Téléphoner de préférence. Livraison.

Thierry Blanchard exploite ses vignes aux portes de Lons, où débute la partie méridionale du vignoble appelée « Sud Revermont ». Il conduit son domaine de 4 hectares sur des pentes marneuses en Côtes du Jura. Le chardonnay, le pinot noir et le poulsard y font des merveilles. Pas de Crémant chez ce professionnel. Il a toujours privilégié les « mousseux » en « méthode traditionnelle », même si ce terme paraît péjoratif à beaucoup. Les années d'abondance lui permettent d'enrichir sa gamme avec des « aromatisés ». Tous à prix sages comme l'ensemble de la production.

DOMAINE THILL

11, rue Principale - **TRENAL**
✆ 03 84 44 82 87
www.vinsjurathill.weebly.com
100 % bio. Ouvert tous les jours sur rendez-vous. Accueil groupes. Anglais et allemand parlés. Livraison.

L'aventure de Bérengère et Eric débute en 2007. Leurs vignes croissent à Gevingey. En bio depuis 2012, le domaine cultive le chardonnay, le savagnin, le pinot noir et le poulsard. Toutes les cuvées sont mono-cépages et de ceps dépassant les 35 ans. Le duo privilégie des vins fruités et frais. La vinification est signée Éric. Il bloque la fermentation à basse température, pour respecter l'équilibre en sucre, acidité et alcool. Le crémant mûrit régulièrement plus de 20 mois sur lattes. Le vin de liqueur n'est élaboré qu'avec de la «fine», et non du marc.

DOMAINE VAPILLON

120, route de Macornay
✆ 03 84 47 45 65
www.domaine-vapillon.fr
Horaires en téléphonant.
Portes ouvertes début décembre.
Visite des caves et vignes sur rdv.

Jean-Yves Vapillon reste l'unique vigneron indépendant en exercice dans la cité de Rouget de Lisle. Ses vignes se trouvent en fait réparties sur trois localités. Son père était un vigneron dans le Beaujolais. Parti de 50 ares en 1994, son domaine compte aujourd'hui 7 hectares, où le chardonnay donne toute sa pleine mesure. Les vins grandissent dans les profondeurs des caves d'une imposante maison vigneronne. Depuis 1995, la vigne est conduite de la façon la plus traditionnelle : sol cultivé, vendange manuelle, maîtrise des rendements.

L'HERBIER SOUS LA ROCHETTE

1, chemin de la Gare - **SAINT-MAUR**
✆ 07 83 01 53 72
www.herbiersouslarochette.com
Ouvert le vendredi de 15h à 19h.
En été, également le mardi de 15h à 19h.
Visite à 17h le vendredi. Livraison possible.

En 2007, Marie Maisonneuve et Thibaut Joliet ont créé cette ferme pour y cultiver des plantes médicinales et confectionner toute une gamme de tisanes. Avec leur distillerie du «Serpent vert», ils se sont depuis lancés dans la fabrication d'absinthes. Elles sont au nombre de 3. A l'occasion d'une visite de l'exploitation, vous pourrez vous familiariser avec «Ymir» (une absinthe blanche), avec «Lilith» (une absinthe rouge) et «Hermès» (une absinthe verte).

CHEZ L'ARTISAN FROMAGER

39, rue du Commerce ✆ 03 84 25 03 35
www.fromagerie-artisanale-jura.com
Du lundi au samedi de 9h à 12h et de 15h à 19h ; le dimanche de 9h à 11h30. Autre adresse à Grange-sur-Baume.

La Fromagerie Poulet maîtrise toute la fabrication de ses fromages, jusqu'à l'affinage, depuis 1981. Déjà bien connue des amateurs gourmands et gourmets de Granges-sur-Baume, elle a ouvert les portes d'une jolie boutique à Lons-le-Saunier en 2014. Elle y commercialise ses délicieux produits : tomme du Jura, raclette, morbiers et comtés. D'autres spécialités en provenance des producteurs locaux et régionaux garnissent les rayons. Il y a aussi les meilleurs vins du Jura, des terrines maison, du miel de sapin, de la saucisse de Morteau... à des prix très attractifs.

LA MAISON DU VIGNERON

23, rue du Commerce
✆ 03 84 24 44 60
fr.maisonduvigneron.com
Ouvert du mardi au samedi de 9h30 à 12h et de 14h30 à 19h.
Livraison possible (boutique en ligne).

La Maison du vigneron, dont le siège est à Crançot, possède une superbe vitrine dans ce qui fût le quartier vigneron de la ville préfecture. Cette véritable institution œuvre en partenariat avec des vignerons apporteurs de raisins, ce qui correspond à une vendange sur 130 ha. Depuis des décennies, elle se consacre à la vinification de crus uniques. Et c'est à Lons qu'elle a d'abord ouvert ses portes pour les commercialiser. Dès 1995, elle a déposé sur les rayons des crémants du Jura d'exception qu'elle produisait (brut et demi sec, blanc et rosé).

MONTS ET TERROIRS COURLAOUX

Route de Bletterans
COURLAOUX
✆ 03 84 35 30 56
www.montsetterroirs.com
Ouvert du lundi au vendredi de 8h30 à 12h et de 14h à 18h ; le samedi de 8h30 à 12h. Livraison possible.

A quelques minutes de Lons-le-Saunier, la production au lait cru de cette fruitière est transformée en comté. Les meules en « blanc » fabriquées chaque jour par les maîtres-fromagers sont affinées sur place par les chefs de cave pour révéler leurs richesses aromatiques. Si cette fruitière produit quelques milliers de fromages par an, elle en propose aussi au détail dans le magasin attenant. D'autres AOP et IGP fromagères comtoises, salaisons, vins et miels complètent l'offre.

AU PANIER GOURMET

7, place Philibert de Chalon
✆ 03 84 44 59 62
www.aupaniergourmet.fr
Du mardi au samedi de 9h30-12h/14h30-19h, dimanche 10h-12h. Livraison possible.

Voici une boutique gourmande fort bien achalandée. Mais plus qu'un magasin, ici vous pouvez y faire vos compositions de terroir selon votre budget et en plus avec un conseil avisé de Laure Legrand. Vous n'aurez que l'embarras du choix des paniers garnis et des plateaux à la commande pour mâchons ou apéritifs. Toutes les gourmandises salées et sucrées vous attendent comme les salaisons de la Ferme du Grand Vallier, les tartinades, les champignons, les escargots, les fromages, les vins et bières régionales, et encore cookies, gaufriolles et pains d'épices.

LA VIE CLAIRE

450, route de Besançon
✆ 09 52 71 90 43
www.magasins.lavieclaire.com
Ouvert du lundi au samedi de 8h30 à 19h. Parking.

Depuis son ouverture cet espace réservé aux produits bio ne cesse d'évoluer. La gamme des produits s'enrichit régulièrement. Les promotions selon la saison sont toujours aussi attractives et les prix bien étudiés. Produits locaux, circuits courts, jeunes producteurs sont prioritaires et mis en valeur dans ce bel espace. Charlotte et Lucas sont toujours là pour vous conseiller et vous servir, pour le mieux manger et le mieux vivre. La maison travaille avec des associations qui interviennent pour aider les personnes en difficulté, ou blessées par la vie.

LE RUCHER DU GRIZZLY

151, rue de Villard - **PERRIGNY**
✆ 07 71 05 54 20
www.lerucherdugrizzly.fr
Made in Jura. Téléphoner de préférence. Livraison possible (vente en ligne). Miel dès 13 € le kg.

Jean-Pierre François n'a rien d'un ours acariâtre. C'est même avec une douceur égale à son miel qu'il vous recevra. L'apiculteur veille soigneusement au suivi et au développement du cheptel de ses ruches. Soucieux de la qualité des produits, ce professionnel s'attache à ce que les richesses naturelles des miels restent saines et sans additifs. Il en récolte 5 variétés (fleurs sauvages, acacia, sapin, forêt et montagne). Vous trouverez chez lui bien d'autres déclinaisons : pain d'épices, bonbons, nougats, pollen et même cire aux vertus cosmétiques et cicatrisantes.

LA SIDERAL

23, rue Lecourbe ✆ 09 82 43 23 31
www.lasideral.com
Du mardi au samedi 10h-13h/15h-19h.
Vins issus de la culture en biodynamie et vins naturels de 9 à 20 €. Dégustation.

Amateurs de vins produits en biodynamie et de vins naturels de toutes les régions de France, c'est l'adresse qu'il vous faut. Vous trouverez au moins plus d'une vingtaine de domaines avec leur gamme complète, généralement des vignerons avec de toutes petites productions. Dégustations permanentes grâce au système Coravin. La sélection se fait dans toute la France en allant directement dans les propriétés. Les dégustations permettent de savoir ce que l'on achète et c'est très bien. Les prix pratiqués sont ceux des domaines. Vous aurez en plus un super accueil.

VALVITAL-THERMES LEDONIA

4, rue de Pavigny
✆ 03 84 24 38 18
www.valvital.eu
Ouvert tous les jours de 10h à 19h.
Samedi à partir de 9h. Dimanche de 9h à 13h.

Différentes formules proposées dans ce centre, pour bénéficier de soins grâce à la source Lédonia dont l'eau sort à 17 °C. jet et gommage-hydratation, bain à l'eucalyptus et nettoyage de peau, enveloppement de boue... les Thermes Lédonia proposent aussi « Retour aux Sources » : sur une semaine, six demi-journées avec 3 soins d'hydrothérapie et un soin du corps chaque jour. Tous les soins existent aussi à l'unité. Même sans soins, on profite de l'espace détente et son architecture « grand siècle », avec bassin panoramique d'eau thermale à 32 °C, hammam et sauna.

SELLIÈRES

Sur les tout premiers contreforts du Jura, Sellières, traversée par la rivière Brenne, marque la transition entre le Pays du Revermont et celui de Bresse. Cité paisible, elle est surtout connue comme Petite Cité Comtoise de Caractère avec sa fête de la pomme chaque mois d'octobre. Ici l'église est sans clocher et le clocher sans église ! En effet, lorsque l'église, qui menaçait de tomber en ruine, fut détruite à la fin du XVIIe siècle, son clocher resta debout. La nouvelle église dédiée à saint Pierre fut construite vers 1865 sur un terrain instable... Par sécurité, on ne construisit pas de nouveau clocher.

Du château fort médiéval, qui se trouvait sur la colline dominant le village, il ne reste rien. Mais de l'enceinte qui protégeait la ville demeure la porte d'Amont, du côté de Poligny. Bâtie sur le rocher, elle possède toujours une chambre de tir. Au XVIIIe siècle, elle a été remaniée et intégrée à l'hôtel de Crécy, l'un des quatre hôtels particuliers remarquables de Sellières. Les autres sont les hôtels du Pin, de Poly et d'Oroz. Le bâtiment qui abrite aujourd'hui la mairie et l'école était une caserne de cavalerie construite par Louis XIV en vue de l'annexion de la Franche-Comté. Il a été remanié au XIXe siècle. Remarquez particulièrement son perron à double volée d'escaliers. Les halles, initialement en bois, abritaient un important marché aux grains, plus bressan que jurassien. Elles ont été reconstruites en 1856 dans un style néoclassique, autour de quatre galeries couvertes à arcades ouvrant sur une cour centrale.

A voir : les remparts, la porte d'Amont, les halles, le kiosque à musique, les anciennes écuries royales, les hôtels particuliers, l'église (sans clocher) et le clocher. A Baudin : chapelle, château et anciens logements des ouvriers. A vivre : le sentier des maîtres des forges, boucle de 6 km ; le musée des forges de Baudin et son site (ouvert du 1er juillet au 30 septembre et sur réservation de mars à octobre, contact : 03 84 25 97 49).

Spécialités : fruits, jus de pommes, confiture et vinaigre de cidre sellièrois.

MINI MUSEE DE SALIERES

Le Clocher

✆ 06 77 51 16 57

Fermé du 1/10 au 30/04, mais visite possible sur rendez-vous. Gratuit, accueil enfants, visites guidées.

Petit par la taille mais grand par le nombre : 3 200 salières trônent dans ce musée atypique classé 11e du top 20 des musées insolites du monde. Le sel, une vieille complicité avec la cité de Sellières, dont on dit qu'elle s'appelait Salières au XVe siècle. Elle borde effectivement la veine salifère entre Lons et Salins. Ses armoiries au blason d'azur sont 3 salières d'argent. Éblouissantes salières : de toutes tailles, formes, couleurs et classées par thèmes (pays, régions, animaux, fruits…). Incroyable source d'inspiration pour l'homme !

LOGIS HÔTEL LES MARRONNIERS*** €

Place Carrouge - **CHAUMERGY**

✆ 03 84 48 62 10

hotel-marronniers-jura.jimdo.com

Chambre de 58 à 68 €. Menus de 24 à 45 €. Fermé le lundi.

Voici un coquet petit hôtel de campagne bien entretenu et de qualité. Les 7 chambres rénovées, offrent le confort et le calme nécessaires à un bon repos. Le petit déjeuner copieux, en salle ou en terrasse. La carte du restaurant comporte un large choix avec beaucoup de spécialités de poissons d'eau douce (sandre au vin du Jura, saumon aux morilles), mais aussi pour les inconditionnels des viandes ou des salades. Les terrines maison sont exquises, notamment celle au foie de volaille.

LE CHAPEAU ROUGE €

8, rue Jean-Moulin

✆ 03 84 25 98 58

Ouvert toute l'année. Tous les jours. Bar ouvert aux horaires du restaurant. Menus de 14 à 30 €.

Accueil spontané de la patronne et du patron-cuisinier qui vient en salle saluer la clientèle avec un petit mot gentil. La cuisine est à la fois traditionnelle et personnelle, à l'honneur les produits locaux, volailles et lapins aussi bien que poissons d'eau douce. Magrets de canard au comté, salade au vinaigre balsamique moutarde en grains, jambon poêlé et pommes de terre paillasse, assiette de fromages accompagnée d'un excellent vin et café Roger compris dans la prestation. Aucune hésitation pour vous arrêter si vous êtes de passage dans la région !

LE D'TOUR GOURMAND €€

52, rue du Lavoir - **TOULOUSE-LE-CHÂTEAU**

✆ 03 84 44 72 60

www.dtourgourmand.com

Fermé mercredi et jeudi. Menus de 17 à 36 €. Carte : 45 € environ. Formule du midi : 17 €. Réservation recommandée.

C'est dans une ancienne maison vigneronne du XVIIe siècle que Marc Bulle-Piourot a ouvert son restaurant avec son épouse Patricia. Les maîtres mots sont ici « *produits du terroir, producteurs locaux et inventivité* ». Quelques recettes vont vous mettre l'envie à l'épreuve : des croustillants qui se déclinent en Saint-Jacques habillées de saucisse de Morteau ainsi qu'en ris de veau sauce macvin et citron ou opter pour un suprême de volaille fermière morilles et vin jaune. Une symphonie de senteurs et de goûts. 4 chambres d'hôtes ont été créées en ces lieux.

HÔTEL-RESTAURANT LA FONTAINE €€

Au bord de la RN 83 - **MANTRY** ✆ 03 84 85 50 02

www.hotel-lafontaine.fr

Qualité Tourisme. Ouvert toute l'année 7j/7. Bar - terrasse. Séminaires. Réservation recommandée. Menus de 29 € à 39 €.

Une cuisine raffinée qui mixe les recettes traditionnelles avec les spécialités régionales. L'élégance du décor de la salle modernisée avec goût s'appuie sur le talent d'artistes locaux. Le respect du personnel pour la clientèle, la terrasse extérieure aménagée et les mets joliment présentés créent une ambiance chaleureuse. Les saveurs des plats se délivrent en douceur, du début à la fin. Le confort des chambres de l'hôtel soigné offre un repos salutaire pour prolonger le séjour.

COUP DE CŒUR

18, Grande rue

✆ 09 51 52 07 98

Réseau « Made in Jura ». Boulangerie/pâtisserie/chocolaterie artisanale. Ouvert du mardi au samedi.

Anciennement installée à Desnes, bien connue dans le monde du chocolat, Coralie Chateignier est depuis 2019 au cœur de cette cité comtoise. Cette reprise fait aussi revivre la partie boulangerie-pâtisserie, renforçant l'offre locale. Sur cette partie, pains de campagne et pains spéciaux sont confectionnés artisanalement, tout comme les pâtisseries. Les chocolats le sont tout autant, ils sont au plus pur en cacao ou en ganache au macvin, pour ne citer que ceux-là. Laissez-vous tenter aussi un cake « made in Jura ». Une jolie étape à faire, gourmande à souhait.

CHEVRERIE DU PETIT MONT

166, rue du Village
MANTRY
✆ 06 84 31 19 96
Ouvert 10h-12h30/16h30-19h30.
Téléphoner de préférence.
Visite de la ferme sur rendez-vous.

Martine Boissard élève des moutons et des chèvres. Sa petite fromagerie fait naître aussi des fromages nature et aromatisés qui se marient d'ailleurs avec bonheur aux vins blancs jurassiens, comme le chardonnay. Ses biquettes lui fournissent à chaque traite toute la gamme des fromages de cette catégorie, du frais au plus affiné. Martine creuse tout doucement son sillon chez les fromagers de qualité. Elle accepte volontiers de vous présenter sa chèvrerie, mais téléphonez au préalable, car la fermière participe aux marchés locaux.

DOMAINE BOISSON

108, route de Poligny
TOULOUSE-LE-CHÂTEAU
✆ 03 84 85 55 38
Viticulteur. Ouvert toute l'année.
Téléphoner de préférence. Accueil groupes.
Visite commentée.

Jean-Pierre et Jean-Yves Boisson sont aussi discrets que leur coteau pourtant fort prisé. Ils vous recevront en toute simplicité y compris par Marie-Noëlle l'épouse de Jean-Pierre. Les 7 hectares génèrent majoritairement des blancs d'une expression unique. Une alternance de marnes bleues, d'argilo-calcaire et d'éboulis. Les raisins ne sont pas égrappés au pressage. Le jus part ensuite en foudres et pièces. Un seul millésime en général à la vente. Ici, on laisse le temps au temps. Le «tradition» est une perle dans sa catégorie. Excellent rapport qualité-prix.

DOMAINE MOUILLARD

379, rue du Parron - **MANTRY**
✆ 03 84 25 94 30
www.domainemouillard.com
Réseau Vigneron indépendant.
Ouvert tous les jours. Sur rendez-vous dimanche.
Livraison. Possède également un gîte.

Des caves somptueuses toutes en voûtes et en ogives ne laisseront pas votre visite sans réaction dans ce splendide domaine. Elles datent du XVIe siècle et donnent un avant-goût de ce qui vous attend. Annie et Jean-Luc s'y sont installés en 1991. Ce couple possède aujourd'hui 11 ha, surtout de blancs, dont la plus illustre AOC château-chalon. Particularité ici : les vins jaunes sont élevés en pièces au grenier ! Les Mouillard privilégient avant tout les vins de cépages. Côté rouges, nous avons fort apprécié ce « Cousin », un cousin du macvin, conçu avec de la fine.

LES RUCHERS CLERC

33, rue de Bersaillin
✆ 03 84 85 52 05
Apiculteur. Téléphoner de préférence.
Livraison. Dès 8,50 € le kilo.

Que ce soit à l'extérieur vers ses ruches ou à l'intérieur dans son laboratoire, vous trouverez Philippe Clerc en blanc. En combinaison ou en blouse. Le miel de cette dynastie est une longue histoire, Philippe étant le dernier. Entre Revermont et Bresse, il déploie ses 350 « maisonnettes » sur 12 sites. Ses « ouvrières » lui lèguent des miels de printemps, de fleurs, d'acacia, de montagne, de tilleul et de sapin. Vous pourrez goûter la gamme y compris ses bonbons au miel, la recette du grand-père. On relèvera également la volonté de maintenir des prix très sages.

LE SPIRULINIER COMTOIS

1, rue du 19 Mars 1962 - **SERGENAUX**
✆ 07 67 09 56 94
www.spiruliniercomtois.com
Ferme produisant de la spiruline.
Vente sur place ou en ligne. Marchés régionaux.
Visite sur rendez-vous.

Cette exploitation spécialisée dans cette algue rare est la deuxième à exercer dans la région. Elle est la volonté de Frédéric Lefebvre pour révéler un peu plus au grand public ses vertus thérapeutiques et gastronomiques. Le fermier la fait croître sur 7 bassins dans le plus strict respect de l'environnement. Commercialisée entre autres en paillettes, le Jurassien vous la fera découvrir avec les recettes du chef, en boisson avec un jus de fruit, voire avec du chocolat. Un parcours pédagogique vous attend et peaufinera vos connaissances de cette autre «fée verte».

LES VERGERS DE SELLIÈRES

41, rue de Bersaillin
✆ 03 84 25 91 75
www.vergers-de-sellieres.com
Producteur de pommes, cerises, poires, vinaigre, jus de fruits, confitures. Téléphoner de préférence.

Depuis la reprise de ce domaine, Laura et Nicolas Mathon l'on engagé en reconversion biologique. Leurs 12 ha hébergent pommes, poires, cerises et fraises. Les particuliers cueilleurs peuvent y choisir entre autres 23 variétés de pommes mais aussi du jus et du vinaigre de cidre, des confitures, des compotes. De nouveaux services voient le jour en 2021 avec un distributeur de fruits frais et l'achat d'un pressoir. Celui-ci permettra à tout à chacun de venir extraire le jus de ses fruits. 1 600 arbres vont en outre enrichir le verger d'ici 2022 pour élargir l'offre.

PICHEVEL

15, rue des Etangs - **CHAMPROUGIER**
✆ 03 84 48 85 31
www.pichevel.fr
Toute l'année. Sur réservation 30 € (2/3 pers. 1h d'attelage). 22 € 4/6 pers.). Réduction enfants, handicapés, colonies.

Le nom de Pi-che-vel signifie qu'on peut se promener à pied, à cheval et à vélo. Ici, les conseils sont précieux pour des sorties réussies au pays des « contes et légendes » la Bresse et le Revermont. Le cocher-conteur avec ses chevaux comtois, suggère la découverte de la nature, de l'agriculture, des artisans… Des chemins de randonnée ont été balisés et sont entretenus. Plusieurs circuits VTT sont proposés. Vous pouvez constituer votre séjour à la carte (activités, repas, hébergements et itinéraires). A découvrir seul ou en groupe, un ou plusieurs jours.

FERME DE LA BECASSOTTE €€

Rue de la Corbière - **CHAPELLE-VOLAND**
✆ 03 84 24 79 30
Gîte de France 4 épis. 4 chambres pour 8 personnes. Animaux non admis. Piscine.

Les fermes sont légion en Bresse. Celle de la Becassotte vous tapera dans l'œil. Elle date du XIIIe siècle et c'est tout à l'honneur des propriétaires Pelissard de l'avoir rénovée. Un subtil mariage de poutres et de briques, car les tuileries et les briqueteries comptaient beaucoup pour l'activité de la région. 4 chambres grand confort pour 8 personnes avec douches à l'italienne. Un grand salon, une salle à manger qui ne l'est pas moins avec d'immenses verrières attirant les hôtes vers une campagne qui ne demande qu'à être savourée.

BLETTERANS

Construite entre les bras de la Seille, Bletterans est la « capitale » de la Bresse jurassienne. Avec moins de 2 000 habitants, sa situation en fait cependant une cité active et animée lors du marché du mardi matin et sa foire annuelle la Mi-S'tembre. À la limite de la Franche-Comté et de la Bourgogne, Bletterans reflète l'histoire tumultueuse entre les deux provinces. Sous domination bourguignonne et espagnole, en 1637 elle fut ruinée par l'assaut de l'armée du duc de Longeville. Durant la Seconde Guerre mondiale, la Résistance y fut active, abritant même un centre d'atterrissage clandestin. C'est d'ici que le couple Aubrac fut évacué vers Londres en 1944.

BAR RESTAURANT LE JURA €

36, rue d'Amont
✆ 03 84 44 53 69
www.restaurant-lejura.fr
Fermé du 15/12 au 7/01. Du lundi au mercredi 8h-15h. Jeudi, vendredi, samedi matin et soir, dimanche le matin.

Cette brasserie a le sens du client. Une réception souriante, le service efficace et les assiettes garnies, voilà ce qui vous attend. Les plantes ornementales et les fleurs qui accompagnent la terrasse couverte apportent une ambiance de vacances. Grand choix d'entrées du buffet, qualité des plats de résistance et l'excellent rapport qualité-prix. (grillades à la plancha, gratin d'andouillettes, salades composées, assiettes de charcuterie). Sur la carte spécialités franc-comtoises. Vous êtes en Bresse jurassienne et le bien recevoir n'est pas un vain mot !

GITE DES BRANTUS €

Largillois - **CHAPELLE-VOLAND**
✆ 03 84 44 19 24
Réseau « Clévacances ». 2 chambres pour 6 personnes. Double à 50 €, petit déjeuner inclus. Animaux admis.

C'est dans ce hameau « éclaté » de Chapelle-Voland que vous ferez une pause chez Gilberte et Daniel Brantus. 2 chambres coquettes dans ce gîte. L'une comme l'autre sont bien équipées. Elles vous replongeront dans une ambiance rurale qui subsiste ici par son environnement, ses multiples étangs, son habitat typique de la Bresse et ses activités à forte connotation agricole. Le hameau porte ce nom depuis 1660, qui est celui d'un laboureur local, Pierre Brantus. Hébergement à point nommé pour les randonneurs qui cheminent sur les kilomètres entourant la commune.

LE BISTROT DE LA GARE €€

2, avenue Jean de Chalon-Arlay
✆ 03 84 48 79 04
www.bistrot-de-la-gare.com
Ouvert du lundi au samedi. Menu, carte, salades repas. Vin au verre. Terrasse. Vente à emporter.

Isolé du bourg, mais néanmoins près de l'ancienne gare ainsi que de la zone artisanale. Malgré son apparence cubique, ce bistrot a bien des atouts. L'équipe du Chef Florian Devaux est au rendez-vous, servie par la bonne humeur en salle. Côté brasserie vous aurez droit aux salades, ravioles, burgers… Mais côté bistrot, les menus « s'encanaillent » avec entre autres ce paleron de « Salers » sauce carbonade et carottes. Plus encore avec le « menu bistrot ». La cave a elle aussi du répondant. Le patron dispose de 150 références, dont en grande majorité « bio ».

RESTAURANT DE LA CLOCHE €€

2, rue Louis le Grand
✆ 03 84 85 01 48
www.restaurant-delacloche.com

Toute l'année. Du mardi au dimanche le midi ; le vendredi-samedi : midi et le soir. Maître Restaurateur.

La cuisine du chef Christophe Charton et de son équipe privilégie le local : grenouilles en saison, truite pêchée, volaille de Bresse, gibier… Le menu de midi propose trois entrées et trois plats, dont un poisson. La carte est marquée par les produits régionaux, et autres. L'accueil est jovial et le cuisinier traite les enfants en futurs gastronomes : ici pas de steak haché-frites surgelées ! Les soirées musicales autour d'un bon repas (moules-frites, grenouilles…) émaillent toujours certaines soirées. Prière de réserver au préalable ! Qualité Tourisme.

K-REINE DES TARTES

364, Grande rue du Meix
LOMBARD
✆ 06 50 56 83 51
kreinedestartes.canalblog.com

Réseau Made in Jura. Présence sur les marchés et dans les épiceries régionales. Livraison.

Le désir de Karen Chaumaz à l'égard du public : «renouer avec les saveurs oubliées de l'enfance». Proche de la nature, on la rencontre sur les marchés avec ses produits (sirops, confitures, tisanes, conserves, gâteaux…). Elle travaille fruits, légumes, feuilles et même les racines ! Le tout sans colorant, ni conservateur. En vendant ses terrines de volailles, de carpes ou ses confits de thés et de plantes, elle aime par-dessus tout transmettre. 200 créations aujourd'hui ! La dernière, un Mix'ail des ours avec huile de pépins de raisin et sel de Guérande.

DOMAINE DU TAUSSON

Rue des Sauges
RUFFEY-SUR-SEILLE
✆ 03 84 85 00 18

Viticulteur. Ouvert toute la semaine. Téléphoner de préférence. Accueil groupes. Parking bus.

Porte d'entrée de la Bresse jurassienne, ce domaine remonte à plusieurs générations. 15 ha en AOC l'Etoile et Côtes du Jura, sur les pentes du mont Tausson. Le grand-père Lucien Michel en exploita jusqu'à 13. Son fils, André, le rejoignit, puis au cours de 1995, le petit-fils Jean-François en devint le gérant. Ce grand modeste brille autant que ses vins blancs (vin jaune, savagnin, crémant du Jura, vin de paille, macvin, chardonnay). Si vous avez l'opportunité de visiter les coteaux et les murs de la cave, consacrez encore du temps à « l'éventail liquide ».

FERME ROUSSEL-VOISARD

Hameau de Lamare - **CHAPELLE-VOLAND**
✆ 03 84 44 11 58

Made in Jura. Elevage volailles de Bresse. Vente sur réservation. Visite guidée. Egalement gîte pour 4 personnes.

Au hameau de Lamare, la « Gauloise blanche » remporte bien des trophées, dont les « Glorieuses de Bresse». Sa fermière Rachel peut en être fière. Elle s'est spécialisée depuis 2003 sur le seul volatile à bénéficier d'une AOC-AOP. Poulets, poulardes et chapons gambadent tranquillement dans un environnement paisible et retiré. Le tiers de leur nourriture se trouve dans les 8 ha d'herbes, complétées par du blé et du maïs sans OGM que cultive notre avicultrice. Une visite guidée, en réservant, et les précieux conseils de cuisine de Rachel parachèveront votre visite.

FRUITIERE LA RONDENNE

Place de l'Église - **DESNES**
✆ 03 84 48 19 64
www.comte-larondenne.com

Ouvert du mardi au samedi. Visite guidée gratuite sur réservation. Livraison possible (Chronofresh). Visites guidées.

La coopérative « La Rondenne » regroupe 12 producteurs, situés dans un rayon de 25 km, contribuant à la fabrication des fromages blancs, du comté et du morbier fabriqués sur place. D'autres spécialités proposées (le polinois carré au lait de vache pasteurisé), la raclette, les bleus de chèvre et de Gex, les tommes de vache et de brebis, les cancoillottes. Les yaourts, sirops, miels, jus de pomme, confitures, vins du Jura et œufs frais complètent l'offre. Il est possible de commander par correspondance ou en ligne. Un autre point de vente est à Bellevesvre (71).

BRASSERIE ROUGET DE LISLE

5, rue des Vernes ✆ 03 84 85 09 18
www.larouget.com
Réseau Made in Jura. Brasseur et distillateur de whiskys et vodkas. Visite. Horaires sur site.

Cette brasserie est l'œuvre de Bruno Mangin depuis 1994. La Rouget de Lisle fait figure de « grande sœur » dans le monde de la bière jurassienne. 30 références rien que pour elle. Désormais une distillerie génère un excellent whisky vieilli dans des fûts de vin du Jura, et aussi de la vodka et du gin. Au rayon sans alcool, des sodas : colas « Juracola » et limonades, dont la « Juralim ». Si vous êtes à Lons, vous retrouverez ces produits au Caveau Rouget de Lisle place de la Liberté.

ARLAY

Cité de Caractère BFC. Avec son patrimoine, Arlay raconte l'histoire du département. On y a trouvé, dans une grotte, des objets d'une société magdalénienne. Des humains vivaient ici il y a plus de 15 000 ans ! Des objets trouvés en ont appris beaucoup aux archéologues sur cet âge de pierre. Au Moyen Age, Arlay était un fief important de la famille Chalon-Arlay, princes d'Orange. Il reste des ruines médiévales imposantes du château féodal et un château du XVIIIe. De nos jours, l'aire du Jura, à la sortie de l'autoroute A 39, est un ensemble architectural audacieux construit selon des plans de Claude-Nicolas Ledoux, concepteur de la Saline d'Arc-et-Senans.

CIRCUIT DES ÉTANGS

CHAPELLE-VOLAND
✆ 03 84 48 68 21
www.tourisme-coteaux-jura.com
Circuit pédestre très accessible. 4,5 km. Observatoire. Gratuit. Livret au panneau d'accueil.

Cette randonnée pédestre ludique d'1h30, pour grands et petits, propose un cheminement autour de 3 étangs : Vaillant, du Crêt et du Fort. 4,5 km entre bois et champs où l'on découvre les plans d'eau et tout l'entretien qu'ils supposent : digues, systèmes de trop-plein, mares temporaires, les espèces végétales et animales protégées de cette zone. Les bornes interactives permettent de comprendre le lien avec la nature. On recense en tout 12 circuits dans cette région, la plus longue atteignant les 45 km. Il y en a même un pour les vététistes. Avis aux amateurs !

CHÂTEAU D'ARLAY

2, route de Proby
✆ 03 84 85 04 22
www.chateau-arlay.com
Ruines château médiéval, château actuel et cave, parc 8 ha, jardin des jeux. Accueil groupes. Horaires sur site.

La comtesse de Lauraguais fit construire ce château néo-classique à la place d'un couvent des minimes. Son petit-fils, le prince d'Arenberg, réinvestit la propriété, replanta la vigne et remeubla la demeure. Vous découvrirez les pièces somptueuses et la cave du XVIIe. Le mobilier, réalisé par les meilleurs artisans jurassiens de l'époque, est de style Charles X. Ne ratez pas les traces de campagnes napoléoniennes du prince et la cheminée de la bibliothèque. Un patrimoine extérieur et intérieur admirablement conservé, appartenant aujourd'hui aux de Laguiche.

JARDIN CHÂTEAU D'ARLAY

2, route de Proby ✆ 03 84 85 04 22
www.chateau-arlay.com
Parc romantique de 8 ha.
Fermé de novembre à avril. Tarifs sur site, forfait avec visite du château. Groupes.

En 1773, la comtesse de Lauraguais décide d'aménager un parc de huit hectares sur la colline dominant son château, à l'emplacement d'une ancienne forteresse dont elle a héritée. Le jardin est aujourd'hui classé aux Monuments Historiques et comme Jardin remarquable. Le plan d'origine est conservé au château, ce qui permet d'entretenir le jardin en respectant parfaitement l'organisation de l'époque. Un parcours y est aménagé en une vingtaine d'étapes au cours. La balade s'achève au sommet de la colline, au milieu des ruines de la forteresse médiévale. Superbe !

LE JARDIN DE MISETTE €

2, rue de la Gravière
✆ 03 84 85 15 72
www.jardindemisette.fr
4 chambres dont 2 suites pour 9 personnes.
Dès 63 € la nuit. Animaux admis.
Jardin à l'anglaise en bord de rivière.

Ambiance jurassienne pur jus garantie dans cet hébergement avec un accueil sympathique de Misette (Marie-Claude Petit). Ici la sobriété est faite pour vous si vous aimez le campagnard d'époque. Les 4 chambres ont le confort d'une bonne literie, d'une salle d'eau avec les toilettes séparées. Il est possible de pique-niquer dans le jardin anglais, au bord de la Seille. Ne ratez pas la table de Misette. Parmi ses recettes : la pochouse, la potée comtoises, la tarte à la courge ou aux champignons. Le petit déjeuner et le repas sont maison, avec produits frais locaux.

HOSTELLERIE SAINT-GERMAIN*** €€

635, Grande-Rue ✆ 03 84 44 60 91
www.hostelleriesaintgermain.com
12 chambres dès 89 € en chambre double.
Demi-pension. Parking, terrasse.
Fait également restaurant.

Cet hôtel de charme du restaurant se découvre dans ce village labellisé « Cités de caractère de Bourgogne-Franche-Comté », à 10 km de Lons. La proximité du château offre une pause salutaire. Les 12 chambres et mini-suites s'approprient l'élégance avec des détails raffinés. Elles sont toutes climatisées désormais. L'excellent petit déjeuner donne envie de prolonger le séjour au restaurant et continuer ainsi à se laisser chouchouter. La terrasse ombragée invite tout autant au farniente.

HOSTELLERIE SAINT-GERMAIN €€€

635, Grande-Rue ✆ 03 84 44 60 91
www.hostelleriesaintgermain.com
Maître restaurateur. Logis 5 cocottes.
Horaires sur sites. Terrasse, parking.
Accueil groupes. Fait aussi hôtel.

Une adresse prestige, à 10 kilomètres de Lons et face au cru de Château-Chalon. Cet ancien relais de poste du XVIIe siècle est tenu par le couple Tupin. Moderne, la salle s'offre dans un décor camaïeu et blanc perlé. Marc le chef reste modeste malgré son titre de « maître-restaurateur ». Il sublime les produits frais au fil des saisons. La cave a plus de 300 vins. Les plus chanceux séjourneront dans l'une des 12 chambres spacieuses (dont 1 accessible aux personnes à mobilité réduite).

CHÂTEAU D'ARLAY

2, route de Proby ✆ 03 84 85 04 22
www.domaine-arlay.com
Domaine viticole, ouvert du lundi au samedi (horaires sur site). Dès 12,50 € la bouteille.
Boutique en ligne.

Le vignoble du château d'Arlay serait l'un des plus anciens de France. Des vignes y sont attestées depuis 1070 au pied de sa forteresse. Ce « Bon Pays » qui jouxte à la fois Bresse et Revermont appartenait aux comtes bourguignons. Cette enclave fut dès lors baptisée « Petite Bourgogne » en raison de la très remarquable acclimatation du pinot noir. La vigne y est d'ailleurs toujours menée comme dans cette région. L'exploitation de 25 ha est toujours dirigée par la famille de La Guiche (Alain, Anne et Pierre-Armand). Elle fut pionnière pour la conduite en lyre.

DOMAINE DE SAINTE-MARIE

Chemin de la plaine ✆ 03 84 44 97 33
www.domaine-de-sainte-marie.com
Réseau Made in Jura. Caveau de dégustation.
Accueil groupes. Téléphonez de préférence.
Parking. Dès 9 € la bouteille.

La famille de Sainte-Marie, représentée par Bertrand et Gaëtan, poursuit une tradition viticole familiale deux fois centenaire. Son domaine de 14 ha est éclaté dans la partie septentrionale du vignoble, partant au nord de Champagne-sur-Loue jusqu'à l'Etoile. 7 clos, de part et d'autre du Revermont, qui génèrent essentiellement des blancs. La reconversion est là aussi engagée. Nous avons particulièrement apprécié cet «Ensemblage» (chardonnay, poulsard, savagnin), un 100 % trousseau 2019 de cuve très «primeur» et surtout un vin jaune de 2005 élevé 10 ans en pièce !

EN VENANT DU LYONNAIS VOISIN

Si vous venez de l'ouest ou du sud de la France, une grande bande arborée vous fera comprendre que la massif jurassien est là devant vous. L'habitat est très marqué par la Bresse voisine, mais dès l'instant ou vous pénétrez dans le département il va changer tout comme les paysages, plus vallonnés. La Petite Montagne a un charme exquis avec des grands espaces propices au ressourcement et belles balades. Continuez et c'est ensuite l'eau qui sera la trame de votre séjour. Les lacs occupent une grande superficie du plateau, les cours d'eau ont fait leur lit entre les rochers, générant parfois des cascades impressionnantes. Les bourgs et villages sont marqués par la ruralité, mais avec un dynamisme commercial bien présent, et tout autour la nature sauvage. Tout est à taille humaine, mais les belvédères par contre vous donneront une toute autre vison : les grands espaces où l'homme a su cohabiter et s'épanouir en ces lieux.

Annoire
Asnans
Le Deschaux
Mouchard
Petit-Noir
Fretterans
Neublans-Abergement
Pleure
Les Hays
D468
D475
D217
Vadans
Aumont
Montholier
N83
D245
D73
D137
Chaumergy
D22
Tourmont
Buvilly
Sellières
D468
Saint-Lothain
Poligny
D137
Commenailles
Mantry
D68
D122
Lombard
Domblans
Relans
D5
D970
D70
D1083
Villevieux
La Marre
Ruffey-sur-Seille
Granges-sur-Baume
Larnaud
D137
D470
D141
Mirebel
D471
Lons-le-Saunier
Messia-sur-Sorne
Courlaoux
Montmorot
Verges
D678
A39
Macornay
Savigny-en-Revermont
Publy
D151
D27
D135
Sainte-Agnès
D52
Saint-Laurent-la-Roche
Sagy
Vercia
D678
Pont-de-Poitte
D1083
Beaufort
D162
Dompierre-sur-Mont
CLAIRVAUX-LES-LACS
D49
D2
Cousance
Digna
ORGELET
D470
D117
D165
Meussia
Dommartin-lès-Cuiseaux
D83
Charchilla
D109
D242
GIGNY
D130
D3
MOIRANS-EN-MONTAGNE
SAINT-AMOUR
D98
Villards-d'Héria
SAINT-JULIEN
Coligny
D3
ARINTHOD
Pratz
D1083
D60
D295
Lavancia-Epercy

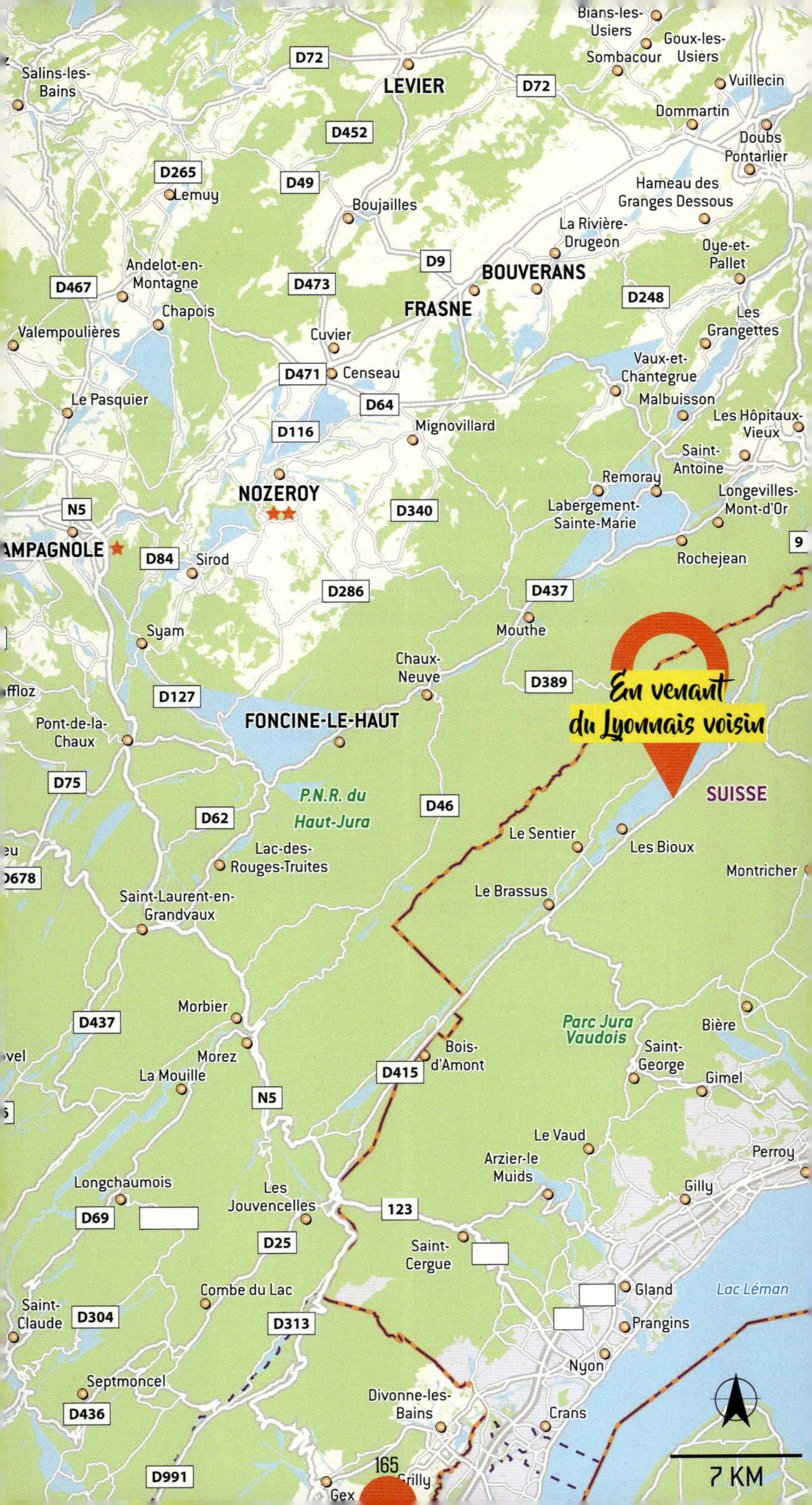
En venant du Lyonnais voisin
SUISSE
LEVIER
BOUVERANS
FRASNE
NOZEROY
CHAMPAGNOLE
FONCINE-LE-HAUT
P.N.R. du Haut-Jura
Parc Jura Vaudois
Lac Léman
Salins-les-Bains
Lemuy
Boujailles
Andelot-en-Montagne
Chapois
Valempoulières
Cuvier
Censeau
Le Pasquier
Mignovillard
Sirod
Syam
Chaux-Neuve
Mouthe
Pont-de-la-Chaux
Lac-des-Rouges-Truites
Saint-Laurent-en-Grandvaux
Morbier
Morez
La Mouille
Bois-d'Amont
Le Sentier
Les Bioux
Le Brassus
Montricher
Bière
Saint-George
Gimel
Le Vaud
Arzier-le Muids
Perroy
Gilly
Gland
Prangins
Nyon
Crans
Saint-Cergue
Longchaumois
Les Jouvencelles
Combe du Lac
Saint-Claude
Septmoncel
Divonne-les-Bains
Grilly
Gex
Bians-les-Usiers
Goux-les-Usiers
Sombacour
Vuillecin
Dommartin
Doubs
Pontarlier
Hameau des Granges Dessous
La Rivière-Drugeon
Oye-et-Pallet
Les Grangettes
Vaux-et-Chantegrue
Malbuisson
Les Hôpitaux-Vieux
Saint-Antoine
Remoray
Labergement-Sainte-Marie
Longevilles-Mont-d'Or
Rochejean
D72
D452
D265
D49
D9
D467
D473
D248
D471
D64
D116
D340
N5
D84
D286
D437
D389
D127
D75
D62
D46
D678
D415
N5
D69
D25
123
D304
D313
D436
D991
7 KM

PAGES

167 ## LA PETITE MONTAGNE

167 **SAINT-AMOUR ★**
Saint-Amour recèle de nombreux trésors patrimoniaux et insolites à découvrir comme les Anciennes Prisons Royales et l'Apothicairerie.

170 **ARINTHOD ★**

174 **SAINT-JULIEN**

175 **GIGNY**

176 ## PAYS DES LACS

176 **CLAIRVAUX-LES-LACS ★**

181 **MOIRANS-EN-MONTAGNE ★**

185 **ORGELET ★**

186 ## ENTRE CASCADES ET MONTAGNES

186 **CHAMPAGNOLE ★**
Idéalement située entre montagnes et lacs au cœur des Montagnes du Jura, à la porte du Parc naturel régional du Haut-Jura, ce territoire est un concentré de Jura, offrant une variété de paysages et de curiosités, en très peu de kilomètres, qui n'auront pas fini de vous surprendre.

194 **NOZEROY ★ ★**
Nozeroy assume et revendique son passé médiéval. Chaque année, le quatrième dimanche de juillet, la municipalité organise une fête, « L'assaut des remparts », qui met en avant la culture et les traditions locales, avec banquet et défilé en costumes d'époque. Pittoresque !

196 **FONCINE-LE-HAUT**

198 **LEVIER**

198 **FRASNE**

198 **BOUVERANS**

SAINT-AMOUR ★

Située à l'extrême sud du département, cette petite ville limite le Jura et la Bresse, entre la plaine et la petite montagne. Son histoire à été marquée par des périodes prospères et d'autres chaotiques, passant sous domination bourguignonne, germanique, espagnole. Les XIXe et XXe siècle verront un essor industriel. Saint-Amour recèle de nombreux trésors patrimoniaux et insolites à découvrir : les Anciennes Prisons Royales et l'Apothicairerie. Aux environs cabane de berger, maisons vigneronnes, clochers comtois, croix, chapelles (Templière de Graveleuse), églises, fermes comtoises, les châteaux de Chevreaux et Rosay, l'église à tour fortifiée de Maynal.

L'APOTHICAIRERIE

Allée du Souvenir Français
✆ 03 84 48 76 69
www.tourisme-portedujura.fr
Visites guidées : juillet/août. Mercredi, jeudi, vendredi. Hors saison sur réservation. Pass Jura Musées.

Cette apothicairerie est en tout point remarquable. Installée de l'Hôtel Dieu dans l'ancien couvent des Capucins, en 1882, et fut active jusqu'en 1942. Placée dans l'ancien réfectoire aux belles boiseries et peintures en trompe-l'œil, représentant des instruments de laboratoire ou des herbes médicinales. Plus de 300 pots en céramique décorée ou en verre, principalement du XVIe au XIXe siècle (pot balustre, pot-canon, piluliers, chevrettes...). Une salle présente des étains médicinaux anciens, ainsi que le mobilier qui garnissait l'hôpital. Une visite s'impose !

LA CABORDE

Montée du Taret - **BEAUFORT-ORBAGNA**
✆ 03 84 48 06 04 - www.lacaborde-jura.fr
Site œnotouristique. Horaires sur internet. accueil groupes. Animations. Concerts. Boutique. Aire camping-cars.

Près de Lons, direction Bourg, La Caborde se dresse comme un château fort. L'architecture contemporaine des 4 niveaux ne passe pas inaperçue. L'ascenseur mène à une terrasse panoramique. Un bureau d'informations touristiques est ouvert au 2e. Des expositions, animations, concerts, films, séminaires sont programmés ainsi que des visites œnotouristiques. La boutique propose des produits du terroir et du savoir-faire jurassien (livres, cartes, objets souvenirs). Le coin pique-nique et la toute nouvelle aire camping-cars intégralement équipée en raviront plus d'un.

LA MAISON DE LA MÉMOIRE CUISELLIENNE ★

Cour du château des Princes d'Orange
CUISEAUX
✆ 03 85 76 27 16
www.ecomusee-bresse71.fr
Ouvert en période estivale. Gratuit.

Comment imaginer l'étendue du vignoble, 200 ha en 1880, alors qu'aujourd'hui il ne subsiste plus rien ? Pourtant, la vigne a bel et bien marqué la cité de son empreinte, et ce dès le XIe siècle. Installée dans l'ancienne maison de la mère Sorgues, la Maison de la mémoire cuisellienne retrace les activités vigneronnes et agropastorales de la région. Autour d'objets et d'outils de travail, de reconstitution, de projections, on pénètre dans le quotidien de générations de vignerons.

FERME DE LA SONNETTE €

3, Le Vernois - **VAL-SONNETTE** ✆ 03 84 25 04 03
www.chambre-hotes-baud.com
Réseau « Bienvenue à la ferme ».
Chambre double 50 €/nuit. Table d'hôtes.
Vente de volailles et œufs.

Cette « Sonnette » sort d'une combe boisée d'où jaillit la source du même nom. Les vignes galopent sur les coteaux et votre résidence n'est autre qu'une maison vigneronne de caractère avec piscine, fleurs à profusion, jardin, deux bassins poissonneux, des terrasses... Le patron Douglas fait du vin quant à la patronne Germaine, elle a la main verte et mitonne de bons petits plats pour ses hôtes. Le coucher se répartit en 5 chambres de 2 à 4 personnes, soit 16 couchers. Elles sont bien équipées avec sanitaires privés. Deux salons sont aussi à disposition.

DOMAINE DE LOUVAREL**** €€

Champagnat - **CUISEAUX**
✆ 03 85 76 62 71
www.louvarel.com/fr
Camping ouvert d'avril à fin septembre.
Emplacements et locations. Aire camping-cars.
Restauration.

Le Domaine du Louvarel est une belle façon de prendre des vacances au vert. Bol d'air pur et grands espaces sont au rendez vous dans ce camping haut de gamme aux portes du Jura et des rives d'un lac. Pour les petits comme les grands, idéal pour la baignade, la pêche ou la promenade. Plus de 100 emplacements ombragés pour planter la tente ou poser le camping-car et pour ceux qui aspirent à plus de confort ils auront aussi la possibilité de choisir une location équipée. Grand nombre d'avantages et d'équipements pour passer des vacances sereines.

LE SAINT-AUGUSTIN*** €€

23, rue de Bresse ✆ 03 84 48 87 58
www.le-saint-augustin.fr
Hôtel 3 étoiles. Réseau Logis. 8 chambres de 75 à 85 €. Demi-pension et pension.
Fait également restaurant.

Depuis 2004, le Saint-Augustin fait un clin d'œil à Saint-Amour. Cette ancienne chapelle du couvent des augustins est située en limite de la Bresse et du Jura. Elle a conservé ses colonnes et ses murs en pierres. Les chambres rénovées en 2015 sont chargées d'histoire et ont un standing élégant. Bonne literie, salle de bains privative, télévision... Annie, chargée de la salle et des chambres, assure efficacement son service. Les recettes régionales cuisinées par son mari José, maître-restaurateur, sont à tous les menus. Un hébergement agréable à prix raisonnable.

LA GOURMANDINE €

10, route de Lons
AUGISEY
✆ 03 84 44 54 64
Ouvert toute l'année. Menus de 14,50 € à 20 €.
Carte 25 €. Terrasse. Vente à emporter.
Bar, épicerie, pain.

Anne-Sophie et Nicolas Froideval ont repris la Gourmandine en 2013, ce commerce, le seul loin à la ronde, qui cumule les métiers de restaurateur, barman, épicier et même d'animateur puisque le duo organise des soirées à thèmes ou concerts. Une cuisine familiale est proposée privilégiant les produits de la région issus de producteurs résidant à 45 minutes maxi de l'établissement. Le jeudi c'est « Tête de veau » ! Toute la journée, la maison fait épicerie et bar. Le soir et le week-end sur réservation, pour les groupes à partir de 8 personnes. A soutenir.

LE BISTROT GOURMAND €€

8, place Pierre Puvis de Chavanne - **CUISEAUX**
✆ 03 85 72 71 57
www.lebistrotgourmand-cuiseaux.fr
Le midi du mercredi au dimanche, le soir du jeudi au samedi. Menus de 18 € à 58 €.

Au centre du village historique de Cuiseaux, au cœur de la Bresse et au pied du Revermont, n'hésitez pas à faire étape dans cet excellent restaurant. En saison vous pourrez vous installer en terrasse sous les arcades. Vous découvrirez une cuisine à la fois personnelle et attachée au terroir où se marient modernité et légèreté. La recherche des produits de qualité et frais sont la trame des mets qui vous sont proposés. Circuits courts et bio sont sélectionnés de préférence. Une bonne table dans un joli village en fait une enclave de la Saône-et-Loire dans le Jura.

LA MAISON DU REVERMONT €€

23, route Nationale - **BEAUFORT-ORBAGNA**
✆ 03 84 25 12 82
www.restaurant-lamaisondurevermont.com
Fermé mardi soir, mercredi et dimanche soir. Ouvert le lundi et du jeudi au samedi le soir ; du jeudi au mardi le midi.

A 15 km de Lons-le-Saunier, en retrait de la D1083, ce lieu gastronomique au décor raffiné est idéal pour les groupes, mais aussi les gourmands et gourmets, ils sont reçus avec le sourire. Il est conseillé de réserver, car l'endroit est très apprécié des habitués. Le chef de cuisine, quant à lui, excelle au piano avec Chantal, maître restauratrice depuis 2013. Les spécialités régionales issues de produits frais ne laissent pas pour autant place aux grenouilles persillées en saison. L'établissement fait bar pour petit-déjeuner ou un rafraichissement.

LE SAINT-AUGUSTIN €€

23, rue de Bresse ✆ 03 84 48 87 58
www.le-saint-augustin.fr
Maître Restaurateur. Formule du jour à partir de 16 €. Horaires sur site. Accueil groupes. Fait aussi hôtel.

C'est un lieu de bon goût dans tous les sens du terme que cet hôtel-restaurant installé dans l'ancienne chapelle du couvent des Augustins. La salle est raffinée. Les notes rouges et grises ponctuent le décor contemporain et s'allient au charme de la maison. Accueil chaleureux et belle présentation des assiettes. L'excellence des repas est due au chef José Gimenez qui sait mêler les traditions d'une bonne cuisine régionale entre Franche-Comté et Bourgogne voisine. Une carte succincte mais subtile. Quant au Secret des Augustins, ce dessert mérite d'être découvert.

L'ATELIER DE BALANOD

495, route de Véria - **BALANOD**
✆ 03 84 48 72 87
www.fromageriesdurevermont.fr
Fromagerie. Ouverte toute la semaine (horaires sur site). Autre point de vente à Coligny. Livraison.

Près de Saint-Amour, en limite de l'Ain, cette fruitière se dresse sur les hauteurs de Balanod. Elle est la fusion des ateliers de Coligny, Treffort et Saint-Etienne-du-Bois en 1990. 15 producteurs apportent 5 millions de litres de lait par an, donnant à l'arrivée 6 000 meules de morbier et 11 000 de comté, mais également de la raclette, de la tomme, du beurre, de la crème et du fromage blanc. Tout est transformé et affiné sur place. Le savoir-faire du fromager s'admire en direct sur un écran. La boutique attenante est bien achalandée en gourmandises régionales.

LE CHAMP DES BERGERONNETTES

AUGISEY
✆ 06 37 77 42 23
100 % bio. Maraîchers. Vente à la ferme et en points de vente. Téléphoner de préférence.

Le lieu-dit où exercent Marion et Johan Tisserand est plus communément appelé « La côte chaude », situé sur cette commune du premier plateau. C'est dire le microclimat qui y règne ! Ils y cultivent leurs légumes le plus naturellement qui soit depuis 2014. Des légumes de saison évidemment qui font le bonheur de la clientèle locale comme touristique. Il est prudent de prévenir avant car le couple est très occupé. Points de vente par ailleurs comme à Ô pré de chez vous de Saint-Amour.

LES JARDINS DE GRUSSE

En Sechon
BEAUFORT-ORBAGNA
✆ 03 84 25 08 12
100 % bio, agrément « Demeter ». Ouvert toute l'année. Vente à la ferme et en points de vente. Accueil de stagiaires.

Emmanuel Kovarik a lancé ses Jardins de Grusse en 2004. On est au pied d'une reculée d'où jaillit la source Sonnette et en bordure du GR 59 pour les randonneurs. Ils pourront eux aussi faire une halte chez Emmanuel qui produit des fruits et des légumes frais. Sa ferme en biodynamie est classée AB et Demeter. Y croissent 40 espèces de légumes et le jardinier privilégie ses propres semences. La vente, voire la cueillette, se fait en paniers. L'établissement reçoit stagiaires et classes scolaires. Une autre façon de faire l'école buissonnière !

CHEZ MONSIEUR SAVON

10, rue du Châtelet
✆ 03 63 67 44 67
www.monsieursavon.ch
Savonnerie artisanale. Ouvert le samedi. Livraison. Vente également en ligne. Savons liquides et solides naturels.

Stéphane Daguin conçoit ses savons de A à Z, des ingrédients à l'élaboration des senteurs. Les matières premières sont la plupart françaises et bien souvent biologiques. Sa méthode à froid préserve les vertus des huiles en conservant la glycérine. L'offre est large (savon solide ou liquide, au lait d'ânesse, de brebis...). Le produit « cuisine » au marc de café et pamplemousse, la « chènevière » au beurre de karité bio et à l'huile de chanvre,... Monsieur Savon aime conseiller le client sur le produit le mieux adapté. Des ateliers sont organisés pour les groupes.

Ô PRE DE CHEZ VOUS

1, Aux Verrières
✆ 03 84 25 66 01
www.opredechezvous.com
Point de vente collectif de producteurs locaux. Horaires sur site. Livraison.

Depuis 4 ans, 14 fermiers ont repris leur destin en main avec la vente directe à Saint-Amour au carrefour de trois départements. Ce point de vente concentre un collectif qui ont adopté un cahier des charges strict : respect de la saisonnalité des fabrications, de la qualité et de la considération animale et environnementale. Quelques-uns sont agréés « bio ». Sur votre route l'achalandage est à la hauteur de vos attentes : fruits, légumes, viandes, escargots, fromages, miel, pains et viennoiseries, jusqu'aux boissons (vins, bières, jus de fruits, tisanes).

ARINTHOD ★

Cité de caractère BFC. Situé au sud du département, dans la vallée fertile de la Valouse au cœur de la Petite Montagne aux paysage superbes, variés, permettant de découvrir toutes les diversités naturelles du sol jurassien. Ces vastes espaces sont protégés dans le cadre de Natura 2000. Le bourg d'Arinthod remonte à la Haute Antiquité voire des Séquanes. Au Moyen Age, le village appartenait à la seigneurie des Chalon. Les arcades confèrent un charme très médiéval, avec une place centrale ou trône l'église classée MH tout comme la fontaine. Les siècles passés ont laissé de belles traces, à découvrir en empruntant, entre autres, le sentier du Patrimoine.

CHÂTEAU DE MONTDIDIER

Hameau de Marsonnas
AROMAS
Sentier pédestre jusqu'aux ruines du château médiéval. Praticable toute l'année. Gratuit.

Sans doute érigée au Xe siècle, cette forteresse, située à la frontière de la France et du Saint-Empire romain germanique, de la Bourgogne, du Dauphiné et de la Savoie, dominait la vallée de la Valouse. Mais, comme bon nombre, il fut pris au cœur d'enjeux territoriaux et assiégé entre le XIVe et le XVIe siècle. Détruit en 1595, lors de la guerre d'Henri IV contre les Espagnols, il en reste aujourd'hui de nombreuses ruines. Suivre un sentier balisé à partir de Marsonnas ou se trouve une chapelle du XIVe, restaurée après sa destruction au XVIIe. Une jolie balade !

ÉGLISE ROMANE STE-MARIE ★★

SAINT-HYMETIÈRE
✆ 03 84 85 47 91
Accès libre. Point de départ d'une randonnée de 7,5 km.

Cette église est au milieu des champs. L'explication est simple : Saint-Hymetière fut détruit à la fin du XVe siècle, sauf l'église. Exemple du premier art roman méditerranéen, elle date du XIe siècle. C'est l'un des rares édifices entièrement voûtés de cette époque. Avec sa courte nef et ses 3 travées, son chevet à 3 chapelles semi-circulaire et son transept à tour de croisée octogonale, sa silhouette surprend. Elle a gardé sa pureté et ses typiques bandes lombardes. A noter : son clocher en dôme. Une randonnée part d'ici vers la vallée de la Valouse (2h30 de marche).

LES OUTILS D'AUTREFOIS

Rue de la Chapelle
✆ 03 84 48 01 17
Ecomusée d'outils anciens. Horaires en téléphonant. Entrée gratuite. Accueil groupes. Visite guidée. Parking bus.

Michel Sudan est un mordu d'outils d'autrefois depuis 2012. 20 amis le suivent pour faire vivre ce musée d'arts et de traditions populaires. Un retour de plusieurs siècles sur ce qu'étaient ces drôles d'objets, ces machines bizarres de l'agriculture et de l'artisanat rural. Dans cette petite montagne, ils étaient menuisiers, tonneliers, arracheurs de dents, fromagers, vignerons, coiffeurs, sabotiers, forgerons... Plus de 2 000 pièces se révèlent avec le commentaire précis des guides bénévoles. Prenez le temps d'aller à cette rencontre hors du temps.

LE PIC D'OLIFERNE

VESCLES

Ce pic est une montagne qui culmine à 807 mètres sur la commune de Vescles, aux confins du Jura et de l'Ain. Il domine d'ailleurs la vallée du même nom. 8 kilomètres de balade en pleine nature vous y attendent, jalonnés d'aires de pique-nique. Le dénivelé est cependant de 260 mètres et prenez la précaution de bonnes chaussures de marche car certains passages escarpés ont parfois l'allure de ce qu'on appelle «des chemins de chèvres» ! Une fois en haut, une superbe vue sur le lac de Coiselet vous attend. Vous pourrez découvrir les vestiges du château d'Oliferne.

© PIERRE DELAGUÉRARD - ICONOTEC

L'église romane de Saint-Hymetière.

SENTIER DU PATRIMOINE

DRAMELAY

✆ 03 84 25 27 47

Randonnée de 8,5 km balisée.
Gratuit.

A partir de Dramelay, ce sentier balisé permet de découvrir les vestiges du château et de l'ancien village : ruines de la tour, de maisons, puits, chapelle... Entretemps, il passe devant la cascade de la Quinquenouille à travers sous-bois et prairies. Il suit après les gorges du Dard, le long duquel on peut admirer la nature à pleins poumons. Autres points d'orgue : un pont médiéval et un belvédère. Le départ, au centre du village, est indiqué par un panneau. Compter 3 heures de marche pour 8,5 km. Une curiosité supplémentaire de cette région pétrie d'intérêts.

AUBERGE DE THOIRE €

20, route de Bourg - **THOIRETTE** ✆ 04 74 49 22 05
www.auberge-de-thoire.com

Qualité Tourisme. 6 chambres de 55 à 80 €.
Petit déjeuner 8,50 €. Parking.
Garage motos/vélos. Animaux admis.

Situé dans une petite localité, au sud du Jura, cet hébergement propose de se ressourcer au bon air. Ses 6 chambres ont été rénovées en 2018, et sont très accueillantes. L'auberge est bâtie dans un cadre de verdure magnifique. Une location de vélos est proposée pour les balades. La patronne, Sandrine Michaud, conviviale et efficace, prend le temps de conseiller les visiteurs ! Le restaurant de l'hôtel permet de découvrir des plats régionaux. Les assiettes sont copieuses et les prix tout à fait abordables. Une bonne adresse à conserver pour un dépaysement total.

LES CHALETS DE JADE €

2, chemin du Château
CERNON

✆ 07 70 74 13 37

3 chambres et 1 chalet. Ouvert du 1er avril au 15 novembre. Paddock/box pour cheval. Garage deux-roues. Terrasse.

Vous souhaitez soigner votre addiction au portable, tablette et ordinateur. Voilà qui vous conviendra. Cernon ne compte que 30 âmes, près des lacs et aux portes du Parc naturel du Haut-Jura. Pour rester dans l'ambiance, le couple Dorgnier a conçu ses hébergements dans le thème. Un chalet d'abord dont les boiseries se fondent dans la nature et que l'on peut louer à la semaine. 3 chambres peuvent d'autre part être louées à la journée. La cuisine d'été couverte permet de se refamiliariser avec les senteurs et les sons de la nature. Oubliez aussi votre réveil.

LA PRESQU'ÎLE DU JURA. FLOWER CAMPINGS. €

Chemin de la Presqu'île - **CHANCIA**

✆ 04 74 75 82 14

www.camping-chancia.com

158 emplacements : ombragé / mi-ombragé / ensoleillé. Sol : herbeux. Aire pour camping-cars. Snacking-bar. Restaurant.

Superbement ombragés, les emplacements sont au plus grand calme et bien espacés, un confort d'indépendance appréciable et une plage pour profiter des plaisirs de l'eau. Mobil-homes et chalets en rondin, ont vue imprenable sur le lac. Un snacking-bar permet de prendre des repas avec pizzas sur place ou à emporter. Nouveauté 2021 : un lodge, spacieux, un chalet haut de gamme en bois et toile. Un lieu exceptionnel sur la presqu'île du Jura, qui porte bien son nom.

CAMPING SOUS LE MOULIN €€

Rue de la Plage - **CONDES**
✆ 07 86 17 59 12
www.camping-lac-jura.com
Camping municipal ouvert du 15/04 au 30/09. Emplacements et locations. Accueil camping-cars. Jeux. Pêche.

Au confluent des rivières Ain et Bienne, ce camping initié par la commune a élu domicile au bord du lac artificiel du Coiselet, crée en aval du lac de Vouglans. Artificiel, mais pas dénué de charmes tant Dame Nature a repris le dessus. Que vous soyez baigneur, rameur ou pêcheur voire adepte de la « PPC » (position parallèle au ciel) vous y trouverez à coup sûr votre bonheur. Ce camping se destine aux séjours familiaux dans son habit tout vert. L'équipement est correct. 80 emplacements sont disponibles, dont 10 locatifs. Les camping-cars ne sont pas oubliés.

LE MOULIN CHOPIN €€

210, rue des Moulins - **MONTAGNA-LE-RECONDUIT**
✆ 03 84 35 71 34
www.moulin-chopin.fr
Table d'hôtes deux menus 25 € et 39 €. Suites de 135 à 160 € pour 2 (1 à 5 personnes). 40 €/personne supplémentaire.

Les propriétaires sont férus d'art et d'art de vivre, cela se ressent tout à fait quand on passe la porte de leur belle bâtisse. Tout a été repensé à l'intérieur de ce vieux moulin à eau. Le côté vintage industriel est mis en avant, alliant pierres, bois et métal. Chaque espace invite à la douceur et la zénitude. Les abords extérieurs sont charmants. Côté cuisine la région comtoise est bien représentée dans des assiettes joliment présentées. Christine et Eric vous accueilleront chaleureusement pour un superbe séjour en plein cœur de la Petite Montagne.

CHÂTEAU DE MARIGNA €€€

Le château - **MARIGNA-SUR-VALOUSE**
✆ 06 86 12 15 30
www.chateaudemarigna.com
Gîtes de France. 13 chambres (pour 34 personnes). Gîtes de 680 à 1650 € la semaine. Table d'hôtes.

Si vous envisagez quelques jours dans un cadre unique, un lieu chargé d'histoire, ce somptueux château vous est destiné. Les tours et le pont-levis ne sont qu'un échantillon de ce qui vous attend intra-muros : quatre gîtes majestueux et fort bien agencés. L'homme-orchestre de la résidence, Pierre Jacquemin, a su y marier le médiéval et le rétro de nos grands-mères qui fait que l'on se sent bien. Vous pourrez profiter également de la table d'hôtes, mais aussi de la piscine et du parc de la propriété. Cette région préservée vous dévoilera des moments de bonheur.

HÔTEL-RESTAURANT LE GALOUBET €

1, rue Principale - **CERNON**
✆ 03 84 48 43 43
www.hotel-restaurant-legaloubet.fr
Fermé le dimanche soir d'oct à avril. Ouvert du lun au sam midi & soir ; dim midi. Fermé 3e semaine de novembre.

On s'y arrête pour savourer un bon repas, car s'y mêlent ici la joie et le bien-être. Les recettes anciennes traditionnelles régionales. Pizzas sur place ou à emporter le vendredi. La déco est insolite comme cette vieille moto mise sur un piédestal (les patrons aiment les motards !), le bar jeune, « flashy » de gris et de rose orangé. Le calme, l'accueil chaleureux de Laurent et l'ambiance conviviale. L'établissement compte 7 chambres confortables.

LA PLAGE €

Chemin de la Presqu'île - **CHANCIA**
✆ 07 67 61 50 65
camping-chancia.com
Ouvert midi et soir du mardi au samedi, et le dimanche uniquement le midi. Fermé le lundi.

L'emplacement est véritablement magique, carrément au bord du lac du Coiselet, et que ce soit de la partie restaurant ou de la terrasse, la vue est superbe. Les nouveaux propriétaires proposent une carte simple où viandes et poissons se côtoieront, avec salades fraîcheur, planchas, grillades et bien évidemment des fritures. En journée le lieu vous permettra de prendre une glace et faire une pause avec comme vue le lac et les falaises qui l'entourent. Un lieu pour un dépaysement à 10 minutes d'Oyonnax et de Moirans-en-Montagne. A découvrir.

AUX SAVEURS DU MONT DIDIER €

2, rue de l'École - **AROMAS**
✆ 04 74 47 97 58
www.aux-saveurs-du-mont-didier.jimdo.com
Du mardi au vendredi de 8h-14h ; samedi 8h-14h et à partir de 19h. Le dimanche sur réservation (12 p. minimum).

Pascaline et Frédéric Dylas ont fait de ce restaurant un lieu de rencontre convivial. Le chef y défend une cuisine de terroir régional à l'image de cette salade de joue de sandre crevettes truite fumée, de cette cuisse de pintade aux morilles et vin jaune en passant par les tartes dont celle « Bourdalou » aux poires et crème d'amandes. En semaine menu du jour jusqu'au samedi et le four permet un bel assortiment de pizzas. Le service « à emporter » est également un plus.

AUBERGE DE THOIRE €€

20, route de Bourg - **THOIRETTE**
✆ 04 74 49 22 05
www.auberge-de-thoire.com
Maître Restaurateur. Menus dès 15,50 €, également carte. Pizzas de 8 à 10 €. Accueil groupes. Terrasse. Hôtel.

Sandrine Michaud, la responsable, et Nadia Clairin, en cuisine, réservent un accueil communicatif. Les amateurs de bons petits plats sont comblés car les saveurs régionales sont au rendez-vous. La carte évolue au fil des saisons, en circuits courts. L'été, sur la grande terrasse couverte avec vue sur la rivière l'Ain, les poissons et les salades composées sont proposés. Il y a aussi des soirées barbecue-karaoké. Vous pourrez faire des emplettes de produits régionaux, une vitrine leur est destinée. Mais aussi des terrines maison. Une adresse comme on les aime.

CAFE AUX DINOSAURES

Au village
COISIA
✆ 04 74 76 82 62
Ouvert toute l'année. Histoires et anecdotes locales par le patron.

Ce « Café des dinosaures » se débusque non loin des empreintes de ces mammifères géants mises à jour en 2004, plus précisément entre le lac de Coiselet et le château d'Oliferne de cette « petite montagne ». Le cafetier du village de quelques dizaines d'âmes reste le seul commerce et lieu de vie. Il contribue au maintien du lien social entre les habitants de la région. René n'a rien voulu changer dans le bistrot parental retour dans les années 1950. Le « Montagnon » ne tarit pas d'histoires et d'anecdotes sur son pays. Un plus pour enrichir votre séjour.

BRASSERIE LA MONTAGNETTE

16, rue de la Croix-de-Fer
✆ 06 59 98 22 62
www.lamontagnette.jimdofree.com
100 % bio. Brasserie artisanale. Visite guidée, accueil groupes. Dès 2,70 € en 33 cl, 5,50 € en 75 cl. Fûts.

Yassine Amrouni a créé sa micro-entreprise en 2014 pour atteindre son rêve : produire des bières typées, naturellement pétillantes et équilibrées. Défenseur du bio, ses breuvages sont non filtrés, non pasteurisés et tous issus d'ingrédients rigoureusement choisis. Dans son Sud-Jura, sa production s'est intensifiée avec succès. Ses recettes sont réalisées en suivant ses coups de cœur. 4 variantes disponibles (blonde, ambrée, blanche et brune), toutes certifiées AB par Ecocert. Terminez votre dégustation par un panel d'infusions des plus inattendues.

FRUITIERE D'ARINTHOD ET CHISSERIA

1, rue de Franche Comté
✆ 03 84 48 01 00
Ouvert du mardi au samedi de 8h30 à 12h et de 14h30 à 18h30. Le dimanche de 8h30 à 12h.

Cette crèmerie a déménagé pour retrouver le site de production de cette coopérative à Arinthod. L'intégralité des comtés qui sont proposés à la vente sont produits et affinés ici. D'autres produits régionaux viennent enrichir les rayons, privilégiant bien évidemment la région. Côté fromage, il faut souligner un très bel assortiment de nos régions. L'accueil très chaleureux, mais professionnel, est une qualité supplémentaire à cette boutique gourmande.

FRUITIÈRE DES ÉRYTHRÔNES

ZA les Champs rouges - **AROMAS**
✆ 04 74 50 70 08
www.comte-dujura.com
Ouvert du lundi au dimanche (horaires sur site). Accueil groupes, visites guidées, dégustation. Livraison.

« Erythrône » désigne une fleur rare du plateau d'Aromas. Cette coopérative est l'une des dernières à réunir tous les métiers de la filière : fabrication, affinage, jusqu'à la vente, sont réunis sur un site. Elle est la fusion de 3 autres coops (Vosbles, Cornod, Burigna). 22 sociétaires dont 2 en bio exercent en lisière de l'Ain. La fruitière produit des fromages d'exception. L'art du fromager Laurent Curt, enfant du pays. Des produits locaux complètent le panel dans le magasin récemment rénové. Depuis 2019, « l'antre » de Laurent se visite aisément sur rendez-vous.

PISCICULTURE BEUQUE

3, route d'Ugna
MARIGNA-SUR-VALOUSE
✆ 03 84 35 72 30
www.latruitedelapetitemontagne.fr
Elevage de truites, truitelles, grenouilles, produits dérivés. Horaires sur site. Livraison.

Le Valouson, à l'eau claire et fraîche, offre toutes les qualités pour Pascal Beuque. Sa ferme aquacole veille aux différentes étapes, de la reproduction au produit fini, en passant par l'élevage, la croissance et la découpe. La truite arc-en-ciel est ici la reine des bassins. Vous l'achèterez vidée, en filets parés, fumée et même en friture de truitelle. Et comme notre homme est entreprenant, il confectionne des spécialités dérivées : œufs en verrine, rillettes, terrines, quenelles, veloutés. En saison, les grenouilles font le bonheur des plus grandes tables.

EN VENANT DU LYONNAIS VOISIN

LES VOLAILLES DE BABETH

7, rue de la Fromagerie - **CERNON**
✆ 06 30 75 10 48

Elevage de volailles fermières.
Vente directe. Téléphoner de préférence.
Fait également gîte pour 6 personnes.

Elisabeth Cornu veut que ses visiteurs retrouvent les valeurs de la campagne. Elle a 2 cordes à son arc : l'élevage de volailles et son gîte. La fermière élève poulets et pintades en pleine nature. 5 mois au moins (80 en général pour celles d'un label), sans médicaments donc sans antibiotiques. Elle possède aussi son laboratoire et commercialise en direct cuisses, quenelles, terrines, tourtons et même des saucivolailles. La tentation sera grande de prolonger cette rencontre avec les 3 chambres douillettes. Vous n'aurez qu'une envie effectivement, celle de revenir.

LA ZARZOTEUSE

5, Rue de la Croix
AROMAS
✆ 06 13 38 48 17

Vannerie selon technique du « Zarzo » espagnol.
Téléphoner de préférence. Livraison.

C'est un atelier de vannerie sauvage et créative que vous dénicherez dans ce village secret. Nathalie Point y exprime son talent depuis plus de 20 ans. Grâce à des voyages, elle a rencontré la vannerie des Asturies. Cette région espagnole regorge du *zarzo*, dont les vanneries privilégient les matières végétales autour de chez soi. L'osier, mais pas seulement. Ce qui fait dire à l'artiste-artisan que «la nature est un art» pour qui sait la mettre en valeur. Objets utiles ou décoratifs, vos yeux tomberont sous le charme des créations de cette «zarzoteuse».

LESLIE CÉRAMIQUE

1, chemin des Fours - **VALZIN EN PETITE MONTAGNE** ✆ 09 84 27 06 35
www.leslieceramique.fr

Potière du grès et de la céramique.
Ouvert toute l'année. Horaires sur site.
En dehors sur rendez-vous. Stages.

Décoratives ou utilitaires, les créations de Leslie Quain sont des chefs-d'œuvre. L'artiste a obtenu ses diplômes aux écoles de Longchamp, Annemasse, Besançon, dont le national d'Arts plastiques. C'est dans une ferme que loge son atelier, en pleine nature préservée de la Petite Montagne. Les pièces marient le grès et la porcelaine. Elles exigent parfois plus d'un mois de travail entre la mise en forme et la pièce finie. Les résultats sont époustouflants et différents de ce que l'on trouve habituellement. N'hésitez pas à découvrir cette artiste discrète.

LE PASSAGE SECRET DES MOYAMOYAS

SAINT-HYMETIÈRE
✆ 03 84 48 04 78

Sac de l'aventure-jeux® : 13 €.
A partir de 6 ans. Parcours de 2h à 3h.
Prévoir des chaussures de marche.

Un parcours pour les familles de quelques heures à la recherche d'un passage secret. Munissez-vous du Sac Aventure-Jeux® (OT, fromageries, commerces). Le jeu de piste part de l'église romane de Saint-Hymetière. Vous irez ensuite à la Caborne du Bœuf et dans le bois de mousse à la recherche de symboles et d'indices, sur les traces d'un peuple légendaire, les Moyamoyas et d'Esfandyar, un archer courageux... Deux heures de surprises et de défis dans la forêt. Alors, prêt pour l'aventure ?

SAINT-JULIEN

Saint-Julien est situé à l'extrême sud-ouest du Jura. Le domaine seigneurial date du XIIe s, partie des biens de la famille des Chalons, jusqu'à 1884, extinction de la famille Lezay-Marnézia. Les vitraux de l'église (1508), inscrits au registre des MH, forment un ensemble le plus important de Franche-Comté. Nombreux sont les commerces et services importants, dont une fruitière à Comté réputée. Les possibilités de randonnées sont nombreuses dans un espace protégé (Natura 2000). 2017, Saint-Julien fusionne avec Louvenne, Villechantria, Bourcia formant la commune de Val Suran. les villages de la vallée offrent de nombreuses possibilités de découvertes.

MOULIN DU PONT DES VENTS

Rue du Moulin - **MONTFLEUR** ✆ 06 06 40 79 29
www.moulin.ecomusee.jura.free.fr

100 % bio. Moulin-écomusée. Visite guidée, démonstrations et stages de fabrication.
Ouvert toute l'année pour groupes.

Le « meulanger » vous attend dans son fournil antique. C'est Bruno Labbé, l'homme-orchestre de ce moulin changé en écomusée depuis 30 ans. Il y fait partager sa passion du pain et des pâtisseries. Vous êtes le long du Suran, carburant de ces pierres inscrites aux monuments historiques. Sur une journée, plus avec les stages, la meunerie n'aura plus de secret. Vous apprendrez les fonctions de cet outil, son mécanisme avec turbines, la gestion de l'eau, les céréales. Vous pourrez «mettre la main à la pâte» : pétrir, cuire... Et manger vos créations, évidemment !

CAMPING MUNICIPAL €

Rue du Stade
© 03 84 85 42 37
www.saintjuliensuran.fr
30 emplacements. Mobil-homes.
Aire camping-cars. Ouvert du 1er mai au 30 septembre. Animaux admis. Aire de jeux.

Ce camping miniature est situé à l'écart du village. Il faut compter 500 mètres pour rejoindre le centre de ce joli bourg. Petit, mais vous ne serez pas les uns sur les autres. Il est idéal pour les amateurs de pêche, car bordé par les rivières Le Suran et La Valouse et à proximité du lac de Vouglans. La magie de la nature vous offrira le repos, ses paysages tout en étant le départ d'un réseau conséquent de randonnées. Quelques jeux sont aménagés pour les enfants et une aire de vidange est disponible pour les camping-cars accueillis jusqu'à fin octobre.

LES PETITS BOU' €

82, rue des Faubourgs
© 03 84 48 61 59
Ouvert du lundi au samedi.
Bar à partir de mercredi. Terrasse. traiteur.
Réservation recommandée.

Voilà une coquette et curieuse enseigne : on est au cœur de la «Petite Montagne» dans ce bourg qui fleure bon la vie campagnarde. L'établissement fait bar et restaurant, dont le menu du jour offre 2 choix différents. Cette maison marie aussi les genres culinaires avec foie gras, morue ou médaillon de cerf. La terrasse est bienvenue en saison, l'établissement possède un bar qui ouvre relativement tôt le matin et reçoit des copains en fin d'après-midi, d'ailleurs souvent en préambule de soirées à thèmes. Petits Bou' fait également traiteur.

FRUITIERE DE LA RIVIERE

420, chemin du Chaumet
© 03 84 85 42 61
www.boutiqueducomte.com
Ouvert tous les jours. Horaires sur site.
Visites gratuites sur rendez-vous. Livraison.

Cette coop du plateau porte bien son nom, construite juste au bord de la rivière poissonneuse du Suran. Résolument moderne, elle regroupe 20 fermes qui lui apportent annuellement 7 millions de litres de lait. Si vous venez à 11h le vendredi en juillet et août, le fromager organise des visites gratuites (et des dégustations) de son « antre » de travail. La boutique tout aussi neuve et appétissante vous offrira son achalandage conséquent. Mais pour vos apéritifs, privilégiez la gamme « Val'Herbes », des fromages destinés à bien introduire vos repas.

L'AVENTURE DES SURANIS

Place des Marronniers - **MONTFLEUR**
© 03 84 48 04 78
www.montfleur39.com
Parcours insolites pour petits et grands.
Animations. Conditions et tarifs sur site.
Validité permanente.

A Montfleur, vous mettez les pieds dans une contrée mystérieuse. Celle des Suranis, créatures minuscules qui vous transporteront dans un autre univers. Elles sont bienfaitrices des cultures et des grandes crues. Sac-aventure en main (vendu dans 30 points) la famille est parée pour une expérience ludique, à pied dès 4 ans, à vélo dès 9 ans. Et des défis : trouver le passage des Moyamoyas, aider Esfandyar à retrouver le code qui le mènera vers la source sacrée. Rechercher aussi le Lynxou. Si vous échouez, vous aurez toute l'année pour recommencer.

GIGNY

Ce village charmant a connu à travers l'histoire des périodes très actives. Il en reste aujourd'hui une très belle église, site clunisien. L'Abbatiale Saint Pierre, bâtie en 890 par Bernon (fondateur de l'abbaye de Baume Les Messieurs et de Cluny) est superbe, monument clef de l'art roman elle servit de modèle à la première église de Cluny. Un itinéraire pédestre, organisé autour du site de l'ancienne abbaye, permet de bien comprendre l'histoire du village. Il part d'une jolie place. Deux circuits sont possibles : l'un de 350 m (20 minutes) et l'autre de 850 m (45 minutes). Les paysages aux alentours sont très typiques de la petite Montagne.

ABBATIALE SAINT-PIERRE DE GIGNY ★

© 03 84 85 47 91
Ouvert toute l'année. Visite libre.
Conférences guidées pour groupes.

L'église abbatiale est à l'origine du mouvement clunisien : son fondateur Bernon envoie, en 909, 6 moines de Gigny (et 6 de Baume) s'installer sur les terres du duc d'Aquitaine, à Cluny. Architecturalement c'est un témoignage du premier art roman, XIe s. L'édifice en pierres taillées, piliers octogonaux et bandes lombardes visibles sur le dôme à huit pans, fut remanié entre 1492 et 1503. Des panneaux permettent de comprendre l'histoire et l'architecture de ce haut lieu de la région.

CLAIRVAUX-LES-LACS ★

Station balnéaire florissante, Clairvaux-les-Lacs est un bourg très actif comme en témoigne son tout nouveau « Village du bois ». La commune se signale aussi par sa vie intense depuis des millénaires. Des fouilles ont montré que l'endroit était déjà occupé il y a 6 000 ans. Une cité lacustre a en effet été découverte il y a 150 ans et l'endroit est classé au patrimoine mondial de l'Unesco. Le dernier forage de 2001 a permis la découverte du plus ancien site archéologique d'Europe : 50 villages lacustres du néolithique et de l'âge de bronze ! Vous pouvez découvrir leur histoire à l'exposition aménagée au-dessus de la salle des fêtes voire au musée archéologique de Lons-le-Saunier. Les paysages des environs sont enchanteurs : monts, ruisseaux, lacs, villages typiques et cascades que vous pouvez découvrir à pied, à vélo, à cheval et même en traîneau l'hiver ! Un sentier de découverte du patrimoine de la petit cité vous conduit de lavoirs en fontaines. Les sportifs trouveront forcément leur bonheur parmi toutes les activités proposées ici : parcours aventure, canyoning, via ferrata, ULM, raquettes, balade en attelage... Deux grands rendez-vous parmi d'autres : le « Trail des lacs » de 17 km et la «Randonnée tour des lacs » qui se déroulent en avril. Bref, si vous aimez la nature, les sports hors du commun et le patrimoine, vous allez être comblé !

MUSÉE DES MACHINES À NOURRIR ET COURIR LE MONDE ★

Route de Lons ✆ 03 84 25 81 77
www.museemaquettebois.fr
Mai, dimanche et jours fériés 14h-18h. Juin, 14h30-18h. Juillet-août, 10h-18h. Septembre, dimanche 14-18h. 7 €, 3,80 €.

Les maquettes présentées dans ce grand hall de 1 000 m² sont le fruit d'un seul homme, Marcel Yerli. Toutes ont été réalisées en bois et fonctionnent avec des parties mécaniques reproduites à l'identique. Voitures, machines agricoles, locomotives, bateaux, avions, et même une superbe Harley-Davidson sont représentés. Une centaine de tableaux du génial créateur sont également exposés : des œuvres figuratives évoquant pour la plupart la vie dans la campagne jurassienne.

PARC ANIMALIER HERIA ★

Val-Dessous
DOUCIER
✆ 03 84 25 72 95
www.parc-animalier-jura.com
Haute saison ouvert tous les jours de 10h à 18h. Adulte : 9,50 €. Enfant à partir de 7,50 €.

Ce ne sont pas des hérissons qui vous attendent, mais des yacks, mouflons méditerranéens, cerfs élaphes et cerfs sika. Et bientôt les wallabies de Bennett, les daims et les bisons d'Europe. Activités : goûter des bisons, des chiens-loups, des cerfs et des mouflons, rencontre avec les patous, le mystère de l'aurochs reconstitué, le biberonnage des agneaux, un stage de fauconnerie. Profitez d'une pause ludique sur le parc avec le poney-bâton, le rallye tracteur, la vache à traire, le village des Indiens, le lancer de lassos et le sentier de l'aventure accrobranche.

LAC DE CHALAIN

DOUCIER
Lac naturel. Ouvert toute l'année. Randonnée, accueil enfants, restauration, boutique, animations.

Situé sur Doucier, Fontenu et Marigny, ce lac naturel de 3 km de long, sur un peu plus d'1 km de large, est le plus grand du Jura et le septième de France. On vient de loin pour profiter de son eau aux couleurs changeantes. Mais avant les touristes, le lac a attiré d'autres populations. Il est un site archéologique connu dans toute l'Europe et classé au Patrimoine mondial de l'Unesco... Les habitations sur pilotis préhistoriques ont été remplacées par les touristiques et de multiples activités sont possibles : voile, ski nautique, baignade, pêche, randonnée, ULM...

LA CHAUMIÈRE DU LAC €

21, rue du Sauveur
✆ 03 84 25 81 52
www.la-chaumiere-du-lac.fr
Chambre simple de 42 à 55 € ; chambre double de 52 à 62 €. Restauration carte, menus 25 et 30 €.

On ne voit qu'elle, regardant le lac. Seule face à la plage et à 500 mètres du centre-bourg de Clairvaux. Cette chaumière-hôtel de charme compte une dizaine de chambres, bien équipées... sauf de télévision. La région des lacs offre suffisamment de points d'intérêt pour s'en passer et profiter de vraies vacances, sans «pollution» visuelle et sonore. Certaines chambres ont une vue imprenable sur le lac. Une imposante bibliothèque compense l'absence de télévision. La maison fait aussi restaurant. Vous y mangerez comme dans toute bonne table régionale qui se respecte.

CASCADES DU HÉRISSON ★★★

Lieu-dit Val-Dessous - **MENÉTRUX-EN-JOUX**
✆ 03 84 25 77 36
www.cascades-du-herisson.fr
Point info, week-end avril-15 juin, 3 derniers week-ends septembre 9h30-18h. Haute saison 7j/7 9h30-19h.

31 sauts dont 7 grandes cascades sur 3,7 km, et une dénivellation de 255 m... Vous comprenez pourquoi 500 000 visiteurs convergent chaque année vers ce site. On peut rejoindre le sentier en plusieurs points. En partant du bas, la cascade de l'Eventail (65 m). Ensuite gagner le Grand Saut (60 m) en grimpant des lacets. Les bon marcheurs partent du haut, d'Ilay ou de Bonlieu, en commençant par le saut Girard (35 m) et en terminant par les plus impressionnantes. Quel que soit le sens, prévoyez donc l'aller-retour, soit 7,4 km pour un peu moins de 3 heures.

LE BON ABRI €€

3, rue de l'Oratoire - **MARIGNY**
✆ 06 76 02 46 63
lebonabrijura.com
Gîtes de France (3 épis).
Restauration (table d'hôtes 26 € sur résa, panier pique-nique). Gîte de 300 à 620 €/semaine.

Vous aurez un accueil chaleureux de Jean-Luc et Christel. Cette demeure du XVIIIe siècle, rénovée, propose 1 gîte de 4 couchers et 3 superbes chambres avec salles d'eau et toilettes privées. La chambre Tilleul, car la vue donne sur un tilleul de plus de 360 ans. Côté cour, celle dénommée Coquelicot est rayonnante de séduction. Côté village, ladite Serpolet a un décor en bois clair. Elles sont chacune équipées d'un grand lit ou de couchages doubles, au choix. La salle du petit déjeuner, avec frigo et micro-ondes, est mise gracieusement à la disposition des hôtes.

HÔTEL LES 2 LACS*** €€

9, rue Traversière ✆ 03 84 25 80 76
www.hotel-clairvaux.com
Chambre double à partir de 85,50 €.
Restauration (restaurant La Poêlée) : menus de 26 à 32 €. Soirée étape VRP.

Cet hôtel accueillant propose des chambres aménagées avec attention, mêlant l'esprit montagnard et des couleurs acidulées ou plus sobres. Elles sont spacieuses (de 15 m² pour la plus petite à 40 m² pour la suite familiale). L'équipement est à la hauteur : salle de bains avec douche ou baignoire, télévision, minibar, wifi... La salle avec un billard et quelques jeux permet de bons moments de détente. le restaurant attenant, La Poêlée fait merveille, avec ses 6 sortes de «poêlées» : bressane, morteau, végétarienne, raillette, saveurs d'ailleurs, et montagnon...

HOTEL LES ALPAGES*** €€

1, chemin de la Madone - **BONLIEU**
✆ 03 84 25 57 53
www.hotel-lesalpages.com
Séjour en demi-pension à partir d'une nuit. 7 chambres de 85 à 91 €. Restauration. Jardin privatif. Terrasse.

Cet hôtel ne manque pas d'atouts. Il domine le village et surplombe la vallée de l'Ain, avec vue panoramique imprenable. Depuis les balcons des chambres ou des grandes baies vitrées de la salle à manger, on profite de la beauté et de la tranquillité du lieu. Intéressant après de longues balades. Il y a le choix pour les découvertes, en l'occurrence le départ du GR559. La qualité de la cuisine. Des recettes du terroir, avec des produits frais et régionaux, appréciées des gourmets qui viennent la déguster même s'ils ne logent pas à l'hôtel !

LE MOULIN DE LA FORGE €€

11, rue des Moulins - **MARIGNY**
✆ 03 84 25 73 90
www.location-jura.com
Gîte de France 3 épis. 2 chambres pour 5 personnes. Dès 350 € la semaine. Equipement bébé. Parc, terrasse.

Ce vieux moulin est situé au bord de la prédestinée rue des Moulins. Maryvonne Duthion a transformé cette demeure en un coquet gîte pouvant héberger jusqu'à 5 personnes. Quant à Daniel, il n'a pu résister au désir de lui adjoindre un musée de la forge. Ce ferrailleur a, ni plus ni moins, réactivé son moulin. Il fait partager sa vocation aux visiteurs. Vous le verrez travailler le fer au martinet et au marteau-pilon. Il vous émerveillera avec sa splendide collection d'outils anciens qu'utilisaient les artisans de la région. quels que soient les corps de métier.

CAMPING DOMAINE DE CHALAIN**** €€€

DOUCIER ✆ 03 84 25 78 78
www.chalain.com
Ouvert d'avril au 15 septembre.
Accès direct à la plage, piscine intérieure et extérieure, bar, 712 emplacements.

Ici, l'ambiance est nature et sportive. Les campeurs ont la possibilité de pratiquer une foule d'activités. Vous pouvez aussi louer canoës, VTT, jouer aux aventuriers au Parc aventure Monkey Forest, faire le tour du lac en gyropode ou le survoler en ULM... Ce domaine est doté du maximum en commerces et services. Du simple emplacement de 80 m² aux chalets tout confort équipés TV, en passant par les mobil-homes et les bungalows, Chalain réussit la prouesse de rester familial et chaleureux.

CRÊPES & GOURMANDISES €

28, Grande Rue - **PONT-DE-POITTE**
✆ 03 84 43 12 88
www.crepesetgourmandises.fr
Restaurant-crêperie. Ouvert du mercredi au vendredi, tous les jours en juillet et août. Terrasse. Produits régionaux.

La Bretagne et la Franche-Comté sont à l'honneur dans cette crêperie qui fait aussi office d'épicerie fine régionale (confitures, bières, rillettes à la volaille, miel, vins...). Même le café est local. Les farines de froment et de sarrasin sans gluten proviennent de l'agriculture biologique, tout comme le sucre. Ces spécialités se dégustent sur place ou s'emportent. Le clin d'œil comtois n'est pas loin (comté, saucisse de Morteau, cancoillotte, vin jaune...). Les coupes glacées artisanales s'apprécient jusqu'en terrasse. Et tout ceci servi avec le sourire.

LE COMTOIS €€

806, rue des Trois-Lacs - **DOUCIER**
✆ 03 84 25 71 21
www.hotel-chalain.com
Toute l'année. Réservation recommandée. Menus de 23 € à 43 €. Carte : 50 € environ. Menu végétarien. Chambre dès 60 €.

Ce restaurant familial sait mettre en valeur les produits et les herbes du terroir. Tout est mis en œuvre pour savourer un repas mémorable. Sur les tables nappées, la vue des assiettes bien dressées excite déjà l'envie. Le choix en menu et à la carte fait hésiter car tout est frais : asperges poêlées à l'ail des ours coulis d'épinard, échine de porc saucisse fraîche jus de trousseau purée de pois cassés... Les desserts sont originaux également. Ce Comtois, fait également hôtel, très confortable. C'est une bonne adresse pas très loin du lac de Chalain.

AUBERGE DE LA POUTRE €€€

25, Grande-Rue - **BONLIEU**
✆ 03 84 25 57 77
www.aubergedelapoutre.com
Ouvert de mai à octobre. Réservation recommandée. Menus de 34 € à 95 €. Carte : 55 € environ.

Vous comprenez son nom dès l'entrée en salle : une poutre en sapin du XVIIIe siècle de 17 m la traverse ! L'ambiance comble ceux qui apprécient la déco campagnarde. Mais la cuisine proposée par le chef François Moureaux (Bocuse d'argent) privilégie l'élégance et l'authenticité du goût, la nature étant pour lui une infatigable source d'inspiration. Le chef étoilé a un véritable don pour marier les saveurs de l'entrée au dessert, sublimant les produits locaux à travers ses menus évocateurs, du «Saut Girard» au «Grand saut». Une superbe adresse immanquable.

LE COMPTOIR PRODUITS REGIONAUX

66, Grande Rue
✆ 03 84 47 28 18
Haute saison : tous les jours et les jours fériés de 10h à 13h et de 16h à 19h30.

Ici ce sont des produits régionaux qui vous sont proposés. Ils vous accueilleront très chaleureusement, dans cette belle boutique où le bois donne à cet espace un aspect montagnard très agréable. Les produits reflets des productions artisanales comtoises sont sélectionnés judicieusement. vins, bières, terrines, confitures, boissons ou fromages entre autres remplissent les rayons. Une nouvelle boutique où les conseils avertis vous seront dispensés avec professionnalisme. A découvrir.

FRUITIÈRE DU HÉRISSON

1590, rue des 3 Lacs - **DOUCIER**
✆ 03 84 25 79 22 - www.fruitiere-comte.com
Coopérative fromagère. Ouvert 7j/7 8h30-12h et 14h30-19h. Fabrication en direct tous les jours. Vente en ligne.

Cette fruitière plus que centenaire produit des fromages régulièrement médaillés. 470 tonnes annuellement, dont 4 500 meules affinées et vendues sur place. Vous trouverez aussi : raclette, morbier, tome du Jura, le délice de Chalain, le Petit hérisson élaboré en hiver, le Serrat et le fromage blanc. Une galerie audiovisuelle avec des bornes interactives permet de découvrir toutes les étapes de la fabrication, de la traite à l'affinage. Mais vous pouvez aussi assister au travail du fromager. Une boutique est située à Beaune (21). Une très bonne fruitière.

LA FONTAINE AUX SOUVENIRS

22, place de la Fontaine
PONT-DE-POITTE
✆ 03 84 44 76 52
www.magasincadeauxsouvenirsjura.weebly.com
Du lundi au samedi 9h30-12h30/15h-19h. Dimanche 9h30-12h30. Haute saison : tous les jours 9h-19h30. Fermeture novembre.

Ce complexe aux souvenirs mérite vraiment le détour. Cartes postales, bijoux, coucous, luminaires, coutellerie haut de gamme, jeux et objets en bois, miel, vins du Jura et du Haut-Doubs, confiseries, minéraux, articles de plage... Une mine de trésors pour tous les goûts et âges. Un espace est dédié aux beaux couteaux mais aussi deux rayons d'habits (été et hiver). Les prix se rapportent à tous les budgets. La boutique s'est agrandie afin de proposer encore plus de choix.

FRUITIÈRE 1900

25, grande rue
THOIRIA
✆ 03 84 25 85 43
www.comte.com
Ouvert tous les jours. Fabrication du comté le matin. Visites guidées.

A Thoiria, la fruitière à comté a été reconstituée telle qu'elle était en 1900 ! Sylvain Robez-Masson, le fromager, travaille et commente en même temps toutes les phases de son métier. La découverte du matériel, des gestes et des techniques se fait l'été dès 9h, En juillet et août, c'est le matin que vous pourrez assister à la fabrication du comté, à l'ancienne et au feu de bois. L'après-midi on peut suivre la fabrication du beurre. Les fromages de ce chalet se goûtent, s'achètent sur place ou par correspondance, ainsi que d'autres produits régionaux.

FRUITIÈRE À COMTÉ BIO DE SAINT-MAURICE-CRILLAT

16, rue Mont Fleuri
SAINT-MAURICE-CRILLAT
✆ 07 72 01 14 00
www.comte-bio.com
Ouvert du mardi au samedi le matin.

Voici une fruitière à comté flambant neuve, fruit d'un vaste projet porté par neuf producteurs. Ce nouveau complexe de 1 200 m^2 est à la pointe de la technologie. On traite plus de 3 millions de litres de lait pour une production uniquement en bio. La volonté était aussi d'y adjoindre une boutique exclusivement bio, dont les produits vendus sont issus du terroir jurassien, couvrant les domaines des boissons, crèmerie et fromages, produits hygiéniques, savons, etc. Une première.

FRUITIÈRE DE LARGILLAY

1, Grande-Rue
✆ 03 84 25 21 07
www.comte-fromage.com
Ouvert mardi au samedi de 8h30-12h/15h-19h. dimanche 9h-12h. Fermé le lundi hors juillet et août. Livraison possible.

Cette fruitière a deux magasins Clairvaux et de Pont-de-Poitte. Elle collecte le lait de 13 fermes dans un rayon de 25 km. Les montbéliardes et les simmentals lèguent 5,2 millions de litres par an. Les comtés (souvent médaillés) sont au choix : doux, fruités, vieux. Il produit aussi du morbier, de la raclette et de la tomme. Les points de vente proposent les autres spécialités fromagères du massif et un éventail d'autres délices du terroir. Accueil et conseil sont les grandes qualités des vendeuses très au fait de chaque gourmandise.

LE VILLAGE DU BOIS

Place du 8 mai
✆ 03 84 47 22 06
www.villagedubois.fr
Basse saison : ouvert de 9h à 12h et de 14h à 19h. Haute saison : de 9h à 21h.

Cet espace est consacré prioritairement au bois sous toutes ses déclinaisons : jouets, cadeaux, décoration. D'autres articles, mais pas en bois ceux-là, complètent cet achalandage. Unique en France, voici un concept-store particulièrement réussi avec 12 boutiques ayant chacune une thématique spécifique. Les produits régionaux et une épicerie fine sont présents. A chaque moment de l'année, ce village atypique se pare des couleurs saisonnières, les collections aussi évoluent à ce rythme. Une visite s'impose, car c'est remarquable.

BENJAMIN VINCENT

Au village ✆ 06 88 32 04 10
www.naturetripjura.com
1/2 journée, familles et groupes : spéléo dès 35 €/personne, paddle 33 €, canoë/kayak 40 €. Équipement fourni.

Cet amoureux de la nature vous proposera entre autres des activités telles que la spéléo, le kayak, canyoning, le paddle, la via ferrata.... Vous serez pris en charge complètement. Une connaissance accrue du département et de ses sites naturels ne peuvent que vous garantir des expériences hors des sentiers battus, le respect de la faune et flore sera exigé. Les programmes sont à la carte comme le « week-end bivouac » dans une grotte, stages spéléo pour jeunes de 7/12 ans voire de la spéléo/œnologie avec découverte des vins jurassiens sous terre avec un sommelier.

© NICOLAS THIBAUT

Lac de Vouglans.

CANOE KAYAK PONTOIS

2, rue de la Gare - **PONT-DE-POITTE**
✆ 03 84 48 34 33
www.passmalin-jura.fr
Juillet et août tous les jours.
De septembre à juin sur réservation.
Programmes à la carte jusqu'à 24 km.

Descendre l'Ain en canoé ou en kayak est possible avec le foyer rural du Val de l'Ain. Il loue le matériel et propose des activités sportives de courtes ou longues durées. L'équipement obligatoire (bidons étanches, pagaies, gilets de sauvetage) est fourni sur place. Une navette de bus amène les participants de Pont-de-Poitte au lieu de départ (Blye, Chatillon, Marigny, Pont-du Navoy). Les parcours proposés sont accessibles à tous : 5 km, 12 km, le plus long étant de 24 km (6 heures). N'oubliez pas les lunettes de soleil, chapeau, short, crème solaire et boisson.

CANOEVASION

Chemin de la Plage - **PONT-DE-POITTE**
✆ 06 79 45 83 31
www.canoevasion-39.fr
Toute l'année. Dès 18 €/personne
le parcours 6 km. 24 € le 12 km. 28 € le 18 km.
Location de canoës et kayaks.

Ce loueur de canoës et de kayaks est un autre prestataire de loisirs sur la base de Pont de Poitte. Vous le trouverez sur le bien nommé chemin de la plage. La famille Loridon propose des parcours au fil de l'Ain pour tous les âges et toutes les conditions physiques. Comme les paysages et curiosités qui la bordent, cette rivière offre une autre vision touristique du Jura sans oublier que son autre richesse est poissonneuse. Tout l'équipement vous est fourni, ce qui est très appréciable. La navette de retour sur le point de départ est comprise dans les forfaits.

MOIRANS-EN-MONTAGNE ★

La commune s'étage entre 423 et 981 m d'altitude. Dans son centre aux façades colorées, les rues étroites offrent de belles échappées sur les falaises. Moirans est la capitale du pays du Jouet. Hérités de la tournerie, activité très répandue dans ce secteur, l'artisanat, puis l'industrie se sont développés, conservant les savoir-faire traditionnels et leur ajoutant la plasturgie au début du XXe siècle. Aujourd'hui, les petits ateliers de tournage cohabitent avec des industriels emblématiques du jouet comme Smoby ou Vilac. Chaque année, en juillet, s'y déroule le festival international pour l'enfant Idéklic et l'animation Noël au pays du jouet.

LAC DE VOUGLANS

MAISOD
www.lac-de-vouglans.com
Ouvert toute l'année. Gratuit. Restauration.
Animations.

Un des lieux les plus charmants de la région ! Ce lac, 3e plus grande retenue artificielle de France, a été formé à la fin des années 1960, suite à la création d'un barrage hydroélectrique sur l'Ain. De nombreux aménagements touristiques bordent ses rives : camping, restaurants, sentiers pédestres... Mais certaines plages sont tranquilles, l'eau est souvent chaude car le lac n'est qu'à 400 mètres d'altitude. En nageant dans les eaux turquoises, pensez que pour construire ce barrage, on a inondé la vallée, englouti plusieurs villages et l'ancienne chartreuse de Vaucluse.

BATEAU VERT LOCATION

Port de la Mercantine - **MAISOD**
✆ 06 60 02 02 24
www.bateauvertlocation.com
Forfait à l'heure (de 1 à 7h) de 28 à 119 € par bateau, de 38 à 159 € par catamaran. De mai à fin septembre.

Vous voulez observer la nature sans la troubler ? Avec Bateau Vert Location, c'est possible ! L'entreprise propose des bateaux silencieux et 100 % écologiques. Les bateaux *Atoll* 40 accueillent de 4 à 5 personnes et ne nécessitent aucun permis particulier. Ils sont équipés de batteries 24 volt et peuvent naviguer jusqu'à 8 heures sans recharge. L'environnement du lac de Vouglans se prête à merveille à cette expérience verte, qui fait rimer respect de l'environnement avec plaisir de naviguer. Vous aurez une vislon exceptionnelle du lac dans toute sa splendeur.

MUSÉE DU JOUET ★★★

5, rue du Murgin ✆ 03 84 42 38 64
www.musee-du-jouet.com
Ouvert toute l'année. Adulte : 8 €. Enfant 5,50 €. Collections de jouets, animations, boutique.

Un musée-cité de l'enfant, hommage à la fabrication traditionnelle et ancestrale du jouet dans le Jura. Ludique, interactif et culturel. Le bâtiment est en forme de gros Lego jaune et bleu. Estampillé musée de France, il présente 17 000 pièces. Des visites contées sont possibles ainsi que des visites ateliers pour une découverte ludique des collections suivie de la réalisation d'une création en rapport avec le thème abordé lors de la visite. Comme chaque année, l'année s'achève en décembre par l'animation du Père Noël au pays du jouet.

LA PETITE MONTAGNE*** €

54, avenue de Saint-Claude
✆ 03 84 42 34 98
www.campinglapetitemontagne.com
De mai à septembre inclus. Wifi. Restauration. Terrain de boules, ping-pong, terrain de volley. Piscine.

Vastes emplacements, chalets du Jura, mobile-homes et logements insolites, piscine chauffée, terrains de jeu pour les enfants… Ce camping offre tout le confort attendu d'un 3-étoiles. A 5 km du lac de Vouglans, l'endroit est convivial et bien animé en été. Vous pouvez pratiquer de nombreuses activités à proximité : équitation, pêche, voile, tennis, cinéma, escalade... Et bien sûr, plusieurs balades à pied. L'accès au centre de Moirans, à 900 m, peut se faire par un sentier pédestre. Un lieu idéal pour camper en famille ou entre amis.

LE TRELACH' €

5, rue du Mont du Cerf
MAISOD
✆ 03 84 42 39 00
Ouvert de 11h à 21h30. Tous les jours de mai à mi septembre. Réservation recommandée. Vue sur le lac de Vouglans.

C'est une enfant du pays qui reprend cet établissement. Amélie Vallet propose une restauration-snacking. Situé à l'écart des principaux axes, vous serez au calme. La vue reste toujours aussi remarquable sur le lac de Vouglans. Pour déjeuner ou dîner les plats sont à base de produits régionaux, d'autres plus classiques que l'on retrouvera aux côtés des burgers maisons. La carte est évolutive en cours de saison. La grande terrasse vous permettra de faire une pause pour une boisson fraîche ou une glace. Une nouvelle « bonne » adresse à découvrir !

AUX FOURS & AU MOULIN €

5, impasse de l'Écluse
VILLARDS-D'HÉRIA
✆ 03 63 68 68 43
Haute saison : du mardi au dimanche le midi et le soir. Réservation impérative. Carte : 20 € environ.

Voici un lieu hors des sentiers battus. Ce vieux bâtiment industriel, avec roue à aubes, est situé sous un viaduc. Le site est superbe, liant la nature sauvage et le passé industriel du village. Le restaurant, lui, est composé d'une grande salle au design de très bon goût. Laurianne vous proposera des plats qui s'inspirent des cinq continents, sans oublier ceux de la région. Notre restauratrice privilégie les produits frais et bio et les circuits courts. Le midi un plat unique est proposé, la carte c'est pour le soir. A découvrir.

L'OUSTAU €€

25, rue Roussin
✆ 03 84 42 60 78
www.restaurant-loustau.fr
Du lundi au samedi le midi et le soir ; le samedi soir. Réservation recommandée. Menus : 26 € à 33 €. Carte : 25 €.

C'est une très bonne adresse que ce restaurant en plein centre de la cité du jouet. Guillaume et Virginie Mougenot vous accueillent pour vous faire déguster une bonne cuisine maison. La gastronomie traditionnelle y côtoie la régionale. Fluctuant selon les saisons et le marché, les plats sont très bien présentés, délicieux et en plus copieux. Pensez bien à réserver, car la salle n'est pas très grande, mais on est à l'aise grâce à une décoration sobre et très agréable. Voici une bonne adresse à quelques pas du renommé Musée du Jouet.

ORGELET ★

Cité de caractère BFC. Ce bourg d'environ 1 700 habitants doit son nom au mont Orgier, au pied duquel il se blottit. En dépit des incendies et des guerres, il a conservé un riche héritage du passé. Affranchi par le comte de Chalon en 1267, Orgelet a connu son heure de gloire au Moyen Âge : c'était alors une cité brillante et renommée. De jolis hôtels particuliers témoignent de ce passé. Au milieu du XVIe siècle, la ville devient même un important centre judiciaire. Sur la place des Déportés, on remarquera l'hôtel de ville qui surplombe les solides voûtes de l'ancienne halle aux grains. La façade est ornée d'un joli cadran solaire en fer forgé. À proximité du bâtiment se trouvait la prison. Les cachots sont toujours là, derrière d'épaisses portes à gros verrous. La Grande-Rue débouche sur l'ancien monastère des Bernardines, venues d'Annecy en 1652, ses murs héberge aujourd'hui un collège. Le cloître est visible derrière une baie vitrée accessible au public. La chapelle est surélevée par une double rampe d'escaliers. Elle accueille la médiathèque municipale. La Place aux Vins, la porte d'entrée au bourg de Merlia, l'ancien hôtel Babey... Autant d'éléments révélateurs de la diversité et de la richesse du patrimoine d'Orgelet, ville natale du fameux Cadet Rousselle. À noter : le marché a lieu le vendredi matin.

BRASSERIE DES TROIS ÉPIS

3, chemin de l'Ancien Abattoir ✆ 03 84 35 27 74
www.brasserietroisepis.fr
Visites commentées en juillet-août : départ à 10h30, 15h et 18h du lundi au vendredi, 15h et 18h le week-end. Gratuit.

Vous aurez ici l'occasion de découvrir les techniques et l'alchimie du brassage au cours d'une visite guidée gratuite (1h). Elle s'achève par une dégustation de bonne «bieregelette» qui se décline en 4 couleurs ! C'est le nom de baptême de toutes les bières de cette brasserie, donné par Jérôme Faton. Malts, houblons, levure, étapes de brassage, températures, «fermentation haute» : vous saurez tout sur ses secrets de fabrication. Lauréat des Trophées «Économie et Territoires» de la région Franche-Comté, ce maître brasseur propose des bières maltées artisanales.

CROISIERE LE LOUISIANE

Base de Loisirs du Surchauffant
LA TOUR-DU-MEIX ✆ 03 84 25 46 78
www.bateaux-croisieres.com
De fin avril à fin septembre. Croisières simple et Croisières-repas midi (préférable de réserver). Accueil groupes.

Un beau navire digne de flotter sur le Mississippi, mais ici sur le lac de Vouglans, l'immense retenue d'eau de 35 km formée il y a 60 ans lors de la construction du barrage. Le Louisiane comprend un bel espace aménagé pour une croisière insolite environ 2 h loin du monde : le Jura sous un aspect inattendu. Croisière simple ou agrémentée d'un repas aux accents régionaux. Le capitaine propriétaire du navire, fera la visite commentée passionnément il est amoureux de ces lieux. Les croisières en soirée permettent d'assister à des couchers de soleil inoubliables.

BRASSERIE L'ORIGINE DU MONDE

22, avenue Lacuzon
✆ 06 73 70 02 66
Mercredi et vendredi 16h-19h.
Sur rendez-vous les autres jours.
Livraison possible.
Visite et dégustation gratuites.

Nadine Labelle et son compagnon Philippe Paillard considèrent cette activité comme « un art populaire ». Ils s'inspirent dans leur atelier de différents styles afin de développer leur gamme. Vous y dégusterez des « classiques » et des bières spéciales selon les saisons. Certaines en intègrent les fruits du verger et un élevage dans des fûts de vins du Jura. À découvrir à l'occasion d'une dégustation et d'une visite commentée, il est conseillé de prévenir au préalable.

COOPDU MONT ORGIER

1, place du Colonel Varroz
✆ 03 84 25 40 88
www.fromagerie-orgelet.com
Fromagerie. Ouvert tous les jours (horaires sur site). Livraison, vente en ligne et distributeur 24h/24.

À quelques encablures du lac de Vouglans, cette coopérative regroupe 21 producteurs laitiers ; ayant rattaché la commune d'Arthenas en 2010. Ils lui livrent 7 millions de litres par an. Ces derniers sont transformés sur place, principalement en Comté AOP (700 t./an). Cet atelier se consacre aussi au beurre, à la crème et au fromage blanc. Le magasin attenant, tout en arrondi, dispose d'un large éventail d'autres spécialités fromagères régionales. Une sélection de gourmandises locales complète l'offre. Notons enfin la présence d'un comté bio.

CHAMPAGNOLE ★

Bienvenue dans la région de Champagnole Nozeroy Jura. Idéalement située entre montagnes et lacs au cœur des Montagnes du Jura, à la porte du Parc naturel régional du Haut-Jura, ce territoire est un concentré de Jura, offrant une variété de paysages et de curiosités, en très peu de kilomètres, qui n'auront pas fini de vous surprendre, mais des lieux patrimoniaux et une palette de sources, de cascades, de gorges le long de la rivière de l'Ain et ses affluents qui ne vous laisseront pas indifférent. N'hésitez pas à prendre le temps de voyager de la haute vallée atypique de la Saine au plateau de Nozeroy avec son bourg classé Cité de caractère Bourgogne Franche-Comté, sans oublier de passer par la ville de Champagnole, perle du Jura… Ainsi avec les quatre lacs du Franois et le lac de Chalain, une dizaine de sites touristiques aménagés font leurs shows en toute simplicité ! Champagnole, petite ville de 8 000 habitants, posée au bord de l'Ain, dans un écrin de verdure entre le mont Rivel et le belvédère de Bénédegand, jouit d'un franc soleil les jours où le brouillard envahit les basses altitudes du Jura ! Ville connue et particulièrement adaptée à la pêche à la mouche, mais aussi au passé industriel, Champagnole s'est développée à partir du XVIIIe siècle. Métallurgie, cimenteries, tanneries, huileries, scieries, fabriques de meubles et de jouets étaient en plein essor aux XIXe et XXe siècles. Mais ce dynamisme économique subit un coup d'arrêt de 1970 à 1990. Quelques entreprises subsistent cependant et l'exploitation du bois reste bien présente grâce aux massifs forestiers environnants. La ville accueille de nombreux commerces de proximité et le centre-ville, récemment réaménagé, est très agréable. Le plateau de Nozeroy, avec sa cité médiévale, qui se dit « plus petite ville de France » domine la haute vallée de l'Ain. Son histoire transpire encore et les habitants vous font partager leurs anecdotes lors des visites guidées organisées. C'est aussi l'un des lieux les plus importants en producteur de lait à comté, où les « fruitières » vous ouvrent leurs portes pour découvrir et déguster ce fameux fromage. La haute vallée de la Saine faisant partie du club très fermé des « sites majeurs jurassiens » est un des « spots » les plus branchés du département avec sa source de la Saine, les gorges de La Langouette… et la petite station nordique typiquement jurassienne Foncine-le-Haut, ne vous laissera pas indifférent.

LACS DU GRAND MACLU ET DU PETIT MACLU ★★

LE FRASNOIS

© PIXELPIXEL - STOCK.ADOBE.COM

On accède facilement à ces deux lacs reliés par un ruisseau depuis le village du Frasnois Ces deux lacs étant privés, leurs bords sont magnifiquement préservés : on y trouve des prairies, des tourbières et des forêts. Si vous aimez marcher, vous pouvez faire le « tour des quatre lacs » long de 12 km : suivez le GR59A, balisé blanc et rouge. Comptez 2 bonnes heures de marche. Les passionnés de botanique seront comblés. Ces lacs et leurs abords cachent en effet une flore très riche et des spécimens rares comme la gentiane pneumonanthe, une espèce protégée. On admire !

MUSÉE ARCHÉOLOGIQUE 🏛 ★

26, rue Baronne Delort ✆ 03 84 53 01 08
www.champagnole.com
Téléphoner pour horaires.
Tarif adulte 3 €, groupes et étudiants 2 €.
Visite commentée à partir de 10 pers 4 €.

Ce musée de Champagnole raconte l'histoire des environs de l'Antiquité à l'époque mérovingienne. Les collections sont issues de fouilles des sites du Mont-Rivel et de Saint-Germain-en-Montagne. Les dernières remontent à 1992. Elles font revivre le quotidien d'un centre religieux doté de 2 temples. Autour, des artisans fabriquaient des objets pour prêtres et pèlerins. Des articles en tabletterie, objets en métal, perles... Une salle propose une vision vivante de la société mérovingienne, avec des vestiges venant des cimetières de Crotenay et de Monnet-la-Ville.

LES PERTES DE L'AIN

BOURG-DE-SIROD
✆ 03 84 52 43 67
8,5 km de parcours balisé sur les crêtes de Château-Villain. Ouvert toute l'année. Gratuit.

Ces « pertes » ont tout à montrer. La curiosité ici c'est justement que la rivière l'Ain disparaît pour ressurgir 100 m plus bas. Elle se « perd » dans une gorge étroite (moins de 2 m de large) et profonde (jusqu'à 15 m). Par fortes pluies, les eaux bouillonnent et sortent en une impressionnante cascade. Elle alimente une centrale électrique depuis 1922. Un sentier depuis le parking « les Chamois ». permet de s'en approcher et plus haut, de découvrir les ruines de l'ancienne forteresse de Château-Villain et la chapelle castrale. A pied, en vélo et pause pique-nique.

LE BOIS DORMANT*** €€

443, route de Pontarlier
✆ 03 84 52 66 66 - www.bois-dormant.com
Logis. Qualité Tourisme. Ouvert toute l'année. 40 chambres. Label Tourisme & Handicap. Séminaires. Animaux admis.

Un hôtel situé en sortie de ville, dans un bois de 3 hectares, tranquille où les oiseaux chantent en réveil-matin ! L'établissement a choisi de miser sur la lumière, le confort moderne, le raffinement et l'élégance plutôt que sur une ambiance rustique. Outre la beauté des lieux, une belle charpente apparente, la qualité des chambres (certaines au rez-de-chaussée) et l'accueil. Espace bien-être avec piscine chauffée couverte, bain bouillonnant, sauna et hammam. Le site propose aussi des séjours à thèmes. Un lieu qui pourrait s'appeler le Bois Charmant !

LA ROUTE DES SAPINS

Forêt de la Fresse
EQUEVILLON
✆ 03 84 52 43 67
www.juramontsrivieres.fr
42 km ponctués de 21 sites. Accessible toute l'année, sauf routes non déneigées. Gratuit.

Sur 42 km à travers les forêts de la Fresse, de la Joux et de Levier, la route des sapins est jalonnée de panneaux expliquant l'histoire de ces forêts, la faune, la flore, la sylviculture... A suivre librement en vous arrêtant au gré de vos envies, pour faire quelques tronçons à pied ou à vélo et profiter des 21 sites touristiques signalés : belvédères, aires de jeux, maison forestière, parc à cerfs, sécherie de graines d'arbres, ancienne glacière naturelle... Sans oublier de rendre hommage au plus bel arbre de la forêt, le Sapin Président... élu à vie !

LES CHALETS À LA FERME €

13, rue de la Jette
LENT
✆ 03 84 51 83 56
De 230 à 1050 selon nuitées ou séjours. A partir de : Chambre d'hôtes 49 € ; 1/2 pension 61 €. Vente produits de la ferme.

Marie-Claude et Gilles Tonnaire, tiennent leur ferme avec passion, et cette passion il l'a font partager généreusement. Les jolis chalets ont tout le confort d'aujourd'hui. Vous aurez une vue superbe sur la cote de Mouthe et les prairies. et la Suisse voisine. Le plus ici c'est l'accueil qu'ils vous réserveront. Mais ce n'est pas tout la bonne cuisine régionale, les cochonnailles, produits régionaux, et autres miels fromages, vous pourrez vous les procurer sur place. Tout est réuni pour une immersion dans une nature préservée et découvrir une vie authentique.

LA VILLA NEO-PALLADIENNE

225, chemin de Benaisy - **SYAM**
✆ 03 84 51 64 14
www.villa-palladienne.chateaudesyam.fr
Monument historique. Du 1er mai au 30 octobre. Visites guidées et audioguidées. Réceptions. Hébergement en chambre.

Qui s'attendrait à trouver une villa néo-palladienne au cœur du Jura ? le maître de forges Emmanuel Jobez, inspiré par un voyage en Italie, la fit construire, en 1818. Préservée et maintenue en état par les descendants de Sadi Carnot, cette villa se dresse sur un plan carré, le tout centré sur un péristyle de 8 colonnes et 3 balcons circulaires, tel un théâtre, dans l'esprit des belles villas Italiennes du maître Palladio. Certains murs sont ornés de papiers peints, le mobilier d'époque et de style a été réassorti au fil des ans, conférant un ensemble élégant.

CAMPING DE BOŸSE*** €€

20, rue Georges-Vallerey ✆ 03 84 52 00 32
www.camping-boyse.com
De mars à septembre. Réservation obligatoire. DAB ; magasin d'alimentation ; vidange WC ; lave-linge, laverie.

A 900 m du centre-ville, les 7 ha du camping 3-étoiles de Boÿse comportent des emplacements espacés de 80 à 180 m², le tout sur un terrain arboré. Les tentes meublées sont « prêtes à camper » ! Côté « hôtellerie de plein air », lodges premium ou bivouac, chalets de 25 m², chambres, cabanes dont 1 cabane tribu offrent tout le confort. L'extérieur est aménagé d'espaces pour camping-cars. Autres équipements : piscine chauffée, aires de pétanque, de volley..., entre autres. Le bar-restaurant est excentré et propose de bons repas et des animations.

CAMPING LE BIVOUAC €€

Route du Lac de Châlain - **PONT-DU-NAVOY**
✆ 03 84 51 26 95
www.camping-lebivouac.com
A partir de mai. Lave-linge, laverie ; accès direct à la plage ; bar ; pêche. Réservation recommandée. 53 emplacements.

Un camping idéalement situé sur les rives de l'Ain. Si la baignade ou la navigation en rivière ne vous plaît guère, vous êtes est quelques minutes des lacs de Chalain, Ilay, Narlay, Maclu, Grand Maclu, Etival, et les cascades du Hérisson sont tout aussi proches. Accro à la pêche ? N'oubliez pas votre attirail de pêche ! Ce camping agréable ouvert en toute saison a une position centrale. Vous êtes à 10 minutes de Champagnole. Une crêperie-pizzeria-glace est là pour les petits creux en journée ou pour un repas convivial, sur place ou à emporter !

GÎTE DES RACINES €€

2, rue du Presbytère - **MONTROND**
✆ 03 84 51 73 00
Toute l'année. Réservation conseillée. Pour 6 personnes (3 chambres). De 450/600 € semaine selon saison. Week-end 250 €.

Ce gîte vous propose une étape bien jurassienne. Philippe Jouham l'a ouvert dans une ancienne demeure rénovée à 600 m d'altitude. Comme son nom l'indique, tout respire le bois. Chaque chambre est équipée d'une salle de bains et de toilettes. Les murs offrent une bibliothèque et des jeux sous abris comme le ping-pong ou le baby-foot. Le sous-sol héberge un garage. Vous remarquerez dans chaque pièce d'étranges formes sculptées. Le propriétaire dans son atelier s'adonne à la sylvistructure : des œuvres d'art qu'il réalise à partir de racines ramassées en forêt.

LA BILLAUDE LES ROUTIERS €

2, La Billaude
LE VAUDIOUX
✆ 03 84 51 60 33
Bar et restaurant. Ouvert du lundi au samedi. Accueil groupes. Véranda et terrasse. Vente à emporter. Boutique.

Ce restaurant combine le mot routier au sens propre comme au figuré, car nombre de touristes y font halte. Au coup de feu, Guy Chagre, la cinquantaine bien tassée, ne songe pas à la retraite ! 70 ans que cela dure. N'attendez pas qu'on vous invite à passer à table. Ici on s'assoie à une place libre ! Un verre d'apéritif est servi d'office, compris dans le menu du jour ! Entrée copieuse, plats garnis, assiette de fromages (au pluriel !), dessert maison et vin. Un lieu convivial et un très bon rapport qualité-prix. Un bijou comme on aimerait qu'il en reste !

BRASSERIE DU CENTRE €

56, rue de la République
✆ 03 84 52 47 19
Ouvert toute la semaine, et dimanche midi. Menu à 16 €. Plat du jour 9 €. Terrasse. Vente à emporter.

L'aménagement semi-piétonnier du centre de la « Perle du Jura » (qualificatif de Champagnole) permet de repérer facilement cette brasserie que tient Jean-Pierre Mistrorigo. On y boit un verre entre copains avant de passer à table. Cet établissement fait honneur au nom brasserie, avec des produits frais régionaux. La part belle est faite à la viande et aux abats. Risquez-vous aux rognons et à la tête de veau. Les assiettes sont copieuses et les tarifs des plus sages ; qu'il s'agisse du simple plat du jour, des salades-repas et du menu renouvelés en permanence.

LE RESTAURANT €

1, avenue Jean Jaurès
✆ 03 84 52 14 69
www.lerestaurant-champagnole.fr
Tous les jours. Réservation recommandée. Carte : 25 € environ. Formule du midi : 14,50 €. Parking. Groupes. Terrasse.

Avec des murs de briques blanches, un éclairage « cloches » entre lesquelles volent de belles maquettes d'avions, on s'y sent bien. Le bois utilisé à gogo ajoute à la convivialité. On peut se restaurer tous les jours, des salades, des viandes et poissons, des burgers, des galettes des pizzas et un créneau de plats régionaux (fondues, morbiflette, tartichèvre…). Les desserts sont faits maison. Un service traiteur et un « drive » complètent l'offre à la clientèle. La terrasse est prisée dès les premiers rayons. Un bon rapport qualité-prix.

RESTAURANT-HÔTEL DU CERF €

1, rue de l'Ain - **PONT-DU-NAVOY** ✆ 03 84 51 20 87
www.hotelrestaurantducerf.com
Ouvert toute l'année. Réservation recommandée. Menus de 14 € à 30 €. Carte : 25 € environ.

Ce restaurant situé à moins de 10 minutes du lac de Chalain. Les plats sont entièrement maison (jusqu'aux desserts). L'été, les grillades fumées du Jura et les charcuteries du Haut-Doubs plaisent aux plus pressés. Toute l'année les salades, dont celle au saumon poêlé et crevettes. Sinon les filets de truite aux morilles parfumée de vin jaune, pêchée à deux pas et le magret de canard aux pommes et macvin. Et aussi les soirées : grenouilles fraîches, moules, fête des Mères, Noël... On y revient, car on y mange bon en toute simplicité !

LE BOIS GOURMAND €€

443, route de Pontarlier
✆ 03 84 52 66 66
www.bois-dormant.com
Tous les jours et les jours fériés le midi et le soir. Réservation recommandée.
Carte : 15 € environ. (plat).

Le plaisir de bien manger dans un cadre bucolique : chalet en bois, parc boisé et petite rivière. Le chef Alexandre Mathy dirige sa cuisine avec succès et travaille les produits du terroir, mais s'évade aussi avec des mets inventifs, surtout lorsqu'il va puiser dans le jardin du patron Elie Sclafer. Dans ses recettes, fromages et vins du Jura occupent toujours une bonne place ! En entrée, blanquette d'escargots à la crème de savagnin et petits légumes ; suivie d'un paleron de bœuf au Trousseau et son lard paysan, pour finir par un baba au rhum. Incontournable.

LE REPÈRE €€

25, avenue de la République ✆ 03 84 52 62 17
www.le-repere.com
Ouvert le dimanche et le lundi le midi ;
du mardi au samedi le midi et le soir.
Réservation recommandée.

Christophe Germain et Flavia tiennent ce restaurant bistronomique de taille modeste dans une ambiance moderne et lumineuse, avec une terrasse aux beaux jours. La carte change 4 fois par an pour faire voyager y compris dans des contrées lointaines. Les assiettes, quelles qu'elles soient, sont talentueusement mises en scène. Même le menu du jour est bien placé pour un établissement de ce standing. Le poisson tient une place non négligeable dans les entrées. Si vous êtes plutôt viandes, elles sont rigoureusement choisies. Les desserts sont excellents eux aussi.

RESTAURANT LE SISSEBISSE €€

6 bis, rue Clemenceau ✆ 09 53 77 08 08
Fermé le mardi. Menu de 17,50 à 39,50 €.
Midi et soir du mercredi au samedi.
Dimanche et lundi le midi.

Le Sissebisse est très bien tenu par Lucie Viret. L'esprit de cette maison se veut tourné vers les circuits courts de producteurs, adeptes d'une agriculture raisonnée ; pas forcément bio mais éthique. La salle de restaurant laisse s'exprimer les pierres et les briques mises en valeur avec d'énormes lustres cloches façon rotin/cannage. Les tables sont bistrot, les piétements en fonte et l'assise en bois cuvette et métal chromé. La carte change régulièrement au rythme des saisons, mais les plats sont délicieux. Un établissement qui remporte un succès mérité.

LA TRATTORIA DES CASCADES €€

2, Chemin de la Joux - **LE FRASNOIS**
✆ 03 84 47 01 61
latrattoriadescascades.fr
Du lundi au dimanche de 12h à 21h.
Ouvert 7 jours/7 en juillet/août, midi et soir.
Carte, salades, Pizzas. Terrasse.

Même si les hamburgers (l'Italien et le Classico) sont au rendez-vous, la cuisine qui reste traditionnelle s'agrémente de spécialités typiquement italiennes avec des produits frais. Les antipasti s'accompagnent d'un vin italien. Les pâtes farcies au saumon ou au fromage, tagliatelles, pennes, lasagnes et gnocchis garnissent les plats. Le choix d'une pizza, d'une bruschetta ou d'une salade-repas se fait sans souci : il y en a pour tous les goûts, même pour les végétariens.

GOURMANDISES ET CIE

2, rus des Tirettes - **CROTENAY**
✆ 03 84 51 29 93
www.gourmandises-cie.fr
Biscuiterie / Chocolaterie artisanale.
Autre adresse : 5 rue Progin à Champagnole.
Vente en ligne.

Tout en conservant son job de secrétariat, Mélanie Plantard s'est mise à son compte en 2010 pour fabriquer ses gâteaux, chocolats et confiseries. Bien en a pris à cette pâtissière dans l'âme, qui n'a cessé de se faire un nom dans la profession et donc auprès de la clientèle. Vous trouverez chez elle des nougats, des biscuits croquants, des bonbons tendres, des fruits secs enrobés, de la guimauve, des meringues et bien sûr des chocolats. Ses dernières nouveautés : chocolat à pâtisser, bonbons « crunchy barre », tablette pralinée et bâtonnets chocolatés.

BOISSELLERIE DU HÉRISSON

17, La Fromagerie - **LE FRASNOIS**
✆ 03 84 25 50 78
www.boissellerie-du-herisson.com
Basse saison du mardi au samedi ;
tous les jours en haute saison.
Livraison possible (envoi dans toute la France).

Véritable caverne d'Ali-bois-bois, cette boutique est le passage obligé pour dégoter un petit souvenir issu de la boissellerie ou fabriqué par des artisans locaux ! Et 100 % naturels. Ses articles sont si aboutis qu'elle suscite même des vocations chez les plus jeunes. Vous y trouverez des articles de décoration, des ustensiles de cuisine, des objets en bois brut, des jouets, des cadeaux, même insolites comme le « tourne-pousse », le « casse tête », le « peigne à chauve », des jeux de société comme « le moulin jeunet », « le jeu de l'éventail », le « jeu du Grand saut ».

CHALET DU MONT RIVEL

Place Camille Prost

✆ 03 84 52 12 42

Magasin de la coopérative dont le siège est à Vannoz. Ouvert tous les jours (horaires sur site). Livraison.

Ce chalet de 1833 abritait la fromagerie communale avant d'accueillir le point de vente de la coop du Mont Rivel située à Vannoz près de Champagnole. Dès sa création en 1965, elle se lança dans la fabrication et l'affinage du comté (6, 12 à 24 mois). Puis dans le morbier et la raclette. Elle compte 40 exploitations. Une télévision déroule un documentaire sur les étapes que suivent les fromages. D'autres produits complètent l'offre. Cet endroit, accessible en fauteuil roulant et poussette, est une excellente adresse pour faire le plein de spécialités comtoises.

AU CHALET MODÈLE - FRUITIÈRE DU TEMPS COMTÉ

1, route Napoléon - **MONTROND**

✆ 03 84 51 75 31

www.chaletmodele-comte.com

Du lundi au samedi 9h30-12h et 15h-19h, dimanche 16h-19h. Commande via Internet. Expédition en France. Label AB.

C'est l'une des deux boutiques de la Fruitière du Temps comté. L'atelier de fabrication et le magasin du même nom se situent à Pont-du-Navoy. A l'honneur : le comté (4 âges différents), mais aussi beurre, crème, fromage blanc issus de la fruitière. A leurs côtés les AOP franc-comtoises : cancoillotte, tomme du Jura..., et yaourts, charcuteries, vins, liqueurs, salaisons, miels, confitures, ne sont pas oubliés ainsi que les spécialités de différentes régions.

LE COMPTOIR DES CASCADES

2, Route des Cascades - **LE FRASNOIS**

✆ 03 84 48 57 82

Ouvert du mardi au dimanche de 8h30 à 12h30 et de 13h30 à 18h30.

En plein cœur du pays des lacs et des cascades, Aude Negrelo vient d'ouvrir sa boutique de produits régionaux. Dans un espace lumineux, elle présente une belle palette de ce qui se fait de mieux en matière de produits gourmands. Dépôt de pain bio et certains produits ont ce label. Côté vins, le Jura est bien représenté. Fromages, biscuits, épicerie fine et produits frais remplissent bien cette épicerie comme on les aime. Aude aime l'absinthe, aussi vous en trouverez d'excellentes, car comme pour le reste ses sélections sont pertinentes.

AU COMTOIS COURTOIS

2, rue de la Faye

MONTROND

✆ 03 84 51 75 01

www.confitures-courtois.com

Fabricant artisanal de confitures, de coulis et de sirops aromatisés. Horaires sur site. Livraison.

Un mignon chalet abrite de savoureuses préparations. Josiane, Christian, Véronique rejoints par Romain mitonnent depuis 20 ans des confitures qui n'appartiennent qu'à eux ; même si des grand-mères du village leur ont généreusement légué leurs secrets. Bassine en cuivre, empotage à la louche et fermeture à chaud de rigueur ! Sur des présentoirs en bois, en paniers ou coffrets, votre choix sera mis à rude épreuve. A partir des richesses jurassiennes, l'atelier fait toutes sortes de confitures. Et des alliances inédites avec d'autres spécialités régionales.

COOP MONT DE BALERNE

3, rue de la Liberté

LOULLE

✆ 03 84 51 60 44

www.comte.com

Ouvert tous les jours. Horaires en téléphonant. Comtés jusqu'à 30 mois d'affinage. Livraison.

Ce terme de « Balerne » viendrait d'une déformation latine signifiant « isolé ». Ce que justifierait la petite reculée entre Loulle et Mont-sur-Monnet. Disons que cette fruitière exerce entre Champagnole et le lac de Chalain. 8 exploitations l'animent en lui apportant 2,5 millions de litres de lait par an. Les comtés sont affinés entre 10 et 30 mois d'affinage et sont notamment commercialisés dans la sympathique boutique attenante au chalet. Celui-ci produit également du beurre et de la crème. Un atelier discret, mais avec des vrais fromages de montagne.

COOPÉRATIVE FROMAGÈRE DE VERS-EN-MONTAGNE

24, place du Chalet - **VERS-EN-MONTAGNE**

✆ 03 84 51 45 89

www.fromagerie-versenmontagne.com

Ouvert du lundi au vendredi 10h-12h/17h-19h ; le samedi 10h-12h/16h-19h ; le dimanche 10h-12h.

C'est une vieille coopérative que celle de Vers, comme on dit dans les environs. Huit exploitations fournissent plus de 3 millions de litres de lait par an, générant 300 tonnes de fromage. Entre 17 et 25 meules sont fabriquées chaque jour. 480 meules sont ici. La boutique vous permettra d'acheter du comté produit sur le site. L'espace de vente vous propose des fromages du terroir, crèmerie, vin, chocolat et autres spécialités. Amateurs de bons produits, une étape s'impose.

ÉLIXIA - LIMONADE

139, rue Sœur Hélène
✆ 03 84 52 49 92
www.elixia.fr
Made in Jura. Limonadier artisanal et bio. Ouvert vendredi de 14 à 19h sauf en hiver. Nombreux points de vente.

Hugo Sublet perpétue le savoir-faire familial. Le packaging a changé depuis 1856, mais pas la fabrication (bouteille en verre et bouchon mécanique). Les ingrédients idem : sucre de canne, sirop d'agave, eau pure du massif, arômes naturels. Vendue dans le monde entier, cette boisson bulleuse se déguste sur le lieu de production le vendredi après-midi. La limonade bio fait écho aux souvenirs d'enfance. Elle s'est agrandie à la rose, à la fleur d'oranger, au gingembre, à la menthe poivrée et au sureau. D'autres ont des saveurs régionales. 19 références au total.

FRUITIÈRE A COMTE

1, rue de la Bure
ANDELOT-EN-MONTAGNE
✆ 03 84 73 52 88
www.lesmontsdejoux.com
Coopérative fromagère. Ouvert tous les jours (horaires sur site). Livraison.

En retrait de la route à mi-chemin entre Salins et Champagnole, cette coop est flambante neuve. Elle est en fait le transfert initié par « Les Monts de Joux », de celle qui exerçait à Cernans. Côté terrain, c'est Pierre-Yves Cannard avec ses 33 ans d'expérience qui œuvre à la fabrication. Il traite 5,5 millions de litres de lait annuels, issus de 18 producteurs. Cette fromagerie à la pointe de la modernité comprend un très bel espace-vente de produits régionaux. On y trouve bien évidemment les comtés produits sur place, mais aussi les grands classiques jurassiens.

FRUITIERE DU TEMPS COMTE

Route de Chalain - **PONT-DU-NAVOY**
✆ 03 84 51 22 09
www.fruitiere-du-temps-comte.fr
Ouvert tous les jours (horaires sur site). Livraison. Autre magasin à Montrond « Au chalet modèle ».

Cette coop regroupe 8 fermes et 18 fermiers qui traient 3,5 millions de litres par an. 30 meules de comté sortent chaque jour de l'atelier. Des comtés jusqu'à 24 mois d'âge et même « bio ». La structure est « dernier cri » comme l'espace de vente et l'autre magasin à Montrond. La diversité des spécialités comtoise est également de mise avec des charcuteries/salaisons, des miels/confitures, des confiseries/gâteaux, des boissons alcoolisées ou non, des jeux... Notons une belle amplitude d'ouverture 7 jours/7 matin et après-midi. Ce n'est pas toujours le cas.

FROMAGERIE JANIN

21, avenue de la République
✆ 03 84 52 00 97 - www.fromagerie-janin.com
Affineur fromager. Ouvert du mardi au dimanche. Horaires sur site. Livraison. Coffrets et plateaux.

Voilà une institution champagnolaise qui a conquis ses lettres de noblesse tout au long des 5 générations. L'arrière-petit-fils, Marc, a décroché le prestigieux titre de Meilleur ouvrier de France Fromagers. Janin est un haut lieu de crémier-affineur. On saura vous conseiller et vous accueillir chaleureusement. Pas moins de 150 fromages de tout l'Hexagone et étrangers sont présentés dans cette charmante boutique. La plupart sont affinés avec soin dans les caves de la maison. Quelques produits régionaux complètent bien ce vaste plateau. Une adresse immanquable.

LA MAISON DU BOIS

MONNET-LA-VILLE

✆ 03 84 51 22 36

Made in Jura, réseau « Bienvenue à la ferme ». Producteur de foie gras. Du mardi au samedi (horaires sur site).

Aux portes de Champagnole, Valérie et Philippe Coulombe élèvent des canards gras et maigres. Une discipline peu traditionnelle dans la région. Le couple propose des foies gras cuits ou mi-cuits. Leurs spécialités aux olives ou aux pruneaux et châtaignes n'ont rien à envier à leurs délicieux confits et grattons, rillettes, terrines (au vin jaune, aux noisettes, aux abricots). Le magret séché nature, fumé ou fourré au foie gras, le cou farci... subliment leurs saveurs. Les produits confectionnés sur place appellent une dégustation gratuite et de précieux conseils.

LE PETIT MOURNIER

15, route de Californie

MONTROND

✆ 03 84 51 78 03

Fromagerie artisanale. Téléphoner de préférence. Livraison. Vente également dans fruitières et fromageries.

Pierre-Alain Rousseau a fait naître ce fromage original en 2002 dans sa ferme des « Grands prés », sur le plateau entre Poligny et Champagnole. Il provient des 60 vaches montbéliardes nourries à l'herbe et au fourrage. Tout rond, il se présente comme une pâte molle stabilisée, au lait cru, croûte frottée/lavée à l'eau salée tous les 2 jours, un affinage de 3 semaines sur une planche d'épicéa. Vendu tel quel, il est apprécié également en toasts, en feuilleté ou en gratin. Son petit frère existe désormais aux graines de fenugrec et lui procure un goût noiseté.

LES THES DE JULIE

13, rue Jean de Chalon

CROTENAY

✆ 07 83 43 36 26

100 % bio. Thés, tisanes et cosmétiques bio. Sur rendez-vous. Marchés régionaux. Livraison.

D'assistante maternelle, Julie Bressand s'est mise à son compte. Sa passion pour les thés et les infusions remonte à très loin. Dans son laboratoire elle conditionne 11 thés et autant d'infusions. Vous dénicherez des thés classiques et des trouvailles : « L'île aux tigres », « Feu du dragon »... et des préparations personnelles « Crêpe-pomme-banane », « Amande-cookie ». Idem pour les infusions avec « Rêve des Caraïbes », « Flèche de Cupidon »... L'artisane s'est depuis diversifiée avec des cosmétiques à l'aloe vera et à la bave d'escargot.

LA MAISON DU CHEVREUIL

Maison forestière du chevreuil

SUPT

✆ 06 59 05 74 91

Complexe multi-activités en forêt de La Joux. Bar, restauration, produits régionaux, animations.

Après le succès de ses caramels de Salins, qu'il continue de fabriquer, Julien Pichoir se lance un autre défi. Il vient de reprendre la très prisée « Maison du Chevreuil » au cœur de la forêt de La Joux fermée en 2019. L'ancienne bâtisse de l'Office national des forêts, située dans un cadre unique, se veut un lieu d'animations et de lien social. Vous pourrez y faire une pause plus ou moins longue pour un verre ou vous restaurer. Des barbecues seront également mis à disposition du public. Animations et producteurs régionaux, entre autres, également au programme.

NOZEROY ★★

Cité de caractère BFC. Au XIIIe siècle, les comtes de Chalon-Arlay érigent une forteresse dans une petite cité située à un emplacement stratégique, entre la Suisse et le duché de Bourgogne : Nozeroy. Au XVe, le château est transformé en un palais luxueux, il devient un rendez-vous de villégiature et de chasse. La demeure est délaissée au fil des années puis détruite avant la Révolution. Ses pierres serviront pour construire le château d'Arlay. Classé parmi les Plus Beaux Villages de France et les Petites Cités comtoises de Caractère, cette commune de moins de 500 habitants, particulièrement animée en été, est active et commerçante. Pour mieux comprendre l'histoire de la ville, on peut suivre le sentier balisé de panneaux thématiques. S'il ne reste que des vestiges des remparts, on devine le riche passé de Nozeroy, en regardant façades, portes et fenêtres des maisons en pierres jaunes de Molpré. Nozeroy assume et revendique aujourd'hui son passé médiéval. Chaque année, le quatrième dimanche de juillet, la municipalité organise une fête, « L'assaut des remparts », qui met en avant la culture et les traditions locales, avec banquet et défilé en costumes d'époque. Pittoresque ! La cité est aussi le berceau du secrétaire d'Erasme, Gilbert Cousin (1506-1572), un grand humaniste anobli par l'empereur Charles Quint.

ÉGLISE SAINT-GERMAIN

MIÈGES
✆ 03 84 51 11 42
www.amisduvieuxpaysdenozeroy.com
Eglise et ermitage. Entrée libre.
Visites guidées payantes. (tarifs particuliers et groupes). Ouvert toute l'année.

L'église de Mièges a une dense histoire. Le lieu hébergeait au Moyen Age un gros prieuré. On aperçoit d'abord la partie récente du XXe siècle : un clocher carré dont les angles sont ornés de 4 statues de saints. Le reste remonte aux XVe et XVIe siècles. Les sculptures du portail évoquent les principales activités à l'époque (vendangeurs, bûcherons,...). A l'intérieur, se dressent des statues bourguignonnes des XVe et XVIe siècles, et un retable de pierre de la fin XVIIe. Le plus remarquable est la chapelle des comtes de Chalon. Sans équivalent en Franche-Comté !

SOURCE DE L'AIN

✆ 03 84 51 19 15
Site naturel.
Promenade de 45 minutes se prolongeant avec les pertes de l'Ain. Gratuit.

C'est près de Nozeroy que l'Ain prend sa source, dans le village de Conte. Vous pouvez vous y rendre par un sentier qui traverse la forêt. L'aspect du lieu change selon la saison et la météo : en période de sécheresse, la résurgence devient accessible aux spéléologues alors qu'en période arrosée, 60 m^3 d'eau en surgissent ! L'Ain est rejoint par son affluent la Serpentine. Promenade de 45 minutes qui peut se poursuivre avec les pertes de l'Ain. Près de Lyon, l'Ain se jette dans le Rhône, après être passé, entre autres, par Champagnole et le barrage de Vouglans.

LE CENTRAL* €€

1, place Centrale - **CENSEAU**
✆ 03 84 51 30 46
www.hotel-central-censeau.fr
Chambre à partir de 55 €. Menus de 14 à 26 €.
Carte, spécialités régionales et de saison, banquet. Terrasse.

L'hôtel-restaurant Le Central porte bien son nom, car il se trouve juste au centre du village. Les chambres propres sont toutes équipées pour passer une nuit confortable. Le petit-déjeuner copieux (boissons, pain frais, grillé, brioche, biscottes, confitures maison...). Le Central fait aussi restaurant. La cuisine familiale de Pascal à base de produits franc-comtois vaut le détour. Différents menus à thèmes : poisson (friture de truitelle ou filet de perche) ou celui du « pot comtois ». Un endroit à petit prix, pour étape ou séjour, ou simplement pour manger.

CHALET DE LA BOURRE €

Route de Mouthe - **MIGNOVILLARD**
✆ 03 84 51 30 77
www.restaurant-haut-jura.fr
Ouvert toute l'année.
Réservation recommandée. Accueil des groupes.
Équipements pour événementiels.

Jean-Michel Monnin, enfant du pays, vient de reprendre cette célèbre adresse située en pleine forêt à plus de 1 080 mètres d'altitude. Ici à la lueur d'une lampe à pétrole vous dégusterez les plats régionaux : fondues, croûte aux morilles, mais aussi d'excellentes viandes fumées (ou non), la truite au vin jaune mérite de s'y intéresser. Les deuxième et quatrième jeudis du mois, rendez-vous avec la tête de veau, ou le gras double à la moutarde. Terrasse abritée donnant sur les sapins. Un endroit magique, un accueil sympathique, des bons produits, quoi de mieux.

© NICOLAS THIBAUT

Rue du village.

LE RELAIS MÉDIÉVAL €€

33, Grande-Rue
✆ 03 84 51 16 81
www.lerelaismedieval.fr
Du mardi au samedi le midi et le soir ;
le dimanche midi. Soirées à thèmes. Terrasse.
Vente à emporter.

Invités du Sieur Dournel ? C'est ainsi qu'un troubadour vous accueille aux banquets médiévaux organisés par Stéphane Dournel, deux fois par an. Dument costumés, la maison fournit de quoi vêtir gentes dames et damoiseaux. Les convives se rassemblent autour des longues tables où ils vont faire ripaille comme au XVe siècle. L'hypocras ouvre le repas. Le succès est tel que la salle du restaurant ne suffit plus. C'est maintenant une ancienne chapelle qui sert de décor à ces agapes. Autrement, le restaurant propose des menus plus conformes à notre époque.

ARTISANS CRÉATEURS JURASSIENS

2 bis, place des Annonciades
✆ 03 84 51 15 30
www.artiscreajura.fr
Made in jura. Regroupement d'artisans.
Horaires : téléphoner. Boutique.
Entrée libre.

Ce collectif d'artisans d'art est né voilà 35 ans. Ils valorisent le savoir-faire qui a fait la réputation du département. Ils travaillent le bois, l'osier, la corne, la terre, le cuir, les pierres fines, le métal... les techniques sont diverses : tournerie, tabletterie, taille, boissellerie, poterie, émaillerie, sculpture, peinture, vitrail... Plus de 20 créateurs vous invitent dans leur galerie spacieuse. Mais ils « s'exportent » également en d'autres lieux au cours de l'année.

FONCINE-LE-HAUT

Située entre 870 et 1 220 m d'altitude, Foncine-le-Haut est une station adaptée aussi bien au tourisme sportif qu'aux vacances familiales. En hiver, des pistes de ski de fond sillonnent le territoire de la commune et rejoignent les pistes du val de Mouthe. Les randonneurs à raquettes disposent de 65 km de pistes balisées. Des installations de ski alpin complètent l'équipement hivernal. En été, on troque skis et raquettes contre des chaussures de randonnée ou la canne à pêche. Lac, rivières et cascades font le bonheur des promeneurs comme des pêcheurs. Deux sentiers thématiques ont été aménagés : un sentier botanique et un parcours sportif de 3 km.

LES FROMAGES DU PLATEAU

5, rue Frasne - **MIGNOVILLARD**
✆ 03 84 51 39 15
www.fromagesduplateau.com
Fromagerie de la fruitière de Nozeroy.
Ouvert du lundi au dimanche (horaires sur site).
Livraison. Boutique en ligne.

Cette coop regroupe 33 producteurs de 8 villages du plateau de Nozeroy. Leurs vaches génèrent 22 500 meules de comté, 23 000 de morbier et 9 000 de raclettes. Les fromages sont fabriqués dans un chalet très moderne, respectant les dernières normes dont celles environnementales (chaudière à plaquettes de bois, épuration, etc.). Le magasin a lui aussi connu son lifting, plus grand, plus clair et une attention en direction des autres spécialités. Ces trésors vous seront expliqués sous l'œil de « Josie », la vache en peluche mascotte de la fromagerie !

CASCADES ET GORGES DE LANGOUETTE

50, rue de la Langouette
LES PLANCHES-EN-MONTAGNE
✆ 03 84 52 43 67
Accessible toute l'année. Gratuit.
Site très spectaculaire. Accès facile mais pour amoureux de la marche.

Un parcours longe l'étroit canyon de 4 mètres. Voici un surplomb de 47 mètres, avec les sauts spectaculaires de la Saine. Elle se fraie un chemin dans les gorges, tombe à pic dans les failles, envoyant des reflets lumineux. La vapeur d'eau arrose une végétation luxuriante. C'est l'histoire de la force hydraulique et de la « fée électricité ». 2 possibilités s'offrent. Soit partir au niveau du vieux moulin de la scierie. Soit remonter les gorges en stationnant au lieu-dit Montliboz.

LE SALOIR DES REMPARTS

15, Grande rue
✆ 03 84 51 16 38
Boucher-charcutier-traiteur.
Ouvert tous les jours sauf lundi.

Voici une bonne enseigne boucherie-charcuterie, comme on les aime. Les produits sont très bien sélectionnés et ceux transformés le sont maison. Rien ne manque dans ce que l'on attend d'un tel établissement. De la charcuterie, des plats cuisinés, de la rôtisserie et de la triperie. L'accueil et le conseil sont aussi au rendez-vous et c'est très agréable. Les races proposées sont toutes élevées sous la mère, qu'il s'agisse de la charolaise, de l'aubrac ou de la limousine. Des produits régionaux sont également proposés, qui complètent une gamme déjà très riche.

CHALET DE LA HAUTE-JOUX €€

Lieu-dit La Combe Simon - **CERNIÉBAUD**
✆ 03 84 51 10 39
www.chaletdelahautejoux.com
Ouvert toute l'année. 20 chambres.
Hammam, bain bouillonnant, sauna.
Pension complète de 525 à 617 € la semaine.

En hiver, vous profitez des pistes de ski de fond, de l'aire de « snow-tubing », itinéraires de raquettes... En été, VTT, randonnées, baignade, cheval, canoë-kayak. Vous avez la possibilité d'être encadré par des moniteurs diplômés. Au choix chambres du chalet, appartements, Loges, ou une yourte ! Séjour libre à la semaine à thème où tout est compris, même l'accompagnement aux activités et les animations en soirée ! Piscine chauffée couverte, sauna, hammam et spa, baby-foot, tennis de table, bibliothèque, terrain de sports. Un lieu éclectique au top.

CHALET DE LA HAUTE JOUX €

31, rue de Paccaud - **CERNIÉBAUD**

✆ 03 84 51 10 39

www.chaletdelahautejoux.com

Ouvert toute l'année. Bar-café de 9h à 21h. Réservation impérative. Menu à 14,60 €. Accueil des groupes. Terrasse.

Si vous souhaitez déguster un menu, cuisiné comme à l'ancienne avec plats mijotés, rendez-vous au Chalet de la Haute Joux. Son menu unique est essentiellement composé de produits frais, régionaux en circuits courts. Vous aurez aussi la possibilité de déguster fondues, morbiflettes, raclettes et autres spécialités bien jurassiennes. Le menu est copieux : entrée, plat, fromage, dessert et vin-café compris. Une savoureuse cuisine de «grand-mère». Le bar est ouvert toute la journée pour une boisson fraîche ou chaude. Tout est réuni pour une pause des plus agréable.

COOPÉRATIVE DES REBELLES

55, Grande-Rue ✆ 03 84 51 92 46

www.fromagerie-foncine.fr

Ouvert du mardi au vendredi de 8h30 à 12h et de 16h à 19h ; le samedi de 15h à 19h.

La coopérative fromagère de Foncine-le-Haut se nomme « la fromagerie des rebelles », car une partie de ses agriculteurs n'acceptaient pas le changement de statut de l'entreprise en 2007. Depuis cette fronde, ils sont revenus à la structure d'origine : une coopérative gérée en direct et intégralement (du produit brut au produit fini) par des agriculteurs producteurs de lait pour la fabrication, l'affinage et la distribution de leur comté. Ils sont aujourd'hui dix exploitants pour huit fermes situées dans un rayon de 3 km autour de Foncine.

COOPÉRATIVE L' ESPÉRANCE PROXIMARCHE

6, rue des Isles

✆ 03 84 51 90 67

www.proximarche.com

Ouvert du lundi au samedi de 8h à 12h15 et de 14h30 à 19h ; le dimanche de 9h à 11h30.

C'est un espace aéré et très lumineux de 350 m². La gamme de produits s'est étoffée, mais l'esprit n'a pas changé, il est toujours le même, en perdurant cette notion de coopérative. Ici les gérants se décarcassent pour que rien ne manque. Les produits régionaux figurent également en très bonne place... Le rayon des vins propose une sélection judicieuse. Plus qu'un magasin, c'est un lieu de vie, de partage et de convivialité. C'est beaucoup plus qu'un supermarché traditionnel.

FRUITIÈRE DE LA BAROCHE

Route de Fraroz - **ARSURE-ARSURETTE**

✆ 03 84 51 14 14

www.comte.com/arsure arsurette

Coopérative fromagère. Horaires sur site. Visites guidées tarifées. Aire pique-nique et camping-cars.

Cette coop a transformé sa fusion entre Arsure-Arsurette, Fraroz et Cerniebaud. Depuis 2005, 29 sociétaires qui exercent à 1 000 m d'altitude, apportent 5,5 millions de litres de lait par an. Les Comtés sont des plus aboutis et connaissent jusqu'à 30 mois d'affinage. L'accueil est enthousiaste en boutique où l'on dégote d'autres spécialités, un éventail des produits comtois ainsi que des souvenirs. Ce lieu de vie est plus qu'une boutique. Particulier ou groupe (sur réservation), vous pouvez faire la visite-dégustation proposée à l'heure du travail des fromagers.

L'ÉPICERIE D'ICI CAFÉ

Au village - **CHAUX-DES-CROTENAY**

✆ 03 84 51 91 04

Ouvert du mardi au samedi de 8h18 à 12h12 et de 15h15 à 19h19 ; le dimanche de 8h18 à 12h12.

Voici un lieu où il fait bon faire ses courses, mais aussi une pause café ou boisson. Vous l'aurez compris, cette épicerie fait aussi office de café. On y trouve ce que l'on attend d'une épicerie conventionnelle avec l'accueil et l'humour. Les produits bio sont majoritaires, dont la marque « Au Petit Bonheur », petits fruits et les plantes médicinales ou aromatiques sont transformés au village. Fromages, crèmerie et légumes, pain et viennoiseries tout au long de l'année. Tabac, Point Vert du Crédit Agricole, cartes de pêche. Un lieu de vie et de convivialité.

LES SAVEURS DU MONT NOIR

72, Grande Rue

✆ 03 84 51 90 54

www.traiteur-haut-jura.com

Du mardi au samedi 8h-12h30 et 15h-19h30 ; dimanche 8h-12h. Service traiteur. Commandes et livraisons personnalisées.

René Pommier est passionné par ce qu'il fait, et il le fait bien. Les salaisons, il les réalise sur place. Jambon fumé, saucisses de Morteau, Jésus, saucisses de Montbéliard, lard, tout est fumé à la maison. Il sélectionne les bêtes sur pied, puis les transforme. Ici c'est la qualité avant tout. La maison fait également traiteur avec plats cuisinés à emporter, tout comme il pourra organiser vos repas ou banquets. Demandez un Foncinoix, un saucisson pur porc au vin de noix et aux noix. Une visite s'impose pour des produits : ici on peut parler de savoir-faire.

GRANDES TRAVERSÉES DU JURA

15 - 17, Grande-Rue
LES PLANCHES-EN-MONTAGNE
✆ 03 84 51 51 51
www.gtj.asso.fr
Le bureau est ouvert au public.
Accueil sur rdv.

Grandes Traversées du Jura coordonne et développe les activités proposées sur les itinéraires GR5 ET GR9. 180 structures publiques et privées y adhèrent. Pour votre randonnée, les informations nécessaires, appeler le siège de l'association ou site Internet. La Grande Traversée du Jura peut se faire à pied, en VTT, en VTC, en raquettes, en ski de fond, cheval ! 388 km de sentiers balisés de Montbéliard jusqu'à Culoz (01) et traversent le Parc naturel du Haut-Jura.

FROMAGERIE DE LA HAUTE COMBE

1, rue de la Haute Combe - **SEPTFONTAINES**
✆ 03 81 39 85 31
Ne se visite pas. Les produits se retrouvent dans les meilleures crèmeries.
Fabrication du morbier Arnaud.

La construction est inspirée des fermes comtoises. Cette belle fruitière est l'aboutissement d'un projet de deux hommes, Claude Philippe président de la fromagerie de la Haute Combe et de Jean-Charles Arnaud, grand nom de la filière comté (Juraflore). 12 millions d'euros investis, 2 ha de terrain, 9 cuves en cuivre, caves d'affinage et 3 unités de production réparties sur 4 000 m². C'est dans cette fromagerie nouvelle génération que les fromageries Arnaud élaborent leur morbier.

LEVIER

Situé à une vingtaine de kilomètres de Pontarlier, Levier est une commune nouvelle du Doubs qui a fusionné en 2017 avec celle de Labergement-du-Navois. On peut y venir aussi depuis Salins. Avec quelques 2000 habitants son activité principale est forestière vue l'ampleur des bois environnants. Les sentes de randonnées sont de ce fait très nombreuses. Son lycée agricole est important où l'on s'adonne à l'équitation comme son centre d'accueil et de loisirs Les Fauvettes très prisé. Vous découvrirez ici le musée-relais du cheval comtois et de la forêt. A voir aussi l'église Saint-Jean-Baptiste du 18e siècle ainsi que le château Maillot de la même époque.

FRASNE

Au pied des monts Jura, Frasne est une commune du Doubs recelant de beaux atouts. Traversée par la nationale 471, une voie romaine passait à proximité. Son complexe ferroviaire relie aujourd'hui la France à la Suisse. Elle dépendit longtemps de la seigneurie de la Rivière pour le bourg et de celle de Nozeroy pour les eaux et forêts. Frasne abrite la réserve naturelle régionale des tourbières, un environnement exceptionnel. Les tourbières ont été aménagées afin que tout un chacun puisse les découvrir et apprécier sa faune et sa flore en toute sécurité. A voir aussi les chapelles de Saint-Roch et de l'Etang. On fabrique ici un des meilleurs comtés.

MUSÉE DU CHEVAL DE TRAIT COMTOIS ★★

Les Halles
✆ 03 81 89 58 74
www.musee-cheval-comtois-et-foret.fr
Ouvert de début février à fin septembre.
Adulte : 5 €. Enfant : 3 €.

Dans la campagne franc-comtoise, vous croisez ces chevaux magnifiques, massifs et robustes, à la robe marron et à la crinière blonde : ce sont les chevaux comtois. Ce musée est une vitrine économique, culturelle et artistique dédiée au cheval de trait, surtout de race comtoise. Au rez-de-chaussée, vous découvrez l'élevage et les diverses activités et métiers liés au cheval. Au 1er étage, présentation de la forêt représentant la diversité des essences et de la faune franc-comtoise.

BOUVERANS

Cette commune rurale fait partie de l'attraction de Pontarlier, la capitale du Haut-Doubs. La première mention de son existence remonte à 1262 sous Henri II. Elle se distingue par la richesse et l'originalité de ses vieilles pierres et monuments. D'abord la Croix de cimetière du XVIe siècle qui est inscrite aux Monuments historiques. Comme le Fort Bachin d'ailleurs avec des gisements de vestiges archéologiques. Vous y verrez aussi les chapelles Notre-Dame-du-Lac et celle du village. Pour les amoureux de la nature, le site est une réserve naturelle des tourbières. Elle jouxte un lac des plus préservés, répondant au nom de lac de l'entonnoir.

MONTAGNES DU JURA

De quelque endroit que vous veniez, du Lyonnais ou Bourgogne, de l'Alsace, en entrant par le pays de Montbéliard, vous allez découvrir le Massif Jurassien (Franco-Suisse) dans toute sa splendeur. Entre vallées travaillées par les cours d'eau, au cascades, l'altitude est au rendez-vous. Sur ce que l'on appelle l'arc jurassien, un patrimoine typique est présent avec ces énormes fermes au Tuyé surplombant les toitures. Mais c'est aussi une nature sauvage ou forets et pâtures se côtoient, ce sont les espaces de vie aux Montbéliardes. Les paysages sont sublimes, que ce soit ceux vers les Rousses, les plateaux du Larmont, Septmoncel et le massif qui se dévoile avec son aspect lunaire. Les lacs d'altitude, avec Saint-Point et les grandes étendues que l'on nomme combes et qui l'hiver attirent les skieurs de fonds ou randonneurs. Quelque soit la saison ou le temps, c'est purement magique. Cet environnement est fragile, ensemble protégeons-le.

PAGES

204 ●● HAUT-JURA SAINT-CLAUDE

204 SAINT-LAURENT-EN-GRANDVAUX

207 HAUTS DE BIENNE ★

208 BELLEFONTAINE

210 LONGCHAUMOIS

210 MORBIER ★
Célèbre pour le fameux fromage à la raie cendrée, la ville de Morbier se prête aux séjours et activités de plein air, grâce à ses alentours.

211 SAINT-CLAUDE ★★

217 SEPTMONCEL-LES MOULUNES

219 ●● STATION DES ROUSSES

219 LES ROUSSES ★★
Entre 1 120 m et 1 680 m d'altitude, les Rousses, c'est LA station de ski du Jura. Plus grande, plus équipée et plus fréquentée que les autres petites stations du Jura, elle est dotée de services et commerces nombreux tout en gardant un caractère familial et authentique.

222 BOIS-D'AMONT

222 PRÉMANON ★

222 LAMOURA ★

224 NYON ★

224 SAINT-CERGUE ★
Un peu au nord de Nyon (belle balade en voiture en passant par les cols de la Grivine et de la Faucille et leurs fantastiques belvédères, et par Divonne-les-Bains et son célèbre casino), ce village typique est idéalement situé en pleine campagne de 1 150 m à 1 700 m d'altitude.

224 COPPET ★

225 ●● LE HAUT-DOUBS

225 PONTARLIER ★
Quelle que soit la saison, Pontarlier offre de multiples possibilités de profiter de la gastronomie régionale et de se distraire, en ville ou tout autour. La nature y est particulièrement généreuse, avec les lacs, les forêts et bien sûr les montagnes.

227 LA CLUSE-ET-MIJOUX

228 MONTBENOÎT

228 JOUGNE

228 LES HÔPITAUX-VIEUX

PAGES

230 MALBUISSON ★★
Un grand bourg sur les bords du lac de Saint-Point. Une plage et une base nautique ont été aménagées sur les rives. Les amateurs ne s'en lassent pas.

233 MÉTABIEF ★
235 MÔTIERS ★★
236 VERRIÈRES-DE-JOUX
236 YVERDON-LES-BAINS ★

237 ●● PAYS HORLOGER ET PAYS DE MONTBÉLIARD

237 MORTEAU ★
239 CONSOLATION-MAISONNETTES

240 VILLERS-LE-LAC ★★
Villers-le-Lac, charmante petite localité située à quelques centaines de mètres de la frontière suisse, est dotée d'un important patrimoine naturel. Dont le Saut du Doubs premier site naturel de Franche-Comté.

241 LE BIZOT
242 GRAND'COMBE-CHÂTELEU
242 MAÎCHE ★
242 LE RUSSEY
243 SAINT-HIPPOLYTE
243 SANCEY
243 VAUFREY
243 LES ECORCES
243 PIERREFONTAINE-LES-BLAMONT
244 GUYANS-VENNES
244 GILLEY

244 MONTBÉLIARD ★★
Montbéliard a gardé des couleurs, des colombages, un Château de conte de fée et la patte de l'architecte Schickhardt pour construire la Tour Frédéric, les Halles et le Temple luthérien Saint-Martin. A voir aussi l'architecture militaire avec le Fort du Mont-Bart, le Fort du Lomont.

247 SOCHAUX
248 VANDONCOURT
248 MANDEURE
248 PONT-DE-ROIDE

PASSEPORT

MONTBELIARD
SOCHAUX
Rougemont
VANDONCOURT
Colombier-Fontaine
MANDEURE
PIERREFONTAINE-LÈS-BLAMONT
Clerval
VAUFREY
Roulans
Baume-les-Dames
Geneuille
SANCEY
SAINT-HIPPOLYTE
Thise
Nancray
BESANÇON
MAÎCHE
Saône
Beure
LES ÉCORCES
CONSOLATION-MAISONNETTES
LE RUSSEY
Valdahon
GUYANS-VENNES
Avoudrey
LE BIZOT
Ornans
Vuillafans
VILLERS-LE-LAC
GILLEY
MORTEAU
GRAND'COMBE-CHÂTELEU
MONTBENOÎT
Doubs
MÔTIERS
PONTARLIER
VERRIÈRES-DE-JOUX
LA CLUSE-ET-MIJOUX
MALBUISSON
LES HÔPITAUX-VIEUX
YVERDON-LES-BAINS
MÉTABIEF
JOUGNE
Chavornay
SUISSE
Echallens
Parc Jura Vaudois
Cossonay
BELLEFONTAINE
BOIS-D'AMONT
LAUSANNE
Aubonne
LES ROUSSES
Montagnes du Jura
PRÉMANON
SAINT-CERGUE
NYON
Gland
LAMOURA
Nyon
LES MOLUNES
Gex
COPPET
8,5 KM

SAINT-LAURENT-EN-GRANDVAUX

Saint-Laurent, bourg et centre de la combe du Grandvaux, est à la croisée de tous les chemins ! Le chemin de fer de la Ligne des Hirondelles marque un arrêt, entre Dole et Saint-Claude. La RN 5 Dijon et Genève, est à présent déviée, ce qui a rendu sérénité au centre commerçant. Les petites routes mènent du pays du Grandvaux à la région des lacs d'un côté et à celle de Saint-Claude de l'autre. Le circuit équestre du Grand 8 passe à proximité. De nombreux sentiers sillonnent le pays. Enfin, pour les VTT, un circuit de 130 km, mènent jusqu'à Mouchard. L'hiver, il y a ici enfin un domaine nordique où il est agréable de faire du skis de fond ou raquettes.

BELVÉDÈRE DES 4 LACS ★★

Route forestière du Ban - **LA CHAUX-DU-DOMBIEF**

Ouvert toute l'année. Accès plus ou moins facile selon les conditions météorologiques.

Ce point de vue donne sur de superbes forêts et sur les lacs d'Ilay, de Narlay, du Petit et Grand Maclu. Des paysages dignes des plus belles cartes postales. Prenez la direction du Pic de l'Aigle en sortant de la Chaux du Dombief et suivez le panneau indiquant le belvédère. Il conduit à un parking qui se trouve à quelques minutes à pied du point de vue. Le sentier est facile et la vue sublime ! Les randonneurs poussent jusqu'au belvédère du Pic de l'Aigle en empruntant un sentier en corniche… Une belle balade bien chaussé. Comptez 2h30 de marche aller-retour.

BELVÉDÈRE DU PIC DE L'AIGLE

Route forestière du Ban

LA CHAUX-DU-DOMBIEF

Site naturel. Gratuit.

Ouvert toute l'année.

Accès parfois difficile en cas de météo perturbée.

Ce belvédère culmine à 994 mètres, il domine la région et par beau temps, vous apercevez le mont Blanc ! Accès depuis La Chaux-de-Dombief, suivez la direction du Pic de l'Aigle jusqu'à un parking. De là, une « promenade médiévale » de 8 km est jalonnée de panneaux pour découvrir la géographie et l'histoire du château, aujourd'hui disparu. Au belvédère, une table d'orientation permet de repérer les sites visibles. Vous pouvez poursuivre la promenade jusqu'au belvédère des 4 lacs.

LE MONDE DU CIRQUE MINIATURE

2, rue des Perrières

✆ 03 84 60 83 23

Fermé le dimanche. Entrée gratuite. Accueil enfants. Visite guidée.

Circassien à la retraite, il a créé, dans sa maison, un musée hommage à la grande famille du spectacle. En exposition : des maquettes autour des grandes dynasties itinérantes : cirque suisse Knie de 1919, Amar de 1957, Zoo Circus des frères Court, les chapiteaux Pinder, Bouglione, Noch, Fratellini… En apothéose le Blue Dream American Show Circus. Tout est là : flottes de véhicules, artistes et animaux. Plus de 18 000 heures d'un travail d'orfèvre. Un bijou de musée !

CAMPING LE CHAMP DE MARS*** €€

8, rue du Camping ✆ 03 84 60 19 30

www.camping-saint-laurent-jura.fr

Camping 3 étoiles. Fermé du 1er octobre au 15 décembre. Anglais / allemand parlés. Aire camping-cars.

Au sein du parc naturel, ce camping communal est quasiment ouvert toute l'année. Vous devinez ainsi qu'il permet toutes les activités estivales et hivernales. En plus de la propreté et d'un accueil chaleureux, il a un très bon rapport qualité-prix. Les emplacements sont espacés et proposent des chalets, en bois comme il se doit. Les camping-caristes sont les bienvenus avec 12 places. On y pratique aussi le caravaneige. A 500 m du centre-bourg, il est à 2 pas des sites touristiques.

Ô TABLO €

6, rue de Paris

✆ 03 84 41 13 25

Toute l'année. Mercredi au dimanche. Résa recommandée. Carte : 22/25 €. Formule midi en semaine : 14 €.

Plats traditionnels, une belle touche de gastronomie, un brin d'inventivité et un accueil chaleureux : bienvenue Ô Tablo. Devant un apéritif maison ou un café au bar, un plat copieux dans la salle ou sur la terrasse ombragée, l'ambiance décontractée des lieux met tout de suite de bonne humeur. Car, dans les assiettes joliment présentées et généreuses, la magie de Michaël opère du début à la fin. Des ardoises sur les murs annoncent sans chichi les plats raffinés aux produits frais et les suggestions du chef… Un vrai moment gastronomique pour un budget correct.

AUX TRUITES BLEUES €€

Lieu-dit Le Saut - **FORT-DU-PLASNE**
✆ 03 84 60 83 03
www.truites-bleues.com
Qualité tourisme. Logis. Horaires sur site. Menus et carte. Accueil groupes. Terrasse. Fait hôtel.

Si ce n'est pas pour manger ou dormir, il faudrait s'arrêter au Moulin des Truites bleues pour son lieu magique : un ancien moulin en surplomb de la Lemme qui s'engouffre dans une faille. Son histoire est tout aussi surprenante : au départ une tour de défense romaine, puis au VIe siècle, des moines bâtirent un moulin sur les ruines, ensuite vers 1600, il devint une clouterie puis une scierie. C'est finalement en 1960 qu'il fut restauré pour accueillir un hôtel-restaurant. Hormis le paysage, on vient aussi ici pour (bien) manger. Une cuisine locale et de qualité.

BIOCOOP DU GRANDVAUX

2, Quartier de la Savine ✆ 03 84 41 27 07
www.biocoop.fr
100% Bio. Ouvert le lundi 14h30-19h ; du mardi au vendredi 9h30-12h30 et 14h30-19h ; le samedi 9h30-19h.

A l'image de ses homologues, la Bioccop des Grandvalliers ne commerce que des produits bio et équitables, refusant les OGM. Mettant en valeur une quarantaine de producteurs régionaux 5 maraîchers et 4 boulangers. 150 références sont recensées, l'alimentaire, cosmétiques, spécialités pour bébés et produits d'entretien. La plupart peuvent être obtenus en vrac. La boutique se singularise avec la sélection Bio je peux, des références de consommation courante à petit prix, afin de tordre le coup à l'idée reçue que le bio n'est accessible qu'aux portefeuilles aisés.

COOP GDE-RIVIÈRE MORBIER

Hameau Les Chauvins - **GRANDE-RIVIÈRE**
✆ 03 84 60 10 86 - www.fromagedujura.com
Ouvert de lundi à dimanche. Horaires sur site. Livraison, vente en ligne. Autre point de vente : Morbier « Aux Marais ».

Bienvenue dans l'une des rares fruitières qui affine et commercialise sa production. Elle regroupe celle de Morbier et des Chauvins. A quelques kilomètres de Saint-Laurent dans un hameau, le site des Chauvins mérite le détour. Le visiteur pourra découvrir toutes les étapes de la vie du comté. Une visite gratuite pour mieux connaître l'univers du fromager, de l'atelier à la boutique. Au magasin, vous trouverez comté, morbier, crème et beurre produits sur place et des produits régionaux.

LA FERME DU GRAND VALLIER

2, La Savine
✆ 03 84 60 89 70
www.ferme-du-grandvallier.com
Ouvert tous les jours et les jours fériés de 8h à 19h. Livraison possible (dans toute la France)

C'est une entreprise artisanale et une boutique comme on les aime, avec un accueil chaleureux de Patrice Rebouillat. Laissez-vous séduire par un saucisson à l'écorce d'épicéa, une buchette au bleu de Gex ou au comté, un brési du Jura (de la viande de bœuf séchée), ou une terrine de canard au trousseau, au rayon fromages comté, morbier, mont d'Or et aussi confiture de myrtilles sauvages, miel de sapin, liqueur de noisette, de framboise, un crémant ou un arbois...

MAISON SAILLARD

51, Les gros Louis - **FORT-DU-PLASNE**
✆ 06 25 16 69 95
100 % bio. Réseau « Made in Jura ».
Producteur de curiosités régionales.
Téléphoner de préférence. Livraison.

Valérie et Rodolphe dynamitent vos sens pour tous les jours ou vos moments festifs. La Maison Saillard, nichée non loin de Saint-Laurent, s'est d'abord fait un renom avec miels, plantes aromatiques collectées dans la nature. Elle aiguise la curiosité, la recherche des alliances. Toutes des pépites pour mettre en avant le terroir jurassien. Du « Made in Jura » avec l'hypocras des templiers, les moutardes, les confits d'oignons ou d'échalotes, les vinaigres de savagnin, les gelées de macvin ou d'absinthe, les pâtes de fruits... Une « torture » bien douce à endurer !

LES ATTELAGES DU GRANDVAUX

26, route de Saint-Pierre
LA CHAUMUSSE
✆ 06 81 29 26 53
www.attelages-chevaux-jura.com
Ouvert toute l'année.

Michel Pagnier, maître-cocher et homme de cheval, passionné de la nature, propose des randonnées à cheval et des balades commentées en forêt en calèches de 4 à 16 places, découvertes ou bâchées selon la météo. Celles-ci sont aménagées pour les personnes à mobilité réduite ou en fauteuil. L'hiver, des traîneaux avec un ciel de toit les remplacent. Selon la durée de votre séjour, vous pourrez assister à des travaux champêtres ou forestiers, notamment le débardage. Formation à l'attelage.

RANDO ÂNE JURA

Les Pessettes - **NANCHEZ** ✆ 06 19 97 12 16
www.rando-ane-jura.fr
Balades avec ânes.
Programmes à la carte de 1 heure à plusieurs jours, avec accompagnement ou pas.

Les ânes d'Anthony Daubigney vous feront vite oublier votre voiture. Tourisme décalé avec cette expérience insolite, à 1 000 mètres d'altitude. Mais l'ânier, accompagnateur ou pas, a prévu un forfait « mise en route » avec force explications. Eté comme hiver, cette discipline est praticable à partir de 2 heures. Mais vous pourrez cheminer également 6 jours et plus avec votre nouveau compagnon. La formule « Randonnées en étoiles » est particulièrement innovante avec logement en gîte. Le propriétaire met à disposition un ou plusieurs ânes et suggère des itinéraires.

TERRE ET NEIGE

15 bis, Prénovel de Bise
NANCHEZ
✆ 06 71 49 02 86
Promenades et randonnées avec chiens huskys, hiver comme été. Idem avec ânes en été.
Baptêmes jeunes et adultes.

Découvrir le Grandvaux à 4 pattes, voilà ce que propose « Terre et Neige » avec des ânes et des chiens de traîneau. En bonne saison, la découverte se fait à pied avec l'âne qui porte bagages et enfants. Conseils à l'appui sur les itinéraires. Vous pouvez également effectuer votre balade sur 2 jours avec nuit en yourte. Lors de la saison neigeuse, installés dans un traîneau, vos huskies vous conduisent dans les vallées blanches. Si vous êtes sportifs, Terre et Neige propose une prestation « attelage » adaptée. Vous êtes entre les mains de professionnels agréés.

CASINO JOA

7, chemin des Crêts ✆ 03 63 28 99 90
www.joa.fr/casinos/st-laurent-en-grandvaux
Ouvert 7j/7. Du lundi au jeudi, dimanche et jours fériés : 10h-2h. Vendredi, samedi et veilles de jours fériés : 10h-3h.

Dernier-né du groupe des Casino Joa, ouvert en 2021, voici un très vaste établissement alliant pierre et bois et offrant une belle architecture contemporaine. A l'intérieur c'est particulièrement de bon goût et très élégant. La salle des 75 machines à sous et de jeux de table est particulièrement lumineuse avec une partie en terrasse. Le restaurant ouvert à tout public comprend plus de 100 places, dont une grande terrasse ensoleillée donnant sur la nature. La cuisine est très soignée. Des soirées sont prévues car cet établissement comprend une salle de spectacles.

HAUTS DE BIENNE ★

Au prime abord, Morez, encaissée au fond de l'étroite vallée de la Bienne, peut sembler ombrageuse. Cette ville née de l'industrie lunetière ne manque cependant pas d'intérêt. Il faut suivre les circuits balisés de l'émail pour en apprécier l'histoire cachée, de ses habitants et de leurs savoir-faire. Par temps ensoleillé sur les hauteurs du Jura tandis que le brouillard s'étale dans les vallées « du bas », la visite de Morez, « le plus grand centre européen de la lunette », et de son musée, peut même être une belle découverte. Depuis janvier 2016, Morez intègre les communes de La Mouille et de Lezat pour constituer l'ensemble des Hauts de Bienne.

BELVÉDÈRES

Sites naturels. Gratuit.
Découvertes des Hauts de Bienne en hauteur ? Renseignements à l'office de tourisme.

Située à 700 m, Morez est surplombée de nombreuses falaises et donc de points de vue. 3 belvédères sont facilement accessibles. Rejoignez la Roche au Dade depuis la place Jean-Jaurès. La vue plonge sur Morez, Bellefontaine et les viaducs de la ligne des Hirondelles. Les plus aventuriers emprunteront la via ferrata ! Le Rocher du Béchet est accessible par une route puis par un sentier depuis le Pont des Douanes. Enfin pour entendre les bruits de la Bienne, montez sur le belvédère le plus haut, la Roche brûlée. L'endroit est classé « Site Sonore remarquable ».

CIRCUITS DE L'ÉMAIL

Place Jean-Jaurès
✆ 03 84 33 08 73
www.haut-jura.com
Ouvert toute l'année. Gratuit.
Balisage et panneaux informatifs.
Carto-guide gratuit.

2 circuits en un au départ vers l'Office de tourisme. Le premier vous mène vers le haut, l'autre vers le bas. D'atelier désaffecté en usine active, de maison de maître des lunettiers, des impressionnants viaducs aux ponts sur la Bienne et les premières forges de Morez, des « cœurs de Morez » au cimetière à la façade Art déco du lycée Bérard où se forment les opticiens… En suivant aussi le carto-guide, les 23 plaques émaillées racontent l'histoire locale, vous découvrez l'univers de ses hommes et de leurs talents. 1h pour chaque circuit, accessible en poussette.

GORGES DE LA BIENNE

✆ 03 84 33 08 73
www.haut-jura.com
Sentier balisé de 6 km (niveau facile, environ 2 heures de marche) au départ du parking jouxtant l'office de tourisme.

Prenant sa source sur la combe du Mont Fier à Prémanon, la Bienne est un des affluents de la rivière d'Ain. Entre Morez et Saint-Claude, elle s'est frayée un chemin étroit, dans la profondeur des failles. Belvédères et sentiers de découverte parsèment ce magnifique panorama pour de jolies balades en VTT ou bien chaussé. Ainsi, à proximité de l'office de tourisme de Morez, un sentier facile d'accès, jalonné d'œuvres d'art, et agrémenté de deux passerelles, permet d'explorer les premiers kilomètres de ce site naturel et d'admirer la diversité de la flore locale.

MAISON DE L'ÉMAIL

199 bis, rue de la République
✆ 03 84 33 31 29
www.maison-email.com
Visite sur rendez-vous. Animations, stages découverte, formation professionnelle. Boutique.

La Maison de l'Émail a été repensée en 2012. Entre le XVIIe et le XIXe siècle, alors que s'affirme la vocation industrielle de Morez, une nouvelle spécialité se développe : l'émail sur métaux. Initialement destiné aux cadrans d'horloges, les émailleurs élargissent leur champ d'activité avec des plaques de rue et des plaques mortuaires. Après 1918 ils produisent les panneaux de signalisation routière. La Maison de l'Émail est l'un des trois seuls lieux en Europe où les émailleurs (pros ou amateurs) peuvent louer des ateliers et disposer d'un grand four.

BRASSERIE LE KIOSQUE €

133, rue de la République
✆ 03 84 33 38 01
Brasserie. Horaires sur site. Menus et carte, formule du jour. Terrasse. Soirées à thèmes.

Cette brasserie est très accueillante et propose une cuisine traditionnelle de qualité sous la férule du chef Eddy Bergue. La décoration est moderne et claire. Le service est rapide et le personnel avec toujours un petit mot pour détendre l'atmosphère. De juin à septembre, le jeudi soir, c'est moules-frites. Située au centre, face à la mairie et au Musée de la Lunette, vous ne pouvez la manquer. Parking (payant) juste en face. Il est préférable de réserver, notamment pour le midi. C'est aussi l'un des rares bars de la cité ouverts certains jours en nocturne.

JANGS ART DRINK

12, rue de l'Industrie
✆ 06 98 98 98 95
Made in Jura. De 20 à 45 € la bouteille.

La vente se fait uniquement au travers des cavistes, magasins de produits gourmands et certains sites de grande distribution sur la région. Amateurs de bons rhums, voici une référence. Le rhum arrive brut, l'art de l'arrangement se fait selon des critères rigoureux avec des apports de spiritueux, liqueurs, citron ou gingembre. Ces rhums revisités ont entre 2 à 5 ans de maturation. Ainsi vous trouverez quelques rhums aux parfums variés offrant une très belle palette. Et aussi un Scrubber de Guadeloupe à sa façon.... A consommer avec modération bien évidemment.

MUSÉE DE LA LUNETTE ★★

Place Jean-Jaurès ✆ 03 84 33 39 30
www.musee.lunette.fr
Unique en Europe. De mercredi à lundi : 10h-12h/14h-18h. 7j/7 vacances scolaires. Adulte 5 €. Enfant 6-18 ans 3 €.

Voici un musée qui va vous faire découvrir l'univers d'un savoir-faire jurassien. Un lieu qui témoigne de l'incroyable épopée d'une industrie toujours innovante, celle de la lunetterie morézienne. Dessins de lunettes, conception des machines, des outils, commercialisation, logistique, formation des opticiens, Morez maîtrise l'activité lunetière dans sa globalité. On se tourne ensuite vers l'optique et ses phénomènes si surprenants. L'exceptionnelle collection présentée est unique au monde.

VIA FERRATA DE LA ROCHE

La Roche au Dade
✆ 03 84 33 08 73
www.haut-jura.com
Parcours passerelle, pont de singe, échelle et filet, tyrolienne. Débutants et spécialistes.

De la Roche au Dade, vous évoluez dans un environnement exceptionnel où niche le faucon pèlerin. Au printemps, une échappatoire évite de déranger la nidification. En été, la totalité est praticable. Le matériel approprié est indispensable. Il est conseillé d'être accompagné d'un professionnel, sauf si vous avez déjà de l'expérience. Infos utiles à l'Office de tourisme. En haut, un belvédère offre une vue sur Morez. On peut le rejoindre par un circuit de randonnée balisé. Une autre bonne idée de balade pour les familles. Tout le monde peut en redescendre à pied.

BELLEFONTAINE

Entre Morbier et le Val de Mouthe (Doubs), Bellefontaine est de ces villages typiques du Haut-Jura, par ses possibilités touristiques comme par son industrie et son artisanat. À 1 060 m d'altitude, c'est aussi une petite station de ski très conviviale avec trois téléskis, un fil-neige et une école de ski alpin, mais aussi 70 km de pistes de fond reliées à celles de Morbier, Chapelle-des-Bois et à la forêt du Risoux. En été, on se balade à pied et à vtt dans ces reliefs. Le belvédère de la Roche Champion culmine à 1 260 m et celui de la Roche Bernard à 1 290 m. Quant aux pêcheurs, ils apprécient les lacs de Bellefontaine et des Mortes.

Le lac de Bellefontaine.

LA CHAUMIÈRE €€

4191, route des Fontaines
✆ 03 84 33 00 16
www.hotel-lachaumiere.com
Hors saison : fermé le dimanche soir. L'hiver : tous les jours. 11 chambres de 68 à 89 €. Restauration de 13 à 30 €.

Cet hôtel rénové a su garder son charme rustique. Il est labellisé Logis de France, avec aussi deux cocottes. La salle du restaurant a été agrandie et les salons sont meublés de manière très confortables au design de très bon goût. La cuisine traditionnelle du chef est réalisée à base de produits régionaux rigoureusement sélectionnés. Vous pourrez même déguster une raclette au feu de bois... Tout est réuni pour passer un séjour ou faire une étape dans les meilleures conditions. Une terrasse vous permettra de profiter du bon air d'altitude. A découvrir.

viséum® musée de la lunette

Visites guidées

Expositions temporaires

COLLECTION

MUSÉE DE LA LUNETTE

HISTOIRE DE LA LUNETTE ET DE LA VISION

Ateliers enfants

Histoire de la lunette

VILLE DE MOREZ
COMMUNE NOUVELLE DES HAUTS DE BIENNE

www.musee-lunette.fr

Tèl : 03 84 33 39 30

LONGCHAUMOIS

Située entre Morez et Saint-Claude, Longchaumois est une commune d'un peu plus de 1 000 habitants, rurale et montagnarde puisqu'elle s'étage de 450 mètres d'altitude, dans les profondeurs des gorges de la Bienne, à 1 416 mètres, dans la forêt du Ban. Son territoire fait partie d'un site classé Natura 2000. Des agriculteurs y élèvent des vaches laitières, pour la fabrication du comté, et quelques entreprises s'activent dans la lunetterie, la plasturgie, la mécanique... Mais pour les touristes amateurs de calme, Longchaumois est surtout une station verte de vacances en été et un village de neige en hiver. Un téléski et une piste verte font du hameau de Rosset un site de ski alpin idéal pour les enfants et les débutants. Luge et ski de fond sont également possibles. En été, des itinéraires pédestres et pour VTT permettent de belles balades, dont certaines grimpent vers des belvédères. Prenez le temps de voir l'église du village, sa nef romane, son chœur gothique, les statues classées du XVe siècle et le mobilier du XIXe qu'elle abrite. Personnages historiques : Claude Prost, dit Lacuzon, résistant et indépendantiste comtois au XVIIe siècle. Mais aussi dans les années quatre-vingt, François Bailly-Maître, grand coureur cycliste et spécialiste du VTT.

LA MAISON DU MÈTRE

1, rue de la Reisse
© 06 12 38 81 61
Horaires sur site. Accueil groupes.
Visites guidées. Parking autocar.

C'est dans cette maison de 1792 que se trouve l'Atelier Prost-Rosset installé en 1866. Pierre-Emile et Henri Prost-Rosset y fabriquent alors des mètres pliants métalliques, en laiton (80 %), cuivre, acier, maillechort... Une activité florissante qui s'exporte à l'international tandis qu'avec le temps, la société change de nom, évolue, passe d'un membre de la famille à l'autre. L'atelier est propice à la découverte de la fabrication artisanale. Ce musée permet aussi d'en savoir plus sur l'histoire des mesures avant qu'elles deviennent universelles.

MORBIER ★

Morbier semble avoir tiré son nom d'un ruisseau, le *bief*. Et avant de devenir celui du célèbre fromage à la raie cendrée, il fut celui d'une horloge comtoise fabriquée dans la ville dès le XVIIe siècle : la Morbier. Aujourd'hui, c'est une commune d'environ 2 000 habitants où les activités agricoles, industrielles et touristiques s'équilibrent. Sa situation ne donne que peu d'intérêt à la ville elle-même. Quelques commerces et le marché du mercredi lui donnent un peu d'animation. La périphérie se prête aux séjours et activités de plein air : plan d'eau et itinéraires de randonnées à pied et en VTT en été, mais surtout petite station de ski alpin.

FROMAGERIE GRANDE RIVIÈRE MORBIER

80, route Royale
© 03 84 33 59 39
Ouvert du lundi au samedi de 9h à 12h
et de 16h à 19h ; le dimanche de 9h à 12h.

Le fromage, spécialité de Morbier, est l'autre atout de cette commune, même si sa fromagerie avait disparu jusqu'en 1997. Elle est aujourd'hui associée à celle de Grande-Rivière. L'aire de vente est accueillante autant que lumineuse. Vous serez tout de suite attiré par les fromagers qui s'activent derrière les grandes baies vitrées. Leur atelier se visite. Vous pourrez aussi repartir avec du comté, de la tomme, de la raclette, et d'autres productions régionales gourmandes.

LAMPES GAUDARD

138, route Blanche
© 03 84 33 09 73
http://gaudard.com
Entreprise familiale artisanale de fabrication
et de restauration de luminaires. Boutique.
Horaires sur site.

Du pétrole aux leds, les lampes Gaudard franchissent les époques. L'entreprise a 150 ans, tenue par la cinquième génération ! Les fabrications traditionnelles continuent pour la plus grande joie des amateurs. Le succès réside surtout dans son adaptation des versions électriques jusqu'aux leds. 77 % de la production est exportée dans 30 pays. L'autre force de l'atelier morbiésien est la variation des formes et styles. Un talent salué par le ministère de l'Industrie qui lui a décerné le label Entreprise du patrimoine vivant, et l'Institut national des métiers d'art.

SAINT-CLAUDE ★★

Capitale du Haut-Jura, située au confluent de la Bienne et du Tacon dans une vallée encaissée, Saint-Claude est une ville dont l'activité économique, longtemps fondée sur l'artisanat de la tournerie et l'industrie lapidaire et diamantaire, est à présent orientée vers la plasturgie. La cité, qui s'est développée au début du Vᵉ siècle autour d'un monastère fondé par deux moines et abbés, Romain et Lupicin, voit son histoire aussi accidentée que son relief puisqu'elle essuya plusieurs incendies, épidémies, guerres et pillages aux cours des siècles. Si la ville ne possède que peu d'attraits touristiques, ses alentours offrent néanmoins une importante variété de richesses naturelles.

ARTISANAT SUR CORNE - MUSÉE DE LA TOURNERIE

126, route des Viaducs
LAVANS-LÈS-SAINT-CLAUDE
✆ 03 84 42 11 68 - www.artisanatcorne.com

Ouvert toute l'année. Visite guidée et démonstration. Boutique. Accueil groupe. Parking autocar.

Le Haut-Jura est notamment connu pour la pipe dont les tuyaux sont traditionnellement en corne. Transmise de génération en génération, la tournerie n'a plus trop de secret pour la famille Lançon-Michaud. En 1998, Emmanuel Michaud reprend le musée familial. Labellisé Entreprise du patrimoine vivant et Artisan, il se fera un plaisir de vous faire des démonstrations. Il utilise plus de 2 000 outils dont un tour de 130 ans. Le Magasin à Saint-Claude propose une large gamme d'articles.

ATELIER DES SAVOIR-FAIRE ★

1, Grande rue - **RAVILLOLES**
✆ 03 84 42 65 06
www.atelierdessavoirfaire.fr

Groupement d'artistes et d'artisans.
Horaires et tarifs sur site. Accueil groupes.
Stages pour petits et grands.

Vous avez envie de fabriquer vos propres meubles en bois, de sculpter la terre ou le verre, voire construire votre propre canoë pour naviguer ? Avec ses soixante artisans et artistes locaux qui vous forment dans la bonne humeur, c'est désormais possible et surtout facile grâce à l'Atelier des savoir-faire. Au fil des cinquante formations proposées vous pourrez développer vos talents. Si vous préférez les techniques plus modernes, l'Atelier des savoir-faire c'est aussi un FabLab. Transmettre les compétences d'hier et de demain, c'est forcément *Made in* Jura !

MONTAGNES DU JURA

CATHÉDRALE SAINT-PIERRE-SAINT-PAUL-ET-SAINT-ANDRÉ ★

1, rue de la Sous-Préfecture
© 03 84 45 34 24
www.saint-claude-haut-jura.com
Accès libre et gratuit toute l'année.
Visite guidée sur rendez-vous.

Lorsque que saint Lupicin et saint Romain arrivèrent à Condat (« confluent » en gaulois), au début du Vᵉ siècle, ils édifièrent un oratoire à l'endroit où se trouve l'actuelle cathédrale de la ville de Saint-Claude. Classée Monument historique en 1906, la cathédrale, dédiée à saint Pierre, saint Paul et saint André, est un chef-d'œuvre de l'art gothique comtois. On ne la désigne souvent que par le premier saint. Ancienne église abbatiale de l'abbaye Saint-Oyend, elle fut construite entre 1350 et 1500, puis terminée entre 1726 et 1746, ce qui explique que le style de sa façade soit très XVIIIᵉ. Elle fut élevée au rang de basilique en 1952 par le pape Pie XII. Son architecture massive, avec des murs de trois mètres d'épaisseur, lui permettait de servir de refuge aux habitants de Saint-Claude en cas d'invasion, toujours redoutée dans cette région stratégique convoitée par les cantons suisses, les ducs de Savoie et de Bourgogne. À l'intérieur, les pièces les plus intéressantes sont les 74 stalles du chœur. En noyer, elles furent réalisées au XVᵉ siècle par le sculpteur genevois Jehan de Vitry. Remarquez aussi, dans le collatéral gauche, le retable, de style Renaissance, offert en 1532 par Pierre de la Baume, évêque de Genève. Dans le collatéral droit, on distingue la chapelle contenant la châsse de Saint Claude. Les vitraux ont été restaurés en 1999. A remarquer encore : les orgues en tribune, œuvre des ateliers parisiens Daublaine et Callinet, inaugurés en 1843.

LA FERME AU CHAPEAU VERT

Les Crêts Bouvard - **LES BOUCHOUX**
© 03 84 42 79 59
www.yourte-gite-jura.com
Ouvert tous les jours. Sur réservation.

Lætitia et Patrick vous accueillent dans leur ferme pédagogique, que ce soit pour quelques heures ou pour un séjour atypique en yourte, en gîte, ou en camping. Et vous initient au métier d'agriculteur en participant à la vie de leur ferme. 70 brebis, 8 chevaux et poneys, 2 chiennes de conduite de troupeau, 50 poules pondeuses... Ils vous apprendront à distribuer le foin, à traire, à récolter des œufs. Ils abordent aussi la biologie de chaque espèce, la technicité de l'élevage, les transformations. Groupes sur réservation, visite complète avec dégustations.

GROTTE SAINTE ANNE - BELVÉDÈRE DE L'ERMITAGE

© 03 84 45 34 24
www.saint-claude-haut-jura.com

Envie d'une petite balade avec un objectif souterrain ? La grotte Sainte-Anne est accessible à pied depuis le centre-ville de Saint-Claude, en partant de l'office de tourisme. Il faut compter 1h30 pour parcourir les 2 kilomètres de sentier aller-retour. Un balisage jaune indique le chemin. Arrivé à proximité de la grotte, une terrasse et les vestiges de l'ancienne chapelle de l'Ermitage offrent un lieu idéal pour une petite halte. Le Belvédère de l'Ermitage offre une vue sur la ville.

MAISON DU PEUPLE

12, rue de la Poyat
© 03 84 45 77 37
www.maisondupeuple.fr
Musée. Horaires sur site. Pass'musées.
Visite guidée, boutique, animations, conférences, expositions.

Cet édifice classé Monument historique, inauguré en 1901 par Jaurès, proposait une aventure sociale vouée au bien-être, à la culture au service des ouvriers. La Fraternelle fait revivre ce site original. Le lieu retrace des thématiques (architecture, société, vie mutualiste). On y découvre la pouponnière, la coopérative d'achats (épicerie, boucherie, charcuterie), les fours, caves à vin et à fromage. C'est en plus un espace culturel (théâtre, café, cinéma, bibliothèque, atelier typographie, salle de sport). Ce lieu accueille des artistes. Un endroit unique !

MAISON PARC DU HAUT-JURA

29, le Village - **LAJOUX**
© 03 84 34 12 30 - www.parc-haut-jura.fr
Réseau Tourisme & Handicap. Expositions, animations, boutique. Accueil groupes. Horaires sur site.

La visite s'organise sur 10 thèmes, dont les territoires, les services, la sensibilité à la culture locale, le climat, les énergies, la gestion de l'environnement, le patrimoine, l'agriculture, le tourisme et la filière bois/forêts. La vue d'abord, les couleurs, l'odorat et l'ouïe sont sollicités grâce à un spectacle sonore. La Maison du Parc propose encore une exposition « Terre vivante et ses multiples facettes » et une découverte interactive : un quiz des gestes écocitoyens avec jeux d'eau, de diaporamas et d'écrans multimédia... Pour comprendre tout en jouant.

© HAUT-JURA SAINT-CLAUDE

© HAUT-JURA SAINT-CLAUDE

© STEPHANE GODIN

OFFICE DE TOURISME HAUT-JURA SAINT-CLAUDE

1, avenue de Belfort
✆ 03 84 45 34 24
www.saint-claude-haut-jura.com

Organisme d'informations touristiques sur Saint-Claude et la région.
Renseignements sur site ou sur place.

Cet office de tourisme rayonne sur la capitale du Haut-Jura, de la région et donc au cœur du Parc naturel régional du même nom. Il se tient à votre disposition pour vous renseigner. Qu'il s'agisse de quoi se loger, de découvrir les trésors locaux, d'apprécier la nature dans toute sa générosité. Des brochures précises sont à votre disposition. Sans oublier les idées de randonnées pédestres, pour chaque aptitude, avec plus de 7 kilomètres de dénivelé !

© HAUT-JURA SAINT-CLAUDE

© ALINE DALLOZ

© PHILIPPE PATERNOLLI - STOCK.ADOBE.COM

Vue sur Saint-Claude.

MUSÉE DE LA PIPE ET DU DIAMANT ★

1, place Jacques-Faizant
✆ 03 84 45 17 00
lapipedesaintclaude.com
Octobre-avril, de lundi à samedi 14h-18h. Mai-septembre, tous les jours 9h30-12h/ 14h-18h30. Tarifs 6,50 €, 5 €, 3,50 €.

Ce musée rappelle que Saint-Claude est une ville où les savoir-faire étaient divers. Au XIXe siècle, la ville était le centre mondial de l'industrie de la pipe, mais aussi un site très réputé pour la taille des pierres précieuses. C'est ainsi que les deux thématiques ont trouvé le moyen de s'associer afin d'offrir un espace commun où s'exposent une vaste collection de tabatières et pipes, de pierres précieuses et de synthèses taillées, ainsi que des machines, instruments, photos...

MUSÉE DE L'ABBAYE ★

3, place de l'Abbaye ✆ 03 84 38 12 60
www.musees-franchecomte.com/index.php?p=251
L'été 10h-18h, sinon 14h-18h. 8 €/p. Gratuit -7 ans. Tarif pour groupe. Visites guidées. Expositions temporaires.

Deux raisons de franchir la porte de ce musée aménagé dans une partie de l'ancien palais abbatial (XVe- XVIIIe s.). D'abord, il abrite une collection d'art de grande valeur léguée par deux peintres, René Genis et Guy Bardone, originaires de Saint-Claude. Les grandes signatures de la peinture française de 1890 à 1900 sont présentées sur deux niveaux, le second accueille des expositions temporaires. La seconde raison est qu'en descendant au sous-sol, nous changeons d'époque et accédons aux vestiges archéologiques de l'abbaye de Saint-Claude fondée au Ve siècle.

MUSÉE DES MÉTIERS D'AUTREFOIS

LA PESSE
✆ 03 84 42 70 47
www.fruitiere-lapesse.com
Musée rural des activités du Haut-Jura. Horaires sur site. Visites guidées. Accueil groupes.

Ce musée, abrité dans un chalet-fromagerie, retrace l'histoire des métiers dans les Hautes-Combes avec des outils anciens. Un voyage où est évoquée la vie à la ferme avec la fabrication du fromage et le peignage du lin, ainsi que les « petits métiers » qui complétaient l'activité et dont certains sont encore d'actualité : taille des pierres, bijouterie, travail du bois et en particulier des tavaillons qui isolent les murs... On découvre aussi la technique du chauffage à la tourbe.

PIPES CHACOM

17, route de la Faucille - **VILLARD-SAINT-SAUVEUR**
✆ 03 84 45 00 00
www.pipechacom.com
Fabricant de pipes. Ouvert du lundi au samedi. Horaires sur site. Boutique. Visite.

Chacom a déménagé de Saint-Claude pour un site plus fonctionnel à Villard-Saint-Sauveur. Les artisans qui y travaillent créent, avec beaucoup de dextérité des pipes, qu'elles soient classiques jusqu'aux plus extraordinaires. Cette unité familiale de renommée mondiale et du Patrimoine vivant a su au fil du temps, transmettre son savoir-faire. Ainsi Antoine Grenard et son équipe vous accueillent dans son espace d'exposition, un véritable musée vivant. Vous trouverez également un magasin d'usine et les accessoires indispensables aux fumeurs. Une visite s'impose.

HÔTEL SAINT-HUBERT*** €€

3, place Saint-Hubert
✆ 03 84 45 10 70
www.hotel-saint-hubert.fr
Logis. Qualité Tourisme. Ouvert toute l'année. Restaurant fermé pendant les vacances de Noël.

Cet hôtel, dont l'extérieur est sans charme, se trouve à 300 mètres seulement de la cathédrale. Décorées avec simplicité, les 30 chambres sont confortables et spacieuses. Certaines donnent sur les montagnes qui entourent la ville. Elles sont toutes insonorisées. Le petit déjeuner est copieux, l'accueil très sympa. N'hésitez pas à tester le restaurant de l'hôtel, Le Loft : les plats servis y sont faits maison et quelques spécialités régionales sont mises à la carte, dont les célèbres « bréchets » de volaille qu'on appelle « les grenouilles du pauvre » en Bresse.

JURA HÔTEL** €€

40, avenue de la Gare
✆ 03 84 45 24 04
www.jurahotel.com
Chambres de 58 à 100 €. Toute l'année. Parking privé. Terrasse. Garage. Salle sécurisée pour matériel sportif et vélos.

Cet établissement mérite largement son classement en 2 étoiles et offre désormais des espaces spacieux, lumineux et très confortables. Les propriétaires sont très soucieux de l'accueil pour vous assurer le meilleur séjour possible. Certaines chambres donnent côté gare mais sans aucun désagrément ; les autres donnent sur la Bienne et la montagne offrant une vue exceptionnelle sur la ville. Le restaurant « Le Panoramic » vous accueille dans une salle spacieuse et lumineuse et en saison une terrasse vous permet également de profiter de la vue.

LA MAISON DE TEISS €€

Route de la Borne au Lion - **LA PESSE**
✆ 03 84 42 28 80
www.la-maison-de-teiss.fr
Chambres d'hôtes. 3 chambres pour 15 personnes. Ouvert toute l'année. Restauration sur réservation.

Ce gîte est une vraie bâtisse des Hautes-Combes qui fut ferme d'alpage. Elle offre confort et authenticité. À l'écart du village, mais accessible toute l'année en voiture, elle se trouve sur l'itinéraire des Grandes Traversées du Jura à skis, à pied, à VTT... 15 personnes peuvent y résider. 2 grandes suites pour loger des familles ou des couples, une petite chambre plus intime « La maison de poupée ». L'hébergement s'adapte à tous les séjours : sportifs, festifs, familiaux... Investie dans la vie locale, Anne la propriétaire est de bon conseil pour vos activités.

LA BESACE DU COMTOIS

2, rue du Marché
✆ 03 84 60 82 68
www.labesaceducomtois.com
Ouvert du lundi au samedi : 9h30-12h30/ 13h30-19h30 et dimanche matin. Livraison, vente en ligne. Carte cadeaux.

La renommée de cette belle boutique, en face de la cathédrale, est bien justifiée. On aime déjà l'accueil sympathique, et les conseils dispensés judicieusement par Cyril et Francis. Les produits sont très bien sélectionnés et reflètent le savoir-faire régional en matière de produits gourmands. Une belle gamme de bières artisanales comtoises complète le rayon des boissons. Dépôt de pain toute l'année et en saison estivale d'excellents sandwichs sont proposés. Le professionnalisme et l'accueil ont permis de fidéliser une clientèle tant locale que touristique.

© BESACEDUCOMTOIS

© BESACEDUCOMTOIS

MONTAGNES DU JURA

LE MÉDIA €

24-26, rue du Collège ✆ 03 84 33 66 08
www.restaurant-saint-claude.fr

*BS : tous les midis ; le week-end le soir.
HS : tous les midis ; du samedi au lundi le soir.
Menus de 14 € à 22 €.*

Aux fourneaux, Nelly Togola, une figure san-claudienne, est dans le métier depuis 32 ans. Ici vous pourrez déguster le célèbre plat « le pot au feu de chèvre salée » seulement de mi-octobre à mi-mars, sinon « la langue de bœuf fumée ». N'oublions pas les fondues, assiettes comtoises (le midi), tartiflettes. Tout est fait maison en produits frais. N'hésitez pas à compléter le repas par un crémeux excellent fromage du jura, passé au four, gratiné accompagné de jambon de pays, pommes de terre et salade. La terrasse intérieure chauffée peut recevoir 30 couverts.

LE PANORAMIC €€

40, avenue de la Gare
✆ 03 84 45 58 10
www.jurahotel.com

Ouvert tous les jours sauf le lundi midi, le samedi midi et le dimanche.

Une grande salle spacieuse et très lumineuse aux tables dressées élégantes. De grandes baies vitrées vous offrent une vue exceptionnelle sur les montagnes, la ville et surplombant la vallée de la Bienne. La cuisine met en exergue les produits régionaux comme les escargots et croûtons en pot à l'anis de Pontarlier ou une langue de bœuf fumée sauce tartare, un civet de sanglier « chasse française », poissons de la région, le filet de truite de la Valouse en croûte d'herbes. En hiver le mont d'or chaud est une heureuse façon de découvrir cet atypique fromage.

AU VILLARD €€

VILLARD-SAINT-SAUVEUR
✆ 03 84 41 05 14
www.golf-saint-claude.com

Au cœur du Parc naturel du Haut-Jura, tout à côté du golf, ce restaurant vient d'être repris, il propose menus du jour et du marché. La carte offre des spécialités, notamment régionales, à base de produits frais et majoritairement locaux. Les poissons frais viennent du lac Léman tout proche et les viandes de race tiennent une place non négligeable. Une charmante terrasse panoramique fort bien exposée jouxte l'établissement dont la salle aux grandes baies vous permet de regarder le magnifique paysage environnant. La maison organise des soirées à thèmes.

FERME LES MEUH... TAGNES

PRATZ ✆ 06 88 30 79 41
www.la-ferme-les-meuh-tagnes.fr

Production de yaourts, faisselles et fromages blancs. Horaires sur site. Visite de la ferme.

Franck Dutoit était chauffeur. Mais, fils d'agriculteur, il était obnubilé par l'idée du retour à la ferme. Les Meuh… tagnes sont nées voici 3 ans avec l'aide d'Angélique, son épouse. Mais le couple voulait se démarquer. L'exploitation a pris les traits d'une laiterie singulière. Au pays des montbéliardes, il a fait venir des vaches de Jersey, une île au large de la Normandie. Leur lait est très disposé aux yaourts. Nos deux Montagnons élaborent depuis 10 variétés aromatisées. A la traite vous pourrez savourer des fromages blancs tout aussi remarquables.

HELENA MONNIELLO COURS DE PEINTURE

10, Lotissement Les Sapins Bleus
VILLARD-SAINT-SAUVEUR ✆ 07 49 99 10 93
www.helenamonniello.com

*Toute l'année. Dès 8 ans. Sur rendez-vous.
Cours collectifs ou individuelles.
Stages périodes vacances scolaires.*

Héléna Monniello, artiste peintre, expose régulièrement dans des galeries, travaillant la peinture acrylique. En parallèle, elle propose des cours, pour faire partager sa passion, mais aussi inciter tout un chacun à découvrir cet art. Elle vous conseillera, accompagnera tout au long de votre initiation. Soit vous pourrez opter pour un cours individuel soit ce sera collectif. Une belle façon de franchir le pas pour découvrir une activité que l'on pense à tort, bien inaccessible.

PIPES GENOD-VIOU

13, Faubourg Marcel
✆ 03 84 45 00 47
www.maitrepipier.fr

*Artisan fabricant de pipes.
Egalement réparations. Visite de l'atelier sur réservation. Accueil groupes.*

La destinée de cette illustre maison est entre les mains du couple Beaud. Un savoir-faire dans l'atelier du XIXe siècle resté dans son jus. Lieu chargé d'histoire, puisque qu'il s'agit de la plus ancienne fabrique. La bruyère est la matière du «maître pipier». Pour le visiteur, l'intérêt réside avec les étapes qui se succèdent : calibrage, ébauchage, varlopage, perçage, décoration,... Tout un art. L'artisan donne aussi une seconde vie aux bouffardes mal en point. Votre curiosité sera enfin attisée par une exposition de pipes anciennes et d'articles en bois.

L'HEBDO DU HAUT-JURA ET DU HAUT-BUGEY

64, rue du Pré ✆ 0384331464
www.lhebdoduhautjura.org

Publication couvrant tout le Haut-Jura et le Haut-Bugey. Tous les quinze jours. Supplément estival.

Depuis des années, l'*Hebdo du Haut-Jura* couvre l'actualité d'une bonne partie du massif jurassien en empiétant sur le Bugey. Dominique Piazzolla, qui en est le directeur, est une personnalité attachante et de caractère. Il s'est entouré d'une équipe dynamique et réactive qui permet de coller à l'actualité. Dans cette publication on retrouve toutes les rubriques des journaux traditionnels, un excellent complément quant aux thèmes et sujet traités. Le supplément estival est très bien.

SEPTMONCEL-LES MOULUNES

Nichée à près de 1 000 mètres, dans le Parc régional du Haut-Jura, ce fut un pôle de la taillerie des pierres précieuses et de l'horlogerie. A ce jour ne subsiste que l'usine Dalloz. Un nom qui interpelle puisque c'est ici que naquit le fondateur des éditions juridiques du même nom. Ici on y travaille le lait pour fabriquer le Bleu de Gex, dont c'est le berceau. Cette commune est connue pour ses « lacets », une route aux virages qui sur plus de 15 km la relie à Saint-Claude. Septmoncel c'est aussi des belvédères, des sentiers pédagogiques dont 3 à faire : Les Chamois, Les Diots et Les Lapidaires. La commune vient de fusionner avec Les Molunes.

SENTIERS LES DIOTS-LES LAPIDAIRES-LES CHAMOIS

1, place de la Mairie ✆ 03 84 41 65 17
www.septmoncel.fr

3 sentiers thématiques de découverte à faire en famille. Bornes pédagogiques. Accès gratuit.

Ces 3 sentiers sont emblématiques des spécificités de la montagne haut-jurassienne autour de Saint-Claude. Le sentier des diots, saucisses locales, fait 11 km avec 12 borne pédagogiques. Celui des lapidaires compte jusqu'à 9 km avec 12 bornes. Celui des chamois est le plus long, jusqu'à 16 km avec 17 bornes informatives. Des parcours originaux avec des points de vue remarquables mais aussi avec pas mal de dénivelé. C'est dit pour les moins aguerris à la marche !

HÔTEL RESTAURANT GRUET €

Hameau Le Manon
© 03 84 41 22 16
www.hotel-lemanon.com

Ouvert toute l'année. 10 chambres. Pension et demi-pension. Accueil groupes. Fait aussi restaurant.

À la croisée des routes de Lajoux aux Molunes, vous êtes au hameau du Manon et ne pouvez pas rater un grand bâtiment au bardage de tôle. À l'arrière une terrasse située au soleil avec vue sur les prairies l'été et au pied des pistes l'hiver. Thomas Gruet et son épouse vous réservent un accueil très chaleureux. Les chambres sont spacieuses et confortables. Côté restaurant, les plats sont excellents et évoluent en fonction des saisons. Deux grandes salles à la déco marquée Haut-Jura et à très grandes baies donnant sur le paysage permettent d'accueillir les groupes.

AUX BRIMBELLES €€

© 06 81 27 21 60
www.auxbrimbelles.fr

Ouvert toute l'année. 5 chambres (max 15 personnes). De 45 à 60 € par pers onne, petit déjeuner compris. Restauration.

Isabelle et Christophe Malaquin ont réalisé un bâtiment très contemporain alliant les matériaux locaux, à savoir le bois pour la majorité des structures. Ce lieu comprend plusieurs hébergements avec tout le confort moderne. Les espaces sont spacieux et lumineux, avec une grande piscine intérieure, des espaces détente, billard ou salle de jeux pour les enfants. La cuisine sera bourguignonne en raison de leurs attaches, mais aussi comtoise. Garage fermé pour véhicules, motos ou vélos. Une très belle nouvelle adresse à l'accueil parfait comme les prestations.

HÔTEL RESTAURANT GRUET €

Hameau Le Manon © 03 84 41 22 16
www.hotel-lemanon.com

Ouvert toute l'année. Menu unique + carte. Accueil groupes. Jardin et terrasse. Fait aussi hôtel.

À 3 km de Septmoncel, vous êtes au cœur du hameau du Manon et vous ne pouvez pas rater un grand bâtiment au bardage de tôle. Thomas Gruet et son épouse vous réservent un accueil très chaleureux. En cuisine, Thomas prépare des plats qui sont excellents et ils évoluent en fonction des saisons. Si le terroir est bien représenté, vous aurez parfois des mets issus de la gastronomie d'autres pays ou continents. C'est une bonne adresse selon *Le Petit Futé* : bon rapport qualité/prix et c'est très bien de pouvoir désormais pouvoir en profiter toute l'année.

LES ROUSSES ★★

Entre 1 120 m et 1 680 m d'altitude, les Rousses, c'est LA station de ski du Jura. Plus grande, plus équipée et plus fréquentée que les autres petites stations du Jura, elle est dotée de services et commerces nombreux tout en gardant un caractère familial et authentique. Côté ski alpin, on compte 50 km de pistes avec trois domaines français et un domaine franco-suisse, le massif de la Dôle. Côté ski de fond : 220 km de pistes tracées dont une partie sur le mythique trajet de la Transjurassienne. En été, ces espaces deviennent le terrain d'heures de balades en VTT ou de randonnées dans ces paysages inégalés de grands plateaux à perte de vue.

COMMANDO GAMES ★

Fort des Rousses ✆ 03 84 60 02 55
www.lesrousses.com
Fermé d´octobre à mai.
Haute saison : ouvert tous les jours et les jours fériés de 14h à 19h. A partir de 12 €.

Le Fort des Rousses est la deuxième plus grande forteresse de France. Après la Seconde Guerre mondiale et ce, jusqu'à sa démobilisation en 1997, le fort était un centre d'entraînement des commandos du Haut-Jura. C'est aujourd'hui le plus grand parc aventure de la région qui vous permet de découvrir le patrimoine du fort dans des conditions originales, avec 70 ateliers dont notamment, deux tyroliennes de plus de 220 m de long. On peut également se glisser dans les souterrains du fort pour résoudre des énigmes à la lueur de sa lampe frontale.

FORT DES ROUSSES ET CAVES D'AFFINAGE JURAFLORE

Fort des Rousses
✆ 03 84 60 02 24
Réseau Made in Jura. Visite des caves.
Accueil enfants. Horaires et inscriptions sur site.

En quittant sa vocation militaire, le fort des Rousses au cœur du parc naturel du Haut-Jura se met au service du goût. Les murs épais et les parois de roche offrent désormais leurs qualités à 130 000 meules de comté Juraflore. Le climat y est constant, l'hygrométrie parfaite. Lors des visites-dégustations, vous découvrirez l'art savant de l'affinage, et les mille et une saveurs des fromages montagnards. Derrière un comté d'exception, il y a toujours le talent d'un maître fromager. C'est lui qui veille sur ses meules pendant toute la durée de leur affinage délicat. Sonde en main, il ausculte ses belles pensionnaires. Pour révéler toutes leurs saveurs, les comtés vont transiter dans 5 à 7 caves. Vous pourrez découvrir au cœur de ce fort militaire remarquablement aménagé les caves d'affinage des comtés Juraflore et l'histoire des plus grands fromages de la Franche-Comté. En pénétrant dans l'étonnante cave Charles Arnaud avec son fantastique demi-centre en pierres de 214 m de longueur, vous comprendrez comment, sous l'effet des voûtes de pierre, le travail des hommes et le temps forgent, pour chacun des fromages, les meilleures saveurs du Massif jurassien. Aujourd'hui, le fort des Rousses est reconnu comme étant un site touristique majeur et un haut lieu de la valorisation des fromages de terroir du massif. Diverses animations sont proposées : dégustation de vins et de comtés, activités autour du comté, activités sportives... Incontournable !

© ALEXIS BORG - STOCK.ADOBE.COM

Le lac des Rousses.

L'ARBEZIE FRANCO-SUISSE** €€

601, rue de la Frontière
✆ 03 84 60 02 20
www.arbezie.com

Hôtel «Logis». 10 chambres à partir de 89 €. Fait également restaurant. Accueil groupes. Animaux acceptés.

Bienvenue en Arbézie, chez la famille Arbez qui tient depuis des générations cet hôtel-restaurant. Une entrée côté France l'autre côté Suisse. A peine franchi les pas de portes, des pancartes vous indiquent l'un ou l'autre des pays. Les toilettes, « propres en ordre », comme il se doit, sont helvètes. Dans un décor chalet, les murs racontent quelques-unes des histoires qui ont marqué ce lieu emblématique. Un établissement insolite mais aussi une institution.

LA REDOUTE*** €€

357, route Blanche ✆ 03 84 60 00 40
www.hotel-la-redoute.com

Logis. Fermeture avril, octobre et novembre. 25 chambres de 69 à 116 €. Pension complète. Restauration.

Situé près du centre et des commerces, du départ des pistes de fond et des navettes pour le ski alpin... La Redoute offre une étape où l'accueil, la propreté et les plaisirs de la table sont de mise. Les 25 chambres rénovées sont confortables et impeccables, avec TV à écran plat. Dans la vaste salle de restaurant, le fonctionnel des années 1970 se réchauffe de rideaux coquets et de belles nappes. La cuisine est traditionnelle, copieuse et soignée, faisant la part belle aux spécialités franc-comtoises généreuses, mais on trouve également des plats plus légers !

LE GAI PINSON*** €€

1465, route Blanche
✆ 03 84 60 02 15
www.hotelgaipinson.com

Hôtel qualité tourisme. Logis. 17 chambres. 2 personnes dès 76 €. demi-pension et pension. Garage. Animaux admis.

Impossible de rater cet hôtel, tant sa bâtisse gros chalet en pin Douglas et son toit incliné en imposent ! Le seuil franchi, l'intérieur ne trahit pas l'extérieur : mobilier rustique en bois, décoration montagne... Côté vue, elle est panoramique. Dans les chambres, des murs de pin, un joli lit avec cœur de bois découpé. C'est bien pensé. Selon vos souhaits, votre chambre sera dotée d'un balcon. Certaines donnent sur le jardin ou sur le massif de La Dole... Au matin vous irez prendre votre petit déjeuner, servi en buffet, et profiter des richesses de la région.

LE 1107 €€

247, rue Pasteur
✆ 03 84 60 05 77

Tous les jours. Réservation recommandée. Carte : 30 € environ. Plats : 15 à 24 €. Terrasse. Boutique. Animations.

Ce bar à vin, restaurant, épicerie fine a succédé au Marie Bis plus que cinquantenaire. Son nom 1107 évoque l'altitude du lieu. Sa façade jaune citron ne passe pas inaperçue. L'intérieur est feutré. Les plats à la carte s'articulent autour des escargots, du saumon sauvage sockeye d'Alaska, du foie gras maison au vin jaune, du tartare de charolais, entre autres bonnes choses. L'épicerie fine fourmille de produits locaux et de curiosités sans frontières. Touristes et autochtones peuvent y apprécier les spécialités régionales liquides et solides, c'est très bien.

LA FRUITIÈRE €€

230, rue Préchavin ✆ 03 84 60 30 95
www.la-fruitiere.fr
Toute l'année. Du jeudi au lundi le midi et le soir. Réservation recommandée. Terrasse. Vente à emporter. Animations.

Cette ancienne fromagerie est devenue un restaurant spécialisé dans les pizzas, pâtes fraîches et grillades. Dans ce lieu décoré avec goût, on travaille avec simplicité de bons produits pour vous proposer du fait-maison. Une cuisine goûteuse : grillades, pâtes au foie gras, escargots, morilles ou encore chèvre-miel de sapin, pizzas au feu de bois. Les desserts sont maison. Toute l'équipe se montre pour vous aux petits soins. Il est conseillé de réserver. Vous pouvez également commander vos pizzas et pâtes et les emporter pour vous régaler à domicile.

LE GAI PINSON €€

1465, route Blanche ✆ 03 84 60 02 15
www.hotelgaipinson.com
Logis. Qualité Tourisme. Menus dès 17,90 €. Carte. Accueil groupes. Espace jeux enfants. Fait également hôtel.

Décor typique montagnard dans cet imposant chalet. Le ton est donné pour apprécier les spécialités comtoises mais pas que... Les chefs pourront aussi vous proposer un choix varié comme gambas ou noix de Saint-Jacques. Bonne adresse pour les familles car les enfants ont des menus adaptés et un espace réservé pour lire ou colorier. Le Gai Pinson est également un hôtel confortable. En hiver, les clients apprécient la proximité des pistes de ski de fond et le ski bus vers les remontées de ski alpin. La vue mérite d'être soulignée sur le Noirmont ou la Dole.

LA REDOUTE €€

357, route Blanche ✆ 03 84 60 00 40
www.hotel-la-redoute.com
Logis. Fermeture avril, octobre et novembre. Du lundi au samedi midi et soir. Animaux admis. Réservation recommandée.

Ce restaurant attenant à l'hôtel jouit d'une bonne réputation et c'est aussi une institution au cœur de la station. La cuisine est évidemment tournée vers le régional avec tout l'éventail des recettes de montagne. Cela va de la fondue aux morilles au gravlax de truite, du chou farci à la Morteau et sa purée aux saveurs de truffes. Même les menus de Noël et du Nouvel An font saliver. On accepte les animaux. Les groupes sont accueillis mais, comme pour les particuliers, il est prudent de réserver. Une bonne et traditionnelle adresse ou il fait bon de faire étape.

GLOUGLOU MARKET

14, rue du Couvent
✆ 09 84 32 15 33
www.glougloumarket.com
Espace de vins, alcools et produits régionaux. Ouvert de mardi à samedi. Horaires sur site.

Au sein de la station, Nora et Gaëtan Paillaud ont ouvert un espace dédié aux alcools, vins et produits d'épicerie fine. Un magasin spacieux, lumineux où les produits sont bien mis en valeur. Plusieurs alcôves permettent de se poser pour déguster ou prendre un verre. Ici, vous trouverez des vins naturels, des absinthes ou bières rigoureusement sélectionnés. Au sous-sol un joli caveau. Comme vous le constaterez, nous sommes aussi dans une « boutique apéritive ». L'accueil et le professionnalisme sont au rendez-vous, le choix bien pensé, tout comme l'agencement.

LE JARDIN DE ROUXY

Place de l'Omnibus ✆ 03 84 60 02 55
www.lesrousses.com
Parc de loisirs et de jeux en intérieur et en extérieur. Horaires sur site. Encadrement avec animateurs.

Rouxy, la mascotte des Rousses, est omniprésente dans ce complexe de loisirs et de jeux dédié aux enfants. Ils s'y débattront sur des trampolines, structures gonflables et multiples jeux en bois. Mais pas que. Ce jardin propose aussi en encadrement de nombreux ateliers : origami, cerf-volant, minigolf, tir à l'arc, peinture, bricolage, contes, cirque, maquillage... Des pauses également pour reprendre son souffle, notamment avec des goûters d'anniversaires. De quoi faire souffler également les parents qui en ont parfois bien besoin. Les groupes sont accueillis.

LA LOGE A PONARD

✆ 07 68 47 17 76
www.lalogeaponard.com
De mi-décembre à mi-avril et de mi-juin à mi-septembre. Fermé jeudi et dimanche soir. Réservation le soir. 13-20 €.

Pour partager un moment nordique inédit, voilà qui est pour vous. Le Ponard est un ancêtre de chalet d'alpage niché dans la forêt du Risoux (1 200 m d'altitude). Particuliers ou groupes peuvent y faire une halte gourmande le midi, le soir sur réservation, ou goûter l'après-midi... C'est le point de départ de multiples randonnées (même nocturnes) accompagnées par un guide diplômé (traces d'animaux, contes sous les étoiles, balades en raquettes...). Les nuits s'animent avec des spectacles d'artistes régionaux. Un véritable retour aux sources.

BOIS-D'AMONT

Avec Lamoura, Prémanon et Les Rousses, Bois-d'Amont complète la station des Rousses. Village frontalier, il s'étire dans la vallée des Dappes, entre lac des Rousses (France) et lac de Joux (Suisse). D'un côté, s'élève le Noirmont, sur les pentes duquel des remontées mécaniques accueillent les skieurs alpins. De l'autre, c'est la forêt du Risoux. C'est ici que les skieurs de la Transjurassienne amorcent la montée du mythique parcours. Le champion olympique de combiné nordique, Jason Lamy-Chappuis, a grandi ici. L'affinité de Bois-d'Amont avec le ski de fond se traduit aussi par la présence de Vandel, l'une des rares fabriques françaises de skis.

MUSÉE DE LA BOISSELLERIE ★

12, rue du Petit-Pont ✆ 03 84 60 98 79

www.museedelaboissellerie.com

Dates et horaires sur site. Ouvert jours fériés. Accueil groupes. Visite guidée possible.

Bois d'Amont fut la capitale des boîtes à fromage en bois d'épicéa. Le métier y est encore présent. Ce musée raconte son histoire et explique ses techniques. Il se situe au bord de l'Orbe, dans des bâtiments d'une ancienne scierie et un moulin. La visite commence dès l'extérieur avec le bois « en arbres ». À l'intérieur, l'équipement fonctionne : la targeuse, l'agrafeuse et la roue hydraulique. Ainsi se découvre l'épicéa depuis sa croissance jusqu'aux produits finis : boîtes à pharmacie, à fromage, coffrets, mais également cabinets d'horloge comtoise et skis.

PRÉMANON ★

La commune, située entre 770 m et 1 417 m est dispersée en hameaux qui abritent des structures d'accueil de groupes en classe de neige, des hôtels, des gîtes... Entre forêts et pâturages, ces lieux permettent d'accéder aux pistes de skis de fond, voire de ski alpin. Son cœur ? L'espace des Mondes polaires Paul-Emile Victor et sa patinoire. A la Darbella, se situe le Centre national de Ski nordique (CNSN) et son tremplin de saut à skis des Tuffes. C'est là que Jason Lamy-Chappuis a fait ses classes, comme son prédécesseur Fabrice Guy. Le CNSN constitue, avec l'École nationale de Ski et d'Alpinisme à Chamonix, l'École nationale des Sports de Montagne.

BISTROT POLAIRE €€

146, rue Croix de la Teppe

✆ 03 84 41 21 90

www.bistrotpolaire.fr

Ouvert toute l'année, du mardi au dimanche. Horaires sur site. Vin au verre. Accueil de groupes.

Dans le complexe polaire, voici le « Bistrot Polaire ». Une vaste salle lumineuse au design dans la continuité de l'esprit de l'Espace des Mondes Polaires (une porte les sépare). Le mobilier et les tons s'harmonisent à l'esprit du bâtiment. Sorin est en cuisine. Il a un beau parcours professionnel, dont un long passage aux Brasseries Paul Bocuse. Il aime travailler les beaux et bons produits avec beaucoup d'humilité. Les saveurs sont au rendez-vous. La carte n'est pas surchargée, car tout est travaillé frais. Une bonne adresse en plein cœur du Parc régional.

LAMOURA ★

Lamoura est le départ de la célèbre « Transjurassienne », course de ski de fond qui rassemble des milliers de coureurs dont 76 km jusqu'à Mouthe. Lieu-culte du ski de fond, la station n'en oublie pas pour autant le ski alpin. Elle propose des remontées mécaniques. Le village se déploie en charme avec des activités artisanales. L'orée de la forêt du Massacre et le pied du crêt Pela (1 495 mètres), est le départ de balades, été comme hiver. En été, la combe du lac devient lieu de détente, avec sa plage où la baignade est surveillée. Autour, un sentier pédagogique permet de découvrir la faune, la flore et la géologie avec une incursion dans la tourbière.

© ESPACESDESMONDESPOLAIRES

© ESPACESDESMONDESPOLAIRES

© ESPACESDESMONDESPOLAIRES

ESPACE DES MONDES POLAIRES ★

146, rue Croix-de-la-Teppe ✆ 03 39 50 80 20
www.espacedesmondespolaires.org
Adulte : 8 € (10 € avec accès à la patinoire). Enfant (de 6 à 15 ans) : 4 € (5,50 € avec accès à la patinoire).

Unique en Europe et immanquable, l'Espace des Mondes Polaires Paul-Émile Victor, composé d'un fonds documentaire exceptionnel, d'un jardin polaire, d'un espace ludique évoquant la banquise, d'un auditorium et d'une patinoire, est idéal pour comprendre les pôles et leur écosystème en s'amusant et pour passer de bons moments en famille. Il se positionne comme le premier centre culturel de référence sur les problématiques liées aux régions Arctique et Antarctique.

© ESPACESDESMONDESPOLAIRES

© ESPACESDESMONDESPOLAIRES

LE MUSEE DES LAPIDAIRES ★

173, route de Longchaumois ✆ 03 84 41 19 37
www.juramusees.fr/sites/des-metiers-et-des-hommes/maison-du-lapidaire/

Ouvert toute l'année. Fermé du 1/10 au 19/12. Jours et horaires selon haute ou basse saison. Voir site Internet.

Ici les explications et démonstrations sont passionnantes, on pénètre dans un univers totalement insoupçonné : celui de la taille de pierres précieuses. Au XVIIIe siècle, les habitants commencent à travailler la taille du rubis pour les horlogers suisses afin de compléter leurs revenus d'agriculteurs pendant les hivers. La visite guidée raconte l'histoire mouvementée de cette activité. Une démonstration permet de découvrir outils et techniques originelles. Les témoignages d'anciens lapidaires à travers une vidéo apportent des précisions sur ce savoir-faire.

LES AROBIERS*** €€

430, Grande-Rue
✆ 03 84 41 27 26
www.lesarobiers.fr

12 chambres. Séminaires. Wifi. Restauration. Logis de France : 2 cocottes. Soirée étape affaires.

Installé dans une ancienne demeure au centre du village, tout près des pistes de ski de fond et des itinéraires de randonnée ou de VTT, l'hôtel-restaurant a beaucoup de charme. La décoration a un style «cosy chic» de chalet de montagne avec murs lambrissés, et des chambres très confortables. Salon chaleureux avec tables basses en pin et bons fauteuils parfaits pour se délasser après une journée dans la nature. Côté restaurant, on allie tradition française et spécialités locales de saison dans des plats aux saveurs authentiques au dressage élégant. Une valeur sûre.

LA SPATULE*** €€

612, Grande-Rue
✆ 03 84 41 20 23
www.hotellaspatule.com

Qualité Tourisme. Logis. Fermé en mai, octobre et novembre. 25 chambres.

Un grand chalet au pied des pistes de ski alpin de Lamoura. Ici, tout est soigné. L'accueil est aussi chaleureux que le décor. Imaginez-vous au balcon de l'une des belles chambres lumineuses au cœur du paysage inimitable du Haut Jura. Vue sur les sapins ! Côté cuisine, la même qualité et le même souci de satisfaire les clients sont au rendez-vous, avec des prix tout à fait raisonnables et une présentation plus qu'agréable, et des spécialités comtoises. Bar et salon de thé permettent aussi de faire une pause entre deux descentes à ski lors d'un séjour hivernal.

NYON ★

Nyon, jolie ville au bord du Léman, entre Genève et Lausanne, est une capitale cantonale dynamique, marquée par la présence du laboratoire Novartis. Les rives, les boutiques diverses, la vieille ville, où se dressent le château et les vestiges de l'importante ville romaine, valent le détour. Des traces de populations remontent à l'époque lacustre. En 46 av. J.-C., une colonie y fut créée par les Romains. Au Ve siècle, la région entra dans le giron des Burgondes. C'est au XVIIIe siècle que le village se développa, notamment grâce à sa fabrique de porcelaine. En 1803, Nyon entra dans la Confédération helvétique avec le canton de Vaud.

SAINT-CERGUE ★

Saint-Cergue constitue l'étape sportive à votre parcours : été comme hiver, on y trouve de nombreuses activités. On fait du ski sur le vaste domaine desservi par 19 remontées mécaniques ou, plus curieux et original, on se promène en attelages de chiens de traîneau. Les enfants trouvent des pistes à leur niveau, et les plus grands iront sur les Jouvencelles, dans le massif de la Dôle, vers les Rousses. Egalement de très beaux parcours pour le ski de fond et les randonnées en raquettes, suivis de fondue ou de raclette… Le petit train orange peut également vous y conduire ; tous les renseignements sont disponibles à l'office de tourisme de Saint-Cergue.

COPPET ★

Dans cette ville, fondée fin du XIIIe siècle, vécu Necker, Genevois et homme politique français. Directeur des finances sous Louis XVI, sa femme, animatrice d'un célèbre salon parisien et bienfaitrice de l'hôpital, porte toujours son nom. Leur fille, future Madame de Staël. s'opposa à Napoléon. Elle anima l'un des premiers salons romantiques à Coppet, recevant Schiller, Goethe et Benjamin Constant. Coppet conserve d'intéressants points du passé, de jolies maisons, une église des Dominicains de style gothique et un remarquable château. Profitez de ce bourg dans la Grand-Rue, avec ses façades et ses arcades qui rappellent celles de la capitale, Berne.

PONTARLIER ★

Cette ville culmine à plus de 800 m d'altitude (deuxième ville la plus haute de France). Quelle que soit la saison, Pontarlier offre de multiples possibilités de profiter de la gastronomie régionale et de se distraire, en ville ou tout autour. La nature y est particulièrement généreuse, avec les lacs, les forêts et bien sûr les montagnes. Proche de l'endroit réputé le plus froid de France (« la petite Sibérie », Mouthe, est à une vingtaine de kilomètres), le climat convient aux montagnards à qui un hiver long et enneigé ne fait pas peur. L'été, les soirées peuvent être fraîches, ce qui en fait le lieu idéal où séjourner lors de canicules.

CONFUSION DES SENS €

2, rue Vannolles
✆ 03 81 69 45 99
www.confusion-des-sens.fr
Ouvert du mardi au samedi.
Réservation recommandée. Terrasse.
Menus de 7,90 à 20,90 €. Carte : 9 € environ.

A l'angle de la rue Vannolles, la Confusion des sens est LA crêperie qui manquait à la région. Dans un cadre particulièrement agréable, délicatement décoré et aux couleurs harmonieuses, Ludo et Céline vous servent une vaste gamme de crêpes salées et sucrées : aussi bien les denrées traditionnelles du Pays, comme la crêpe au comté ou celle au mont d'or que des saveurs plus bretonnes. Le tout s'accompagne bien évidemment d'un petit cidre, servi dans un bol. Et si les galettes au sarrasin ne vous tentent pas, tapas et salades sont également au menu.

DISTILLERIE GUY

49, rue des Lavaux ✆ 03 81 39 04 70
www.pontarlier-anis.com
Distillerie familiale artisanale.
Ouverte du mardi au samedi (horaires sur site). Visite et dégustation.

François-Xavier Vitrac veille sur cette institution du Haut-Doubs. 4 générations d'un savoir-faire ayant créé de célèbres breuvages tels la liqueur aux bourgeons de sapin ou encore le fameux Pontarlier-Anis avec l'anis vert. Ici, c'est encore l'absinthe qui se décline également désormais en liqueur. Dans les nouveautés, le « Sapont », un Pontarlier aux bourgeons de sapin et un livre. Et toujours la panoplie du vrai dégustateur, une gamme d'eaux-de-vie, de cocktails et de fruits semi-confits. La Distillerie a reçu la distinction « Entreprise du patrimoine vivant ».

CHEZ MA SOEUR €

11, rue Sainte-Anne

✆ 03 81 39 21 68

Ouvert du mardi au samedi de 9h30 à 19h. Carte : 25 € environ.14,90 €. Vin au verre.

En plein cœur de Pontarlier, à côté de la mairie et du musée, voici un lieu de restauration bien sympathique au calme. Les plats sont copieux et la carte évolue chaque jour. La cuisine est soignée et les plats décorés avec goût donnent bien envie. Ils sont inspirés parfois de la région ou hors de nos frontières c'est selon… Les produits régionaux côtoient ceux du monde. Ils sont savamment mis en valeur, travaillés et transformés. Une grande terrasse vous permet de prendre un verre ou déjeuner au grand air d'altitude. Une bonne adresse où il fait bon faire étape.

BRASSERIE DE LA POSTE €€

55, rue de la République

✆ 03 81 39 13 79

www.laposte-pontarlier.fr

Ouvert tous les jours et fériés : 6h30-24h. Réservation recommandée. Fermé 25/12 et 1er janvier. Groupes. Terrasse.

C'est une institution pontissalienne. Depuis 2017 Virginie Leclerc et Rodrigue Farina y sont aux commandes. La grande salle principale Art déco, à l'ambiance feutrée et très confortable. A la carte plats régionaux et traditionnels dignes des grandes brasseries, en saison les huîtres ou les moules. La carte des vins propose aussi des domaines bio. Un espace salon vinothèque, un petit salon et une grande salle de réception sont privatisables. Un repas, une boisson, en salle ou en terrasse, selon le climat du Haut-Doubs, une belle étape dans ce lieu mythique.

LES PAPILLONS €€

Route du Larmont

✆ 03 81 38 37 69

www.restaurant-pontarlier.fr

Hors vacances scolaires : ouvert du mercredi au dimanche dès 10h. Terrasse panoramique.

Fanny et Vincent ont quitté le centre de Pontarlier pour prendre de la hauteur et s'installer au Gounfay. C'est dans un bâtiment contemporain qu'ils vous proposent deux restaurants, le premier semi-gastronomique, où au fil des saisons les produits frais sont cuisinés en toute simplicité, le second plutôt auberge où les produits régionaux sont à l'honneur. La terrasse vous offre une vue superbe, un accueil sympathique, le bon air à 1 200 m d'altitude, une cuisine soignée. Voici un cocktail qui vous séduira à quelques minutes de la capitale du Haut-Doubs.

CAVES JACQUOT FILS

59, rue des Lavaux

✆ 03 81 39 13 10

www.cavesjacquot.com

Ouvert du mardi au vendredi de 9h à 12h et de 14h à 19h ; le samedi de 9h à 12h et de 14h à 18h.

Cette jolie cave avec espace de dégustation vous propose pas moins de 2 000 références de vins, bières, spiritueux, apéritifs et sirops maison. Cette affaire familiale professionnelle reflète plus de 50 ans d'expérience, une référence qui s'adresse aux particuliers, aux professionnels mais aussi aux associations. Côté prestations : prêt de matériel (tirage pression, tables et bancs), service livraison, des dégustations qui se déclinent en individuel et en groupe, et/ou à thèmes. On vous prodiguera des conseils personnalisés en vous réservant le meilleur accueil.

ENTRE TERRE & VERRE

29, rue de la République

✆ 09 83 41 09 01

Ouvert du mardi au samedi de 9h30 à 12h30 et de 14h30 à 19h30.

Voici une bonne adresse située au cœur de la rue principale. Rendez-vous ici pour acheter au meilleur prix de très bons crus. La gamme couvre les meilleurs vignobles français. Ils sont sélectionnés avec beaucoup d'attention par Arnaud Koenig. Ils proviennent de vignerons et producteurs indépendants, principalement bio et chaque semaine une nouvelle sélection vous attend. Rhums, whiskies et autres spiritueux garnissent en complément les rayons. Vous serez très bien conseillé et le cadre sympathique du lieu est un plus. Une bonne adresse.

VRAC

6, Rue Sainte Anne

✆ 03 81 89 68 53

100% Bio. Ouvert du lundi au vendredi de 7h30 à 12h30 et de 14h30 à 19h30 ; le samedi de 7h30 à 19h30.

Ici tout est en vrac, dans le bon sens du terme. Cet espace élégant et fonctionnel est dédié aux produits exclusivement bio. Pas d'emballage, à vous de venir avec, on vous dépannera si vous êtes en panne de contenant. L'accent est mis sur les circuits les plus courts possible. Les références sont nombreuses : épicerie, fruits et légumes, produits d'entretien, soin du corps, boissons alcoolisées (avec modération) ou non. Bocaux et bouteilles sont consignés. Tisanes et thés offrent une belle palette aromatique, le café il est torréfié sur place. Accueil super.

LA CLUSE-ET-MIJOUX

A 5 kilomètres au sud de Pontarlier, direction Lausanne, par la N57, La Cluse-et-Mijoux est entourée d'un côté par le château de Joux et d'autre part par le fort Malher (datant du XIXe siècle). Une petite visite au château de Joux pour faire le plein d'histoire ou alors une petite marche jusqu'au fort Malher pour profiter d'un beau panorama sur la commune et ses reliefs escarpés. La commune est également traversée par de nombreux sentiers de randonnées. Soyez observateur, sur ces flancs de montagne, les chamois se plaisent à se promener et ce, très près de la route. Une belle surprise pourrait récompenser votre patiente observation.

DISTILLERIE LES FILS D'EMILE PERNOT

18 Au Frambourg ✆ 03 81 39 04 28
www.emilepernot.fr

Ouvert de 10h à 12h et de 14h à 18h.
Fermé samedi après-midi, dimanche fériés.
Visites guidées et dégustation.

Au pied du château de Joux, un grand bâtiment blanc. Il s'agit de la célèbre distillerie Les Fils d'Emile Pernot. Depuis 1890, ce lieu abrite le savoir-faire ancestral de la distillation du Haut-Doubs et de l'absinthe. Dans la plus pure tradition, Dominique Rousselet produit une très belle gamme d'absinthes, jusqu'à plus de 25 différentes. Un accueil chaleureux, une boutique avec ses eaux de vie locales, comme la gentiane. Vous pourrez apprendre comment se fabrique l'absinthe.

CHÂTEAU DE JOUX ★★★

✆ 03 81 69 47 95
www.chateaudejoux.com

Ouvert de fin mars à mi-novembre.
Le château est accessible uniquement en visite guidées (durée 1h15). Adulte : 7,50 €.

Château de pierre à la fin du XIIe siècle, Joux devient l'habitation principale des Sires de Joux et de leurs successeurs jusqu'en 1454. À cette date, le puissant comte et duc de Bourgogne Philippe le Bon achète le château de Joux et y installe une petite garnison. Sous Charles Quint le Comté de Bourgogne devient espagnol et le restera jusqu'à la conquête de Louis XIV en 1674. C'est alors que le château de Joux, place de frontière, est fortifié par Vauban et accueille bientôt plusieurs centaines de soldats. Prison d'Etat sous l'Ancien Régime, la Révolution et le Consulat, le château enferme aussi de nombreux prisonniers de guerre tout au long de l'Empire. Le plus célèbre reste Toussaint Louverture que Napoléon-Bonaparte fit enfermer en 1802. Ce général et homme politique franco-haïtien s'était en effet opposé au rétablissement de l'esclavage des Noirs. Voyagez dans le temps, du fort enterré construit par le capitaine Joffre à la première habitation médiévale, en passant par la galerie verticale avec son étonnant escalier en colimaçon jusqu'à son puits vertigineux. Réadaptées de façon régulière, jusqu'à la fin du XIXe siècle, les fortifications de Joux sont très bien conservées. Avec Mirabeau, venez rencontrer des personnages extraordinaires, célèbres ou anonymes. Laissez-vous conter les légendes de Joux... Elles vous entraîneront à l'époque lointaine des croisades. Amour, secrets et trahisons, des histoires qui marqueront à tout jamais votre mémoire par leur parfum de poésie et de barbarie.

MONTBENOÎT

A une heure de Besançon, entre Pontarlier et Morteau, on peut passer par le sommet du crêt Monniot pour embrasser tout le paysage magique du Saugeais, puis prendre La Chaux et enfin parvenir à Montbenoît. Ce village fondé par l'ermite Benoit vers 1050, s'est développé autour d'une abbaye impressionnante dont l'édification débuta au 9e siècle. Elle reste le seul ensemble médiéval religieux conservé dans le département du Doubs. La rivière du même nom côtoie la localité avec le parc du château de Morand-Val. Montbenoît est aussi depuis 1947 la capitale de la République libre du Saugeais, dont la plus illustre présidente fut Madame Pourchet.

CONSERVERIE ROBBE

9, route de Vallorbe
✆ 03 81 49 12 87
www.maison-robbe.com
Lundi, mardi et du jeudi au samedi 9h-12h et 14h-19h ; dimanche 10h-12h.
Ouvert le mercredi pour les vacances scolaires.

La famille Robbe, ce sont des artisans depuis 1924, de conserves en tout genre ! La spécialité c'est l'escargot, mais vous trouverez également des terrines, fruits au sirop, confitures, champignons et divers plats préparés. Si vous venez pendant la saison des grenouilles (à partir de mars), ne manquez pas d'y faire un tour, elles ont leur réputation ! Corinne Cuby, l'arrière-petite-fille, vous réserve un accueil sympathique et vous expliquera qu'en ce lieu ce sont plusieurs générations au savoir-faire remarquable qui se retrouvent au travers des bons produits.

L'ABBAYE DE MONTBENOIT

4, rue du Val Saugeais
✆ 03 81 38 10 32
Ouvert toute l'année.
Renseignements en téléphonant.
Gratuit jusqu'à 12 ans.
Accueil de groupes.

L'abbaye est l'exemple même de l'édifice de transition entre art roman et art gothique. Vous pourrez voir ces styles entre la nef et les bas-côtés. Montbenoit est un des seuls exemples où le gothique (d'influence cistercienne) a percé, la Franche-Comté préférant garder ses modèles régionaux. Si l'abbaye a eu un tel rayonnement au Moyen Âge, c'est notamment grâce à la route du sel qui passait par Montbenoit et qui intéressait les abbés. Outre l'aspect architectural, vous aimerez les stalles en bois magnifiquement sculptées, et le cloître, petit havre de paix.

LES HÔPITAUX-VIEUX

Deux versions s'affrontent encore aujourd'hui quant à la naissance de ce village. La première concernerait la création d'un hôpital par Jean 1er de Chalon-Arlay, la seconde affirmant que plusieurs hôpitaux y exerçaient déjà. Avec la présence d'un bourreau, d'où le nom des habitants baptisés les Trouille-Bourreaux. La localité fut riche d'une mine de fer exploitée jusqu'au milieu du 19e siècle. Elle est aujourd'hui une cité très paisible non loin du château de Joux, où il fait bon de passer des séjours agréables. La chapelle Sainte-Philomène est son autre curiosité sans oublier sa fruitière à fromages dans laquelle on y fabrique de remarquables comtés.

JOUGNE

« *Jougne, ici Jougne, dernière halte avant la frontière suisse* ». Labellisée Cité de caractère BFC, c'est une halte à ne pas manquer tant le cachet du village est particulier. Construite sur une crête, la commune regroupe un nombre impressionnant de bâtisses de pierre de taille, conçues historiquement tout autant pour résister à un hiver des plus rigoureux que pour afficher sans pudeur la richesse du coin aux voisins helvètes. Ses ruelles pentues réservent de belles surprises architecturales, comme dans la rue de l'Église surplombée d'un arc de pierre frappé des armoiries des lieux. En moins d'une demi-heure de visite, le dépaysement est garanti.

LE CONI'FER

LES HÔPITAUX-NEUFS
✆ 03 81 49 10 10 - www.coni-fer.org
Consultez les horaires sur le site Internet.
9 € (6-16 ans 5 €).
Durée : environ 1h30 aller-retour.

Le train touristique nommé CONI'FER propose une magnifique balade d'1h30 au cœur des paysages du Haut-Doubs, à plus de 1 000 mètres d'altitude. A bord de voitures Spoutnick rénovées, tractées par une loco à vapeur, on rejoint Fontaine Ronde depuis les Hôpitaux-Neufs sous le regard bienveillant des vaches montbéliardes. Un petit voyage pittoresque aussi agréable sous le soleil estival que lorsque l'hiver recouvre les sapins de son blanc manteau. Une fois au terminus, il faudra compter 30 minutes de pause, le temps de replacer la locomotive du bon côté du convoi.

FONDERIE DE CLOCHES OBERTINO

15, rue de Mouthe - **LABERGEMENT-SAINTE-MARIE**
✆ 03 81 69 30 72
www.obertino.fr
Toute l'année : lundi au samedi. Gratuit. Boutique. Animations. Coulée de métal et démoulage, visite en juillet et août.

Il est difficile de dissocier les vaches montbéliardes sans les cloches qu'elles ont autour de leur cou. Cela fait partie du patrimoine sonore rural franc-comtois. Mais une cloche c'est le fruit d'un savoir-faire ancestral, qui s'est perdu puisqu'il n'y a plus que deux fondeurs en France. Et c'est là, à Labergement-Sainte-Marie, que réside l'un d'eux, depuis 1834. A la fonderie Obertino vous pourrez même assister à la coulée du métal ainsi qu'au démoulage des cloches.

PARC POLAIRE ★

Cernois Veuillet et les Fo
CHAUX-NEUVE
✆ 03 81 69 20 20
www.parcpolaire.com
Haute saison ouvert tous les jours de 10h à 18h30. Adulte : 9,50 €. Enfant de 11 à 15 ans : 8 €.

Un espace original entre le zoo et la réserve, où l'on va à la rencontre des animaux. On appelle le Val de Mouthe la petite Sibérie française. C'est tout naturellement là, dans une ancienne ferme d'alpage à 1 200 mètres d'altitude, dans la forêt du Risoux, que le Parc polaire a élu domicile. C'était il y a plus de 25 ans, à l'initiative de deux passionnés des chiens de traîneau Claude et Gilles Malloire qui n'ont pas hésité à renoncer à la vie citadine et au confort pour vivre durant 14 ans sans électricité ni eau courante, mais auprès des animaux, en pleine nature. La meute constituée de chiens du Groenland a donc aujourd'hui 25 ans de maturité et a trouvé son équilibre. Les visites durent au minimum 1h30, elles sont toutes guidées, en contact ou à proximité immédiate des animaux. Les guides sont des soigneurs animaliers spécialisés qui vous feront pénétrer dans l'espace de vie de leurs protégés. Vous découvrirez la plus grande harde de rennes occidentale, des chevaux Tarpans, des aurochs et des yacks. Avec vos guides, vous entrerez dans l'intimité du monde animal. Passez un moment à l'intérieur de la mini-ferme avec les animaux de la basse-cour, où une exposition et un film complètent cette rencontre ludique. Un hymne aux meilleurs amis de l'homme particulièrement réussi. Animations spéciales au moment du brame du cerf. Possibilité de bénévolat. Biodiversité : le Parc polaire est impliqué pour la protection du bison d'Europe dans un programme européen (EEP) d'élevage et de conservation d'espèces menacées.

LA PETITE ÉCHELLE €

Chalet restaurant d'alpage - **ROCHEJEAN**
✆ 06 42 55 88 87
lapetiteechelle.com
15 juin au 30 sept sur résa. Demi-pension 72 €, petit-déj 8 €. Gestion libre 32 €. -12 ans 20 €. Resto sur résa.

Faire un bond hors du temps, dans un lieu de villégiature hors du commun La Petite Echelle est pour vous. En symbiose avec la nature, l'économie locale, la culture, vous vivrez une expérience unique. Cette ferme auberge d'alpage (1 200 m). La cuisine est simple, mais excellente bien évidemment locale. Quoi de mieux que de déguster une fondue à la lumière des bougies, autour d'un feu de bois et sans eau ni électricité. Ce séjour sur le Mont d'Or vous permettra de vivre dans un autre temps, face aux étoiles. La nature à pleines dents.

AUBERGE «LE COUDE» €€

1, rue du Coude - **LABERGEMENT-SAINTE-MARIE**
✆ 03 81 69 31 57
www.aubergeducoude.com
Toute l'année. Réservation recommandée. Carte : 40 € environ.Groupes.Jardin.Terrasse. Animaux acceptés. Bar à vin.

Cette auberge, table renommée de la région, a été créée en 1919 par un ancêtre de l'actuel propriétaire, c'était alors un relais de diligence. Edouard Létoublon continue à perpétuer la tradition familiale, en y apportant des innovations. En saison les grenouilles sont au rendez-vous, tout autant que les poissons du lac de Saint-Point tout proche. Produits régionaux, frais, en circuits courts, sont travaillés par les chefs et leur brigade. A la carte : plus de 300 références bien choisies. Wine Spectator 2019. Conjuguer tradition et innovation.

AUBERGE DE LA DISTILLERIE €€

CHAPELLE-DES-BOIS
✆ 03 81 69 21 64
www.auberge-distillerie.fr
Restaurant et hébergement : 8 chambres dont 6 meublées. Pension complète et demi-pension. Sauna.

A 1 100 m d'altitude, entourée de forêt de sapins, cette auberge fait dans le convivial. Aucun chichi, on est ici pour profiter du cadre bucolique, de la cuisine 100 % régionale et de la cheminée l'hiver. La cuisine est assurée par le patron et se veut familiale. Que du terroir. Côté détente, vous pourrez vous adonner au ping-pong et profiter du sauna en rentrant d'une balade à pied ou à ski selon la saison ! L'auberge propose des chambres à louer à la nuit ou à la semaine.

LA FRUITIÈRE À COMTE LES LONGEVILLES-MONT D'OR ARNAUD

41, rue de l'Etoile - LONGEVILLES-MONT-D'OR
✆ 03 81 49 92 69 - www.fromagerie-mont-dor.fr
Lundi au vendredi 9h-12h/17h-19h ; samedi 9h-12h/16h-19h ; dimanche 9h-12h. Vacances : lundi au vendredi 9h-12h/16h-19h.

Le Mont d'Or : voici un fromage saisonnier très célèbre. Sa commercialisation ne peut se fait selon un calendrier strict., du 10 septembre au 10 mai. Sa caractéristique est déjà dans sa boîte circulaire couverte en épicéa. Le fromage en lui-même est cerclé d'une sangle du même bois qui lui confère ce goût si particulier. La Maison Arnaud a repris cette fromagerie pour le fabriquer. Vous trouverez également de nombreux produits du terroir. Ici c'est reflet d'un savoir-faire ancestral.

MALBUISSON ★★

Un grand bourg sur les bords du lac de Saint-Point. Une plage et une base nautique ont été aménagées sur les rives. Les amateurs ne s'en lassent pas. De leur côté, les hôtels mettent en avant, à juste titre, la vue exceptionnelle. En face du lac, un petit chemin conduit au fort Saint-Antoine. Possibilité de suivre le GR5 qui mène à Touillon-et-Letoulet avant Jougne. Une petite promenade jusqu'à la source Bleue à la limpidité et à la couleur telle qu'une légende y est rattachée : Berthe de Joux, prisonnière du château de Joux au Moyen Age, aurait en effet versé des torrents de larmes après la mort de son fiancé, tant elle était inconsolable.

Voile sur le lac de Malbuisson.

LES BATEAUX DU LAC DE SAINT POINT

3, chemin des Landes
✆ 03 81 89 61 59
www.lesbateauxdulacsaintpoint.com
Ouvert tous les jours. D'avril à fin novembre. L'excursion dure environ plus d'une heure.

Pour entrer en communion avec une nature préservée, David Jannerod, fait découvrir le lac de Saint-Point avec son bateau électrique panoramique. Les promenades sont commentées, afin de vous permettre de mieux connaître l'histoire, la nature de ce haut lieu dubisien. Cet espace flottant est également privatisable pour des cocktails, événements privés ou professionnels. Tout est fait pour que cette activité préserve cette nature fragile tout en la faisant partager.

LAC SAINT-POINT ★★

✆ 03 81 69 31 21
www.tourisme-metabief.com
Accès gratuit. Baignades surveillées sur certaines plages. Restauration, boutique, camping.

Avec 398 ha, ce lac se classe 3e des lacs naturels de France. Long de 7,2 km et large de 950 m, il atteint jusqu'à 40 m de profondeur. Haut lieu de tourisme, il jouit de plages et promenades. Les sapins et montagnes viennent parfaire ce cadre idéal. De nombreuses activités, tels que balades en barque, tour du lac à vélo ou par le sentier pédestre (23 km). Une fois par an, la journée «voie verte» permet de réaliser le tour du lac à vélo, en rollers. Une occasion de voir le lac et ses villages autrement. L'hiver, le lac peut se transformer en patinoire géante !

HOTEL «LE LAC»*** €€

65, Grande-Rue
✆ 03 81 69 34 80
www.hotel-le-lac.fr
83 chambres. Pension et demi-pension. Petit déjeuner buffet. Garage. Accueil réceptions. Fait restaurant.

Près de la station de Métabief, voici un bel édifice construit à la fin de du XIXe siècle. Pas moins de 3 générations de la famille Chauvin se sont succédé. Vous êtes transporté au cœur de la belle tradition hôtelière. L'hôtel mérite amplement ses 3 étoiles. Il comprend un bar des plus original, faisant penser à l'époque de Saint-Tropez et la Madrague. Cela mérite d'y prendre un verre ou une glace, dans une ambiance à part. Notons le restaurant gastronomique à la vaste salle typiquement rétro. Un très grand classique au cœur du massif jurassien.

HOTEL BEAU SITE** €€

67, Grande-Rue
✆ 03 81 69 70 70
17 chambres de 45 à 127 €.
Appartements avec kitchenette bien équipée et frigo. Wifi gratuit. Restaurants à proximité.

Voici un bel et bon hôtel qui vous séduira. Son style italien lui confère un charme supplémentaire. Surplombant le lac de Saint-Point, à deux pas, il offre des chambres lumineuses, rénovées et très confortables. Les agréments fournis dans les appartements, notamment le linge de lit et de toilette, sont parfaits pour séjourner en famille et bénéficier d'une certaine autonomie avec la kitchenette équipée. Les repas pour les pensionnaires et demi-pensionnaires sont pris dans le merveilleux cadre du Restaurant du Lac, situé juste à côté.

HOTEL DE LA POSTE** €€

61, Grande-Rue ✆ 03 81 69 79 34
www.hotel-le-lac.fr/hotel-la-poste-montagnes-jura-doubs.html
De 62 € 87 €. Soirée étape VRP.
Animaux acceptés. Pension complète. Lit bébé. non accessible aux fauteuils roulants.

L'hôtel de la Poste a, lui aussi, sa vue imprenable sur le lac de Saint-Point, et l'endroit est calme. Les 10 chambres, rénovées récemment, offrent un certain confort, dans un cadre très douillet, et vous vous sentirez immédiatement à l'aise en y pénétrant. Elles ont chacune leur propre identité. Pour les familles des chambres communicantes sont prévues. Dans l'enceinte de l'hôtel se trouve le restaurant la Ferme (cuisine, régionale de bonne qualité). C'est un bon établissement rapport qualité-prix, situé à deux pas du bord du lac.

LES RIVES SAUVAGES**** €€€

9, rue de l'Eglise ✆ 03 81 38 74 37
www.les-rives-sauvages.fr
Fermé 15 jours début décembre.
16 chambres ou suites (90 à 270 €).
Vue exceptionnelle. 3 Restaurants à proximité.

Ce magnifique établissement, à l'intérieur comme à l'extérieur, a été pensé par l'architecte Joël Laffly. Alliant hôtel et spa, les suites sont haut de gamme, tout comme les prestations liées. Directement au bord du lac, vous aurez une vue exceptionnelle depuis votre terrasse ou votre balcon. Le spa et la piscine occupent plus de 300 m² complétés par un hammam et un sauna. Une grande terrasse-solarium vous permettra de prendre à pleins poumons le grand air du Haut-Doubs.

LE LAC €€

65, Grande-Rue © 03 81 69 34 80
www.hotel-le-lac.fr
Réservation recommandée.
Menus de 19 € à 53 €. Carte : 25 € environ.

Avec ses grandes baies vitrées offrant un vue exceptionnelle sur le lac de Saint-Point, placé au rez-de-chaussée de l'hôtel du même nom, vous allez retrouver le charme des grands restaurants à l'ambiance agréable. Un salon avec billard peut vous permettre de vous poser pour un instant de détente, ou prendre apéritif ou digestif. Côté cuisine c'est une longue tradition familiale, où tout est fait maison avec des produits sélectionnés. Cuisine traditionnelle et du terroir, sans occulter les poissons de lac. Un menu spécial change au rythme des saisons.

L'ATELIER DE DONAT**** €€€

4, chemin des Landes
© 03 81 89 42 43
www.latelierdedonat.com
Hôtel 4-étoiles. Relais du silence.
Accès direct à la plage. Parking. Garage fermé.
Fait également restaurant.

Voici un établissement qui offre à la fois de très belles chambres ou suites avec vue sur le lac. Un balcon vous permet d'apprécier le paysage en toute quiétude. Le restaurant n'est pas en reste. La chef Raphaëlle Perrin propose une cuisine raffinée et très tendance. La carte évolue selon les saisons avec toujours une touche régionale et des produits sélectionnés auprès des meilleurs producteurs. Le cadre atypique fait référence à cet ancien atelier où M. Donat fabriquait des barques utilisées sur le lac. Une magnifique adresse authentique et élégante.

A LA FERME €

61, Grande Rue
© 03 81 69 34 80
Restaurant fermé le dimanche soir, lundi toute la journée. Mardi soir soir fermé sauf en saison.
Menus de 13 € à 22 €.

Situé au rez-de-chaussée de l'Hôtel de la Poste, ce restaurant est une bonne table où vous pourrez déguster plats régionaux et cuisine rustique. Vous découvrirez la cuisson sur ardoise pour par exemple cuire sur votre table votre pavé de bœuf... mais aussi en plat le lapin à la moutarde ou la tête de veau. Le décor se veut comme dans les anciens restaurants de campagne d'autrefois. Les objets sortent des fermes des alentours, un art populaire qui a disparu et qui ravivera des souvenirs à bon nombre d'entre nous. Une ambiance campagnarde chaleureuse.

L'ATELIER DE DONAT €€

4, chemin des Landes
✆ 03 81 89 42 43
www.latelierdedonat.com
Restaurant de 50 couverts.
Accueil groupes. Terrasse. Carte. Menu enfant.
Fermé dimanche soir et lundi.

Au bord du lac de Saint-Point, à 15 km de Pontarlier, ce restaurant exerce dans un ancien atelier. Monsieur Donat y fabriquait des barques. Il les louait pour partie aux estivants ou visiteurs du quotidien pour parcourir ce splendide plan d'eau et découvrir l'environnement féerique de cette région. L'intérieur de l'établissement rappelle également le passé glorieux de la bâtisse. Plusieurs salles dont une pour les groupes jusqu'à 25 personnes. La cuisine est 100 % maison et vous n'échapperez pas aux savoureux filets de perche ou de fera. Un lieu bucolique.

LE PHARE €€

3, chemin des Landes
✆ 03 81 89 61 59
www.lesbateauxdulacsaintpoint.com
Restaurant traditionnel. Menus, salades repas.
Accueil des groupes. Terrasse panoramique.

Un espace fin des années 1990, et à l'intérieur ou sur la terrasse panoramique, une vue exceptionnelle sur le lac et les montagnes. Cet établissement vient de reprendre vie pour offrir une petite restauration, snacking et brasserie. Côté assiette, ou plutôt planchette on privilégie les produits régionaux, glaces, crêpes sucrées et salées complètent la carte et coté boisson les bières artisanales, cocktails, jus de fruits pressés. C'est aussi un lieu de soirées à thème, de concerts. Cet espace peut être privatisable avec une possibilité d'accueil de 250 personnes.

RESTAURANT DU FROMAGE €€

65, Grande-Rue
✆ 03 81 69 34 80
www.hotel-le-lac.fr
Fermeture hebdomadaire le mercredi.
Fermé le jeudi midi et vendredi midi.
Réservation recommandée. Menus de 19 € à 24 €.

Au bord de la route principale, vous ne pourrez pas rater ce délicieux restaurant où le fromage est roi. Vous le découvrirez brut ou sous diverses déclinaisons : en boîte chaude, raclette, fondue, tartiflette et il est accompagné par d'autres plats mais le Haut-Doubs marque bien son identité. Cela, c'est côté table mais parlons de la décoration, tout en bois assemblé sans clous et chevilles. Le bois est entièrement sculpté, donnant une ambiance chaleureuse, lumineuse et très originale.Une bonne adresse où il convient de réserver.

MÉTABIEF ★

Cette jolie station, située à environ 900 m d'altitude, a vu le jour il y a un bon demi siècle. Station de ski de moyenne montagne connue dans toute la France, elle a développé le tourisme d'été en devenant un territoire prisé des amateurs de VTT. Plusieurs compétitions internationales, dont un championnat du monde, y ont déjà été organisées. Chaque été, un festival de musique s'y déroule avec des têtes d'affiche de renom international. Métabief est aussi une voie d'accès au Mont d'Or, point culminant du Doubs, par le Morond à 1419 m. Elle se signale enfin par son usine communale, ancien moulin, transformé en musée inscrit aux Monuments historiques.

Métabief.

MÉTABIEF AVENTURES

Avenue des Crêts ✆ 03 81 49 20 14
www.metabiefaventures.fr
Horaires selon les vacances scolaires, consulter le site. A partir de 5 €. Accessible dès 3 ans, avec un adulte.

C'est l'immersion en pleine nature au milieu des sapins à 1 100 m d'altitude. Au menu entre autres : accrobranche, glissage en bouée, tyrolienne, chasse au trésor, forest-golf... Ludiques ou sportives, les activités proposées enthousiasmeront petits et grands. Vous pourrez vous dépenser en voyageant dans les airs, dans les arbres ou au travers de parcours acrobatiques. Quel que soit votre âge, une activité, ou plusieurs, sont possible. Sylvain Monciaud, ne cesse d'améliorer cet espace couvrant plus de 4 ha pour vous offrir des moments inoubliables. A faire !

MÔTIERS ★★

Chef lieu du district du Val-de-Travers, Môtiers abrite un beau prieuré du Xe siècle ouvert à la visite, une Grand-Rue bordée de charmantes maisons et un musée des Mascarons. On verra, adjacente à la Grand-Rue, la rue Jean-Jacques Rousseau et la maison où séjourna l'écrivain de 1762 à 1765. Elle est transformée en musée où l'œuvre de Rousseau est évoquée à travers des manuscrits et des éditions originales. Voir aussi l'Hôtel des Six-Communes, marché couvert rappelant l'union des 6 communes du haut Val-de-Travers. Au n° 12 de la Grand-Rue, ne pas manquer la laiterie-crèmerie Pitteloud pour faire provision de bon gruyère et de tomme neuchâteloise.

FROMAGERIE DU MONT D'OR

2, rue du Moulin ✆ 03 81 49 02 36
www.fromageriedumontdor.com
Ouvert du lundi au samedi de 9h à 12h15 et de 15h à 19h ; le dimanche de 9h à 12h. Visite gratuite.

Le Mont d'Or a donné son nom à un fromage réputé et apprécié vendu dans sa célèbre boîte ronde en bois. Cette fromagerie propose d'approfondir ses connaissances dans le domaine du mont d'or. On peut même assister à la coulée du fromage. Il y a également le fameux moment tant attendu de la dégustation. On peut finir la visite à la boutique, pour acheter ces fromages dont la réputation n'est plus à faire. Le site Internet permet de retrouver quelques recettes à faire à la maison et de faire quelques emplettes pour retrouver le bon fromage franc-comtois à la maison !

MAISON DE L'ABSINTHE ★★

Grande Rue 10 ✆ +41 32 860 10 00
www.maison-absinthe.ch
Du mardi au samedi de 10h à 18h, dimanche de 10h à 17h. Adulte 11 CHF. Formules avec dégustation incluse possibles.

Ce véritable temple de l'absinthe est incontournable pour mieux connaître l'histoire mouvementée de la fée verte. En effet, cette liqueur au secret de fabrication jalousement gardé fut longtemps interdite en Suisse (comme en France, d'où elle originaire). Sa commercialisation n'a été autorisée qu'en 2005 et elle peut aujourd'hui être dégustée aux quatre coins du monde. L'exposition présente également plus de 1 200 plantes, dont certaines utilisées dans la fabrication du breuvage magique. Un bar propose de déguster une quinzaine de productions régionales.

VERRIÈRES-DE-JOUX

Cette commune rurale de toujours a été mentionnée pour la première fois en 1153. Il s'agissait de la délimitation du Comté de Bourgogne et de l'empire par Frédéric Barberousse. Elle est frontalière de la Suisse, sur les axes routier et ferroviaire de Pontarlier à Neuchâtel par le Val de Travers qui se trouve en Suisse. Pendant longtemps elle fut émaillée de hameaux et de lieux-dits. Vous y observerez son église Saint-Sébastien du 18e siècle coiffée de son beau clocher comtois caractéristique. L'originalité ici fait que l'on y célèbre en grande pompe chaque année 2 fêtes nationales. Le 14 juillet pour la France, le 1er août pour la Suisse.

LE TILLAU HOTEL& RESTAURANT**** €€

Le Mont des Verrières
✆ 03 81 69 46 72
www.letillau.com
11 chambres. De 110 € à 170 €.
Chambres équipées en domotique. Room service, jardin ou parc ; bar ; location de vélos.

Nichée au cœur du massif jurassien, cette ancienne ferme du Haut-Doubs a été réaménagée en établissement haut de gamme. Située au pied des pistes de ski en hiver et de randonnée en été. Le bois de la région y est travaillé en offrant une décoration alliant tradition et modernité. Au restaurant les mets, reflets de la région et de son terroir sont revisités à la manière de Jean-Michel Tannières. La carte des vins renferme des pépites. Tout pour un séjour d'exception.

YVERDON-LES-BAINS ★

Réputée depuis mille cinq cents ans pour la qualité de son eau thermale, Yverdon-les-Bains bénéficie de la présence de sources sulfureuses qui surgissent de terre à 29 °C. Son établissement thermal et de suivi pour sportifs d'élite attire touristes et curistes. La présence de 45 menhirs néolithiques, d'un château médiéval construit par la Maison de Savoie et d'un centre-ville historique bien conservé sont autant d'atouts. S'ajoute un patrimoine naturel exceptionnel avec la réserve de la Grande Cariçaie, le plus grand marais lacustre de Suisse, et les 40 km de rives, réparties en plages et espaces verts, au bord du lac entre Yverdon-les-Bains et Morat.

MORTEAU ★

Cité de caractère BFC. Avec environ 7 000 habitants, Morteau, ville située dans le Haut-Doubs à environ 45 minutes de Besançon, est bien évidemment la commune la plus importante du Val de Morteau, que ce soit sur le plan économique ou d'un point de vue touristique. Les vallons et ses lacs en font une ville agréable et pleine de vie. Nombres de commerces et bonnes adresses émaillent la cité de la célèbre saucisse du même nom. Située à presque 1 000 mètres d'altitude, son climat est plutôt froid avec un long hiver, bien que les choses changent ! Mais l'été, les promenades et croisières dans les bassins du Doubs sont à couper le souffle !

MUSÉE DE L'HORLOGERIE ★

17, rue de la Glapiney
✆ 03 81 67 40 88
www.musee-horlogerie.com
04/01-30/04 et 01/10-31/12, lundi-vendredi 14h-18h. 01/05-30/09, 10h-12h/14h-18h.
Adulte : 6 €. Enfant : 3 €.

De style Renaissance, le château Pertusier date du XVIe siècle. C'est un haut lieu de l'horlogerie comtoise qui permet de découvrir l'histoire et la fabrication de la montre. Les salles présentent une impressionnante collection de montres et pendules datant des XVIIe et XVIIIe siècles : l'horloge planétaire, pièce unique datée de 1887, l'horloge tout en bois de 1680... La visite est très instructive afin de comprendre le travail nécessaire pour la création de ces objets à mesurer le temps. Un atelier de 1930 a été entièrement reconstitué. Incontournable.

AUBERGE DE LA MOTTE*** €€

LES COMBES
✆ 03 81 67 23 35
www.auberge-de-la-motte.fr
Tous les jours. Menu du jour en semaine le midi. Carte le samedi soir et dimanche midi.
7 chambres de 59 à 67 €.

Quel bonheur d'être en plein cœur du Haut-Doubs pour se ressourcer pleinement ! L'esprit traditionnel demeure dans cet établissement tout confort qui a été entièrement rénové en 2002. Les chambres sont lumineuses, spacieuses et plutôt très confortables. Côté table, la carte s'est enrichie de quelques réalisations végétariennes. On apprécie le filet de perche. De plus, les prix sont plutôt raisonnables, si l'on se réfère aux prestations proposées, comme le sauna et le terrain de tennis. Didier et Maria vous accueilleront très chaleureusement.

AUBERGE DU CHARRON €€

Lieu-dit Voie-Bournez - **MONTLEBON**
✆ 03 81 67 19 40
www.aubergeducharron.com
Fermé le lundi et le mardi soir.
Menus entre 22 € et 32 €.

Perchée à plus de 1 000 m d'altitude et assez isolée, cette authentique ferme de 1787 rénovée est tout à fait typique des demeures comtoises. Elle n'a rien perdu de son charme car tout a été fait pour ne pas dénaturer le lieu. C'est l'endroit où il fait bon s'arrêter pour engloutir de nombreuses spécialités régionales toutes simples : saucisse de Morteau (évidemment...), jambon, fondues. Idéale pour une réunion de famille, un repas entre amis, de nombreux menus sont proposés pour les groupes. C'est convivial, la clientèle sait y mettre l'ambiance.

HÔTEL DE LA GUIMBARDE €€

10, place Carnot ✆ 03 81 67 14 12
www.la-guimbarde.com
25 chambres, doubles de 70 à 112 €.
Garage (à motos gratuit). Animaux acceptés.
Wifi. Bain bouillonnant, sauna.

L'hôtel, entièrement remis à neuf, propose des chambres confortables, spacieuses, idéales pour passer un séjour sous le signe de la détente. Pour un service complet, vous avez la possibilité, sur demande uniquement, de vous restaurer sur place. L'hôtel dispose d'une salle de réception pour réunions de travail ou autres séminaires, ainsi que tout le matériel professionnel indispensable au bon déroulement, avec, entre autre, un écran plasma... Au rez-de-chaussée la terrasse vous permettra de prendre une consommation, voire une absinthe, avec modération.

PIZZA THIERRY €

14, rue des Moulinots
✆ 03 81 67 53 15
www.pizza-thierry.fr
Ouvert du mardi au samedi de 18h à 21h30.
Ouvert également le dimanche en juillet et août.
Vente à emporter.

Ici c'est le savoir-faire italien de l'art de la pizza, mais les produits et garnitures sont de la région. En détaillant la carte, vous le constaterez très vite puisque l'on y retrouve des salaisons, un lard paysan spécialement produit pour l'établissement, saucisse de Morteau, et quelques autres spécialités de nos régions pour satisfaire la clientèle. Avec une quarantaine de pizzas le choix est bien difficile. Les desserts maison, varient selon les saisons. Beaucoup affirment que l'on trouve ici les meilleures pizzas de la région, et ce n'est pas une légende.

LE TERMINUS €

16, rue de la Gare
✆ 03 81 67 09 05
Ouvert tous les jours.

C'est une bonne table idéalement située en plein cœur de Morteau. La salle est spacieuse et la grande terrasse est très agréable en saison. La cuisine évolue en fonction des saisons, depuis peu un chef très réputé est venu compléter l'équipe dynamique est sympathique de ce restaurant. Ce qui fait que les mets sont excellents et très bien présentés. Ici on privilégie les circuits courts, laissant une belle place aux produits régionaux. Le rapport qualité prix est très intéressant. Le terminus c'est aussi un bar avec flipper, fléchettes... et des concerts.

ALTITUDE 750

10, rue de la Gare
✆ 03 63 39 51 82
www.altitude750.com
Ouvert du mardi au vendredi de 9h30 à 12h et de 14h à 18h30 ; le samedi de 9h à 18h. Livraison possible.

C'est une boutique axée sur le 100 % *made in* France, qui est tenue par le très dynamique Martial. Prêt-à-porter, sous-vêtements, épicerie fine, décoration, jeux, accessoires... : les produits sont sélectionnés avec en premiers critères la qualité, le savoir-faire français, l'éthique solidaire, la traçabilité. Le choix est très vaste et ne cesse d'évoluer en fonction des belles découvertes auprès des artisans et producteurs. En parallèle, Altitude 750 est une agence de communication pour une mise en valeur de votre entreprise, association ou événement privé.

ESPACE MORTEAU €€

10, chemin du Breuille
✆ 03 81 67 48 72
www.espacemorteau.com
Toute l'année. Le midi : menus du jour du lundi au vendredi ; le soir sur réservation. Accueil des groupes.

A l'entrée de la ville, l'espace Morteau propose de nombreux formules : vous pouvez y séjourner car l'établissement possède une vaste gamme d'hébergements, mais vous pouvez aussi simplement venir manger et profiter de la terrasse et de sa piscine extérieure l'été. À l'intérieur, trois salles permettent d'organiser des repas de famille ou entre amis et de partager un moment convivial autour d'une cuisine traditionnelle et régionale. N'hésitez pas à contacter l'espace Morteau pour toute demande concernant l'organisation de vos séjours et de vos événements.

LE CHALET JACQUET

Route de Pontarlier
✆ 03 81 67 15 20
www.chaletjacquet.com
Ouvert tous les jours et les jours fériés de 9h à 19h. Fermé à Noël et 1er janvier. Livraison possible.

Vous ne pouvez pas passer à Morteau sans faire escale au Chalet Jacquet ! Les immanquables des produits régionaux y sont regroupés en un véritable palais des terroirs ! Fromages (comté, morbier, mont-d'or), saucisses (Morteau, choux), palette fumée, etc. Au besoin, le personnel pourra volontiers vous aiguiller sur les propositions régionales. L'ensemble des principaux vins de « chez nous », du macvin et vin jaune en passant par les vins de paille et autres spiritueux, animent la maisonnée. Une gamme d'articles artisanaux en bois est aussi proposée.

CHOCOLAT KLAUS

3, rue Victor-Hugo
✆ 03 81 67 47 43
www.klaus.com
Ouvert du lundi au samedi de 10h à 19h. Livraison possible (commande possible sur Internet).

Caramels mous ou au chocolat, un détour par la maison Klaus se justifie. Vous découvrirez l'histoire de ce confiseur suisse qui a toujours innové dans les processus de fabrication afin de proposer des confiseries gourmandes : caramels, dragées à la liqueur, pâtes de fruits, eurent rapidement un véritable succès. Jacques Klaus développe une gamme excellente de chocolats qui sauront installer une réputation nationale à la maison Klaus. les produits sont tous proposés à la dégustation dans le magasin, alors préparez-vous à des saveurs incroyables.

RIÈME BOISSONS

21, rue de la Louhière
✆ 03 81 67 15 33
www.rieme-boissons.fr
Ouvert du lundi au vendredi de 8h à 12h et de 14h à 19h ; le samedi de 9h à 12h et de 14h à 18h.

La renommée Rième n'est plus à présenter, que ce soit dans nos contrées mais également au-delà. Maison fondée par Marcel Rième en 1921 à Morteau, le limonadier aux saveurs gourmandes et sucrées a su léguer son savoir-faire. Les sirops et la limonade possèdent un authentique goût d'autrefois véritable symbole du savoir-faire comtois, utilisant plus de 30 senteurs originales aux extraits naturels de fruits et plantes, essences de sapin, gentiane ou mirabelle. La mythique « Mortuacienne » pétillante vous fera replonger un instant dans vos souvenirs d'enfance...

PISCINE AUX FINS - CENTRE NAUTIQUE DU VAL DE MORTEAU

Le Clair - **LES FINS** ✆ 03 81 67 25 48
www.vert-marine.com/val-de-morteau-les-fins-25
Espace extérieur et vue panoramique sur le val, ses forêts et prairies. Ouvert toute l'année. Tarifs sur site.

Au cœur des plateaux, la commune des Fins, la piscine propose l'équipement rêvé pour la détente, le loisir ainsi que le sport. En famille, entre amis, en solo le complexe dispose de l'espace pour combler tous les désirs. Baignades, longueurs, remise en forme... toutes vos activités peuvent combiner de l'utile à l'agréable. Bassin sportif intérieur 25 m – bassin balnéo-ludique de 200 m^2 – banquette à bulles – courant d'eau – toboggan intérieur – sauna – hammam... un paradis !

CONSOLATION-MAISONNETTES

Le village fut fondé au XIVe siècle par les soldats qui gardaient le château du Cirque (château de Châtelneuf-en-Vennes) et avaient obtenu le droit de « maisonnetter ». Au XVIIe siècle, détruit par les Suédois, ses pierres servirent à bâtir le monastère de Consolation, volonté de la veuve du Marquis de Varambon. Le parc est devenu un haut lieu de promenades avec ses cascades et ses grottes. A voir : la chapelle classée, Notre-Dame-de-Consolation (XVe et XVIe siècle), le cirque, la source du Dessoubre et le point de vue du rocher du Prêtre qui surplombe de 350 m le val et le canyon de ce cours d'eau. Les sportifs pratiquent. la Via Ferrata.

LE CIRQUE DE CONSOLATION ★

Site remarquable naturel. Ouvert toute l'année. Tarifs adultes et enfants.

Egalement appelé Val de Consolation, cet immense cirque de roches est l'un des endroits les plus beaux de la région du Haut-Doubs. Cet espace de 40 hectares comprend plusieurs sources et cascades et offre de magnifiques points de vue panoramiques. Au centre du cirque trône le grandiose monastère de Consolation, aujourd'hui reconverti en centre d'accueil. Il abrite, entre autres, la chapelle Notre-Dame-de-Consolation. Le cirque accueille annuellement plus de 100 000 visiteurs, dont beaucoup reviennent tant ils sont subjugués par la beauté du site.

MONASTÈRE DU VAL DE CONSOLATION ✝ ★

1, chemin de Tuffes ✆ 03 81 43 67 67
www.artisansdepaix.org
Accès au parc de consolation : plus de 12 ans : 3 €. 7-12 ans : 2 €. Hébergement et restauration possible au monastère.

Construit en 1672 au cœur d'un parc naturel de 250 hectares de forêt primaire, le monastère de Consolation fut un petit séminaire de 1833 à 1905, puis de 1920 à 1978. Il est tenu depuis cette date par une fondation à buts spirituel, culturel et touristique (Fondation du Val de Consolation, à laquelle succéda en 2010 Artisans de Paix – Val de Consolation). Le parc, actuellement protégé, regorge d'une faune et d'une flore protégées, de cours d'eau, cascades et sentiers balisés.

Torrent du Cirque de Consolation.

VILLERS-LE-LAC ★★

Villers-le-Lac, charmante petite localité située à quelques centaines de mètres de la frontière suisse, est dotée d'un important patrimoine naturel. Dont le Saut du Doubs premier site naturel de Franche-Comté. Parmi les incontournables promenades, vous pourrez partir en croisière sur le Doubs en bateau-mouche ou en calèche sur la terre ferme. Plusieurs restaurants, dont un étoilé Michelin, renforcent l'attractivité du lieu, en plus le nature préservée. Notons également la présence d'une fruitière à comté qui regroùpent 18 producteurs. Celle-ci peut se visiter si vous voulez parfaire vos connaissances. Idéal pour compléter votre pause gourmande !

MUSÉE DE LA MONTRE ★

5, rue Pierre-Berçot ✆ 03 81 68 08 00
www.pays-horloger.com/musee-la-montre.html
Fermé mi-septembre à mi-juin.
Ouvert tous les jours de 10h à 12h et de 14h à 18h. Gratuit jusqu'à 11 ans. Adulte 6 €.

Un musée étonnant à la collection impressionnante et prestigieuse de plusieurs centaines de pièces dont les premières datent du XVIe siècle. On retrace l'histoire de la toquante sur sept salles, de la montre à fusée jusqu'à la montre électronique. Des modèles de toutes les époques, parfois géniaux, parfois farfelus, mais qui possèdent tous une histoire que nous explique la visite guidée consacrée à l'extraordinaire évolution technique de la montre. Pour compléter la visite, un atelier reconstitué, animé par 10 automates, et un film sur la fabrication des montres.

SAUT DU DOUBS ★★★

✆ 03 81 68 13 25
www.sautdudoubs.fr
Adulte : 15,90 €. Enfant : 12 €.

© PHILETROM - FOTOLIA

C'est un site exceptionnel, sur la frontière entre la France et la Suisse. Crée naturellement bien avant notre ère par un éboulement, le Saut du Doubs est une chute d'eau de 27 m, particulièrement active au moment de la fonte des neiges, à l'automne. le Doubs se jette dans le lac de Challeixon, long de 3 km, avant de reprendre son cours normal. Voir en aval, l'immense barrage du Châtelot (74 m), qui retient les eaux du Lac Moron. Comptez 1 heure A/R. Environ 1h d'escale pour aller voir la chute (400 mètres à faire à pied pour accéder aux belvédères).

BATEAUX DU SAUT DU DOUBS - COMPAGNIE DROZ-BARTHOLET

Les Terres-Rouges ✆ 03 81 68 13 25
www.sautdudoubs.fr
Croisières promenades tous les jours d'avril à la Toussaint. Toutes les 45 min. Tarif pour groupe. Promenade repas 2h30.

Depuis 1979, la Compagnie Droz-Bartholet propose des bateaux panoramiques pour accéder au site du Saut du Doubs. Quatre navires aux larges baies vitrées et équipés pour des croisières repas effectuent des rotations régulières. Les bateaux sont écoresponsables en utilisant un carburant adapté afin de préserver la nature. L'embarcadère se trouve à l'entrée de la commune, avec un grand kiosque-boutique souvenirs. Idéal pour la découverte du premier site naturel de Franche-Comté.

L'ABSINTHE RESTAURANT €

Chemin du Saut-du-Doubs
✆ 06 16 03 44 39
www.sautdudoubsresto.com
Restaurant autour de l'absinthe.
Accueil groupe. Terrasse, chalet souvenirs.
Formule du midi 19,90 €. Vin au verre.

Canotiers sur la tête, voilà une équipe enjouée qui vous recevra dans ce restaurant familial depuis 1900. La cuisine du terroir est 100 % locale. Les produits sont mis en valeur au travers des salaisons (les végétariens ne sont pas oubliés). Mais comment ne pas se « sacrifier » au rituel de l'absinthe ? Dont une bio spéciale conçue pour la maison... Fontaine glacée, sa cuillère, et la dégustation s'en suit comme au XIXe siècle. La terrasse est idéale pour un rafraîchissement ou une boisson chaude. Accessible à pied, sinon par bateau. Très agréable et inoubliable.

© PHILETDOM - FOTOLIA

Villers-le-Lac.

RESTAURANT DU PORT €

2, rue du Port © 03 81 68 04 42
www.restoduport.com
Ouvert du mardi au dimanche.
Accueil des groupes. Salle privative avec vue panoramique. Terrasse. Animations.

Ce restaurant est une véritable institution villérière. Après quelques aménagements intérieurs, la décoration est la même qui en a fait le charme. Ici on valorise les produits venant des meilleures maisons et producteurs régionaux. La carte de ce fait évolue au cours de l'année, pour une cuisine soignée du marché. Fritures, viandes et volailles sont au rendez-vous parfois accompagnées ou non de morilles… La carte des vins est subtile et la cave renferme de beaux flacons. Le soir carte de pizzas. La terrasse La vue est toujours aussi remarquable sur le bassin du saut du Doubs.

RESTAURANT « LE SAUT DU DOUBS » €€

2416, Les Brenets
© 00 41 32 932 10 70
www.saut-du-doubs.ch
Du 1er mars au 15 novembre. tous les jours et fériés de 9-19h Accès en bateaux Les Brenets (CH) Villers le Lac (FR).

Pour accéder à ce restaurant, vous devrez prendre les vedettes côté français ou côté suisse. Christophe et Eliana Vallier vous assureront un accueil chaleureux. A deux pas du Saut du Doubs, les salles offrent une vue sur la luxuriante nature sauvage. Sincèrement, il fait bon faire une étape gourmande dans cet endroit. Chaque mois, des soirées à thèmes sont organisées, les navettes vous attendent pour vous ramener. A découvrir et c'est en Suisse !

HÔTEL-RESTAURANT LE FRANCE €€€

8, place Cupillard © 03 81 68 00 06
www.hotel-restaurant-lefrance.com
Fermé dim. soir et lundi + le mardi midi hors saison. Réservation recommandée.
Menus de 45 à 88 €. Formule du midi 24 €.

Hugues Droz, maître-cuisinier de France 2011, propose une cuisine fine et inventive en conjuguant les meilleurs produits du terroir et les saveurs d'ici et d'ailleurs. Vous éprouverez ce va-et-vient constant entre herbes fraîches du jardin, morilles ramassées dans les bois et épices du monde... Foie chaud de canard du Sud-Ouest caramélisé au vinaigre de Buchain, demi-homard du vivier dans sa bisque de gingembre et quinoa rouge... Le France, un melting-pot de couleurs et de saveurs !

LE BIZOT ★

A 940 m d'altitude, ce village est niché autant qu'emmitouflé au sein d'épaisses forêts de sapins. Les Gayots et les Gayotes, nom de ses habitants, vivent au rythme de la nature. Il se distingue par la richesse de son patrimoine. Nous citerons l'église Saint-Georges du 14e siècle, la maison de justice du 16e, la chapelle Notre-Dame de Lourdes et l'original lavoir semi-circulaire. La localité offre de surcroît une vue unique sur la chaîne montagneuse du Jura Suisse. Un enfant du pays est une célébrité nationale voire internationale en la personne de Joseph Vermot qui n'est autre que le fondateur du plus que centenaire Almanach Vermot.

GRAND'COMBE-CHÂTELEU ★★

Cette commune recense le plus grand nombre de fermes à « tuyé » du Doubs. A visiter, la tournerie artisanale Vuillemin qui fabrique des meubles, statuettes, lampadaires et jouets en bois. Voir également la ferme-atelier du Beugnon, véritable musée des arts et traditions populaires qui reconstitue les métiers anciens, l'atelier du forgeron et du charron, garni de nombreux outils et instruments anciens. A proximité, sur la commune des Combes, une grotte abrite une chapelle de pèlerinage : Notre-Dame-de-Remonot qui voit affluer les visiteurs devant sa Vierge de Pitié du XVe siècle, en bois polychrome. Une source souterraine coule au fond de la grotte.

AU BOIS DE LA BICHE €€

Route de la Cendrée - **CHARQUEMONT**
✆ 03 81 44 01 82
www.boisdelabiche.fr
Ouvert du mardi au samedi le midi et le soir ; le dimanche midi. Réservation recommandée. Menus de 23,50 € à 47 €.

C'est un endroit agréable, bien tenu, où les chambres sont douillettes et où la cuisine, quoique teintée de régionalisme, sait varier les plaisirs. On apprécie également la vue panoramique sur les pâturages, la forêt et les gorges du Doubs. A noter que la direction sert, à la demande, des assiettes de salaisons régionales aux personnes qui le demandent, et cela à n'importe quelle heure de la journée. Les randonneurs, visiblement assez nombreux à écumer les alentours, aiment se rendre au belvédère de la Cendrée dont l'itinéraire est parfaitement indiqué.

L'ARBRE À CHAPEAUX €€€

18, Les Bois du Fourg
✆ 03 81 68 19 11
www.larbre-a-chapeaux.com
A l'année (sauf Noël). De 130 à 220 €. Petit déjeuner inclus. Table d'hôtes (réservation) 35 €. Terrasse, jardin, bar.

Bien plus qu'un projet, c'est un état d'esprit, un art de vivre qui anime les propriétaires du lieu. Lorsqu'ils ont décidé de rénover leur ferme, construite sous Louis XIV, et d'y créer l'arbre à chapeaux, ils étaient convaincus que ce lieu ressemblerait à leurs rêves les plus chers. Qu'il s'agisse de peinture, de sculpture ou d'animations, l'art se décline sous toutes ses formes sous le toit ! Si l'envie de partager une parenthèse de vie avec d'autres vous séduit, poussez la porte de ce bout de monde : vous y recevrez un accueil authentique et chaleureux.

MON PLAISIR €€€

25, rue Journal - **CHAMESOL** ✆ 03 81 92 56 17
www.restaurant-mon-plaisir.fr
Midi et soir du mercredi au dimanche midi. Boutique en ligne le week-end. Commande au plus tard le vendredi midi.

Le cadre est chaleureux et lumineux avec ses meubles anciens, baies garnies de tentures claires. Ce restaurant est distingué, entre autres, par une étoile au Michelin. Les plats sont excellents avec une mise en scène dans l'assiette particulièrement soignée. La carte évolue chaque mois, difficile de vous recommander un plat plus qu'un autre. La carte des vins propose des crus à des prix très accessibles. Depuis 25 ans Patricia et Christian Pilloud exercent avec passion et exigence le métier de restaurateurs. Le rapport qualité-prix est comme les mets excellent.

MAÎCHE ★

La ville est connue pour ses élevages de chevaux comtois. La première mention d'une église remonterait au XIIe siècle. On trouve de belles demeures, dont une néo-gothique à l'entrée sud. Balade pédestre sur les pentes du mont Miroir (98 m) ou celle du Faux Verger. A voir : les grottes de Varoly. En empruntant la corniche de Goumois de beaux points de vue sur la vallée du Doubs. On longe alors la rivière et la frontière suisse. Un concours réunit chaque année les 500 plus beaux représentants de la race comtoise. Nombreuses pistes de ski de fond. Une plaque rappelle la rencontre ayant eu lieu entre De Gaulle, Churchill, et Eisenhower en novembre 1944.

LE RUSSEY

Le Russey est juché sur le plateau de Maîche verdoyant et boisé. Sa vocation agricole et forestière ne s'est jamais démentie depuis l'an mille où il fut défriché. L'élevage bovin de la race montbéliarde prédomine comme le charme de ses grosses fermes aux toits bas. Particularité de ce village : un catholicisme tellement ancré qu'il résista, en 1906, à la séparation des biens de l'Eglise et de l'Etat. A la révolution la localité avait été déjà baptisée de Petite Vendée. A proximité, une belle église XVIe siècle au Bizot, à toits de lave et clocher XVIIe siècle : nef imposante, chaire et boiseries remarquables, statue équestre de saint-Georges.

MONTAGNES DU JURA

SAINT-HIPPOLYTE ★

Au confluent du Doubs et du Dessoubre, dans un écrin de verdure, la cité est fière d'un glorieux passé. Elle offre le long de ruelles étroites, ses vieilles maisons avec cours intérieures. Des fenêtres à meneaux, tourelles et escaliers de pierre rappellent l'époque médiévale, entièrement rénovés depuis 2006. A voir l'église Notre-Dame du XIVe siècle et la fontaine du XVIIe. Le bourg, patrie de Jacques Courtois (1621-1676), peintre renommé pour ses peintures de batailles, constitue une étape agréable. A voir : l'église du XIV siècle, le couvent des Ursulines du XVIII, 2 fontaines publiques et le lavoir; sans oublier le site des grottes de la Roche.

LE SAINT-HIPPOLYTE €€

1, Grande Rue
✆ 03 81 96 55 52
www.restaurant-saint-hippolyte.com
Fermé en janvier. Ouvert du jeudi au lundi et les jours fériés de 12h à 14h et de 19h à 20h30. Carte : 25 € environ.

Depuis quinze ans, Richard Guillaume, tient ce restaurant anciennement celui de Madame Guenot. L'accueil est des plus sympathique et la cuisine très soignée, revisitée selon les saisons. Bien évidemment la truite est reine, qu'elle soit au vin du Jura, aux morilles ou aux amandes grillées, c'est un peu l'incontournable. Les plats sont copieux et le mariage des mets est très équilibré. Le décor est très agréable, de bon goût, et surtout une galerie surplombant le Doubs vous offre une très belle vue. Une bonne étape gastronomique.

SANCEY

3 modèles, fusion intervenue en 2016 pour un grand village qui s'étire sur la D464 : Sancey-le-Long et sa fruitière qui sert de coopérative pour Belvoir et Sancey, Sancey-l'Eglise et Sancey-le-Grand, le plus important. Village sympathique où l'on se posera au P'tit Cabu, à côté de l'hôtel de ville qui fait des plats à emporter, viandes et spécialités comtoises. Voir, à Sancey-le-Long, la basilique Sainte-Jeanne-Antide Thouret, construite à la mémoire de la sainte native du village qui fonda la Congrégation des Sœurs de la Charité. De nombreux ruisseaux chantent tels ceux de Voye, d'Hautpré et de Baume avec la grotte qui porte le même nom.

VAUFREY

Ce qui captive le visiteur en arrivant à Vaufrey c'est d'abord son décor paysager. Il est blotti au creux d'une vallée jalonnée de falaises entre lesquelles serpente le Doubs. Le village dont la première mention remonte à 1239 se situe entre Saint-Hippolyte et Porrentruy en Suisse. Son église se remarque de loin, mais aussi ses imposantes maisons de maître, signe d'un riche passé. L'église porte le nom de Saint-Luc et de Sainte-Colombe. La localité met en évidence également son pont, sa fontaine aux lions ainsi que son vieux pressoir à cidre. Mais les paysages bucoliques se suffisent à eux-mêmes pour vous faire passer un moment des plus savoureux.

LES ECORCES

Insolite le nom de cette commune qui est lié à celui des habitants. Ils étaient agriculteurs / tanneurs au 14e siècle mais surtout tavaillonneurs. C'est à dire qu'ils étaient spécialisés dans le taillage de petites planchettes de résineux destinées à l'habillage des murs des maisons les plus exposés aux intempéries. De l'épicéa essentiellement. Elles sont nombreuses encore aujourd'hui à revêtir cette protection et isolation naturelle. Les artisans locaux allaient même jusqu'en Suisse pour collecter leur matière première. 2 édifices se distinguent également dans la localité : la chapelle Saint-Roch du 17e siècle et l'église Saint-Jean-Baptiste du 19e.

PIERREFONTAINE-LES-BLAMONT

Une fontaine trône au coeur de ce village du Haut-Doubs. Elle est en pierre fondue dans du grès brut et aurait donné le nom à la localité. Pierrefontaine-les-Blamont se situe dans l'aire d'attraction de Montbéliard. Il serait d'autre part l'un des premiers villages à s'être installé sur l'éperon rocheux dominant le plateau blamontain. Sa prospérité donna naissance à la commune voisine de Villars-les-Blamont. Il reste des vestiges comme la tour carrée, le fort du Lomont, l'imposant lavoir. Autre particularité, son église luthérienne qui n'est pas sans rappeler l'imprégnation protestante dans la région, comme en Suisse voisine d'ailleurs.

GUYANS-VENNES

A 50 km de Besançon et 30 de Pontarlier, ce village s'inscrit aux portes du Haut-Doubs. Logé entre les vestiges du château de Consolation et d'un camp romain à Grand-Chaux, le terme Vennes est un toponyme signifiant pâturage marécageux. Une localité où l'on aime se distraire. En février, la fête des hommes fait qu'ils se retrouvent lors d'un office religieux. Puis ils se réunissent en fromagerie pour un apéro, un repas prolongé joyeusement jusque tard dans la nuit. Juillet donne aussi lieu à la fête du village avec défilé de chars. Vous aimerez enfin l'église Notre-Dame de l'Assomption du 18e, ses fontaines et son lavoir-abreuvoir couvert.

HÔTEL DU COMMERCE €€

13, Grande Rue
✆ 03 81 43 52 09
www.restaurantducommerce25.com

Toute l'année. En semaine le midi, vendredi et samedi soir, dimanche midi. Menu du jour : 16 €. Carte : 34 €. Terrasse.

Fondé en 1900, l'hôtel-restaurant familial du Commerce a tout d'abord été tenu par les arrière-arrière-grands-parents fondateurs de l'établissement. Aujourd'hui, c'est la cinquième génération, avec Jeffrey, depuis 2018. Cette institution familiale a à cœur de proposer une cuisine authentique et savoureuse et de faire de ce restaurant un lieu où habitants et clients de passage se côtoient dans une ambiance conviviale et chaleureuse. De belles salades aux produits du Haut-Doubs, terrines ou autres, côtoient les croûtes aux morilles. A découvrir.

GILLEY

Ce beau bourg fait partie de la République du Saugeais dont il est en outre la capitale économique. Son nom apparaît depuis 1330. Elle fait partie de la zone humide du Cougnet et du Pré soleil, un espace naturel remarquable de 40 ha inscrit à l'inventaire national du patrimoine naturel. La famille Chabod créa en 1974 dans le périmètre le téléski Les Clochettes qui part du rond d'Amont à 1083 m d'altitude. C'est la même année que le réalisateur Sidney Lumet choisit ce site et sa gare pour le tournage du film Le crime de l'Orient Express. Une gare toujours existante. A voir l'église Saint-Anne reconstruite en 1880 et la chapelle du même nom.

MONTBÉLIARD ★★

Le Pays de Montbéliard très singulier, vous invite à des sensations inoubliables. Collé à la Suisse et sur le massif du Jura, il se révèle une aventure. Montbéliard a gardé des couleurs, des colombages, un Château de conte de fée et la patte de l'architecte Schickhardt pour construire la Tour Frédéric, les Halles et le Temple luthérien Saint-Martin. A voir aussi l'architecture militaire avec le Fort du Mont-Bart, le Fort du Lomont. Le théâtre gallo-romain de Mandeure et ses fouilles archéologiques n'ont pas finit de nous révéler leurs vestiges. 400 ans de présence Wurtembergeoise ont laissé des éléments (temples protestants), les traditions (le diairi et la verquelure). La vache montbéliarde dont la race est née au XIXe siècle grâce à un éleveur protestant, participe au comté AOP, et d'autres fromages (le Wurtemberg, la tome des Princes…). N'oublions pas la saucisse de Montbéliard. Une terre d'inventeurs et de savants : Japy, Peugeot et Cuvier, père de la paléontologie moderne. Cette aventure industrielle est liée à l'automobile. Les sites naturels offrent des points de vue uniques (le crêt des Roches à Pont-de-Roide, le fort du Mont-Bart à Bavans…) et sont traversés par des sentiers dont la GTJ (Grande traversée du Jura). Sinon en bateau sur le canal de l'Allan et le Doubs. Les plus courageux empruntent à vélo l'Eurovélo 6 (de Nantes ou à Budapest). L'aventure se poursuit au Musée Peugeot. Une multitude d'événements sont organisés : les Lumières et marché de Noël, comme l'un des plus beaux d'Europe, ses illuminations qui transforment la cité en féerie.

L'une des yorbes (maison rose) de Montbéliard.

MONTAGNES DU JURA

PAYS DE
MONTBÉLIARD
TOURISME
Vivre d'art, d'histoire et d'aventure
Prendre l'air dans le Pays de Montbéliard
S'imprégner d'histoire au château des Ducs de Wurtemberg
Rouler des mécaniques au Musée de l'Aventure Peugeot
Remonter le temps dans un théâtre antique
édaler au bord de l'eau r l'EuroVélo 6
Randonner sur les Montagnes du Jura
Rencontrer des montbéliardes
Plus d'expériences à vivre sur :
www.paysdemontbeliard-tourisme.com

PAYS DE MONTBÉLIARD TOURISME

1, rue Henri-Mouhot ✆ 03 81 94 45 60
www.paysdemontbeliard-tourisme.com
Ouvert toute l'année du mardi au vendredi de 10h à 12H30 et de 14h à 17h.

Idéalement placé au pied du célèbre Château, vous trouverez ici un accueil chaleureux et toute l'équipe très sympathique veillera à vous offrir un service personnalisé afin de bien répondre à vos attentes. Vous pourrez organiser votre séjour, connaitre les locations de vélos, vente de cartes de pêche, passeport tourisme, etc. L'espace comprend une boutique, dont le célèbre verquelure un tissu de chanvre tissé à la main et présentant des carreaux de couleurs, bleus et rouges...

MUSÉE HÔTEL BEURNIER-ROSSEL ★★

8, place Saint-Martin
✆ 03 81 99 23 61
www.montbeliard.com
Ouvert toute l'année. Fermé le mardi. Accueil groupes. Tarifs dégressifs. Visite guidée.

Ce musée est situé près du temple Saint-Martin et de l'hôtel de ville. Cet ancien hôtel dénommé est le témoin de la vie bourgeoise aux XVIIIe et XIXe siècles. Il accueille le musée d'Art et d'Histoire. Il est un lieu immanquable pour qui veut connaître dans les détails l'histoire du pays de Montbéliard et son évolution. Le mobilier (des rideaux, lustres, peintures et meubles), toujours présent dans cet hôtel particulier, est très révélateur d'un certain art de vivre.

LES HALLES ★

Place du Colonel-Denfert-Rochereau
Ouvert toute l'année.
L'accès est libre et gratuit.
Accueil en groupes également possible.

Tout comme le château, les halles imposent par leur architecture. Construites fin du XVIe et début du XVIIe sur les bases de précédentes halles en bois plus primitives, elles expriment la régularité et la symétrie caractéristiques de la Renaissance germanique. Parmi ses fonctions occupées, on retiendra le Conseil de régence et le Tribunal civil sous la Révolution pour aujourd'hui retrouver ses fonctions administratives. Une halte au cœur du centre à faire en se promenant ou en faisant du shopping dans les boutiques qui occupent désormais le rez-de-chaussée.

PARC SCIENTIFIQUE DU PRÉS-LA-ROSE

Parc du Près-la-Rose ✆ 03 81 91 46 83
www.pavillon-sciences.com/web/parcs/le-pres-la-rose
Horaires variables en fonction des saisons.
Adulte : 4,50 €.

Le parc se déploie sur une grande presqu'île de 10 ha en plein centre, entre la rivière et le canal. Ouvert au public en 1993 après réhabilitation d'une ancienne friche industrielle, il est le plus connu de Montbéliard. C'est à la fois un joli parc agrémenté de plus de 100 variétés botaniques où vous pourrez découvrir, entre autres, un labyrinthe de 5 000 m² formé de 6 000 thuyas, à la fois esthétique et amusant, fait pour les promeneurs amoureux d'arbres, de fleurs et de rivières.

MUSÉE DU CHÂTEAU DES DUCS DE WURTEMBERG ★★★

Cour du Château ✆ 03 81 99 22 61
www.montbeliard.fr
Mercredi à lundi 9h30-12h30 et 13h30-18h.
Fermé les jours fériés sauf le 15 août.
Adulte 6 €, 12-18 ans 4 €.

Dressé sur un éperon rocheux surplombant la Lizaine et l'Allan, le château impressionne par sa stature. Cet édifice fut résidence des ducs de Wurtemberg (1397-1793), caserne militaire (Révolution-début du XXe siècle). Devenu Musée municipal, il retrace l'histoire du Pays de Montbéliard. La Galerie Cuvier met à l'honneur l'histoire naturelle, l'aile dédiée à l'art contemporain présente notamment les œuvres du peintre Messagier. Un circuit historique permet de déambuler dans le château.

LE BALCON DU PRINCE €€€

21, place Saint-Martin
✆ 06 85 30 40 09
www.le-balcon-du-prince.com
Gîtes de France. 2 chambres. De 70 € à 100 €.
Entrée indépendante pour chaque chambre.

Au cœur du centre-ville de Montbéliard, la chambre Louis-Christophe et la suite Eberhardine sauront vous transporter dans un autre temps et vous inviter à la détente. Située au troisième étage d'un hôtel particulier, vous accéderez à votre chambre par un escalier classé monument historique, la classe ! Une fois installés, vous pourrez contempler la vue sur les toits de la ville et si vous avez la bonne idée d'y séjourner pendant le marché de Noël, alors ce sera tout simplement féerique et inoubliable. Un vrai voyage dans l'histoire !

BRASSERIE 1801 €€

3, rue Guillaume Farel
✆ 03 63 48 95 47
Fermé le lundi.

Cette belle brasserie est située en plein cœur de ville face aux vieilles halles qui datent du XVIIe siècle. L'architecture extérieure et la décoration intérieure sont empreintes d'un style très contemporain. Une très grande terrasse est particulièrement appréciée quand il fait beau. Les plats sont décorés avec goût et mettant bien en valeur les produits. La cuisine est évolutive en fonction des saisons, avec des plats soulignant l'appartenance à la Franche-Comté. C'est un bon restaurant avec un service parfait, en plus du rapport qualité-prix.

JOSEPH €€€

17, rue de Belfort
✆ 03 81 91 20 02
Fermé le dimanche et le lundi.
Menu découverte à 60 €. Carte.

C'est une bonne table au cœur de la ville ancienne où le chef Giuseppe Morabito s'applique à vous faire des petits plats soignés. Bien entendu l'ardoise évolue en fonction des saisons et du marché. Que ce soit poissons ou viandes, les produits sont travaillés soit de manière très innovante soit de manière classique. La signature de la maison : l'incontournable langoustines et ris de veau aux pâtes fraîches maison. Une jolie carte des vins complète le tout. La salle a une décoration sobre et de bon goût. Une bonne adresse à découvrir.

LE SAINT-MARTIN €€€

1, rue du Général-Leclerc
✆ 03 81 91 18 37
www.le-saint-martin.fr
Fermé dimanche et lundi, et samedi midi.

Depuis 1986, Christine et Olivier Prévot-Carme tiennent cette adresse gastronomique, étoilée, dont la réputation n'est plus à faire. Ici, le poisson est roi, mais le chef sait aussi mitonner les viandes. Le côté régional est présent avec la volaille de Bresse au vin jaune, risotto au vieux comté. Autre plat signature : le filet de féra du lac Léman, fricassée de racines aux morilles. Le cadre est chaleureux, le nappage tissu reste toujours très agréable. La carte des vins est très belle, sans oublier la sélection de whiskies recherchés.

SOCHAUX

Petite commune, Sochaux s'est pourtant imposée à l'échelle internationale. L'implantation des usines PSA (Peugeot-Citroën) constitue en effet un atout de poids. Son équipe de foot (le Football Club Sochaux Montbéliard), liée au groupe PSA, avec sa célèbre pelouse du stade Bonal résonne des clameurs des supporteurs. Ancienne cité ouvrière, la moitié des habitations a été rasée pendant la Seconde Guerre mondiale. Peu de fioritures donc dans l'architecture, juste de grands bâtiments pour loger les ouvriers, dans le style de la Cité Radieuse à Marseille. Visitez le musée Peugeot et la maison du Prince, l'unique bâtiment ancien de la ville.

MUSÉE DE L'AVENTURE PEUGEOT

Carrefour de l'Europe
✆ 03 81 99 42 03
www.museepeugeot.com
Le musée est ouvert tous les jours de 10h à 18h. Adulte : 9 €. Enfant : 5 €. Restauration (brasserie). Boutique.

Dans les coulisses de l'épopée Peugeot. Fondé en 1988, ce musée retrace, sur les terres de la famille Peugeot, une aventure qui débuta en 1810 et se poursuit toujours. Les collections d'automobiles bien sûr, mais aussi une vaste déclinaison d'appareils et produits également fabriqués par la marque au Lion : machine à coudre, moulin à café, postes de radio, sans oublier les deux-roues ! Sur rendez-vous, la visite peut être complétée par celle de l'usine.

VANDONCOURT

Du haut de son belvédère, le village domine le Pays de Montbéliard. Il est classé Cité de caractère Bourgogne / Franche-Comté. Le Pont Sarrazin et sa légende sont une invitation à une belle balade dans une forêt de hêtres et de charmes où l'on découvre encore des sources secrètes. Le village, avec son temple de 1769, sa maison forte de 1574 et ses granges hautes, bénéficie d'un environnement privilégié avec plus de 5 000 arbres fruitiers à quelques kilomètres d'une zone industrialisée. C'est un exemple où se côtoient en bonne harmonie cultivateurs, ouvriers et employés qui aiment fleurir et animer leur petite cité. Comme les protestants et les catholiques qui se partagent le temple. A voir : Le Pont Sarrazin, arche naturelle de la forêt, la table d'orientation avec une vue sur le Lomont, le Pays de Montbéliard et les Vosges, le temple, le verger-école avec des vieilles variétés de cerises, prunes, pommes et poires. La Damassine : maison des vergers, du paysage rural et de l'énergie (le plus grand bâtiment public de France construit en paille et en terre !) avec salles d'expositions et d'activités, un pressoir, une cuisine pédagogique, une miellerie, une boutique et un bar avec terrasse pour déguster les produits du terroir. A vivre: randonnée pour découvrir la Damassine de Vandoncourt et une superbe vue sur les Vosges. Vandoncourt est le berceau de la famille Peugeot.

MANDEURE

A la sortie sud de Montbéliard vers Mathay, Mandeure a sans aucun doute un grand intérêt archéologique. Elle a été installée dans un méandre du Doubs, étant une cité importante à l'époque gallo-romaine, organisée selon un plan orthogonal. De nombreux vestiges y subsistent comme son théâtre gallo-romain adossé à flan de colline, considéré comme le plus grand de France. Dans le quartier de Courcelles, les bains sont encore visibles. Vocation industrielle aussi avec au 19e siècle Peugeot qui y fit construire une unité d'autos, motos et vélos. Sans oublier à la même époque l'activité de papeterie qui s'est poursuivie avec le groupe Clairefontaine.

PONT-DE-ROIDE

Ce bourg fut longtemps traversé par une ligne ferroviaire importante. Il se singularise par son exceptionnelle richesse archéologique. Connu mondialement grâce à son abri sous roche de Rochedane qui révéla des trésors aujourd'hui exposés aux musées de Besançon et de Montbéliard : 77 galets gravés et 122 galets peints datés entre 11 000 et 9500 ans. Du mobilier également de la période magdalénienne et une gravure du mésolithique. On dit aussi ici que cet abri fut le refuge de la Fée Arie et de son âne Marion. Beaucoup moins gai, Pont-de-roide est la patrie de Jules Bonnot, anarchiste dont la fameuse bande se distingua par meurtres et braquages.

FROMAGERIE INDEVILLERS-GLERE

Au Champ du Rang
INDEVILLERS
✆ 03 81 44 40 41
Du mardi au vendredi 9h30-12h30. Samedi 9h30-12h et 15h30-18h30. Dimanche 9h30-12h.

Cette fromagerie est située à 700 mètres d'altitude, sur le vaste et magnifique plateau du Lomont. On y fabrique du comté AOP, du gruyère IGP, de la crème et du beurre. Les meules de comté sont affinées au Fort des Rousses. Durant au moins douze mois à une température constante accompagnée d'une hygrométrie parfaite, les fromages suivent un affinage soigné. Une boutique avec d'excellents produits laitiers et régionaux jouxte la fromagerie. A ne pas manquer.

LES FRUITIÈRES DU LOMONT

21, rue des Herbiers
NOIREFONTAINE
✆ 03 81 96 94 33
www.fruitieresdulomont.fr
Du lundi au samedi de 9h à 19h. Dimanche et jours fériés de 9h à 12h et de 15h à 19h.

Vous êtes dans la fruitière le plus au nord de Franche-Comté où l'on fabrique le comté de manière artisanale. Beurre cru et crèmes crues font aussi partie de la production qui en font la renommée. Ce regroupement de plusieurs fruitières transforme le lait sur place. Une très agréable boutique est attenante aux ateliers de fabrication. Dans celle-ci les produits de la région sont à l'honneur, et l'on y retrouve les grandes maisons en salaisons, vins, spiritueux, mais aussi crémerie et produits frais. Belle palette de fromages comtois.

ORGANISER SON SÉJOUR

Se rendre dans une nouvelle région de villégiature, rurale de surcroît comme la Franche-Comté, conduit à préparer en amont son voyage afin d'optimiser son séjour. C'est la clé d'une réussite optimale. D'abord commencez par vous renseigner à l'avance auprès des organismes spécialisés de bon conseil. Regardez les tarifs avantageux des hébergements par exemple, y compris pour les sites de visites souvent bien étudiés pour les familles. Des formules à la carte sont sans aucun doute à dénicher, même pour des vacances de courte durée. De la flânerie aux expériences plus sportives, il y en a pour tous les goûts. Rien n'est impossible, le but étant que vous repartiez pour mieux revenir et que vous vous preniez d'amour pour cet arc jurassien qui vous envoûtera. Vous volerez de surprises en surprises, y compris avec des escapades chez les voisins suisses qui partagent les mêmes valeurs, et les mêmes richesses touristiques et gastronomiques.

S'Y RENDRE

Pour se rendre en Franche-Comté, plusieurs solutions s'offrent à vous. La route, certes, avec un maillage routier très performant. L'autoroute A36 par exemple pour Besançon avec une autre sortie à Gendrey et à Dole/Authume ; l'autoroute A39 qui longe le département du Jura avec des sorties sur Dole/Choisey, sur Poligny, Lons-le-Saunier et Saint-Amour. Plusieurs nationales aussi comme la RN83, la RN73 de Dole à Chalon-sur-Saône et la RN5 qui emmène jusqu'à Genève. La région est également bien pourvue en réseau ferroviaire, qu'il s'agisse du TGV ou des trains régionaux. N'oubliez pas un transport très économique qu'est Flexibus. Et pour les moins pressés sachez que le déplacement au fil de l'eau est tout à fait envisageable aussi avec notamment le canal du Rhône au Rhin qui développe son tourisme fluvial. Le tout étant de bien vous y prendre à l'avance et de comparer ce qui vous conviendra le mieux.

AÉROPORT DE LYON SAINT-EXUPÉRY

COLOMBIER-SAUGNIEU
✆ 08 26 80 08 26
Ouvert tous les jours. 24h/24.

Voici l'un des plus grands aéroports français, desservant une centaine de destinations en France et dans le monde. C'est un véritable hub de transport avec une gare TGV desservant Paris et la Provence. L'aéroport est accessible en voiture par l'autoroute A432. Plusieurs loueurs de véhicules se trouvent sur place. Un tram express, le « Rhône Express », relie le centre de Lyon à l'aéroport en 30 minutes. Un bus vous permet également de rejoindre Valence.

AÉROPORT DOLE-JURA

TAVAUX
✆ 03 84 72 18 53
www.aeroportdolejura.com
Ouvert du lundi au vendredi de 9h à 19h. Samedi et dimanche de 9h à 17h. Parking gratuit de 1 200 places.

A 50 km de Dijon (du côté de la Franche-Comté), l'aéroport de Dole est en pleine expansion, proposant régulièrement de nouvelles destinations. Ainsi peut-on venir (ou aller) au Portugal, au Maroc, en Italie, en Grèce, aux Canaries, en Croatie, à Malte ou en Irlande notamment. Sans oublier la Corse. Situé à 10 minutes de la gare SNCF de Dole, et 3 minutes de la sortie d'autoroute A39, les transferts sont donc extrêmement facilités. Et toute une belle gamme d'hôtels et restaurants se trouve à proximité. Une belle alternative pour ceux qui viennent de loin !

GARE DE BESANCON VIOTTE

2, avenue de la Paix
BESANÇON
✆ 03 81 63 41 65
Ouvert du lundi au vendredi et le samedi et le dimanche. Renseignements en téléphonant.

La plus importante gare de la ville annonce des départs réguliers, en TGV ou TER, pour rejoindre le Nord et le Sud de la France, que ce soit en ligne directe ou en transistant par Paris ou Lyon. Facile de s'y rendre en empruntant le bus, car la plupart des lignes urbaines passent par les arrêts prévus juste devant ou en contrebas. Des taxis vous attendent également à l'arrivée des trains pour vous véhiculer à votre destination. A savoir également que plusieurs hôtels sont situés à proximité et vous permettent de faire une étape par la capitale bisontine.

GARE SNCF

42, avenue Aristide Briand
DOLE
✆ 03 84 82 13 70
www.ter.sncf.com
Trains régionaux et nationaux. Ouverte du lundi au dimanche. Horaires et tarifs sur sites.

Opérationnelle depuis plus de 160 ans, la gare doloise se situe entre Besançon et Dijon pour une desserte optimale. Des trains régionaux TER certes, dont les guichets sont ouverts du lundi au dimanche. La gare ouvrant ses portes de 5h20 à 23h. Ligne TGV également, notamment avec le service Lyon-Paris. Avec la navette FlexiDole qui se trouve à 10 mètres, l'accès au centre-ville est aisé. Mais de cette gare partent également les cars inter-urbains, et bus urbains. Elle est également à proximité de commerces, bars, restaurants et hôtels.

SÉJOURS ET CIRCUITS

Du fait de sa richesse la Franche-Comté recèle une foule de thèmes de séjours si un centre d'intérêt vous interpelle plus qu'un autre. Ils peuvent d'ailleurs le cas échéant prolonger un acquis professionnel. Nous en avons choisis quelques-uns. Les professionnels touristiques qui les encadrent connaissent bien le tissu de la région et travaillent en réseau avec d'autres spécialistes de la même qualité. Les mauvais surprises sont ainsi évitées. Les programmes sont souvent à la carte en fonction de votre temps et de votre budget. Bien lire les lignes pécunières et ce qu'elles intègrent. Ces agences réceptives ont pignon sur rue et ont donc une réputation à tenir. Leur aide sera précieuse, surtout si vous venez pour la première fois. La finalité étant de renforcer chaque année l'attractivité d'une région qui ne demande qu'il livrer ses multiples facettes touristiques. Soyez curieux et avides de renseignements.

GRANDES TRAVERSÉES DU JURA

15 - 17, Grande-Rue
LES PLANCHES-EN-MONTAGNE
✆ 03 84 51 51 51
www.gtj.asso.fr
Le bureau est ouvert au public.
Accueil sur rdv.

Grandes Traversées du Jura coordonne et développe les activités proposées sur les itinéraires GR5 ET GR9. 180 structures publiques et privées y adhèrent. Pour votre randonnée, les informations nécessaires, appeler le siège de l'association ou site Internet. La Grande Traversée du Jura peut se faire à pied, en VTT, en VTC, en raquettes, en ski de fond, cheval ! 388 km de sentiers balisés de Montbéliard jusqu'à Culoz (01) et traversent le Parc naturel du Haut-Jura.

TERRE ET NEIGE

15 bis, Prénovel de Bise
NANCHEZ
✆ 06 71 49 02 86
Promenades et randonnées avec chiens huskys, hiver comme été. Idem avec ânes en été. Baptêmes jeunes et adultes.

Découvrir le Grandvaux à 4 pattes, voilà ce que propose « Terre et Neige » avec des ânes et des chiens de traîneau. En bonne saison, la découverte se fait à pied avec l'âne qui porte bagages et enfants. Conseils à l'appui sur les itinéraires. Vous pouvez également effectuer votre balade sur 2 jours avec nuit en yourte. Lors de la saison neigeuse, installés dans un traîneau, vos huskies vous conduisent dans les vallées blanches. Si vous êtes sportifs, Terre et Neige propose une prestation « attelage » adaptée. Vous êtes entre les mains de professionnels agréés.

SENTIERS NORDIQUES

Chemin de la Remuat -
PRÉMANON ✆ 06 84 18 30 92
www.sentiers-nordiques.fr
Sentiers de découvertes. Ouverts toute l'année. Salle de projection. Anglais parlé.

La montagne touristique en toute saison est une réalité. Sophie Tissot l'a bien compris et c'est à son honneur dans la cité chère à Paul-Emile Victor. Un programme éclectique qu'elle vous propose avec ses 30 chiens Husky et Alaskan Groenlandais. Un programme adapté aux personnes à mobilité réduite. La professionnelle agréée vous accompagnera à la rencontre des « montagnons ». Vous avez aussi le choix des options cani-cross, trottinette attelée et cani-VTT. Avec dame neige, son cani-raquettes, ses traîneaux, son ski-joering vous feront tracer dans le Parc naturel.

WINE AND TOURS

10, rue Gaston Roupnel
COUCHEY
✆ 03 80 59 88 19
www.wine-and-tours.com

Située en Côte-d'Or, Wine And Tours (dirigée par Dimitri Bourgeois), tournée vers l'œnotourisme, vous propose de visiter la Bourgogne-Franche-Comté. Les clients seront amenés à découvrir les vignobles de ces deux régions. Des circuits sur mesure pendant lesquels Dimitri s'occupera de tout, de votre arrivée à l'aéroport pour les touristes internationaux à vos transferts. Du Beaujolais jusqu'à Chablis, de Marsannay à Beaune (mais aussi dans le Jura), visites, dégustations, rencontres, haltes gourmandes ou découvertes par les airs sont ainsi proposées...

SE LOGER

Vous n'aurez que l'embarras du choix quel que soit votre choix d'altitude dans le Jura. De la petite tente à la mignonne chambre d'hôtes, en passant par la cabane perchée jusqu'aux hôtels les plus référencés. Une offre qui s'adresse donc à toutes les bourses ou à toutes les aspirations. Un excellent rapport qualité-prix dans la grande majorité des cas avec un confort qui va de soi. Il y des bons coups pour l'improvisation ou des conseils de connaissances déjà venues. Mais vous adresser à des organismes professionnels vous évitera des déconvenues. Leur personnel est formé pour ajuster au plus près votre attente. De l'écoute attentive d'abord et une fine connaissance de la région. Vous êtes seul, en famille, entre amis, en groupes. Vous préférez un séjour totalement pris en charge avec thèmes ou vous revendiquez votre indépendance ? De la plaine à la montagne, un logis vous correspondra.

CLE VACANCES €€

LONS-LE-SAUNIER

www.jura-tourism.com

1er label 100 % français de promotion, commercialisation et contrôle d'hébergements touristiques.

Présent dans l'Arc jurassien, le label « Clé vacances », dont le siège est à Toulouse, est une association de promotion, commercialisation et contrôle d'hébergements touristique ; notamment dans notre région de montagne, de campagne, de villes et de stations thermales. Il délivre ainsi une notation sur les logements et chambres de ses 8 500 adhérents avec conseils à l'appui pour la clientèle. Soit 12 000 gîtes, 3 000 chambres d'hôtes. Il couvre la plupart des grands sites français tels « Tourisme & Handicap », « Bienvenue à la ferme » et « Clef verte ».

BIENVENUE À LA FERME €€

PARIS

www.bienvenue-a-la-ferme.com

Créé dans les années 1980, Bienvenue à la ferme est un réseau d'agriculteurs (environ 8 000 sur toute la France). Les membres du réseau s'engagent à proposer des produits de qualité issus d'une agriculture durable et responsable. En vous rendant dans les fermes participantes, vous serez garanti d'un accueil chaleureux, auprès d'agriculteurs ravis de faire découvrir leur métier. Sur le site internet, retrouvez toutes les fermes du réseaux. Vous pourrez y acheter des produits locaux, y manger et même y dormir. Des activités peuvent aussi être organisées.

GITES DE FRANCE JURA €€

8, rue Louis Rousseau - **LONS-LE-SAUNIER**

✆ 03 84 87 22 55

www.gites-de-france-jura.com

Label de qualité d'hébergements touristiques : chambres d'hôtes, gîtes et campings.

Les « Gîtes de France » sont tout à la fois un réseau, une marque et un label d'hébergements chez l'habitant. Ils sont nés en 1955 de la volonté du sénateur Emile Aubet qui avait inauguré le système dès 1951. C'est une association, la Fédération Nationale, qui coiffe aujourd'hui 47 000 propriétaires pour 60 000 locations en France, dont beaucoup en Franche-Comté. Il s'agit de chambres d'hôtes, gîtes, gîtes d'étapes et de séjours, de campings. Ils font l'objet d'un agrément strict et de contrôles. Le degré de qualité étant symbolisé par des épis.

LOGIS DU JURA €€

8, rue Louis Rousseau - **LONS-LE-SAUNIER** ✆ 03 84 87 08 77

www.logishotels.com/hotel/franche-comte/jura

Groupement qualitatif d'hôtels et de restaurants. Plus d'une centaine d'établissements dans l'arc jurassien.

Ce réseau national de professionnels, très présent en Franche-Comté, se fond dans le concept qui fédère les hôteliers-restaurateurs indépendants, les élus locaux et les représentants du tourisme à tous les niveaux. Il met en avant la qualité du service, l'accueil, l'authenticité et la qualité d'ensemble de la prestation. Signes distinctifs : un «L» majuscule pour logis et une «Cheminée». Le nombre moyen de chambres est de 18 par établissement. Il existe aussi des mentions spécifiques telles que»Logis de caractères» et «Logis Bacchus».

Jura
Logis
Logis
POUR UN MONDE PLUS LOCAL
43 logis
dans le Jura
Chez les Logis
c'est beaucoup,
passionnément,
à la folie !
Maison by Logis
INSOLITE BY Logis

SE DÉPLACER

S'il est plus aisé de se déplacer dans la basse Franche-Comté du fait de la platitude du terrain, il n'en est pas de même dès que l'on aborde le Revermont ou la montagne. En revanche, sur les plateaux successifs la circulation redevient plus commode grâce à un relief moins délicat. Globalement le tapis routier a fort bien évolué et fait l'objet d'un entretien très régulier. Ne tenez cependant pas compte de la distance à vol d'oiseaux dans certaines zones. Des portions d'axes deviennent étroites et sinueuses, ce qui ralentira votre progression. D'ailleurs vous pouvez vous attendre à croiser du gibier. Le paysage vous armera à coup sûr de patience. Mieux vaut en effet arriver tard que jamais. Vous pourrez louer des véhicules, de la Renault 4L au combi Wolkswagen, emprunter les lignes ferroviaires régionales dont la célèbre ligne des Hirondelles. Le car est pratique aussi. Et pour les moins pressés le vélo et ses déclinaisons, voire à cheval.

MOBIGO

DIJON

✆ 03 80 11 29 29

www.viamobigo.fr

Ouvert du lundi au samedi de 7h à 20h. Centrale d'appels.

Plateforme téléphonique et site Internet, Mobigo gère les transports dans l'ensemble de la région Bourgogne-Franche-Comté. Par celle-ci vous obtiendrez des informations sur les lignes desservant l'ensemble des départements, mais également les horaires des bus ou trams dans Dijon (comme dans toutes les autres villes bourguignonnes). Avec bien sûr aussi tout ce qu'il faut savoir sur vos futurs déplacements en TER. Une plateforme très complète où l'on peut aussi acheter ses tickets (à l'unité, par carnets de 10 ou par abonnement).

LIGNE DES HIRONDELLES

DOLE

✆ 03 84 72 11 22

www.doletourisme.fr

Formule Prestige Dole à Saint-Claude : 68 €/adulte.

Des TER réguliers y circulent, mais la ligne ne présente pas seulement un intérêt pratique : elle traverse le Jura (de Dole à Saint-Claude) en empruntant une voie ferrée construite sur des ouvrages d'art impressionnants et en offrant des panoramas très différents de ceux qu'on peut observer depuis la route. Le voyage en lui-même est une excursion ! Les offices de tourisme, de Dole, Morez et Saint-Claude, proposent des sorties accompagnées à la découverte de la ligne et des communes desservies. Sur une journée, un bénévole fera le guide. À faire absolument !

AUTO RETRO DES SAPINS

Impasse de la Crête

SAPOIS

✆ 06 85 89 54 89

Location de voitures Renault 4L à la journée 45 € ou à la semaine 300 €. Sur rendez-vous.

La commune de Sapois près de Champagnole, foisonne de sentiers de randonnées. Thierry Guillot vous suggère d'élargir le cercle avec ses « Renault 4L » en location. L'ancien carrossier las de les voir « s'endormir » après restauration, a eu l'idée d'en faire profiter le public. Depuis 4 ans, il fait « ronronner » ses 25 « bolides » dans tout le département. Il a ainsi développé un service location à la journée ou à la semaine, baptisé « Grande vadrouille ». Pour d'autres férus de « grand-mères », la flotte des « 4L » a été rejointe maintenant par des « 2Cv ».

LES GRANDES TRAVERSÉES DU JURA (GTJ)

17, Grande rue ✆ 03 84 51 51 51

www.gtj.asso.fr

7 tracés pour 7 activités de randonnées dans le massif, à pied, en VTT, en ski, à cheval sur des centaines de km.

Ces grandes traversées sont 7 tracés pour 7 activités de randonnées entre Montbéliard (Doubs) au Nord, et Culoz (Ain) au Sud, en passant par Goumois, Morteau, Pontarlier, Mouthe, Morez, Mijoux et Bellegarde-sur-Valserine. Elles traversent le Parc naturel régional du Haut-Jura. 400 km à pied, 380 km en VTT et 175 km à cheval ! Vous pourrez télécharger les données GPS de la GTJ à vélo dans son intégralité puis les données des 3 variantes : Goumois, Menthières et Le Grand Colombier.

S'INFORMER

Un voyage avec sa part de mystère est toujours une source intarissable de bonnes surprises. La Franche-Comté, souvent mal localisée, voire discrète, n'est pas moins riche de son caractère avenant, soucieuse cependant de préserver jalousement ses traditions. C'est l'opportunité d'aller à la rencontre de sa terre, des habitants qui la font vivre et de nouer des relations profondes. Les médias forment aussi ces relais qu'ils soient papiers, radiophoniques et audiovisuels. Nous en présentons quelques-uns sans que cette liste soit exhaustive. Les radios comme la télévision répondent à cette attente comme les multiples revues en papier glacé ou numériques qui redoublent d'efforts pour évoquer l'histoire régionale et plus actuelle informer des événements musicaux, sportifs, festifs et culturels. Tout au long de l'année les temps morts sont exclus, signe d'une vivacité qui grandit d'année en année pour votre plus grande satisfaction.

BOURGOGNE FRANCHE COMTE TOURISME

5, avenue Garibaldi
DIJON
www.bourgognefranchecomte.com

Sur le site de la structure, chacun pourra retrouver un large éventail des activités sur le territoire, classée par destination : Bourgogne, montagne du Jura et massif des Vosges. Les portails renvoient à des rubriques et les sites concernés. Les informations permettent de mettre en liaison les acteurs du tourisme, et institutionnels. Bourgogne-Franche-Comté tourisme est incontestablement le portail majeur, véritable porte-parole et vitrine de tout ce riche et vaste territoire.

FRANCE BLEU BESANÇON

2, place Granvelle © 03 81 21 25 55
www.francebleu.fr/besancon

Radio du service publique, antenne de Franche-Comté. Infos sur le site. Partenaire Petit Futé massif jurassien.

France Bleu Besançon est la radio locale de Radio France. Un média de service public à vocation régionale. Au programme infos locales, bons plans, invités du coin, émissions consacrées à l'innovation, à la cuisine, au jardinage, à la lecture. Des jeux et une implication régionale qui met en valeur le territoire, les femmes et les hommes qui y vivent. Les sites touristiques sont très bien présentés, les villages par exemple avec un concours du plus beau de Franche-Comté... Chaque été la station organise un concours où chaque jour un guide Petit Futé est offert.

FRANCE 3 BOURGOGNE-FRANCHE-COMTÉ

6, avenue de la Découverte
DIJON
✆ 03 80 77 35 35
http://france3-regions.francetvinfo.fr/bourgogne

France 3 Bourgogne-Franche-Comté accompagne au quotidien les téléspectateurs par des informations sur tous les aspects de la vie locale. Plusieurs rendez-vous sous forme de J.T., mais aussi des magazines sur la culture, le patrimoine, les loisirs, les sports et la nature, des émissions politiques, des documentaires, des chroniques et un agenda des sorties en Bourgogne. À noter que le site internet regorge d'infos pratiques, très utiles : météo, trafic en temps réel, etc.

MADE IN JURA MEDIA

LONS-LE-SAUNIER
www.madeinjura.com
Plateforme multimédia dédiée à des reportages tout-terrain, portraits, vie locale...

Propulsés dans une nouvelle région plus ou moins identifiée, les Jurassiens sont résolus à se faire entendre et faire comprendre leur spécificité. « Madeinjura.media » poursuit cette ambition de montrer le Jura tel que ses habitants le font. Des portraits d'acteurs, de structures, de territoires, des reportages, des retours sur des événements culturels ou sportifs, des brèves et des films de promotion. 6 thématiques et au moins 2 nouveautés par semaine publiées les mardis et vendredis ; plus de 200 clips sont en ligne ; page Facebook : www.facebook.com/madeinjura.

L'EST RÉPUBLICAIN

Rue Théophraste-Renaudot - **HOUDEMONT**
✆ 03 83 59 80 54
www.estrepublicain.fr
Ouvert du lundi au vendredi de 9h à 12h et de 14h à 18h. Visite du journal du lundi au vendredi à partir de 21h30.

Journal d'informations de référence pour tout l'Est de la France, *L'Est républicain* ou « *L'Est* » pour les intimes, couvre depuis 1889 absolument tous les sujets d'actualité et est principalement diffusé en Lorraine et en Franche-Comté à travers dix éditions locales. Politique, économique, nationale, internationale ou culturelle, il est impossible de se rendre à un événement dans l'agglomération sans tomber sur un collaborateur du journal. *L'Est républicain* nous tient informé sur tout ce qui se passe dans la ville, en version papier comme en ligne.

HEBDO 39

✆ 03 84 86 56 13
www.hebdo39.fr
Hebdomadaire de presse écrite paraissant sur le Jura. Gratuit. Avec petites annonces. Agences à Dole et Lons.

H*ebdo 39* est l'un des derniers médias papier à être né dans le Jura. Il aborde toute l'actualité régionale débordant même sur la région d'Auxonne en Bourgogne. Des thèmes nationaux sont aussi abordés. Le plus de ce support est aussi ses pages petites annonces où chacun peut y vendre, louer ou acheter un bien. Il arrive chaque semaine gratuitement dans les boîtes aux lettres grâce à son important réseau de distribution. Ses agences à Dole et Lons-le-Saunier sont au plus près des Jurassiens qui plébiscitent ce média un peu plus chaque année.

JURA TOURISME

17, rue Rouget de Lisle - **LONS-LE-SAUNIER**
✆ 03 84 87 08 77
www.jura-tourism.com
Pour préparer son séjour : hébergements, visites, dégustations... Informations pratiques. Réservations en ligne.

Jura Tourisme est un organisme de promotion touristique de la destination Jura. Il accompagne les professionnels dans leurs projets et le développement de leurs activités. Il intègre aussi un service commercial proposant un large choix de séjours et d'hébergements (hôtels, gîtes, chambres d'hôtes, campings, villages vacances...). Des hôtesses d'accueil sauront vous conseiller pour vous aider à choisir l'escapade qui correspondra à vos envies. Vous pourrez également commander gratuitement en ligne la documentation ou naviguer sur le site remarquablement bien fait.

FREQUENCE PLUS

26, avenue Maréchal Juin - **DOLE**
✆ 08 92 69 25 33
www.frequenceplusfm.com
Non-stop. Made in Jura.
Fréquences sur le site de la radio.
Partenaire du Chat perché et du Petit Futé.

En plus de 10 ans, à la suite de son père, Anthony Eustache a su impulser un souffle nouveau à cette radio et lui assurer un avenir pérenne. Cette radio diffuse ses programmes en Bourgogne-Franche-Comté. Toute une équipe dynamique travaille pour des programmations innovantes et attractives, et être à l'écoute des auditeurs et des annonceurs en est le leitmotiv. Par ses rubriques jeux, infos, musiques et tubes, podcast, un très large public assure une audience en augmentation régulière, faisant de cette radio la première régionale dans sa catégorie.

MADE IN JURA

LE PROGRÈS

59, avenue Jean-Jaurès
LONS-LE-SAUNIER
✆ 03 84 86 07 20
www.leprogres.fr/jura
Quotidien. Abonnement numérique ou papier.

Journal au nom connu comme le loup blanc car répandu dans presque toute la France, *Le Progrès*, fondé à Lyon, est disponible dans une bonne partie de l'Hexagone, y compris le Jura. Il paraît dans le département et couvre toute l'actualité de celui-ci, qu'elle soit politique, sportive, économique, culturelle... Les pages des faits divers et des petites annonces ne sont pas oubliées. On peut opter pour l'abonnement numérique (sur mobiles et tablettes) avec plusieurs forfaits au choix, dont plusieurs se combinent avec la version papier.

RCF JURA

3, Place Jean XXIII - **DOLE**
✆ 03 84 72 01 42 - www.rcf.fr
FM RCF : Lons 106.5, Champagnole 101.6, Dole 103.2, Morez 97.1, Nozeroy 95.6, Saint-Claude 89.2. Réécoute, podcast.

Née dans la mouvance des radios libres à l'initiative du Père Jean Ratte en 1991, RCF Jura, antenne locale du réseau national RCF, s'est rapidement imposée dans le paysage audiovisuel comtois en tant que radio de proximité, la seule associative du Jura. C'est grâce à l'engagement de ses bénévoles que, depuis 30 ans, elle peut assurer un programme quotidien d'émissions locales en ouvrant ses ondes à plus de 1 200 Jurassiens actifs dans des domaines spirituels, culturels, historiques, de vie pratique, ou de solidarité. 6 fréquences au total.

LA VOIX DU JURA

18, rue de Ronde - **LONS-LE-SAUNIER**
✆ 03 84 87 16 16
www.voixdujura.fr
Média papier hebdomadaire d'informations générales. Paraît le jeudi. Site Internet. Siège à Lons-le-Saunier.

La Voix du Jura est un copieux hebdomadaire local qui informe les Jurassiens depuis plus de 100 ans. Il parle des événements du département à ses habitants et à tous ceux qui veulent mieux connaître la région et se fondre dans l'actualité du pays jurassien. Paraissant tous les jeudis, *La Voix du Jura* informe sur la culture, les sports, les faits divers ainsi que la politique et l'économie locales. Son siège est depuis toujours à Lons-le-Saunier avec également une agence à Dole. Son site Internet offre un résumé du contenu du journal papier.

INDEX

1055 ... 150

A

A LA FERME ... 232
ABBATIALE SAINT-PIERRE DE GIGNY ... 175
ABBAYE DE BAUME-LES-DAMES ... 102
ABBAYE DE BAUME ... 142
ABBAYE NOTRE-DAME D'ACEY ... 79
ACCRO-VIADUC AVENTURE ... 184
AÉROPORT DE LYON SAINT-EXUPÉRY ... 250
AÉROPORT DOLE-JURA ... 68, 250
ALTITUDE 750 ... 238
ARBOIS ★★ ... 116
ARC-ET-SENANS ★★★ ... 88
ARINTHOD ★ ... 170
ARLAY ... 161
ARTISANAT SUR CORNE - MUSÉE DE LA TOURNERIE ... 211
ARTISANS CRÉATEURS JURASSIENS ... 196
ATELIER DES SAVOIR-FAIRE ... 16, 211
AU BOIS DE LA BICHE ... 242
AU CHALET MODÈLE - FRUITIÈRE DU TEMPS COMTÉ ... 192
AU CLOS FLEURI ... 150
AU COEUR DES VIGNES ... 118
AU COMTOIS COURTOIS ... 192
AU MOULIN DES ÉCORCES*** ... 15, 71
AU MOULIN DES ÉCORCES ... 73
AU PANIER GOURMET ... 155
AU PETIT VICTORIEN ... 140
AU VERBE AIMER ... 151
AU VILLARD ... 216
AUBERGE «LE COUDE» ... 229
AUBERGE DE BUFFARD ... 90
AUBERGE DE LA DISTILLERIE ... 229
AUBERGE DE LA MOTTE*** ... 237
AUBERGE DE LA POUTRE ... 179
AUBERGE DE THOIRE ... 171, 173
AUBERGE DU CHARRON ... 237
AUBERGE DU GRAPIOT ... 125
AUBERGE LA GOUILLETTE ... 72
AUTO RETRO DES SAPINS ... 254
AUX BRIMBELLES ... 218
AUX DOCKS ... 120
AUX FOURS & AU MOULIN ... 14, 182
AUX P'TITS PEPINS ... 82
AUX SAVEURS DU MONT DIDIER ... 172
AUX TRUITES BLEUES ... 205
AVENTURE DU TRÉSOR VOLÉ ... 88

B

BADOZ FROMAGES ET VINS ... 131
BAR LE VINCENNES ... 121
BAR RESTAURANT LE JURA ... 159
BATEAU VERT LOCATION ... 182
BATEAUX DU SAUT DU DOUBS - COMPAGNIE DROZ-BARTHOLET ... 240
BAUME-LES-DAMES ★ ... 102
BAUME-LES-MESSIEURS ★★★ ... 142
BELLEFONTAINE ... 208
BELVÉDÈRE DES 4 LACS ... 204
BELVÉDÈRE DU PIC DE L'AIGLE ... 204
BELVÉDÈRES ... 207
BELVOIR ★ ... 101
BENETOT CHOCOLATIER PÂTISSIER ... 74
BENJAMIN VINCENT ... 180
BESANÇON BOOSTEUR DE BONHEUR ... 98
BESANÇON ★★★ ... 95
BIENVENUE À LA FERME ... 252
BIÈRE «LA JURASSIQUE» ... 125
BIERE DU DOUBS ... 100
BIOCOOP DU GRANDVAUX ... 205
BISTROT DE PORT LESNEY ... 87
BISTROT LA MÈRE SIMONE ... 139
BISTROT POLAIRE ... 222
BLETTERANS ... 159
BOIS-D'AMONT ... 222
BOISSELLERIE DU HÉRISSON ... 191
BOUCLANS ... 103
BOURGOGNE FRANCHE COMTE TOURISME ... 255
BOUVERANS ... 198
BRASSERIE 1801 ... 247
BRASSERIE D'EPENOY ... 102
BRASSERIE DE LA POSTE ... 226
BRASSERIE DES BABOUINS ... 132
BRASSERIE DES TROIS ÉPIS ... 185
BRASSERIE DU CENTRE ... 190
BRASSERIE L'ORIGINE DU MONDE ... 185
BRASSERIE LA MONTAGNETTE ... 173
BRASSERIE LA NOCTURNE ... 132
BRASSERIE LE KIOSQUE ... 207
BRASSERIE LE STRASBOURG ... 150
BRASSERIE LE THERMAL ... 112
BRASSERIE ROUGET DE LISLE ... 161
BRASSERIE TRIANGLE D'OR ... 132

C

CAFE AUX DINOSAURES ... 173
CAFÉ RESTAURANT DE L'ABBAYE ... 144
CAFÉS ROGER ... 153
CAMPING DE BOŸSE*** ... 188
CAMPING DE LA LOUVE ... 82
CAMPING DOMAINE DE CHALAIN**** ... 178
CAMPING LA PLAGE BLANCHE*** ... 84
CAMPING LA SALINE*** ... 89
CAMPING LE BIVOUAC ... 190
CAMPING LE CANOË** ... 70
CAMPING LE CHAMP DE MARS*** ... 204
CAMPING LE VAL D'AMOUR*** ... 85
CAMPING LES RADELIERS*** ... 86
CAMPING MUNICIPAL ... 175
CAMPING SOUS LE MOULIN ... 172
CANOE KAYAK PONTOIS ... 181
CANOEVASION ... 181
CASCADES DU HÉRISSON ... 177
CASCADES ET GORGES DE LANGOUETTE ... 196
CASINO JOA DE BESANÇON ... 100
CASINO JOA ... 206
CASTEL DAMANDRE**** ... 15, 120
CATHÉDRALE SAINT-PIERRE-SAINT-PAUL-ET-SAINT-ANDRÉ ... 212
CAVE ANDRÉ BONNOT ... 132
CAVEAU DES BYARDS ... 145
CAVEAU DES JACOBINS ... 132
CAVES JACQUOT FILS ... 226
CELLIER DES TIERCELINES ... 121
CELLIER SAINT-BENOIT ... 125
CHAHUT AU CHATEAU ... 6
CHALET DE LA BOURRE ... 195
CHALET DE LA HAUTE-JOUX ... 196
CHALET DE LA HAUTE JOUX ... 197
CHALET DU MONT RIVEL ... 192
CHALET DU MONT ROLAND*** ... 70
CHALET DU MONT ROLAND ... 14, 72
CHAMBLAY ... 84
CHAMPAGNE-SUR-LOUE ... 82
CHAMPAGNOLE ★ ... 186
CHÂTEAU-CHALON ★★ ... 138
CHÂTEAU D'ARLAY ... 161, 162
CHÂTEAU DE CLÉRON ... 93
CHÂTEAU DE GERMIGNEY**** ... 87
CHÂTEAU DE JOUX ... 227
CHÂTEAU DE L'ÉTOILE ... 152
CHÂTEAU DE LA DAME BLANCHE*** ... 97
CHÂTEAU DE LA DAME BLANCHE ... 98
CHÂTEAU DE MARIGNA ... 172
CHÂTEAU DE MONTDIDIER ... 170
CHÂTEAU DU MONT JOLY. RESTAURANT GASTRONOMIQUE ... 74
CHEVRERIE DU PETIT MONT ... 158
CHEZ DIEGO ... 97
CHEZ ELLE ... 97
CHEZ GEORGES ... 148
CHEZ KARINE ET ROLAND ... 130
CHEZ KARINE ... 110
CHEZ L'ARTISAN FROMAGER ... 154
CHEZ LA ZETTE ... 85
CHEZ MA SOEUR ... 226
CHEZ MONSIEUR SAVON ... 169
CHISSEY-SUR-LOUE ... 83
CHOCOLAT KLAUS ... 238
CHOCOLATERIE GALMICHE ... 80
CHOCOLATERIE PELEN ... 152
CIRCUIT DES ÉTANGS ... 161
CIRCUITS DE L'ÉMAIL ... 207
CITADELLE ESPAGES ANIMALIERS ... 95
CLAIRVAUX-LES-LACS ★ ... 176
CLE VACANCES ... 252
CLÉRON ... 92
COLLÉGIALE NOTRE-DAME ... 68
COLLÉGIALE SAINT-HIPPOLYTE ... 126
COMITE INTERPROFESSIONNEL DES VINS DU JURA ... 118
COMMANDO GAMES ★ ... 219
COMTÉ MONTS JURA ... 134
CONFUSION DES SENS ... 225
CONSERVERIE ROBBE ... 228

CONSOLATION-
MAISONNETTES.............. 239
COOP GDE-RIVIÈRE MORBIER.......205
COOP LE FIED-CHAMOLE...........134
COOP MONT DE BALERNE..........192
COOPDU MONT ORGIER.............185
COOPÉRATIVE DES REBELLES......197
COOPÉRATIVE FROMAGÈRE DE VERS-
EN-MONTAGNE...................192
COOPÉRATIVE L'ESPÉRANCE
PROXIMARCHE...................197
COPPET ★.................. 224
COUP DE CŒUR...................157
CRÈMERIE JURAFLORE............132
CRÈMERIE JURAMONTS............135
CRÊPERIE DES DÉLICES...........148
CRÊPES & GOURMANDISES........178
CROISIERE LE LOUISIANE...........185
CUSANCE................... 103
CYCLES DES SALINES..............113

D

D'AMOUR ET D'OSIER...............83
DINO ZOO........................101
DISTILLERIE GUY..................225
DISTILLERIE LES FILS
D'EMILE PERNOT..................227
DOLE ★★★................. 66
DOMAINE BAUD...................145
DOMAINE BERTHET-BONDET........140
DOMAINE BLANCHARD.............154
DOMAINE BOISSON................158
DOMAINE BULABOIS...............122
DOMAINE COURBET................145
DOMAINE DE LA BORDE........ 70, 125
DOMAINE DE LA BOUGARDE.........76
DOMAINE DE LA LOUE...............87
DOMAINE DE LA PINTE............122
DOMAINE DE LOUVAREL****........168
DOMAINE DE SAINT LOTH'..........128
DOMAINE DE SAINTE-MARIE........162
DOMAINE DES ROY................134
DOMAINE DORBON................122
DOMAINE DU REVERMONT***.......138
DOMAINE DU REVERMONT..........140
DOMAINE DU TAUSSON.............160
DOMAINE DUGOIS.................122
DOMAINE ET SPA DES FÉES.........110
DOMAINE F. PUFFENEY.............122
DOMAINE FRANÇOIS MOSSU........140
DOMAINE FRÉDÉRIC LORNET.......114
DOMAINE GERARD SERVANT.........82
DOMAINE GRAND..................141
DOMAINE HORDE...................87
DOMAINE J-C ET A CREDOZ.........140
DOMAINE J-LOUIS TISSOT...........114
DOMAINE LA PETITE MARNE........134
DOMAINE MARTIN-FAUDOT.........123
DOMAINE MICHEL THIBAUT.........134
DOMAINE MOUILLARD.............158
DOMAINE PÊCHEUR...............135
DOMAINE ROLET..................123
DOMAINE SALVADORI..............141
DOMAINE THILL...................154
DOMAINE VAPILLON...............154
DOMAINE VILLET..................123

E

EDUARDO PÈRE ET FILS.............98
ÉGLISE ROMANE STE-MARIE........170
EGLISE SAINT-CHRISTOPHE..........83
ÉGLISE SAINT-GERMAIN............195
ÉLIXIA - LIMONADE................193
ENTRE TERRE & VERRE............226
ESPACE DES MONDES POLAIRES ★ .223
ESPACE MORTEAU.................238
ETABLISSEMENTS VICHET..........135
ETUZ...................... 103

F

FER SA PASSION....................83
FERME DE LA BECASSOTTE.........159
FERME DE LA SONNETTE...........168
FERME DE LA TUILERIE............128
FERME EQUESTRE JUAN...........145
FERME FAMILIALE COURBET.........92
FERME LES MEUH...TAGNES........216
FERME ROUSSEL-VOISARD.........160
FESTIVAL CIRQUE
& FANFARES....................7, 57
FESTIVAL DE LA PAILLE..........6, 57
FÊTE DU MORBIER...............6, 57
FONCINE-LE-HAUT........... 196
FONDERIE DE CLOCHES
OBERTINO........................229
FORT DES ROUSSES ET CAVES
D'AFFINAGE JURAFLORE...........219
FORT SAINT-ANDRÉ................109
FRANCE 3 BOURGOGNE-
FRANCHE-COMTÉ.................256
FRANCE BLEU BESANÇON..........255
FRASNE.................... 198
FREQUENCE PLUS.................256
FROMAGERIE DE CHEVIGNY.........77
FROMAGERIE DE LA HAUTE COMBE..198
FROMAGERIE DU MONT D'OR........235
FROMAGERIE GRANDE RIVIÈRE
MORBIER.........................210
FROMAGERIE INDEVILLERS-GLERE..248
FROMAGERIE JANIN...............193
FROMAGERIE LA FERTÉ............124
FROMAGERIE MILLERET............100
FROMAGERIE POULET..............145
FRUITIÈRE 1900..................180
FRUITIÈRE À COMTÉ BIO
DE SAINT-MAURICE-CRILLAT........180
FRUITIÈRE A COMTE...............193
FRUITIERE D'ARINTHOD
ET CHISSERIA.....................173
FRUITIÈRE DE LA BAROCHE........197
FRUITIERE DE LA MARRE...........135
FRUITIERE DE LA RIVIERE..........175
FRUITIÈRE DE LARGILLAY..........180
FRUITIERE DE PLEURE..............77
FRUITIÈRE DE VOITEUR............139
FRUITIÈRE DES ÉRYTHRÔNES.......173
FRUITIÈRE DU HÉRISSON...........179
FRUITIÈRE DU PLATEAU
ARBOISIEN........................124
FRUITIERE DU TEMPS COMTE.......193
FRUITIÈRE DU VAL D'AMOUR.........85
FRUITIERE LA RONDENNE..........160
FRUITIERE POLIGNY-TOURMONT....136
FRUITIERE VALLEE D'ORAIN........136
FRUITIÈRE VINICOLE ARBOIS.........90
FRUITIÈRE VINICOLE D'ARBOIS......124
FRUITIÈRE VINICOLE...............126
FUME DU JURA THAURIN...........112

G

GALETTES DU FARFADET...........113
GARE DE BESANCON VIOTTE........250
GARE SNCF.......................250
GIGNY..................... 175
GILLEY..................... 244
GITE DE LA POTERIE...............128
GITE DES BRANTUS................159
GÎTE DES RACINES.................190
GITE LA PIERRE................ 90, 94
GITES DE FRANCE JURA............252
GLOUGLOU MARKET...............221
GORGES DE LA BIENNE............207
GOURMANDISES ET CIE............191
GRAND'COMBE-
CHÂTELEU ★............... 242
GRAND HOTEL DES BAINS***.......109
GRANDES HEURES NATURES......7, 57
GRANDES TRAVERSÉES
DU JURA.................... 198, 251
GROTTE D'OSSELLE.................95
GROTTE SAINTE ANNE -
BELVÉDÈRE DE L'ERMITAGE........212
GROTTES DE BAUME...............142
GROTTES DES MOIDONS............126
GUYANS-VENNES............ 244

H

HAUTS DE BIENNE ★......... 207
HEBDO 39........................256
HELENA MONNIELLO COURS
DE PEINTURE.....................216
HELLO DOLE........................70
HIRSINGER CHOCOLATIER..........122
HOSTELLERIE
SAINT-GERMAIN***................162
HOSTELLERIE SAINT-GERMAIN......162
HÔTEL-RESTAURANT
LA CASCADE***...................101
HÔTEL-RESTAURANT
LA FONTAINE.....................157
HÔTEL-RESTAURANT LE FRANCE....241
HÔTEL-RESTAURANT
LE GALOUBET.....................172
HOTEL «LE LAC»***................230
HOTEL BEAU SITE**...............231
HÔTEL DE LA GUIMBARDE..........237
HOTEL DE LA POSTE**.............231
HOTEL DE LA SALINE***.............90
HÔTEL DES CÉPAGES***...........119
HÔTEL DES DEUX FORTS***........109
HÔTEL DU COMMERCE.............244
HÔTEL LES 2 LACS***.............178
HOTEL LES ALPAGES***............178
HÔTEL RESTAURANT GRUET....218, 218
HOTEL RESTAURANT L'EDGAR**......86
HOTEL RESTAURANT L'EDGAR........87
HÔTEL SAINT-HUBERT***...........215

I

IDÉKLIC, LE FESTIVAL INTERNATIONAL POUR L'ENFANT 6, 58

J

JANGS ART DRINK 208
JARDIN ANNABELLE 79
JARDIN CHÂTEAU D'ARLAY 162
JARDINS DE L'APPRENTI'SAGE 80
JOSEPH 247
JOUGNE 228
JURA HÔTEL** 215
JURA MÉTÉORITES 77
JURA PÊCHE 83
JURA TOURISME 146, 256
JURAFAUNE 142
JURAFLORE - FROMAGERIE 136
JURAMUSÉES 149

K

K-REINE DES TARTES 160

L

L'ABBAYE DE MONTBENOIT 228
L'ABSINTHE RESTAURANT 240
L'ANCIENNE CURE 128
L'APOTHICAIRERIE 167
L'ARBEZIE FRANCO-SUISSE** 220
L'ARBRE À CHAPEAUX 242
L'ARBRE A HUILE 152
L'ART DOISE 72
L'ART SE DÉVOILE 7, 58
L'ATELIER DE BALANOD 169
L'ATELIER DE DONAT**** 232
L'ATELIER DE DONAT 233
L'ATELIER DE LOUIS 72
L'ATELIER DES DESSERTS 151
L'AUBERGE DE LA VALLIERE 146
L'AVENTURE DES SURANIS 175
L'ENTRE-CŒUR**** 138
L'ENVIE 72
L'ÉPICERIE D'ICI CAFÉ 197
L'ESCARGOLOIS 76
L'ESCARGOTIÈRE BONVALOT 76
L'EST RÉPUBLICAIN 256
L'HEBDO DU HAUT-JURA ET DU HAUT-BUGEY 217
L'HERBIER SOUS LA ROCHETTE 154
L'OUSTAU 182
LA BASTIDE DES 3 AS 71
LA BESACE DU COMTOIS 215
LA BILLAUDE LES ROUTIERS 190
LA BONARDIERE 70
LA BOUTIQUE GOURMANDE-MAISON RAMEL 74
LA BRASSERIE DOLOISE 75
LA BRULERIE COMTOISE 75
LA CABORDE 167
LA CASCADE DES TUFS 116
LA CASE B 130
LA CHAUMIÈRE DU LAC 176
LA CHAUMIÈRE HOTEL& RESTAURANT GASTRONOMIQUE 74
LA CHAUMIÈRE 208
LA CLAIRIERE DE CHAUX 88
LA CLE DES CHAMPS 153
LA CLUSE-ET-MIJOUX 227
LA COMÉDIE 151
LA COMPAGNIE DU VIN 134
LA COTE 86
LA CRÉMERIE DU MARCHÉ 98
LA DOUCE HEURE 148, 152
LA FABRIK 123
LA FÉE BURGONDIA 149
LA FERME AU CHAPEAU VERT 212
LA FERME DE MONTARD 148
LA FERME DES AGITES 131
LA FERME DES NOUVELLES 118
LA FERME DU BRILLAT 184
LA FERME DU GRAND VALLIER 206
LA FERME SPIRULINE 76
LA FETE DE LA BIERE 6
LA FINETTE 119
LA FONTAINE AUX SOUVENIRS 180
LA FROMAGERIE D'EMA 76
LA FROMAGERIE GRILLOT MONTS ET TERROIRS 92
LA FRUITIÈRE À COMTE LES LONGEVILLES-MONT D'OR ARNAUD 230
LA FRUITIÈRE DE SALINS 113
LA FRUITIÈRE 221
LA GOURMANDINE 168
LA GRANDE SALINE 109
LA GRANGE 77
LA GRIBOUILLETTE 130
LA HAUTE-FOIRE 6, 58
LA LAMPISTERIE 1900 136
LA LOGE A PONARD 221
LA MAISON D'EUSEBIA 138
LA MAISON DE LA MEMOIRE CUISELLIENNE 168
LA MAISON DE LA VACHE QUI RIT 16, 146
LA MAISON DE ROSE 136
LA MAISON DE TEISS 215
LA MAISON DU BOIS 194
LA MAISON DU CHEVREUIL 194
LA MAISON DU COMTÉ 16, 128
LA MAISON DU MÈTRE 210
LA MAISON DU REVERMONT 169
LA MAISON DU VIGNERON 145, 154
LA MAMELLERIE 136
LA PERCÉE DU VIN JAUNE 6, 58
LA PETITE AUBERGE 151
LA PETITE ÉCHELLE 229
LA PETITE MONTAGNE*** 182
LA PETITE VENISE 73
LA PIZZ'NOCCHIO 80
LA PLAGE 172
LA POTERIE DU VILLAGE 137
LA PRESQU'ÎLE DU JURA. FLOWER CAMPINGS 171
LA PRESSEE DU VIN DE PAILLE 6, 58
LA REDOUTE*** 220
LA REDOUTE 221
LA ROULOTTE D'AMAOUS 83
LA ROUTE DES SAPINS 188
LA SALINE ROYALE 89
LA SCIERIE MAISON D'HÔTES & SPA 110
LA SIDERAL 156
LA SPATULE*** 224
LA SUCRERIE 125
LA TABLE DE GUSTAVE 92
LA TABLE DE PERRAUD 14, 151
LA TRANSJURASSIENNE 6, 58
LA TRATTORIA DES CASCADES 191
LA VIE CLAIRE 155
LA VIEILLE-LOYE 88
LA VILLA NEO-PALLADIENNE 188
LA VOIX DU JURA 259
LA ZARZOTEUSE 174
LAC DE CHALAIN 176
LAC DE VOUGLANS 181
LAC SAINT-POINT 230
LACS DU GRAND MACLU ET DU PETIT MACLU 186
LAMOURA ★ 222
LAMPES GAUDARD 210
LANDRESSE 104
LE 1107 220
LE BALCON DU PRINCE 246
LE BAMBOCHE 150
LE BARZING 131
LE BELVÉDÈRE DES ROCHES 144, 144
LE BELVOYE RESTAURANT-TRAITEUR 72
LE BIOU D'ARBOIS 6, 60
LE BISTRONOME 120
LE BISTROT D'HUGO 148
LE BISTROT DE LA GARE 159
LE BISTROT GOURMAND 168
LE BIZOT ★ 241
LE BOIS DORMANT*** 15, 188
LE BOIS GOURMAND 191
LE BON ABRI 178
LE BOUCHON DES RADELIERS 84
LE BOUCHON DU CHÂTEAU 14, 139
LE CAP HORN 144
LE CASTA 130
LE CASTEL DAMANDRE 120
LE CENTRAL* 195
LE CHALET JACQUET 238
LE CHAMP DES BERGERONNETTES 169
LE CHAPEAU ROUGE 157
LE CIRQUE DE CONSOLATION 239
LE CLOS SAINTE-ANNE 71
LE COMPTOIR DES CASCADES 192
LE COMPTOIR DES VIGNES 153
LE COMPTOIR PRODUITS REGIONAUX 179
LE COMTOIS 179
LE CONI'FER 228
LE D'TOUR GOURMAND 157
LE GAI PINSON*** 220
LE GAI PINSON 221
LE GÎTE DE MARINETTE 71
LE GOUFFRE DE POUDREY 101
LE GOÛT DES AUTRES 142
LE GRAIN DE SEL 151
LE GRAND JARDIN 144
LE GUSTALIN 75
LE HAMEAU DU FROMAGE 92
LE JARDIN DE MISETTE 162
LE JARDIN DE ROUXY 221
LE LAC 232
LE LOCAL 73
LE LOUE BAR 85
LE MANGUIER 150

LA FERME DU BRILLAT

2, rue du Rongé - **MAISOD**
✆ 07 86 48 93 45
www.lafermedubrillat39.jimdofree.com
Chèvrerie. Ouverte tous les jours. Téléphoner de préférence. Livraison. Dès 2 € le fromage.

Entourée de ses 40 chèvres vous trouverez Lætitia Puyraimond. Ses dames paissent sur 50 ha, à une minute du lac de Vouglans que toutes contemplent inlassablement. La Jurassienne a fait le choix de la traite à la main pour ne pas oublier les gestes du métier. Elle convie ainsi chaque soir les visiteurs à mettre « la main aux pis ». La fermière travaille ses fromages au lait cru, moulés à la louche, frais, demi-sec, sec et en faisselle. Des fantaisies aussi : fromages poivron/tomate sèche, à la ciboulette, au cumin. En dessert, des fromages blancs brassés aux fruits.

LE REGARDOIR RESTAURANT PANORAMIQUE €€

45, avenue de Franche-Comté
✆ 03 84 42 01 15 - www.leregardoir.com
Du mardi au dimanche le midi ; le vendredi et le samedi le soir. Juillet-août : tlj midi et soir. Carte : 15 € à 35 €.

Ce restaurant, avec une vue exceptionnelle surplombant le lac de Vouglans, est devenu très réputé. L'équipe vous propose une cuisine qui valorise les produits locaux et les spécialités régionales. Ne manquez pas les quenelles sauce Nantua, la fondue comtoise, la truite meunière et les fromages fermiers. Côté boissons, les bières artisanales des brasseries comtoises côtoient les vins des Côtes du Jura. On apprécie la vaste terrasse panoramique. Un bel endroit où il fait bon s'arrêter.

TOURNERIE MONNERET

21, rue Principale - **JEURRE**
✆ 03 84 42 41 98
www.tournerie-monneret.com
Tournerie traditionnelle.
Fleuron du savoir-faire jurassien.

Depuis 1951, la Tournerie Monneret fait partie de ces entreprises ou l'on se sent comme en famille. Fournisseur officiel des Championnats du Monde de pétanque, c'est surtout LE dernier fabricant de cochonnets en France. On retrouve tout le savoir-faire qui fait la renommée des tourneurs jurassiens. Près d'un million de pièces sortent de l'usine par an. La dureté et le poli du buis jurassien s'exportent et se retrouvent partout dans le monde. La célèbre marque OBUT s'y fournit exclusivement. Emmenez un bout du Jura dans vos parties de pétanque et faites-le savoir.

ACCRO-VIADUC AVENTURE

VILLARDS-D'HÉRIA
✆ 07 86 76 82 14
www.accro-viaduc-aventure.com
Ouvert toute l'année.
Parcours Bambins (4 à 10 ans) : 8 €. Parcours émotions et frissons (à partir de 10 ans) : 25 €.

Après les parcours acrobatiques dans les arbres ou sur des murailles, voici l'Accropont qui vous suspend à 72 m de haut ! Tenu par votre harnais, vous n'êtes pas dans les arbres mais accroché sous le grand viaduc de Villards-d'Héria avec une vue imprenable sur la vallée. Trois possibilités s'offrent à vous : le parcours Bambins avec une tyrolienne accessible dès 4 ans, le parcours Émotions, 7 tyroliennes de 100 à 150 m de long, de 2 à 27 m de haut, et le parcours Grands Frissons, 10 tyroliennes de 100 à 300 m de long, de 8 à… 72 m de haut.